U0556579

AUTHOR

作者简介

霍海红

河北康保人,吉林大学法学学士(2001)、法学硕士(2004)、法学博士(2008)。曾任职于吉林大学法学院(2004—2019)和《当代法学》编辑部(2009—2019)。现为浙江大学光华法学院教授,副院长,交叉法研究中心主任,《浙大法律评论》主编,兼任中国法学会民事诉讼法学研究会常务理事、学术委员会委员、证据理论专业委员会(筹)副主任。主要从事民事诉讼法、证据法、民事法一体化研究。出版专著《证明责任的法理与技术》,在《法学研究》《中国法学》《中外法学》等学术刊物发表论文三十余篇。主持国家社科基金、教育部社科基金等项目多项。获教育部霍英东高等院校青年教师基金奖、全国中青年民事诉讼法学优秀科研成果奖等学术奖励。

Limitation of Actions from the Perspective of
Substantive and Procedural Law

诉讼时效的实体与程序

霍海红 / 著

北京大学出版社
PEKING UNIVERSITY PRESS

自　序

　　本书以"诉讼时效"为主题,内容包括效力篇(第1、2、3章)、期间篇(第4、5、6、7、8章)、计算篇(第9、10、11、12、13章)、观念篇(第14、15章)四个板块,既是对我2008—2023年这15年诉讼时效研究的阶段性总结,也是为了更好地重新出发。当初选择诉讼时效作为长期研究的主题之一(另一个是证明责任),除兴趣原因(还有困惑)外,主要有两个因素:一是诉讼时效领域小又相对冷门,研究空间相对大,适合"青椒"获得"学术标签";二是诉讼时效的实体法与程序法交叉特征突出,与我的"民事法一体化"研究进路比较合拍。不过,作为研究主题,我国诉讼时效制度展现的魅力远超我的想象:理论上"边缘"和实践中"复杂"并存、规则上"激进"与实践中"保守"并存、法律上"适配"与道德上"冲突"并存,我也日益坚定了长期研究诉讼时效的决心和信心。

　　本书虽以"诉讼时效"为主题,但内容包含了"执行时效",作此处理主要有两个考虑:第一,反映学术界和实务界的理论共识。2007年《民事诉讼法》(已失效)修正对执行时效制度作重大修改后,"执行时效本质上就是诉讼时效"已成共识(对相关制度变迁的讨论参见第3章"执行时效性质的过去、现在与未来")。第二,反映本书"诉讼时效统一化"的立法体例主张。既然执行时效本质上就是诉讼时效,那么在概念和制度上没必要"另立山头",立法上可将执行时效的基本制度(如期间等)置于《民法典》中,《民事诉讼法》只规定特殊问题(如终结本次执行程序的时效后果等)。不过,笔者虽对执行时效单设一套概念和制度体系持保留意见,但主张判决确认的请求权的时效期间应有相当的特殊性,即应显著长于普通诉讼时效期间(相关讨论参见第8章"执行时效期间的再改革")。笔者主张取消的是那些没有实质意义的特殊性,重视的是那些有实质意义却被忽视的特殊性。

本书取名用"实体与程序",也有两个基本考虑:第一,突出本书对诉讼时效作"交叉"研究的风格。许多章节都有鲜明的"民事法一体化"色彩。比如,第1章"论我国诉讼时效效力的私人自治转向",第2章"胜诉权消灭说的'名'与'实'",第3章"执行时效性质的过去、现在与未来",第8章"执行时效期间的再改革",第11章"撤诉的诉讼时效后果",第12章"诉讼时效中断证明责任的中国表达"等。第二,强调诉讼时效制度实体与程序交错的特征。该特征归因于多种因素:民法上诉讼时效规则使用的某些概念本身就是民事诉讼法上的概念(比如起诉、撤诉等),民事诉讼法的执行时效与民法的诉讼时效本质上相同已成共识,诉讼时效制度运行中有独特的证据法问题,等等。兼顾实体与程序的交叉研究,既能避免因视角片面而产生的规则误解,又能促进司法适用中的规则联动。

本书主张将"体系化"作为优化诉讼时效制度的基本作业,期待立法者的更多关注和努力。与《民法通则》(已失效)时代相比,《最高人民法院关于审理民事案件适用诉讼时效制度若干问题的规定》(法释〔2008〕11号)〔以下简称《诉讼时效规定(2008)》〕(已被修改,下同)和《民法典》时代的诉讼时效制度在规模上虽早已今非昔比,但在"体系化"方面仍有待提升。除《民法典》的诉讼时效规则仍相对简陋因而对司法解释和司法政策依赖较大外,本书不少内容试图描述和反思那些背离体系化目标的观念与规则,这里只指出三个突出的方面。

第一，基本立场的摇摆。对怠于行使权利的权利人进行"归责"是诉讼时效制度的基本立场，它既是时效规则的指导思想，也是其体系化的重要保障。然而，对该立场的贯彻尚不够彻底和统一。比如，20 年期间本是为解决主观起算标准可能导致诉讼时效永不计算的困境而设，即使是不知道权利被损害和具体义务人且没有重大过失的"无辜"权利人也要受其拘束。然而，未定履行期限债权时效起算规则采取"从权利人主张时起算时效"方案，使得"不无辜"（债权未定履行期限，权利人可随时请求履行，只是要给义务人必要的准备时间）的权利人掌控了时效起算点。为什么不知道权利受损害也没有重大过失的权利人要受 20 年期间的"一刀切"阻挡，而可以随时行使权利的权利人却可以决定延迟进行时效归责？这是一个问题（相关讨论参见第 6 章"'20 年期间'的性质分析"、第 10 章"再论未定履行期限债权的诉讼时效起算"）。

第二，关键规则的忽视。具有重大辐射效应的关键时效规则对体系化至关重要，一旦设置得不合理，受辐射的其他规则在选择方案时常常不得不"将错就错"，以致无法在理论上自圆其说。普通诉讼时效规则就是这种关键规则，但因该期间一直被设计得过短而对诸多规则产生"致命"影响。比如，在未定履行期限债权时效起算的问题上，为应对普通时效期间过短的现实问题，规则制定者不得不选择理论上不能自圆其说的"从权利人主张时起算时效"方案，否则会引发"苛求权利人"的担忧和质疑（相关讨论参见第 9 章"作为中国问题的未定履行期限债权时效起算"）。再比如，在撤诉的诉讼时效后果问题上，普通诉讼时效期间过短的现实也成为许多人选择"从撤诉之日起重新计算"方案的主要原因之一（相关讨论参见第 11 章"撤诉的诉讼时效后果"）。

第三,具体规则的冲突。制度体系化的最低要求是其下规则不能冲突,但分别规定于民法和民事诉讼法的诉讼时效和执行时效之间的冲突可能不易被发现。比如,根据《最高人民法院关于适用〈中华人民共和国民事诉讼法〉的解释》(法释〔2015〕5号)(已被修改)第519条,法院裁定终结本次执行程序后,申请执行人再次申请执行不受申请执行时效期间的限制。然而,照此逻辑,权利人向义务人提出请求但未获清偿的诉讼时效后果不应是"中断",而是"权利人再次请求不受诉讼时效限制"。根据《民法典》第195条,"诉讼时效中断,从中断、有关程序终结时起,诉讼时效期间重新计算",法院裁定终结本次执行程序应产生"执行时效期间重新起算"的中断效力。事实上,诉讼时效与执行时效"各自为战"易产生规则冲突,这也是本书主张诉讼时效"一统天下"的主要理由之一(相关讨论参见第13章"执行时效排除规则的困境及其破解")。

本书坚持"中国问题"意识,着眼于"中国问题的解释与解决"。诉讼时效在我国长期处于研究相对薄弱、规则相对简陋、实践相对复杂的状态,虽然近些年来已有不小的进步,尤其是《诉讼时效规定(2008)》填补了许多空白,但总体上任重而道远。对于诉讼时效如何面对国情的问题,我们尤其要下足功夫,这里指出三个比较突出的问题。

第一,认真对待"硬规则软执行"问题。我国诉讼时效司法实践存在一个未被充分重视的独特景象:看似刚性和激进(对权利人相对不利)的诉讼时效规则在司法实践中以相对有利于权利人的"折扣"执行,甚至发展出"优先保护权利人"的诉讼时效实务理念。"硬规则软执行"问题虽有其特殊背景和积极意义,但其不确定性和突破规则的风险也至为明显,只是权宜之计,并非长久之法。与其"事后"通过"折扣"执行的方式保护权利人,不如在设计规则时充分考虑权利人与义务人的利益平衡,设置对权利人相对"宽松"的时效规则,而司法实践应严格执行时效规则,不能抽象地以保护权利人为由当然地"折扣"执行。我国诉讼时效法应从"硬规则软执行"向"软规则硬执行"转型(相关讨论参见第 15 章"'优先保护权利人'诉讼时效理念的困境")。

第二,诉讼时效制度如何面对朴素道德的问题。诉讼时效在司法实践中存在一个奇怪又较普遍的现象:我承认你在法律上有时效抗辩权,但如果你提时效抗辩,我在道德上鄙视你,认为你不诚信。这不仅是普通人的观念,也是不少法官的潜意识,有时甚至直接在判决书里表现出来。诉讼时效制度需要认真对待朴素道德,至少有两点可做:一是避免苛求权利人,虽然"权利上的睡眠者不值得保护",但不合理的规则设计会使对"睡眠者"的认定变得泛化和低标准;二是区分法律与道德,对义务人的不诚信行为(如义务人以自己的行为阻碍权利人行使权利)进行评价和制裁(运用民法中的诚实信用原则)是一回事,整体上忽略义务人或将义务人作"道德矮化"则是另一回事(相关讨论参见第 14 章"诉讼时效根据的逻辑体系")。

第三,诉讼时效制度如何面对法律移植的问题。德国、法国和日本在 21 世纪都进行了消灭时效法改革,其中一项重要内容就是缩短时效期间。德国法普通时效期间从 30 年减为 3 年,法国法从 20 年减为 5 年,日本法从 10 年减为 5 年,而我们最终在 3 年和 5 年两个选项中选择了更短的前者。德国、日本已将产生"期间变相显著加长"效果的中断事由压缩殆尽,以配合普通消灭时效期间的缩短,这才是真正的"短期化"。我国一面坚持短期间,一面强化中断措施,说明我们尚未从心底接受短期间,只是以中断措施的强化来弥补短期间的弊端。总之,对于我国诉讼时效立法快速、激进地紧跟国际新动向的做法,笔者持保留意见,并主张"缓跟",至少不要做极端选择(相关讨论参见第 5 章"重思我国 3 年普通诉讼时效期间改革")。

　　本书各章内容已有幸先后发表在《现代法学》(3 篇)、《中外法学》(2 篇)、《法制与社会发展》(2 篇)、《法律科学》(3 篇)、《华东政法大学学报》、《中国法学》、《吉林大学社会科学学报》、《环球法律评论》、《法学》等学术刊物上,由衷感谢上述刊物和刊物编辑对我的厚爱和对文章的认可。在如今"僧多粥少"的发文大环境下,期刊能发表这么多小众、边缘主题的文章并不容易,这些刊物着实令人敬佩。就像我在《证明责任的法理与技术》一书出版时的处理一样,本书除作图书出版所要求的技术性处理和文字校对外,保留各章内容在期刊发表时的面貌,以求让观点和论证定格在当初产生它的特定时空。这是我一直喜欢的做法。

霍海红

2024 年 1 月 7 日

于浙江大学之江校区

凡　例

1. 法律文件中的"中华人民共和国"省略,例如《中华人民共和国民事诉讼法》,简称《民事诉讼法》,其余一般不省略。

2.《最高人民法院关于适用〈中华人民共和国民事诉讼法〉若干问题的意见》(法发〔1992〕22 号),简称《民诉法意见》。

3.《最高人民法院关于适用〈中华人民共和国民事诉讼法〉的解释》(法释〔2015〕5 号),简称《民诉法解释(2015)》。

4.《最高人民法院关于适用〈中华人民共和国民事诉讼法〉的解释》(法释〔2022〕11 号),简称《民诉法解释(2022)》。

5.《最高人民法院关于人民法院执行工作若干问题的规定(试行)》(法释〔1998〕15 号),简称《执行规定(1998)》。

6.《最高人民法院关于适用〈中华人民共和国民事诉讼法〉执行程序若干问题的解释》(法释〔2008〕13 号),简称《执行程序解释(2008)》。

7.《最高人民法院关于民事诉讼证据的若干规定》(法释〔2001〕33 号),简称《民事证据规定(2001)》。

8.《最高人民法院关于民事诉讼证据的若干规定》(法释〔2019〕19 号),简称《民事证据规定(2019)》。

9.《最高人民法院关于贯彻执行〈中华人民共和国民法通则〉若干问题的意见(试行)》[法(办)发〔1988〕6 号],简称《民通意见》。

10.《最高人民法院关于审理民事案件适用诉讼时效制度若干问题的规定》(法释〔2008〕11 号),简称《诉讼时效规定(2008)》。

11.《中华人民共和国民事诉讼法（试行）》,简称《民事诉讼法（试行）》。

12.《中华人民共和国民事强制执行法（草案）》,简称《强制执行法（草案）》。

目　录

观念篇

效力篇

Limitation of Actions from the Perspective of
Substantive and Procedural Law

第1章 论我国诉讼时效效力
的私人自治转向 *

最大限度地扩大人们按自己意愿行事的环境制约自由是公
正的法律赋予人类真正伟大的善事。[1]

——〔美〕穆蒂莫·艾德勒《六大观念》

引 言

对于诉讼时效的法律效力,国内通说认为包括三种学说和立法
模式,即抗辩权发生主义(典型代表是《德国民法典》)、权利消灭主
义(典型代表是《日本民法典》)和诉权消灭主义(典型代表是《法国
民法典》),并认为我国《民法通则》(已失效,下同)采取的是诉权消
灭主义[2](也有学者进一步认为我国采取的是胜诉权消灭主

---

* 本章内容曾以《论我国诉讼时效效力的私人自治转向——实体与程序双重视角的观
察》为题发表于《现代法学》2008年第1期。
〔1〕 〔美〕穆蒂莫·艾德勒:《六大观念》,郗庆华、薛笙译,生活·读书·新知三联书店
1998年版,第180页。
〔2〕 参见梁慧星:《民法总论》,法律出版社2001年版,第241页;王利明主编:《民法》,中
国人民大学出版社2000年版,第135页;李开国:《民法总则研究》,法律出版社2003
年版,第450页。

义[1])。然而,如果将《法国民法典》和《日本民法典》中关于法院不得主动援引诉讼时效的规定[2]结合起来进行综合考察,我们就会发现,被我们视为三种学说立法典型的《德国民法典》《法国民法典》《日本民法典》总体上都是依据私人自治模式来建构制度的。在这一意义上,我们以往夸大了三种学说与立法模式的差异。[3] 如果说诉讼时效效力真有什么特别的学说和立法实践,《苏俄民法典》(1964 年)和我国《民法通则》倒是有些特立独行。《苏俄民法典》(1964 年)第 82 条规定:"法院、仲裁署或公断法庭,不论双方当事人声请与否,均应适用诉讼时效。"我国《民法通则》第 135 条规定:"向人民法院请求保护民事权利的诉讼时效期间为二年,法律另有规定的除外。"我国最高人民法院《民诉法意见》(已失效,下同)第 153 条进一步从程序法的角度对这种模式予以确认:"当事人超过诉讼时效期间起诉的,人民法院应予受理。受理后查明无中止、中断、延长事由的,判决驳回其诉讼请求。"

如果将我国诉讼时效的效力模式与大陆法系的通行模式从本质上进行概括和分类的话,它们的分野实质上就是干预模式与自治模式的分野。面对这种分野,我们可能会提出诸多的问题:这种分野是否仅是基于不同国情或传统因而无法评价何者更为合理? 如果不是,那么我国采取的干预模式与大陆法系通行的自治模式哪一种更

[1] 参见佟柔主编:《中国民法学·民法总则》,中国人民公安大学出版社 1990 年版,第 317 页;彭万林主编:《民法学》(第六版),中国政法大学出版社 2007 年版,第 154 页。

[2] 《法国民法典》第 2223 条规定:"法官不得依职权替代因时效产生的方法。"《日本民法典》第 145 条规定:"时效非经当事人援用,法院不能依时效裁判。"参见《法国民法典》(下册),罗结珍译,法律出版社 2005 年版,第 1579 页;《最新日本民法》,渠涛编译,法律出版社 2006 年版,第 35 页。

[3] 龙卫球教授就指出了这种误解,详见龙卫球:《民法总论》,中国法制出版社 2002 年版,第 626—627 页。

符合诉讼时效制度的本旨？我国的干预模式是否与我国民事立法的发展方向保持了一致？这种干预模式在司法实践中发挥着怎样的作用？是否得到了绝对的贯彻？我国民事实体立法与民事诉讼立法在诉讼时效效力模式上的一致，是程序法追随实体法而导致的一致，还是程序法与实体法都受着共同精神的制约而不约而同地保持了一致？如果我国诉讼时效从干预模式向自治模式的转变是必要的和可行的，那么国家在运用法律进行治理的指导思想上是否发生了渐进的却深刻的转变？这种转变是否获得了必要的条件和观念支持？其可能存在的困难是什么？这种困难是的确构成了对这种转变的严重阻碍，还是我们过分夸大了这种困难？笔者试图带着这些问题，从实体与程序的双重视角，对我国现行法的干预模式进行省思，提出未来民法典应回归自治模式，并且对未来可能出现的冲击自治模式的法官释明问题进行预防性的分析和批判，最后对诉讼时效效力自治模式所体现的国家的法律治理方式和策略的转变进行初步的勾勒。

一、从"干预"到"自治"：诉讼时效效力本来面目的回归

对于诉讼时效效力，我国《民法通则》通过采取一个类似"除斥期间"表述的条款确立了诉讼时效效力的干预模式，并且得到了诉讼法制度和司法实践的有力支持。《民诉法意见》第 153 条以司法解释的方式肯定了法官依照职权援引诉讼时效的做法，并在司法实践中得到了贯彻。[1] 客观地说，诉讼时效效力干预特征的形成有其历史原因。一方面，在新中国成立之后较长的一段时期内，单一的所有制

_____

[1]　参见葛承书：《民法时效——从实证的角度出发》，法律出版社 2007 年版，第 216 页。

形式、计划经济和高度集中的行政化管理模式在整个社会中不断强化国家意识和干预意识,法律领域也不能例外。[1] 尽管《民法通则》在制定之时,改革开放已经开始,计划和管制也出现了某种程度的松动和淡化,但在巨大的干预和管制惯性之下,这些变化仍然显得微不足道。另一方面,对苏联法律和法学的照搬和过度模仿还没有得到深刻的检讨,立法和法学研究的思维方式仍然有着较深的苏联印迹。于是,《民法通则》最终无法超越它所处的时代。正是如此特殊的时代背景导致了我国作出与一般大陆法系国家如此不同的选择,因此在时代呈现巨大变迁的背景下,重新思考这种干预模式的正当性就是必要而有益的。应当说,这种反思早已开始,法官主动援引诉讼时效的立法和实践引起了理论界和实务界的诸多批评,甚至在学者们起草的民法典学者建议稿中已经体现出自治模式[2]。因此,得出采用自治模式而摒弃干预模式的结论并不是笔者的主要追求,笔者主要试图从实体法与程序法两个角度,系统阐述诉讼时效效力设置中干预模式的弊端和自治模式的优势。

第一,干预模式允许法官主动援用诉讼时效,剥夺了权利人本来通过诉讼能够获得的给付,实质上使诉讼时效"除斥期间化",因而从根本上扭曲了诉讼时效制度。对于诉讼时效存在的目标或价值,学

----

〔1〕 参见张卫平:《转换的逻辑:民事诉讼体制转型分析》,法律出版社 2004 年版,第294 页。

〔2〕 如王利明教授主持的《中国民法典学者建议稿及立法理由·总则编》第 234 条规定:"权利人于法定期间内继续地不行使其权利,期间届满后,义务人有权拒绝履行给付。"第 237 条规定:"非经当事人主动援用时效抗辩,人民法院或者仲裁机构不得以诉讼时效作为裁判的根据……"参见王利明主编:《中国民法典学者建议稿及立法理由·总则编》,法律出版社 2005 年版,第 397、417 页。梁慧星教授主持的《中国民法典草案建议稿附理由·总则编》第 191 条规定:"时效必须由其受益人或者受益人的代理人通过诉讼或者仲裁主张,才能适用。法院或者仲裁庭不得依职权适用时效。"参见梁慧星主编:《中国民法典草案建议稿附理由·总则编》,法律出版社 2004 年版,第 244 页。

者们已经达成共识:(1)保护债务人,避免因时日久远,举证困难,致
遭受不利益。(2)尊重现存秩序,维护法律平和。(3)权利上之睡眠
者,不值得保护。(4)简化法律关系,减轻法院负担,降低交易成
本。[1]尽管基于对这些公共利益或他人利益的考量,法律对权利人
的权利行使进行了限制,并且在一定程度上牺牲了"欠债还钱"这类
在人们心目中根深蒂固的道德准则,但是诉讼时效制度通过诸如诉
讼时效中断、中止等制度设计为这种"牺牲"划定了底线,这足以表明
诉讼时效制度对"剥夺"权利人权利所表现出来的审慎原则,也表现
出诉讼时效制度与除斥期间制度在实现公共利益等目标的方式上存
在着重大区别[2]。我国采取的干预模式则不仅没能贯彻诉讼时效制
度本来应当贯彻的审慎原则,而且在实际上混淆了诉讼时效与除斥期
间不同的规范功能,导致诉讼时效制度在某种程度上的变异。

　　第二,市场经济的逐步发育和市场体制的逐步形成,催生和强化
着公民的权利意识和选择意识,对公民的自主选择的尊重已经成为
众多部门法体现"以人为本"的标志,以"私法自治"作为其基石范畴
的民法显然更应走在前列。事实上,现代法律的一个重要发展趋势
是当事人的选择范围在不断扩大,法律已经不再随意为当事人作出
选择,而是努力为当事人的自由选择提供必要保障。当事人选择的

---

[1]　参见王泽鉴:《民法总则》(增订版),中国政法大学出版社 2001 年版,第 517 页。目
　　前理论界对诉讼时效制度价值的概况基本上没有超出这个范围。另参见梁慧星:
　　《民法总论》,法律出版社 2001 年版,第 237—238 页;龙卫球:《民法总论》,中国法制
　　出版社 2002 年版,第 613 页;黄立:《民法总则》,中国政法大学出版社 2002 年版,第
　　451—452 页;刘得宽:《民法总则》,中国政法大学出版社 2006 年版,第 325—326 页。
[2]　大陆法系通常都明确区分诉讼时效与除斥期间的效力:后者对公共利益的实现是通
　　过法律直接宣布权利消灭或法官直接援用作出裁判来实现的;而前者对公共利益的
　　实现却是通过赋予义务人抗辩权而对权利人构成压力来实现的。参见〔德〕迪特
　　尔·梅迪库斯:《德国民法总论》,邵建东译,法律出版社 2000 年版,第 89—90 页;
　　〔日〕山本敬三:《民法讲义Ⅰ:总则》,解亘译,北京大学出版社 2004 年版,第 391—
　　396 页。

意义也不在于选择结果的必然有利(尽管大多数情况下,当事人必然也能够选择对自己有利的结果),而在于选择本身,即当事人能够自己自由地作出选择,而不受他人的不当干预。相比之下,干预模式在某种程度上剥夺了义务人的自主选择,试图以一种"上帝"姿态为义务人作出自认为公平合理的选择。这种看似充分保障当事人选择的公平性的制度设计(比如考虑到义务人对诉讼时效抗辩缺乏认识而未能提出抗辩),实际上正是对义务人选择权的最大不尊重。相反,法律通过制度赋予和保障义务人抗辩的权利而不是试图干预其实际行使与否,才真正符合诉讼时效制度的本旨。简言之,诉讼时效抗辩应当被理解为"制度安排的范本,而不是必须遵行的指令"[1]。

第三,诉讼时效效力的干预模式有损法院作为裁判者的中立立场,而中立乃是司法裁判正当性的基本前提和保障。法院主动援用诉讼时效而驳回权利人诉讼请求的做法,在效果上相当于对案件作了如下的简化:权利人与义务人对簿公堂就是因为权利人要求义务人给付,而义务人因为诉讼时效已过必然会拒绝给付。事实上,权利人与义务人对簿公堂完全可能是出于双方对合同的某些事项或条款存在争议等原因,而对是否清偿债务并没有任何异议。进一步而言,干预模式下的裁判者实际上是站在义务人的立场上看问题和想办法,而完全忽视了自己仅仅作为一个居中裁判者的司法角色的要求。这种干预和管制不仅容易导致权力寻租而严重背离裁判者的职业道德和立场,而且基于"辅助弱者"的美好愿望而代替当事人进行选择未必真的符合当事人的愿望和利益[2]。相反,私人自治模式通

---

[1] 蔡立东:《公司自治论》,北京大学出版社 2006 年版,第 2 页。
[2] 在 1999 年《合同法》(已失效)颁布之前,我国民事立法将"存在欺诈的法律行为"的效力规定为无效,就是一个立法者"好心办坏事"的例证。本来将行为效力作无效的规定是试图加强对受欺诈方的保护,实践中却常常成为欺诈方逃脱惩罚、受欺诈方反受其害的制度设计。

过确保义务人的选择权利,一方面由于未给法官留下替当事人进行选择的余地,从而避免了损害法官中立立场的不良后果;另一方面与民事诉讼的对抗式制度设计保持了协调一致。

第四,干预模式的具体实践可能出现不同裁判者有时援引、有时不援引的情况,这不仅导致由于非当事人自身原因而增大当事人胜诉或败诉的或然性,而且容易导致法院无法成功地向当事人证明判决的正当性。一方面,干预模式下,在当事人未提出诉讼时效抗辩的情况下,法官是否援引而驳回诉讼请求(《民诉法意见》第 153 条)取决于其对诉讼时效期间是否已过的"查明"。这种审查是否能做到"万无一失"是不确定的,因此在某种意义上,义务人的胜诉或败诉(相对应的权利人的败诉或胜诉)也多了一层不确定性。另一方面,干预模式下,法院被赋予了查明诉讼时效的权力(事实上也是义务,尤其是在享有抗辩权的义务人看来),如果法院因为没有能够查明诉讼时效期间已过的事实而没有援引诉讼时效规定,并由此判决义务人败诉,则义务人通常会将其败诉直接归咎于法院甚至是具体的法官。相反,自治模式不会出现上述两个难题:一方面,自治模式使所谓的或然性问题成为当事人权利行使(或不行使)选择下的必然性问题;另一方面,在自治模式下,如果没有援引诉讼时效抗辩而导致败诉,则义务人成为唯一的归责对象(实际上是义务人的自我归责)。

第五,实体法中的干预模式延伸到诉讼法中导致了制度设计的矛盾和混乱不清。根据《民诉法意见》第 153 条的规定,当事人超过诉讼时效期间起诉的,人民法院应予受理。受理后查明无中止、中断、延长事由的,判决驳回其诉讼请求。从条文看,"当事人超过诉讼时效期间起诉的,人民法院应予受理"似乎体现出立法者将诉讼时效作为案件具体审理问题而不是起诉条件问题,但"受理后查明无中止、中断、延长事由的,判决驳回其诉讼请求"又明显地体现出干预模式。对此有一种解释是,立法者既要体现程序法对诉权的保护又要贯彻实体法确定的干预模式,这导致了制度上的自相矛盾,因为其实践效果与立法上禁止超过诉讼时效期间的权利人起诉没有实质性差异。然而,也许可以有另外一种解释,即立法者的本意是要坚决贯彻《民法通则》第 135 条的规定,对超过诉讼时效期间的权利不予保护,即不予受理权利人的起诉,只是由于在对是否超过诉讼时效期间进行认定的过程中会涉及中止、中断、延长等事由,而这些事由往往在权利人的起诉书中难以进行审查或者进行这种审查过于繁杂,所以才变通地将对这种中止、中断、延长等事由的审查在案件的实质审理中进行。然而,无论是上述哪一种解释都指出了干预模式的缺陷:前者导致制度上的矛盾,而后者显示出对当事人诉权的极端蔑视。干预模式所造成的矛盾和缺陷在私人自治模式下可以避免,因为自治模式意味着诉讼时效问题只能在案件的实体审理过程中出现,就像任何其他一般实体问题一样。由于并不会专门涉及程序问题,当然也不会有阻碍当事人行使诉权的问题。

二、是对自治的补足还是冲击:
对诉讼时效援引中引入法官释明的质疑

我国在民事立法上实现了诉讼时效效力从干预模式向私人自治模式的转换之后,可能出现一个在干预模式之下不可能也没有必要存在的问题——法官释明。释明是大陆法系民事诉讼的重要概念和制度,虽然对于释明究竟是法官的权利还是义务还有不同的理解,但基本上都认为释明"可以消除因'机械地、形式地'适用辩论主义而产生的不合理因素"[1]。关于释明的范围,张卫平教授概括为以下四点:(1)当事人的声明有不明确的,应予释明;(2)对当事人的不当声明,应通过释明加以消除;(3)诉讼资料不充分时,可以通过释明令其补充;(4)通过释明,使当事人提出新的诉讼资料。[2] 对于诉讼时效援引而言,释明意味着法官向当事人指出诉讼时效以使其明确抗辩权的存在,防止当事人因法律知识和意识等的欠缺而错过主张的机会。事实上,在被我们视为抗辩权发生主义的典型代表的德国,对于"法官是得向被告指出消灭时效而无须担心有失偏颇,尚有不同看法"[3]。在日本,法院关于诉讼时效方面的释明也经常成为人们争论的话题。[4] 在我国,现行法确立的诉讼时效效力的干预模式排除了法官释明的必要,但是已有学者提出自治模式确立之后的释明问题。[5]因此,只要在实体法上坚持效力自治模式,在程序法上坚持辩论主义模式,那么诉讼时效的释明问题的出现几乎是不可避免的。

就我国而言,法官释明问题由于以下原因,更有可能成为一个引人关注的问题。首先,诉讼时效制度在某种意义上是帮助义务人对抗权利人的法律武器,这在干预模式之下通过法官主动援引诉讼时效而得到了"彻底"的贯彻,因此义务人缺乏法律意识而不知有诉讼时效抗辩的存在并不会构成对义务人行使这一权利的任何障碍。然

---

[1]　〔日〕高桥宏志:《民事诉讼法:制度与理论的深层分析》,林剑锋译,法律出版社 2003 年版,第 358 页。

[2]　参见张卫平:《民事诉讼:关键词展开》,中国人民大学出版社 2005 年版,第 28 页。

[3]　〔德〕迪特尔·梅迪库斯:《德国民法总论》,邵建东译,法律出版社 2000 年版,第 102 页。

[4]　参见〔日〕高桥宏志:《民事诉讼法:制度与理论的深层分析》,林剑锋译,法律出版社 2003 年版,第 363 页。

[5]　如王利明教授主编的《中国民法典学者建议稿及立法理由·总则编》第 237 条规定:"非经当事人主动援用时效抗辩,人民法院或者仲裁机构不得以诉讼时效作为裁判的根据。但为使受时效利益人明确其权利的存在,人民法院或者仲裁机构可以进行必要的阐明。"参见王利明主编:《中国民法典学者建议稿及立法理由·总则编》,法律出版社 2005 年版,第 417 页。

而在自治模式之下，提出诉讼时效抗辩成为义务人必须"自力更生"的事情，进而义务人自身的法律意识就成为决定是否能够提出诉讼时效抗辩的重要依靠。于是，我们可能产生义务人由于法律意识不足而无法提出诉讼时效抗辩的担心。其次，我国民事诉讼的职权主义传统强大，虽然近些年来当事人主义模式的因素不断增加，但是可以预计这种职权主义的影响还将长期存在。在职权主义诉讼传统中，法官俨然是一个"慈祥父亲"，他费尽心思为当事人作出一个公正的安排。在义务人没有提出诉讼时效抗辩来对抗权利人的主张时，法官向其指出存在时效抗辩的做法可能成为法官体现"父爱"和"为民作主"的手段。最后，诉讼时效效力干预模式的弊病引起了理论界和实务界的广泛批评，诉讼时效效力问题总体上处于一种提倡自治模式、批判干预模式的"革命"阶段。干预模式在长期实践中显现出来的局限性成为人们关注的焦点，然而一旦自治模式在立法上得到确认，其可能存在的局限就会成为新的焦点。笔者将立足诉讼时效的本质、民事诉讼中法官释明的意义以及我国的现实国情等基点，从多个角度论证：由于诉讼时效自身的特殊性，法官释明并未呈现出限制或补充民事诉讼辩论主义的必要性；而且就实体法而言，在诉讼时效援引中引入法官释明极有可能冲击我们未来建立起来的自治模式，背离诉讼时效制度的本旨。

(一) 私人的博弈与行动的权利

诉讼时效制度只是利用私人的理性行为机制（私人之间的博弈）来实现某些法律认为非常重要的目标，而不是像除斥期间制度那样通过直接消灭实体权利实现目标，排除了当事人自己做出选择的可能。简言之，法律要将诉讼时效制度打造成这样的机制：诉讼时效抗辩是一种"行动的权利"，一种依靠义务人自身的法律意识和自主选择去具体实践和实现的权利。诉讼时效制度只是赋予义务人表达自己立场的机会,并不要求义务人必须利用这种机会。在这个意义上,即使义务人因缺乏法律意识而没有提出诉讼时效抗辩,也并非意味着诉讼时效制度不起作用或形同虚设,而只是表明诉讼时效制度运作到什么样的状态或程度,与义务人自身的法律意识密切相关(当然,具有诉讼时效意识并不意味着当事人一定会选择提出这种抗辩)。我们不能将每一个义务人都提起诉讼时效抗辩看作诉讼时效制度运作的最好状态或应然状态,就像我们不能认为每一起纠纷都以法律诉讼的方式解决才是完美状态或正常状态一样。事实上,诉讼时效制度的这种精神实质已经清楚地反映在民法的具体规则之中,比如许多国家或地区的民法典就明确规定,债务人对超过诉讼时效期间所为的给付不得以不知时效期间已经经过为由而要求返还。

诉讼时效效力的私人自治模式与其说是劝说人们都去行使抗辩权,还不如说是为人们不行使抗辩权提供了一种可能性。这一点在与干预模式的比较中可以更清晰地显示出来,因为这种可能性在干预模式下是不存在的。尽管私人自治所作的"理性经济人"(相信每个人会作出最有利于自己的决定)的假定[1]从来没有完全地、彻底地实现(因为人的能力和智力等毕竟无法整齐划一,而且人的行为也不能完全从经济利益最大化的角度得到说明和解释),但它毕竟从人性的角度阐释了人类行为的基本特征和一般倾向,而且这种理性经济人的假定也为私人的自治和自由提供了基本的解释。虽然我们不能说私人自治是一种能够达到理想状态的方式,但它是我们目前能够选择的最好的也是最符合人的本性的方式。当然,笔者并非认为私人自治模式没有局限、个人之间的法律意识和能力的差异无须法律给予关注、我国诉讼时效制度目前的运作也无须改进,而是试图指

---

[1]　参见苏永钦:《走入新世纪的私法自治》,中国政法大学出版社 2002 年版,第 10 页。

出：就诉讼时效效力而言，这种关注或改进仍然必须从当事人视角入手，比如提高当事人的文化素质和法律意识、提高当事人的生活水平进而使其有能力聘请律师、大力发展律师业等，而不是从法官视角——引入法官释明——来加以考虑和解决。

(二)被忽视的"正当性不足"与被夸大的自治局限

赞同法官向义务人指出诉讼时效的一个可能的潜台词是：义务人可能并不知晓诉讼时效这个"武器"的存在，因而由法官指出这个武器的存在，至于其是否行使则由义务人自己决定。换句话说，诉讼时效效力的私人自治只是在任何个案中的义务人都明确知道这种抗辩的存在时才开始和有效，不知道诉讼时效抗辩的存在也就无所谓自主选择，因而也就无所谓自治。在这个潜台词背后又有两个前提：一是人们对诉讼时效制度的正当性持普遍认可的态度，就像欠债还钱一样，至少不存在明显的抵触；二是义务人的确需要法官的特别帮助，以使其免遭不公平的不利后果。然而，这背后的两个前提是否真的存在，或者至少像我们想象的那样存在是成问题的。

第一，正当性不足构成了我国诉讼时效制度的运作现状的一个重要侧面(尤其是在基层和乡村)。一方面，许多普通民众并不知晓有所谓的诉讼时效，而且即使知晓也未必愿意使用这一法律赐予的"武器"(除非某些特殊情形的出现，比如已获清偿的恶意的权利人又向义务人主张债权等)。事实上，将"欠债还钱"作为日常生活铁律的普通人对诉讼时效制度必然会有诸多疑问甚至不满[1]，或者说

---

[1] 事实上，实践中的确存在超过诉讼时效的债务，权利人通过私力救济方式(比如通过第三方进行民间收债)追讨债务的情形，根据徐昕教授的调查研究，"超过诉讼时效或申请执行期间等一些法律上有缺陷的权利，公力救济不予保护，但当事人仍可能试图通过私力救济实现这些'自然债权'。"参见徐昕：《论私力救济》，中国政法大学出版社2005年版，第179—180页。

诉讼时效究竟为何物的问题原本就无法进入他们的视野,即使根据官方的法律规定他们已经具备了提起诉讼时效抗辩的条件。在这种背景下,法官释明不仅无助于克服所谓自治模式的局限,反而可能加剧了诉讼时效制度与人们的朴素道德观之间的冲突,从而给诉讼时效制度获得认同带来新的障碍。另一方面,法官也常常对诉讼时效制度的适用持某种保留态度。实践中(特别是诸如因个人之间的交易或借贷纠纷而引起的民事诉讼中),法官对诉讼时效制度的适用往往出现所谓的"执法折扣"[1],即法官并不会完全严格地适用诉讼时效制度,而是会在相当程度上有所保留(至于在何种程度上保留往往会根据个案的具体情况而定),比如不会轻易以诉讼时效期间经过为由而判决驳回诉讼请求、放宽对诉讼时效中断的证据要求等。[2]"执法折扣"的存在表明,至少在部分法官看来,诉讼时效制度的严格适用可能会导致某种不公平。

　　第二,义务人对"法官释明"这种帮助的需要被夸大了。如果义务人是一个企业或其他组织,那么它通常都有自己专门的法务人员(较大的组织甚至还有专门的法务部),再加上组织长期从事复杂的市场交易而对相关法律的掌握比较娴熟,因此一般而言不存在因为缺乏法律意识而没有提出诉讼时效抗辩的问题。如果义务人是个人,这种帮助的需要也不像我们想象的那么大。一方面,民事诉讼常常存在律师代理,至少会咨询律师,或者寻求成本更低的方式进行咨询,比如咨询朋友或朋友的朋友(笔者就曾有这样被拐弯咨询的经

---

〔1〕　参见徐昕:《论私力救济》,中国政法大学出版社 2005 年版,第 246—251 页。
〔2〕　一位中级人民法院的法官曾撰文指出:"同行在谈论时,笔者发现大多数的法官对于诉讼时效都倾向于能认定中断的就认定中断,不轻易作出时效已过的判定,尤其是对于个人提起债权请求权的,更应当保护债权人的利益。很简单的原因,大家认为当事人一旦确立了给付的法律关系,作为权利人无形中便处于弱者的地位,而法律的制定是旨在保护债权人的合法权益的。"参见陈红雨:《诉讼时效是谁的"紧箍咒"》,载《中国律师》2004 年第 4 期。

历),从而那种所谓"法律意识低"的情形被大大减少了;另一方面,在基层甚至乡村背景下,由于上文"第一"中论述的人们对诉讼时效制度的正当性缺乏足够的认同,这种所谓的帮助可能变得毫无意义。因为它与人们的日常生活准则之间出现了断裂,人们感到并不需要诉讼时效制度因而也就谈不上义务人需要法官给予释明帮助的问题。当然,义务人不知晓诉讼时效而且如果知晓会毫不犹豫地提出这一抗辩,但是由于没有提出抗辩而遭受损失的情形(比如已经还款的义务人由于没有保留收条而被权利人二次催债,在没有提出抗辩的情况下被判决二次给付)并非不存在,但要避免这种极端而且只能是少数的情形,应当从当事人自身入手,我们不能将诉讼时效制度可能涉及的所有问题都归于让诉讼时效制度自身去解决。

(三)被误解的"损失"和被"想象"的弱势义务人

在诉讼时效援引中引入法官释明的另一个潜台词是:义务人如果因缺乏法律意识等原因未能提出时效抗辩将遭受损失,而这种损失在法律上是令人无法容忍的,是必须予以纠正或防止的(诉讼时效效力的干预模式或多或少秉持着这样的主张),而且未能行使时效抗辩权的义务人往往被认为是处于弱势的一方(不具备行使权利的法律意识或水平)。然而,这种预设是否成立是大可质疑的,尤其是在我国现阶段的环境下。

第一,义务人真正遭受损失的情形应该是由于年代久远无法举证因而无法对抗权利人请求的情形(这被公认为诉讼时效制度存在的重要价值之一),然而这一点在我国语境中却在很大程度上被以下两点抵消了:一是,我国现行法规定的过短的诉讼时效期间(如《民法通则》第135条规定的2年普通诉讼时效期间)与所谓"年代久远"极为不符(即使考虑到现代社会交易的频繁和快捷,也仍然存在较大差距），以至于导致对义务人的过度保护和对权利人的极端漠视。二是，我们通常只看到义务人需要保留收条等还款证明可能给义务人带来的负担，却往往忽视权利人为了避免对方的诉讼时效抗辩成功，也必须保留诉讼时效中断等的各种证据，而获得这种证据并将其提交法庭并不是一件容易的事情，这种负担在实践中常常超出前者的负担，至少是不会低于前者的负担。

第二，诉讼时效是一种通过使义务人"得利"的方式来间接督促权利人行使权利的制度，除了义务人由于年代久远无法举证的特殊情形，义务人没有行使抗辩权只是表明了其没有"得利"（这种得利是对权利人进行法律惩罚的副产品，因为他对行使权利置若罔闻），而不是实际遭受了"损失"（在民法关于"损害"的划分里，这既非所受之损害也非所失之利益）。我们总是试图确保义务人一定行使抗辩权，实际上在潜意识里将这种未能得利视为一种所失之利益，一种义务人的"本来应有"。实际上，义务人的这种"得利"只是诉讼时效制度实现特定目标的手段，而绝不是目的本身。

第三，由于诉讼时效制度被认为是限制权利人行使权利的制度，甚至可以说就是要权利人有所"损失"的制度，所以出现的一种思考倾向就是在权利人损失天经地义的预设之下考虑义务人可能的损失，义务人俨然成了一个想当然的受害人和弱势一方，进而缺少了一种对权利人和义务人各自利益进行反复比较和审慎权衡的心态，而这恰是诉讼时效制度的精神所在，也是其限度之所在。诉讼时效制度的设置和运作应当被视为一个基于公共利益和义务人利益保护而向权利人展开说服的过程，而不是一个对权利人的权利直接进行"剥夺"的制度（尽管这种"剥夺"有其理由）。

（四）法官介入与干预模式"复辟"的危险

尽管理论界和实务界已经对未来民事立法应当采取抗辩权发生

主义达成基本共识,而且我们也完全有理由相信未来的民法典会将这种共识通过明确的规则反映出来,但是它能否立刻发挥立法者预想的作用,却不是一个能够轻易回答的问题。由于我们曾经的(由于私人自治模式在现行法上没有确定,因而事实上也包括现在)干预模式和诉讼职权主义传统的影响并不会立刻消失,我们的任务应当是如何在观念和制度上确保自治模式的真正落实。换句话说,也许我们更应该担心这种自治模式的实践效果会打折扣而不是产生局限,并担心干预模式会不会"复辟"。"我们在追求可望而不可即的完美时,会因此毁坏或失去原本可以得到的美好的东西"[1],才是更需要我们时时引以为戒的。允许法官通过释明向当事人指出诉讼时效抗辩,可能已经超出了对自治模式的局限进行弥补的范畴,而极有可能导致干预模式的"复辟",尽管可能只是一种"有限"的"复辟"。之所以认为这是一种有限的"复辟",一方面是因为这种"复辟"主要存在于司法过程中,存在于法官审理的个案之中,而不是在立法上回归干预模式;另一方面是因为"法官释明"并不会存在于当事人缺乏法律意识的一切案件之中,也不会存在于每一个法官身上。

对干预模式"复辟"的担心在于,法官释明可能会大大模糊自治模式与干预模式的差异,特别是在权利人眼中更是这样。在干预模式下,法官可以不经当事人主张就直接援引诉讼时效,或者说是制度要求和允许法官代替义务人提出诉讼时效抗辩;而在自治模式下,如果义务人没有提出诉讼时效抗辩,那么法官将不能在判决中考虑诉讼时效抗辩,就像它根本不存在一样。然而,如果立法上一方面采取抗辩权发生主义而不允许法官主动援引诉讼时效,另一方面又允许法官可以预先告知义务人有这样一个"武器",那么法官的这种行为可能会给权利人这样一种印象:法官刻意要帮助义务人打赢官司。

---

[1] 蔡立东:《公司自治论》,北京大学出版社 2006 年版,第 7 页。

德国学者尧厄尼希已有这样的告诫:"法官无权或者甚至无义务进行——单方的——法律咨询……即使人们在法官的指示中总是看到对当事人的'建议',但这种建议也只有当其客观上不是意味着有利于一方当事人作为单方利益保护,而是也保护了另一方当事人利益时才合法。"[1]给当事人留下一种偏袒印象的更严重后果是,降低了民众对于刚刚建立的诉讼时效效力自治模式的信心。甚至他们会认为,与其允许存在这种实践效果还不如回到干预模式,因为这种意义上的自治模式甚至不如干预模式简单明了。

三、通过私人行为实现法律控制:
诉讼时效自治模式中的国家治理策略

诉讼时效效力的私人自治转向,绝不仅仅是诉讼时效制度本身的规则变化和观念转换,它在一个更深的层次反映了国家法律治理策略的渐进式的私人自治转向,这种转向已经在近些年来的各种民事立法中获得了不同程度的体现[如《合同法》《公司法》(均已失效)等],而且我们有理由相信这种转向还将继续和深入。在此意义上,将诉讼时效效力模式的自治转向放在国家法律治理策略转向的大背景中予以考察,不仅有助于我们从另一个更为宏观的视角深入理解诉讼时效效力自治转向的意义,而且这种考察本身也必将构成对国家法律治理策略转向的实例支持。

首先,民法乃是以私人为出发点和落脚点的,私人自治构成了民

---

[1]　〔德〕奥特马·尧厄尼希:《民事诉讼法(第 27 版)》,周翠译,法律出版社 2003 年版,第 133 页。

法的基调和基础。[1] 考虑到私人自治与民法的这种内在一体性,国家在试图将公共利益考量导入民法时,应当将利用人的理性行为机制、通过私人之间的博弈来达成目标作为首选方式,而不是一味地直接采用强制性的干预方式。历史已经证明,不分公域与私域而一味采取干预模式,极易导致公权力打着维护公共利益的幌子在私域中不适当地甚至粗暴地延伸,其结果是:一方面,私人空间被压缩、私人选择在事实上被剥夺;另一方面,权力寻租大量出现,从而导致不仅民法没有发挥作用的空间,而且国家的治理本身也会面临正当性危机。在这一意义上,民法制度的构建和民法文化的培育从来都是与国家的治理策略联系在一起的,而不仅仅是一个法律自身的问题。就国家的法律治理而言,通过私人行为实现法律的预期目标既是一项高超的国家治理技术,更体现出一个国家试图界定国家领域与私人空间的界限的不懈努力。诉讼时效制度的实质是为了实现秩序、平和、减轻法院负担等公共利益和维护义务人利益而对权利人的权利进行某种限制,在对其效力模式进行设计时首先应当考虑的便是如何通过私人之间的博弈行为实现这种公共利益的目标。通过义务人行使抗辩权既达到了国家试图实现的公共利益目标,又将这种实现过程限定在当事人的自主选择框架之下。如此双赢的治理,国家何乐而不为?

其次,国家永远不是全能的,也不应当试图做到全能。国家的治理从来都只能是一种宏观的、为事物划定边界和设置框架的治理,而不是一种"事无巨细""事必躬亲"的治理。有所为也有所不为,能通过软性的激励解决的问题就不要使用硬性的强制,能通过

---

[1]　尽管其中的公共利益考量一直伴随民法并且有某种程度的增长趋势,以至于出现学者们所谓的"私法公法化"趋向,但是这充其量说明私法自治在面对不断变化的社会条件和时代变迁而作出的适应性调整,而不是私法正在走向公法。

私人自治来解决的问题就不要进行干预。这不仅是民法始终坚持的方向,也应当是国家治理过程必须恪守的原则。尽管在法治被张扬的现代社会,人们越来越期待和习惯国家和法律为我们作出安排,以至于美国学者唐·布莱克将法律比喻成"一种令人上瘾的毒品"[1],而国家和法律也往往习惯为我们作出其自己认为合适的安排。但是,立法者也必须清楚地认识到,国家在一些私人完全可以自治的领域伸出触角,更有可能是"自找麻烦"。只要我们不是把国家治理的能力简单理解为一种单纯介入和干预的能力,而是认识到其中更包含着对这种介入和干预进行正当化说明的能力,那么国家向私人可以自治的领域伸出触角既非国家的能力所在也非其利益最大化之所在(国家将有限的能力和资源用在最需要和最适当的地方,从而在总体上提高了其治理能力)。诉讼时效效力干预模式的背后实际上是对国家全知全能和私人(义务人)弱小无助的预设以及对所谓公共利益的极度强调,正是这种预设和强调使其毫不犹豫、理直气壮地主动介入私人能够处理的事务,因为这种干预被认为达到了既扶助弱小又维护公共利益的公正目标。然而,干预模式对其干预可能性的过度自信和强调,以及对必要性和正当性证明的忽视,导致国家未能实现对能力和资源的合理和有效运用。

最后,诉讼时效效力的私人自治模式具有适应和维护民众的朴素道德情感和维系日常生活的意义。尽管与传统的乡土社会相比,现代社会可谓一个"陌生人社会",但是这种界定只具有相对的意义,"熟人社会"和"人情社会"仍然是我们都能感受到的现实存在。在这样的社会中,诉讼时效制度可能遭遇人们朴素情感的抵制。人们可能简单地将法律上的诉讼时效制度等同于借钱可以不还,而这

---

[1]　〔美〕唐·布莱克:《社会学视野中的司法》,郭星华等译,〔美〕麦宜生审校,法律出版社 2002 年版,第 85 页。

仅仅是因为权利人没有在法律规定的期间内催还,这一制度因而在某种程度上背离了民众的朴素道德情感。一方面,"欠债还钱"自古构成了人们心目中不可改变的铁的定律,无论是权利人还是义务人通常都拥有这样的共识;另一方面,在人们的朴素观念中,权利人没有在法律规定的时间(人们可能不清楚法律上竟然有这样的时间规定)内催还通常表明了权利人对义务人的情谊和宽容,这种情谊和宽容显然不能成为丧失权利的理由。义务人通常也会感激权利人的这种情谊和宽容,不会轻易利用这种法律装置来"损害"权利人的利益。诉讼时效效力的自治模式在某种意义上迎合或者照顾了民众的这种道德情感,尽管这种迎合或者照顾并不是自治模式主要的正当性理由。只要这种对民众朴素情感的迎合并不会导致与现代法律和价值理念的实质冲突,我们就应当给予其充分的尊重,因为"欲求人们对法具有宗教般虔诚的信仰,法本身就必须表明它与人们的日常生活不仅没有脱节而且还息息相关"[1]。

余　论

从"干预"到"自治"的转换是诉讼时效制度回归其本来面目的必由之路,也是国家"通过私人行为实现法律控制"治理策略的制度体现。面对自治模式可能出现的所谓局限,法官释明并不是解决这一问题的合理方式,真正有效和合理的方式乃是提高民众的法律意识水平和综合素质,这是一项长期、艰巨却更为基础的任务。除此之外,笔者还试图表达这样的思想:民事实体法与民事诉讼法制度之间的内在关联和相互配合应当引起我们足够的关注。这不仅是因为我

---

[1]　姚建宗:《法治的生态环境》,山东人民出版社 2003 年版,第 17 页。

国民事实体法与民事诉讼法都对诉讼时效制度进行了规范(尽管在诉讼时效效力的私人自治模式之下,民事诉讼法并没有必要对诉讼时效制度进行特别规定),笔者也是从实体与程序两个视角对诉讼时效效力的干预模式进行反思和对私人自治模式进行证成,而且还因为以下几个明显的理由:一是诸多所谓实体法问题都不只是实体法问题,而是实体法与诉讼法共同关注或需要二者共同解决的问题,诸如代位权、股东派生诉讼、诉讼标的、证明责任等;二是民事实体法与民事诉讼法因为法律体系内部职能分工而形成的相对独立状态,并不意味着它们"形同陌路"或者"老死不相往来",而是意味着它们合力保障民事权利的行使和民事义务的履行,实现民事法领域的纠纷解决和秩序维持;三是民事实体法与民事程序法具有某种天然的亲缘关系和共同的精神价值,我国民事实体法与民事诉讼法在诉讼时效效力模式方面的一致已经反映了这一点。总而言之,民事实体法与民事诉讼法的双重视角应该构成我们思考民事法问题的一个思维自觉。[1]

---

[1]　在走出自我封闭方面,民事诉讼法学者已经迈出了第一步,中国法学会民事诉讼法学研究会就将 2007 年年会的主题定为"民事程序法与民事实体法的关系"。

第2章 胜诉权消灭说的
"名"与"实"*

我们可以就问题达成一致意见，哪怕我们并不能就该问题的答案达成一致意见。[1]

——〔印〕阿马蒂亚·森《理性与自由》

源于苏联的胜诉权消灭说，在我国民法学上长期居于通说地位[2]，只是近些年来多遭批判。[3] 然而，既有批判多着眼于列举胜诉权消灭说概念和逻辑的难以自圆之处，对于胜诉权消灭说本身仍

---

* 本章内容曾以《胜诉权消灭说的"名"与"实"》为题发表于《中外法学》2012年第2期。

[1] 〔印〕阿马蒂亚·森：《理性与自由》，李风华译，中国人民大学出版社2006年版，第513页。

[2] 参见佟柔、赵中孚、郑立主编：《民法概论》，中国人民大学出版社1982年版，第79页；王作堂等编：《民法教程》，北京大学出版社1983年版，第125页；马原主编：《中国民法讲义》（上册），全国法院干部业余法律大学1986年印刷，第165页；凌相权、余能斌：《民法总论》，武汉大学出版社1986年版，第205页；唐德华主编：《民法教程》，法律出版社1987年版，第118页；李由义主编：《民法学》，北京大学出版社1988年版，第156页；彭万林主编：《民法学》，中国政法大学出版社1997年版，第136页；魏振瀛主编：《民法》（第三版），北京大学出版社2007年版，第193页；王利明主编：《民法》（第三版），中国人民大学出版社2007年版，第209页；郭明瑞主编：《民法》（第二版），高等教育出版社2007年版，第146页。

[3] 参见王利明：《民法总则研究》，中国人民大学出版社2003年版，第744—745页；李永军：《民法总论》，法律出版社2006年版，第745页；郑云瑞：《民法总论》（第二版），北京大学出版社2007年版，第319页；汪渊智：《论诉讼时效完成的效力》，载《山西大学学报（哲学社会科学版）》2002年第3期。

缺乏全面的理解和变迁解释,而理解实际上构成了批判的前提,甚至是一种更有力的批判。直接促使笔者写作的是如下事实:我们对权利消灭说、诉权消灭说、抗辩权发生说等效力学说的立法例存在诸多误解,这些误解性论说反过来又常常成为我们支持胜诉权消灭说的"有力"理由。这一事实促使笔者关注胜诉权消灭说的本质,澄清诸多对效力学说甚至对诉讼时效制度的误解。笔者试图展示,抛开苏联法学对我们的影响,胜诉权消灭说之"名"的形成源于两点:一是我们对权利消灭说、诉权消灭说和抗辩权发生说存在极深误解,使得胜诉权消灭说的出现成为必要;二是我们坚持起诉权与胜诉权相区分的二元诉权说,它成为胜诉权消灭说的论证和表达框架,也是其名称的直接来源。然而,胜诉权消灭说之"实"在于允许和要求法官依职权援用和审查时效,它构成了胜诉权消灭说与其他三种学说的本质区别,也是决定其价值和命运的根本所在。随着法官依职权援用时效被禁止,胜诉权消灭说已"名存实亡",但由于二元诉权说在民事诉讼法理论上的通说地位仍在(尽管质疑之声日涨),法律人和普通人使用"胜诉权"表述的惯性仍在,胜诉权消灭说至少在目前仍然做到了"实亡"而"名存"。

一、三种效力学说的"稻草人谬误"

我国学者常常先列举权利消灭说(以日本民法为代表)、诉权消灭说(以法国民法为代表)和抗辩权发生说(以德国民法为代表)三种学说的立法例,接着指出我国民法未选择其中任何一种,而是另外继承了苏联民法的胜诉权消灭说。遗憾的是,我们或者并不解释理由,或者将论证立基于对三种学说的误解之上。基于这些误解,认为其他学说的立法例漏洞百出,而胜诉权消灭说能够一一避免这些漏洞。于是,在既有三种学说外"另觅他途"的必要性和可能性论证均告完成。胜诉权消灭说的"胜利",在"客观效果"上构成了逻辑学上的"稻草人谬误",论证者为了使对手的论证易于被驳倒,先歪曲对手的论证,然后根据所驳倒的被歪曲的论证得出结论说,对手的论证被驳倒了。[1]

(一)权利消灭说

日本民法之所以被视为权利消灭说的典型,一方面源于日本学者的表述,"日本民法的时效,发生权利本身的取得或者消灭的效果"[2],另一方面源于《日本民法典》的规则表述给人的印象,如第167条规定:"债权因十年间不行使而消灭;债权或所有权以外的财产权,因二十年间不行使而消灭。"[3]日本民法的确是从"权利消灭"的角度来理解消灭时效效力的,而这一进路很大程度上与《日本民法典》将取得时效与消灭时效作"一体"规定的立法技术相关,由于时效效力必须兼顾两种时效,所以从取得时效的"权利取得"推论到消灭时效的"权利消灭"也就不足为奇。但这并不意味着,日本民法作此种处理会使消灭时效效力的实际效果不同于其他国家。

其一,日本民法规范和实践禁止义务人清偿后以时效为由主张不当得利返还。《德国民法典》第214条、《法国民法典》第1235条、《意大利民法典》第760条等都对此作出明确规定。《日本民法典》虽无此规定,但通过第146条"时效的利益不能预先放弃"及其学说

---

[1] 参见〔美〕帕特里克·赫尔利:《简明逻辑学导论(第10版)》,陈波等译,世界图书出版公司北京公司2010年版,第97页。
[2] 〔日〕我妻荣:《我妻荣民法讲义Ⅰ:新订民法总则》,于敏译,中国法制出版社2008年版,第402页。
[3] 《最新日本民法》,渠涛编译,法律出版社2006年版,第39页。

和判例实现了与德、法、意等国民法完全相同的效果。日本学者我妻荣就指出,可以从《日本民法典》第 146 条反推出时效利益可以"事后放弃",而已经履行的行为可以被视为"放弃",并认为这种"放弃"规则构成了对日本民法未规定"履行后不能要求返还"这一缺陷的弥补措施。[1]

其二,日本民法学对消灭时效和除斥期间虽都冠以"权利消灭"的效力表述,但真正称得上"权利消灭"的其实只是除斥期间,消灭时效则名不副实。除斥期间是指关于一定的权利的法律预定的存续期间。除斥期间当然发生效力,即使当事人不援用,法院也必须以此为基础作出裁判。因为这是权力本身的存续期间。[2] 而对于消灭时效,《日本民法典》第 145 条明确规定:"时效非经当事人援用,法院不能依时效裁判。"[3]

其三,仅根据"权利……消灭"的条文表述或者日本学者"权利消灭"的学术论述来推断"权利消灭"的真意"证据不足"。如果《日本民法典》第 167 条果真表达了我们眼中的"债权消灭"的含义,为什么第三编"债权"之第一章"总则"之第五节"债权的消灭"仅列举了"清偿""抵消""更改""免除""混同"等原因,并没有"时效完成"这一原因。反倒是被我们视为"诉权消灭说"的典型代表的法国民法规定了"时效完成"这一债的"消灭"原因(《法国民法典》第 1234 条)。

其四,日本学者"消灭时效的溯及力"的表述并不能直接表征我们理解的"权利消灭"。比如日本学者山本敬三就指出:"在消灭时效的情形,自权利人明知或者应当知道自己的权利受到侵害之日起

---

〔1〕　参见〔日〕我妻荣:《我妻荣民法讲义Ⅰ:新订民法总则》,于敏译,中国法制出版社 2008 年版,第 420 页。

〔2〕　参见〔日〕我妻荣:《我妻荣民法讲义Ⅰ:新订民法总则》,于敏译,中国法制出版社 2008 年版,第 420 页。

〔3〕　《最新日本民法》,渠涛编译,法律出版社 2006 年版,第 35 页。

权利消灭。因此,债务也从该时刻起消灭,以后的利益以及迟延损害金就没有必要支付了。"[1]我国有学者根据该表述认定"权利消灭说"的成立。[2] 然而,这种因果解说无法解释为何作为抗辩权发生说的典型代表的德国民法也存在类似规定。《德国民法典》第 217 条规定:"主请求权完成消灭时效时,对取决于主请求权的从给付的请求权也完成消灭时效,即使这一请求权所适用的特别消灭时效尚未完成也是如此。"[3]

我们对"权利消灭说"的误解主要源于对法典条文的字面理解和对时效规则的断章解释,只见"债权……消灭"规定,不见"时效利益抛弃"规定。我们或者认为权利消灭说与时效利益抛弃原则相冲突[4],或者认为日本民法中权利人接受义务人的履行构成不当得利[5],或者仅因为《民法通则》(已失效,下同)第 138 条"超过诉讼时效期间,当事人自愿履行的,不受诉讼时效限制"的规定而否定其属于日本型的权利消灭说[6],等等。我们似乎已经忘记了解释的规则,"由字义已经'明确地'得出某种意义,这种确认本身经常已经是一种解释的结果","在探求某用语或某语句于某文字脉络中的意义为何时,法律的意义脉络(其前后关系)是不可或缺的"[7]。对权利消灭说的误解影响我们对胜诉权消灭说的选择的一个证据就是,我国有学者描述胜诉权消灭说时通常都会特别指出"不消灭实体权利",仿佛这是胜诉权消灭说的显著特点,甚至

---

〔1〕〔日〕山本敬三:《民法讲义Ⅰ:总则》,解亘译,北京大学出版社 2004 年版,第 390 页。

〔2〕参见冯恺:《诉讼时效制度研究》,山东人民出版社 2007 年版,第 233 页。

〔3〕《德国民法典》,陈卫佐译注,法律出版社 2004 年版,第 64 页。

〔4〕参见尹田:《民法总则研究》,法律出版社 2003 年版,第 448—449 页。

〔5〕参见刘凯湘:《民法总论》(第三版),北京大学出版社 2011 年版,第 373 页。

〔6〕参见梁慧星:《民法总论》(第四版),法律出版社 2011 年版,第 249 页。

〔7〕〔德〕卡尔·拉伦茨:《法学方法论》,陈爱娥译,商务印书馆 2003 年版,第 220 页。

不少学者将《民法通则》第 138 条视为胜诉权消灭说的立法表述[1],对各国民法的通行条款给予了过分关注。

(二) 诉权消灭说

《法国民法典》第 2262 条规定:"一切物权或债权的诉权,均经 30 年的时效而消灭,援用此时效者无须提出权利证书,他人亦不得对其提出恶意的抗辩。"[2]我国学者便是根据这一条文将法国民法视为诉权消灭说的典型立法例。[3] 然而,根据"诉权"字样进行的界定可能受到法典中另外两个条文的挑战。《法国民法典》第 1234 条规定:"有下列情况之一时,债消灭:清偿;更新;自愿免除;抵消;混同;标的物灭失;……时效完成,此项情形在第二十编中规定。"[4]第 2219 条规定:"时效,为在法律规定的条件下,经过一定的时间,取得财产所有权或免除义务的方法。"[5]这产生了三个问题:第一,如果仅从字面含义看,法国民法似乎陷入了"诉权消灭说"和"权利消灭说"的矛盾。第二,第 2262 条在法典中位于第二十编"时效及占有"之第五章"时效期间",直接将该条作为效力条款看待缺乏依据。反倒是第 2219 条更像效力条款,因为该条作为第一章"一般规定"的首条存在。第三,从第 1234 条和第 2219 条来看,法国民法与日本民法似乎都是站在"权利消灭"的视角,这主要是因为《法国民法典》和

---

[1]　参见李由义主编:《民法学》,北京大学出版社 1988 年版,第 156—157 页;魏振瀛主编:《民法》(第三版),北京大学出版社、高等教育出版社 2007 年版,第 193 页;郭明瑞主编:《民法》(第二版),高等教育出版社 2007 年版,第 146 页;王卫国主编:《民法》,中国政法大学出版社 2007 年版,第 174 页。

[2]　《法国民法典》,马育民译,北京大学出版社 1982 年版,第 423 页。

[3]　参见魏振瀛主编:《民法》(第三版),北京大学出版社 2007 年版,第 193 页;江平主编:《民法学》,中国政法大学出版社 2007 年版,第 252 页;王利明、杨立新、王轶、程啸:《民法学》(第三版),法律出版社 2011 年版,第 157 页。

[4]　《法国民法典》,马育民译,北京大学出版社 1982 年版,第 240 页。

[5]　《法国民法典》,马育民译,北京大学出版社 1982 年版,第 419 页。

《日本民法典》都采取了将消灭时效和取得时效作一体规定的模式。

如果硬要在日本法、德国法和法国法中总结出三种学说并将法国法冠以"诉权消灭说",法国法独一无二的"程序"视角倒是与"诉权消灭"标签相符合。只有法国法在民事诉讼法中对消灭时效效力给予关注。《法国民事诉讼法典》第 32 条规定:"由没有诉讼权利的人提出或者针对其提出的任何诉讼请求,均不予受理。"[1]第 122 条规定:"旨在请求法院宣告对方当事人因没有诉讼权利,诸如无资格、无利益、时效期间已过、已过预定期限、属于既判事由之原因,其诉讼请求不经实体审查而不予受理的任何理由,均构成诉讼不受理。"[2]诉讼不受理作为一种"程序警控工具","所针对的是当事人的诉权本身,其目的是对不具备诉权的当事人予以惩罚"[3]。法国法基本继承了罗马法在该问题上的逻辑,因为在罗马法上,"因时间流逝而消灭的不是我要求清偿的权利,而是我要求法院强制执行的诉权"[4],而罗马法学者则于其教材中的"诉讼的消灭"一节谈消灭时效。然而,法国法的程序逻辑并不意味着消灭时效完成等于法官必然不受理起诉,因为"诉讼不受理"由债务人提出(根据《法国民事诉讼法典》第 123 条,债务人可于诉讼的任何阶段提出),而非由法官依其职权提出;程序逻辑也不意味着终极效果上不同于保持实体视角的德、日民法,诉讼不受理只是"一种回避实体辩论的方法,其特点是由程序形式来体现"[5],德国法就是"实体辩论",而法国法则是"程

---

〔1〕《法国新民事诉讼法典》(上册),罗结珍译,法律出版社 2008 年版,第 80 页。

〔2〕《法国新民事诉讼法典》(上册),罗结珍译,法律出版社 2008 年版,第 200 页。

〔3〕〔法〕洛伊克·卡迪耶:《法国民事司法法》,杨艺宁译,陆建平审校,中国政法大学出版社 2010 年版,第 361、362 页。

〔4〕〔英〕巴里·尼古拉斯:《罗马法概论》(第二版),黄风译,法律出版社 2004 年版,第 131 页。

〔5〕〔法〕让·文森、〔法〕塞尔日·金沙尔:《法国民事诉讼法要义》(上),罗结珍译,中国法制出版社 2001 年版,第 207 页。

序形式",其相同结果是权利人的权利不能得到实现。

我国有学者在言及诉权消灭说时常常只点到"权利存在,诉权消灭"即止,并未具体阐明诉权"如何"消灭。较少出现的解说也常存有误解,某些批判带有"自说自话"的意味。有学者认为诉权消灭说与诉权宪法化趋势相冲突[1],有学者认为胜诉权消灭说是为强化诉权保护而对诉权消灭说的推进或延伸[2],还有学者认为诉权消灭说无法解释法官不能主动审查和援用时效的问题[3]。事实上,这些批判都立基于诉权消灭说等于"法律不允许权利人起诉"或"法院可依职权不予受理"这一前提,而该前提只是被我们误以为存在。我们对诉权消灭说的理论认识常常不是对法国法的体系性理解和追根溯源,而是在胜诉权消灭说的框架下进行的"想象"。"法官不得主动援用时效"规则(《法国民法典》第 2223 条)的存在实际上使以起诉权为思考基点并无实质意义,对该规则的忽视是我们误解诉权消灭说的重要根源。

(三)抗辩权发生说

抗辩权发生说的典型立法例是德国法,《德国民法典》第 214 条"消灭时效完成后,债务人有拒绝给付的权利"[4]已成经典表述。德国学者言及时效效力时都会提到关键词"抗辩权",如"时效不是权利消灭的原因,它只给予义务人一个抗辩权"[5],"债务人在消灭时

---

[1]　参见邹开亮、肖海:《民事时效制度要论》,知识产权出版社 2008 年版,第 190 页。

[2]　参见冯恺:《诉讼时效制度研究》,山东人民出版社 2007 年版,第 239—240 页。

[3]　参见汪渊智:《民法总论问题新探》,人民法院出版社 2005 年版,第 399—400 页。

[4]　《德国民法典》,陈卫佐译注,法律出版社 2004 年版,第 63 页。

[5]　〔德〕卡尔·拉伦茨:《德国民法通论》(上册),王晓晔等译,法律出版社 2003 年版,第 334 页。

效届满后有权拒绝给付,这是一种技术意义上的抗辩权"〔1〕。这些表述既点出了抗辩权发生说的核心——赋予义务人实体抗辩权,又显示了学说名称的直接由来。在三种学说的立法例中,我们一直与抗辩权发生说保持着相对"友好"的关系且日渐升温。这可能有三个原因:第一,抗辩权发生说不像权利消灭说、诉权消灭说那样给人以"走极端"的印象,其遭受的误解也相对较少;第二,民国时期以来我国对德国法的继受以及20世纪80年代以来对我国台湾地区学者的著述的参考,使抗辩权发生说具有并巩固了"先占"优势;第三,在近些年来私人自治已成共识的背景下,抗辩权发生说天然的私人自治"公示"效果为其赚足了"人气"。

当然,说一直以来我们对抗辩权发生说没有任何误解或者理解已足够到位,似乎也不尽然。指出某些误解并增进理解的精致化,不仅有助于理解抗辩权发生说曾遭冷落的现实,而且会有助于未来抗辩权发生说的立法表述和对其进行的司法适用。

首先,我们在表述时效效力时使用的"抗辩权"经常与抗辩权发生说的"抗辩权"不一致。抗辩权发生说的"抗辩权"是指"实体抗辩权",而不是义务人援用时效后的自然效果。学者们在表述诉权消灭说、胜诉权消灭说时也可能提到"抗辩权",但其不具有界分效力模式之功用。如有学者指出:"诉讼时效制度是直接针对权利人不行使自己权利的状态予以规范的制度,所以时效完成后应直接对权利人产生法律效果,至于义务人获得拒绝履行抗辩权则是其反射效果,而不是直接效果。事实上,即使采诉权消灭说的立法也能导致义务人拒绝履行抗辩权的发生。"〔2〕虽然该表述对于反思效力模式划分限度

---

〔1〕　〔德〕迪特尔·梅迪库斯:《德国民法总论》,邵建东译,法律出版社2000年版,第102页。

〔2〕　汪渊智:《民法总论问题新探》,人民法院出版社2005年版,第399—400页。

具有警示效果,但在如此理解抗辩权发生说中"抗辩权"之时也是走出抗辩权发生说逻辑之际,它包含着取消时效效力模式划分的取向,因为所有效力模式最终都表现为"义务人不必履行义务"。

其次,我们通常只在表述抗辩权发生说时才强调法院不得主动援用时效,而在其他效力模式的描述中极少提及,客观上便给人这样一种印象:法官不得主动援用时效是抗辩权发生说的独特之处并基于此与诉权消灭说、权利消灭说相区别。如有学者指出:"抗辩权产生说,认为消灭时效届满后,权利人仍然享有起诉权,法院不能主动援用时效制度,也不能驳回权利人的起诉。义务人以时效届满为由行使抗辩权,法院应驳回权利人的主张。该说避免了诉权消灭说与实体权利消灭说存在的弊端,体现了私法自治的理念,充分尊重了当事人的意思。"[1]这种印象不仅未能把握抗辩权发生说的真谛,而且使胜诉权消灭说未承受足够的反思压力,因为其在职权援用上似乎并非特立独行,相反可能与权利消灭说和诉权消灭说构成"多数派"。

最后,我们对抗辩权发生说立法例的认定有时存在简单化倾向。我国有学者认为,根据《苏俄民法典》第 87 条第 1 款,诉讼时效在起诉前过期,是拒绝应诉的理由。这表明苏联民法也采取了抗辩权发生说。[2] 这种观点应该是基于我国学者对《苏俄民法典》第 87 条的翻译而形成:"诉讼时效在起诉前过期,是拒绝应诉的根据。如果法院、仲裁署或公断法庭认为造成诉讼时效过期有正当原因,则对于被侵犯的权利应予保护。"[3]但我国翻译的几本苏联民法教材,却将该

---

[1] 郑云瑞:《民法总论》(第二版),北京大学出版社 2007 年版,第 319 页。
[2] 参见马原等主编:《中国民法教程》,中国政法大学出版社 2001 年版,第 218 页;梁慧星:《民法总论》(第四版),法律出版社 2011 年版,第 249 页;张弛:《论诉讼时效客体》,载《法学》2001 年第 3 期。
[3] 《苏俄民法典》,马骧聪、吴云琪译,中国社会科学出版社 1980 年版,第 31 页。

条款表述为：诉讼时效在起诉前期满，是驳回诉讼的理由。[1] 如果不着眼于字面表述，而是结合《苏俄民法典》的相关条款综合考虑，第87条第1款应为"法官驳回诉讼"而不是"当事人拒绝应诉"。其一，虽然"拒绝应诉"之前看似缺少了"主语"，但从第87条第1款和第2款综合来看，拒绝应诉的主语也应为法院、仲裁署或公断法庭。其二，《苏俄民法典》第82条规定："法院、仲裁署或公断法庭，不论双方当事人声请与否，均应适用诉讼时效。"[2] 当事人拒绝应诉与第82条的法官职权援用显然冲突，法官驳回诉讼倒是与第82条保持了一致。

二、作为"包装"的二元诉权说

一般认为，苏联的胜诉权消灭说直接源于其民事诉讼法理论中的二元诉权说，而我国同时继承了胜诉权消灭说和二元诉权说。二元诉权说作为胜诉权消灭说的表达框架取得了"至高无上"的地位，仿佛该框架本身就会产生不同于其他三种效力学说的实际效果。实际上，二元诉权说只是体现了胜诉权消灭说的"程序路径"而已。

（一）二元诉权说+胜诉权消灭说：苏联渊源与中国继承

二元诉权说由苏联学者顾尔维奇首倡，他主张诉权应该包含

---

[1] 参见〔苏联〕B. П. 格里巴诺夫、〔苏联〕C. M. 科尔涅耶夫主编：《苏联民法》（上册），中国社会科学院法学研究所民法经济法研究室译，法律出版社1984年版，第256页；〔苏联〕B. T. 斯米尔诺夫等：《苏联民法》（上卷），黄良平、丁文琪译，中国人民大学出版社1987年版，第225页。

[2] 《苏俄民法典》，马骧聪、吴云琪译，王家福、程远行校，中国社会科学出版社1980年版，第29页。

三个部分:(1)程序意义上的起诉权;(2)实质意义上的诉权;(3)认定诉讼资格意义上的诉权。[1] 苏联民事诉讼法理论保留了前两种含义,逐步形成了后来通行的二元诉权说。[2] 苏联民法学者也是在二元诉权说的框架内阐述诉讼时效效力的。比如,"超过诉讼时效期限所消灭的不是程序意义上的诉权而是实体意义上的诉权。实体意义上的诉权就是有权在法院的帮助下对于从某种主体权利所产生的要求权获得强制执行。诉讼时效期满后,享有主体权利的人已经不能取得法院的强制制裁,他不能获得对自己有利的判决——法院驳回他的诉讼"[3]。胜诉权消灭说俨然构成了二元诉权说理论价值超越民事诉讼法学的经典例证。

我国民事诉讼法理论完全继承了二元诉权说。早期的权威教材《民事诉讼法教程》明确指出:"诉权就是原告提起诉讼的权利和获得胜诉的权利。对原告来说,这两种权利往往结合在一起,因为没有提起诉讼的权利,就不可能有胜诉的权利;反之,如果原告没有胜诉的权利,就是提起诉讼,对原告也不会有实际意义。"[4]我国有民法学者就完全在二元诉权说的框架下展开对《民法通则》第 135 条"向人民法院请求保护民事权利的诉讼时效期间"的解释:"时效期间届满后,当事人向人民法院起诉的,只要符合 1982 年《民事诉讼法(试行)》(已失效)关于起诉的规定,人民法院就应当立案受理,而不应当通知不予受理或裁定驳回起诉。只有在受理以后,才能查明时效

〔1〕　参见〔苏联〕M·A·顾尔维奇:《诉权》,康宝田、沈其昌译,中国人民大学出版社 1958 年版,第 224 页。

〔2〕　参见〔苏联〕C·H·阿布拉莫夫:《苏维埃民事诉讼》(上),中国人民大学民法教研室译,中国人民大学出版社 1954 年版,第 216—217 页;〔苏联〕A·A·多勃洛沃里斯基等:《苏维埃民事诉讼》,李衍译,法律出版社 1985 年版,第 178 页。

〔3〕　〔苏联〕Д·M·坚金主编:《苏维埃民法》(第一册),中国人民大学民法教研室李光谟、康宝田、邬志雄译,法律出版社 1956 年版,第 319 页。

〔4〕　柴发邦主编:《民事诉讼法教程》,法律出版社 1983 年版,第 190 页。

期间是否届满,是否存在能够引起诉讼时效中止、中断的法定事由,是否有可以延长时效期间的正当理由。人民法院经过调查审理,如果认定原告的诉讼请求已超过诉讼时效期间,又没有中止、中断或延长的情况,则应判决确定原告人丧失了胜诉权。"[1]

(二)胜诉权消灭说的"程序路径"

以二元诉权说为表达框架表征了苏联民法在诉讼时效效力上的"程序"路径。从程序路径看待诉讼时效可追溯到罗马法,罗马法的程序路径主要源于其实体与程序混合的"诉权"或"诉"概念,"诉讼不仅具有主观法的一般特点,而且存在着大量不同类型的诉讼,它们有着自己的名称,有的是为权利而设置,有的则是为法律关系而设置,这要看表现得较为明显和确切的是权利还是法律关系;甚至,人们经常用说有没有诉讼权利或诉权,表示有还是没有权利"[2]。难怪英国学者梅特兰发出"实体法首先是从程序的缝隙中逐渐渗透出来的"[3]的感慨;日本学者谷口安平也提出"诉讼法乃实体法发展之母体"[4]的论断。除法国法对罗马法的继承与发扬光大外,英美法也对消灭时效进行了程序性解说。比如,著名的《布莱克法律词典》就对诉讼时效作如下定义:"诉讼时效是指一项法定期间,在该期间

〔1〕 马原主编:《中国民法讲义》(上册),全国法院干部业余法律大学 1986 年版,第 165 页。类似表述参见王作堂等编:《民法教程》,北京大学出版社 1983 年版,第 125 页;佟柔主编:《中国民法学·民法总则》,中国人民公安大学出版社 1990 年版,第 317 页;彭万林主编:《民法学》,中国政法大学出版社 1997 年版,第 137 页。

〔2〕 〔意〕彼德罗·彭梵得:《罗马法教科书》,黄风译,中国政法大学出版社 1992 年版,第 85—86 页。

〔3〕 转引自〔英〕梅特兰:《普通法的诉讼形式》,王云霞等译,商务印书馆 2010 年版,第 34 页。

〔4〕 〔日〕谷口安平:《程序的正义与诉讼》(增补本),王亚新、刘荣军译,中国政法大学出版社 2002 年版,第 65 页。

经过之后诉讼或起诉不能再在法院提起。"[1] 有英国学者甚至明确指出:"时间的经过被视为一个程序问题而不是一个实体问题,时效会被作为防御而被承认。"[2]

德国法的抗辩权发生说是罗马法程序传统的一个"著名的例外"。德国法是罗马法的重要继承者,德国"普通法"的主要渊源就是查士丁尼的各种法律汇编[3],拉德布鲁赫甚至感叹道:"一个伟大的民族为了一个外国的、异国语言的、千年之久的法典而放弃了她的祖国的法律。"[4]但是,德国学者对立法中的"民族精神"的强调,以及对日耳曼法等其他普通法法源的吸收,再加上对其逻辑抽象能力的极致发挥等,使德国民法在诸多方面作出了影响深远的"创新",诉权概念上的"另起炉灶"就是其中之一。创始人温德沙伊德认为,实体权利在先或者说是创造者,而诉讼在后或者说是被创造者。《德国民法典》就是以此为基础而设计的主要由其可诉性是不言而喻的实体法上的请求权组成的系统。[5] 随着实体请求权从诉的概念中分离,民事诉讼被视为私人在裁判上行使私法权利的过程或手段,诉权成为实体请求权被侵害时的"变形物"或"派生物",产生了所谓"私权诉权说"。[6] 在此意义上,德国民法赋予义务人实体抗辩权是德国学者发现请求权概念和重塑诉权概念的自然结果。

苏联民法的胜诉权消灭说总体来说仍是一种"程序"进路,这是

---

〔1〕 Bryan A. Garner (eic), *Black's Law Dictionary (8th edition)*, Thomson West, 2004, p. 947.

〔2〕 John Weeks, *Preston and Newsom on Limitation of Actions (4th)*, Longman, 1989, p. 12.

〔3〕 参见〔德〕弗里德尼希·卡尔·冯·萨维尼:《论立法与法学的当代使命》,许章润译,中国法制出版社 2001 年版,第 29—30 页。

〔4〕 〔德〕拉德布鲁赫:《法学导论》,米健、朱林译,中国大百科全书出版社 1997 年版,第 60 页。

〔5〕 参见〔德〕沃尔夫冈·策尔纳:《实体法与程序法》,载〔德〕米夏埃尔·施蒂尔纳编:《德国民事诉讼法学文萃》,赵秀举译,中国政法大学出版社 2005 年版,第 102 页。

〔6〕 参见〔日〕新堂幸司:《新民事诉讼法》,林剑锋译,法律出版社 2008 年版,第 175—176 页。

事实。但有两点必须指出:第一,胜诉权消灭说的程序特色与抗辩权发生说的实体逻辑虽然不同,但从苏联法和德国法都在实体法中规定消灭时效规则的立法技术来看,二者的差异不应被过分放大。胜诉权有类似实体权利的特质,只是严实包裹着诉权的外衣。第二,胜诉权消灭说虽与诉权消灭说同属"程序"进路,但是二者的差异也甚为明显。二者看似都从诉权角度予以阐释,但所依据的诉权概念其实不同。法国法的诉权是纯粹程序性的,而苏联法上的诉权是实体与程序"二元"的。我们更倾向从程序角度理解法国法的诉权消灭说(尽管其中充满了误解),而从"准实体"角度来理解苏联的胜诉权消灭说。正是基于这两点,胜诉权消灭说的程序逻辑是远不如法国法彻底的,甚至在某种程度上只是"话语上"的。这恐怕是我们能够从追随苏联模式从容转向效仿德国模式的便利条件,也是我国鲜有对诉讼时效问题感兴趣的程序法学者的原因。

(三)二元诉权说之反思

诉权作为民事诉讼法理论的"猜想级"问题,固然学说林立、争论不断。不过学说争论的表象往往也掩盖了作为前提的共识,目前大陆法系通常都是在"国民与国家(代表国家的法院)"之间"要求裁判与接收裁判"的意义上谈论诉权的。[1] 至于"私法诉权说""公法诉权说"(具体包括抽象诉权说、具体诉权说、司法请求权说、本案请求权说等)等学说,都是学者们在特定历史阶段、基于特定立场,并有特定侧重而提出的"枝权学说",目的在于解释"要求裁判与接收裁判"

---

[1] 参见〔意〕莫诺·卡佩莱蒂等:《当事人基本程序保障权与未来的民事诉讼》,徐昕译,法律出版社 2000 年版,第 24 页;〔德〕奥特马·尧厄尼希:《民事诉讼法(第 27版)》,周翠译,法律出版社 2003 年版,第 196 页;〔日〕新堂幸司:《新民事诉讼法》,林剑锋译,法律出版社 2008 年版,第 179 页;王甲乙、杨建华、郑健才:《民事诉讼法新论》,三民书局 2010 年版,第 267 页。

背后的根据和逻辑(究竟是基于公法的权利,还是实体权利的变形等);所谓"诉权否定说"也并非否定诉权的实质,即要求裁判本身,而是否定诉权概念及其解释的必要性。在该学说看来,在公力救济取代私力救济之后,赋予当事人以诉权是不言而喻的。就此而言,对诉权概念的否定恰好彰显出诉权应有的程序和公法属性。

我国民事诉讼法学界已开始反思继承于苏联的二元诉权说,不少学者认为,实体意义上的诉权实际上与实体请求权并无实质区别,因而无独立价值;应当强调诉权的"程序"和"公法"属性;诉权是启动和运行民事诉讼程序的根据,反映了国民与国家的关系。[1] 有法理学者甚至明确提出了"将诉权理论的发展引向诉讼过程之中,转'诉权——实体权利'为'诉权——诉讼权利'"[2]的学术建议。当然,承认诉权的程序和公法属性,并不会也不可能否认其与实体的关联及其服务功能,实体法学者早已接受了"诉权是私权通向公权力的桥梁"[3]的观念。笔者完全赞同对诉权作"程序"和"公权"的理解,并试图指出,在反思二元诉权学说乃至胜诉权消灭说时我们应注意如下五个事实:

第一,二元诉权说并非区分"程序与实体""起诉与审理"的有效途径。我国有学者在论证二元诉权说的意义时曾指出:"在实际工作中,由于有些人没有严格区分这两种诉权,因而错误地剥夺了某些当事人的诉权。例如,有的审判人员认为原告起诉的事实根据不足就不受理其案件……另外,有些当事人没有程序意义上的诉权,但由于

---

〔1〕　参见刘荣军:《程序保障的理论视角》,法律出版社 1999 年版,第 256 页;张卫平:《民事诉讼法》(第二版),法律出版社 2009 年版,第 32 页;李浩:《民事诉讼法学》,法律出版社 2011 年版,第 164 页。

〔2〕　丰霏:《诉权理论的发展路向》,载《中外法学》2008 年第 5 期。

〔3〕　彭诚信:《主体性与私权制度研究——以财产、契约的历史考察为基础》,中国人民大学出版社 2005 年版,第 242 页。

审判人员在接受起诉时不加以审查。因此错误地开始了诉讼程序。"[1]即使上述问题是事实,该"错误"与是否坚持二元诉权说也无实质关联。相反,二元诉权说可能加剧这两种错误的发生。一方面,"诉权"术语在国人的观念中本来就与程序或起诉有关(我们将诉权消灭说理解为起诉权消灭说并非偶然),此时从这一概念中区分出程序意义和实体意义,难免让人产生误解,或导致区分的困难。[2]另一方面,二元诉权说"在强调诉权的实体意义上,为立法限制当事人的诉权提供了理论依据"[3],并可能引发或加剧"实体要件"与"起诉要件"的混淆,进而加剧"起诉难"。[4]

第二,苏联学者在以二元诉权说解释胜诉权消灭说时,在逻辑概念的使用上并不完全一致。如诺维茨基指出,"因诉讼时效而消灭的是要求权,即指程序意义上的诉权,而不是要求权所由产生并借以为根据的实体民事权利本身","诉讼时效所消灭的并不是起诉权,即并不是向法院提出请求的权利,而是诉权,即取得审判上的保护的意义上的诉权"[5]。这与坚金、斯米尔诺夫等学者使用的二元诉权说(如前所述)存在差异。前者所谓程序意义上的诉权指向"权利得以强制执行"的意义,与其对应的是"实体权利"本身;而后者所谓程序意义上的诉权指向"起诉的权利",而将"权利得以强制执行"称为实体意义上的诉权。换句话说,前者程序意义上的诉权却是后者实体意义

---

〔1〕 柴发邦主编:《民事诉讼法教程》,法律出版社 1983 年版,第 192 页。

〔2〕 已有学者指出了这种困难,参见顾培东:《法学与经济学的探索》,中国人民公安大学出版社 1994 年版,第 227 页;常怡主编:《民事诉讼法学》(第六版),中国政法大学出版社 2008 年版,第 168 页。

〔3〕 刘荣军:《程序保障的理论视角》,法律出版社 1999 年版,第 262 页。

〔4〕 混淆实体要件和起诉要件而导致起诉条件的"高阶化",是导致"起诉难"的重要原因。参见张卫平:《民事诉讼:关键词展开》,中国人民大学出版社 2005 年版,第70—72 页。

〔5〕 〔苏联〕И. Б. 诺维茨基:《法律行为·诉讼时效》,康宝田译,中国人民大学出版社 1956 年版,第 155、249 页。

上的诉权。这种概念使用的不一致与其说表明了学者们在含义理解上的"个人性"分歧,不如说暴露了二元诉权说存在指称不明和界限不清的"一般性"局限。

第三,苏联学者肯定二元诉权说的原因之一就是解决类似"不能剥夺起诉权"等难题。顾尔维奇曾明确指出:"把起诉权和实质意义上的诉权混为一谈就会造成上述后果。例如,有时认为诉讼时效届满是起诉权的消灭;不作出驳回诉讼的实体判决(这种判决保护着被告的利益),而是终止案件,这样实际上就是使被告不能受到审判保护;实体权利存在与否的问题仍然没有得到解决。"[1]但随着《苏俄民法典》(1964)的出台,这一问题已不存在,该法典第 81 条规定:"法院、仲裁署或公断法庭,不管诉讼时效是否过期,均得受理有关保护遭受侵犯的权利的请求",从而修正了《苏俄民法典》(1922)第 44 条"起诉权,逾法律规定之期间而消灭"[2]中的"不确切术语"。换句话说,在诉讼时效问题上,肯定起诉权后,胜诉权概念已不再必要。

第四,我国学者对"实体权利"与"胜诉权"及其关系的理解并不一致。有学者在指出胜诉权消灭时强调实体权利并不消灭[3],有学者同时指出实体请求权消灭和胜诉的权利消灭[4],但也有学者明确主张胜诉权与实体权利只是名称不同[5]。这与其说是学者们对胜诉权的理解有差异的表现,不如说是二者并无实质差异的证据。其一,"胜诉权消灭而实体权利不消灭"并非同一逻辑框架内推演的结果。对胜诉权消灭的强调源于对起诉权消灭结果的避免,而对实体

〔1〕　〔苏联〕M·A·顾尔维奇:《诉权》,康宝田、沈其昌译,中国人民大学出版社 1958 年版,第 224 页。
〔2〕　《苏俄民法典》,王增润译,新华书店 1950 年版,第 18 页。
〔3〕　参见佟柔、赵中孚、郑立主编:《民法概论》,中国人民大学出版社 1982 年版,第 78 页;凌相权、余能斌:《民法总论》,武汉大学出版社 1986 年版,第 205—206 页。
〔4〕　参见郭明瑞主编:《民法》(第二版),高等教育出版社 2007 年版,第 144 页。
〔5〕　参见谢怀栻:《民法总则讲要》,北京大学出版社 2007 年版,第 201 页。

权利不消灭的强调源于对不当得利返还结果的防止。看上去"各司其职"的胜诉权与实体权利究竟是何关系之类的困惑与追问,一直被束之高阁。其二,胜诉权因二元诉权说的渊源,直接被贴上"程序"标签,这与实体权利的"实体"标签显然不同。也许在学者们看来,胜诉权与实体权利既然对应程序和实体,解决不同的问题,那么追问胜诉权与实体权利的区分就没有必要。

第五,我们一直更习惯于在关联的内部寻求区分,而不是在区分的基础上寻找关联。[1] 二元诉权说在我国被坚持不能不说是这种倾向的一个实例,它将与实体请求权并无实质差异的实体诉权和起诉权这两种完全不同的权利置于统一的"诉权"概念下。这里存在两个问题:一是,胜诉权术语的创造并没有改变起诉权与实体请求权并存的事实以及它们之间的关系,因而显得多余,它可能只是"将旧问题改变称谓而已"[2]。二是,胜诉权术语的出现反映出实体法与程序法"分离"的绝对化和过度化,我们试图在程序法或实体法逻辑内全面反映本来分别属于实体或程序领域的问题。胜诉权更像程序法为完成"自给自足"而对实体请求权进行的"改头换面",或者是实体法为彰显诉讼时效的诉讼结果指向而对程序法诉权逻辑的"拿来主义"。

三、法官职权援用时效:胜诉权消灭说之"本质特征"

在胜诉权消灭说的描述中,二元诉权说出尽风头,但只要仔细推敲就会发现,法官职权援用时效才是独特而令其他立法例国家的学者印

〔1〕 这是笔者对中国语境下证明责任概念的使用现状进行分析后得出的一个初步结论,参见霍海红:《证明责任概念的分立论——基于中国语境的考察》,载《社会科学》2009年第6期。
〔2〕 〔德〕魏德士:《法理学》,丁晓春、吴越译,法律出版社2005年版,第91页。

象深刻的地方。[1] 我国有学者在表述胜诉权消灭说时偶尔也会提及职权援用,或在言及其他学说时提及法国民法、日本民法中禁止法官主动援用,却并未继续追问职权援用与胜诉权消灭说的关系。一方面,我们过于注重概念和法条的字面比较,而缺乏对各种效力模式后果的具体关注。由于未对相关概念和条文作出准确理解,"胜诉权消灭"已经与"诉权消灭""权利消灭""抗辩权发生"呈现出如此的不同,以至于职权援用的差异已不重要。另一方面,胜诉权消灭说的理论逻辑应为:时效已过意味着权利人的胜诉权已经消灭,因而权利人不能胜诉。但要贯彻这种逻辑,仅依靠当事人提出时效抗辩是不够的,只有赋予法官职权援用的"权力"和"责任"才能够自圆其说。而实践中真正做到"胜诉权消灭"甚至需要法官百分之百地贯彻职权援用。正是在这两种意义上,法官可依职权援用时效在客观上构成了胜诉权消灭说的本质特征。

(一)法官职权援用时效的规则及其反思

《苏俄民法典》(1964)第 82 条规定:"法院、仲裁署或公断法庭,不论双方当事人声请与否,均应适用诉讼时效。"《德意志民主共和国民法典》第 472 条第 1 款规定:"公民或企业依照本法享有的请求权受时效的限制,在本法或其他法规规定的期限届满后,不得再诉请法院强制执行。"[2]《朝鲜民法》第 268 条规定:"裁判机关或仲裁机关,即使当事人未主张民事时效利益,亦应适用时效。"[3] 当我们今天提到胜诉权消灭说的苏联渊源时,也往往着眼于其"职权干预"特征:"胜诉权消灭说主要来源于苏联民法理论和立法的规定,后在社会主义国家民法典中被

---

〔1〕　参见〔德〕何意志:《法治的东方经验:中国法律文化导论》,李中华译,北京大学出版社 2010 年版,第 284 页。
〔2〕　《德意志民主共和国民法典》,费宗祎译,法律出版社 1982 年版,第 162 页。
〔3〕　《韩国民法典 朝鲜民法》,金玉珍译,北京大学出版社 2009 年版,第 233 页。

采用。其历史背景是,上述国家实行计划经济和单一公有制的经济制度,无论是在经济领域还是在法律领域,国家干预色彩浓重,因此,体现在诉讼时效制度的适用上,即规定法院应主动援引诉讼时效的规定进行裁判。"[1]我国民法虽然没有明确规定法官可依职权援用时效,但学者们普遍将《民法通则》第135条作此解释:"时效届满,权利人的胜诉权消灭,其起诉权和实体权利则不消灭。无论当事人是否了解时效的规定或是否提出时效抗辩,司法机关均应依职权调查诉讼时效问题,如果原告的请求或权利适用诉讼时效,且时效期间已经届满,又没有应予保护或延长时效期间的特殊情况,就应判决对其权利不予保护。这种做法,由苏联首先实行,并为我国和其他社会主义国家采纳。"[2]

就笔者所见范围,有两个明显的证据证明了我国《民法通则》采取了或者至少在实践中贯彻了法官职权援用。一个证据是,最高人民法院《关于民事诉讼当事人因证据不足撤诉后在诉讼时效内再次起诉人民法院应否受理问题的批复》(1990年3月10日)指出:"上海市高级人民法院:你院(89)沪高民他字第5号关于张珠英诉彭绍安债务纠纷案撤诉后能否立案受理的请示报告收悉。经研究,我们同意你院审判委员会的意见。原告张珠英以暂因证据不足为由申请撤诉,在第一审人民法院裁定准许其撤诉后,张珠英在诉讼时效期间内又提出新的证据再行起诉,人民法院应予受理。"根据民事诉讼法一般原理,当事人撤诉是对自己诉讼权利的处分,并未处分自己的实体权利,因此,当事人撤诉以后,还可以再行起诉。[3] 因此,该批复

---

〔1〕 最高人民法院民事审判第二庭编著:《最高人民法院关于民事案件诉讼时效司法解释理解与适用》,人民法院出版社2008年版,第77页。

〔2〕 佟柔主编:《中国民法·民法总则》,中国人民公安大学出版社1990年版,第317页。

〔3〕 参见张卫平:《民事诉讼法》,中国人民大学出版社2011年版,第223页;全国人大常委会法制工作委员会民法室编:《〈中华人民共和国民事诉讼法〉条文说明、立法理由及相关规定》,北京大学出版社2007年版,第257页。

绝不是对撤诉一般原理的重复确认,它的目的在于解决诉讼时效已过给撤诉后再行起诉带来的难题,而该难题在时效的私人抗辩语境下并不存在,如果义务人不提出时效抗辩,这根本就不是一个问题;如果义务人提出抗辩,那也是实体审理的问题。就实质而言,这是一则与"撤诉"无关的批复。

　　另一个证据是,实务界曾明确主张已过时效的案件不宜调解结案:"诉讼时效制度是法律的强制性规定,不属于两可性规定,不因当事人的意志而改变。如果以调解的方式处理,就意味着法院对于权利人不行使权利超过法定期间的,还保护或者部分保护权利人的权利,这种做法,以当事人的意志改变了法律的规定,实属不妥。所以,对于超过诉讼时效,又没有中止、中断和延长理由的案件,可以判决的方式、撤诉的方式结案,不宜以调解的方式结案。至于当事人之间在撤诉后达成的协议,不属诉讼内事情,自然不受时效限制。"[1]如果立法不允许法官主动援用时效,对超过时效的案件进行调解显然不是问题,然而是否援用时效与是否进行调解均属当事人自治的范畴,正所谓"一个(权利人)愿打,一个(义务人)愿挨"。只有在允许和要求法官职权援用时效的背景下,时效的职权援用才会与调解的私人自治产生严重冲突。换句话说,实务界提出的这个问题虽是难题,却是出于法官职权援用时效规则的"制造"。

　　为防止将已过时效的诉讼请求直接拒之门外而扭曲胜诉权消灭的本意,产生如《苏俄民法典》(1922)第 44 条引起的误解,《民诉法意见》(已失效)第 153 条特别作出规定:"当事人超过诉讼时效期间起诉的,人民法院应予受理。受理后查明无中止、中断、延长事由的,判决驳回其诉讼请求。"允许当事人起诉并非将"抗辩"任务完全交给债务人由其"自治"。相反,该条款进一步明确了法官职权援用

---

[1]　彭士翔:《关于诉讼时效的几个问题》,载《学习与辅导》1987 年第 4 期。

的立场,将"法官职权援引"分为两个步骤进行,一是在当事人起诉时初步查明时效期间是否已过(只要不涉及如何理解和确定起算规则,起止时间确定便意味着这一工作完成),二是在后续开庭审理中进一步查明时效中止、中断、延长等事由是否存在以便最终确定是否已过时效。可作为佐证的是,有一本《立案指南》曾明确指出:"案件的诉讼时效是立案审查的一项重要内容,但是超过诉讼时效的案件丧失的只是胜诉权而不是起诉权。当事人坚持起诉的,人民法院应当受理,受理后查明无中止、中断、延长诉讼时效期间事由的,可以判决驳回诉讼请求。"[1]

　　分开两个步骤可能有两个基本考量:第一,初步查明时效期间经过是在审查起诉时可完成的,但中止、中断等事由是否存在至少要等到被告提交答辩状之后才有可能确定[2];第二,以经过时效为由不予受理当事人的起诉不符合强化当事人诉权保护的现代理念和发展大势。然而,允许权利人在请求已过时效后起诉,法官却又依职权援用和审查时效,并在无法定事由时无须义务人主张而直接判决驳回诉讼请求,至少会引发如下质疑:(1)既然权利人在权利已过时效时仍可起诉,法院也受理并收取诉讼费用,但权利人不能胜诉,那么权利人明知不能胜诉为何还要起诉?[3] 这种做法增加当事人的成本、浪费司法资源,并给人留下诉讼程序"自欺欺人"的印象,获得一种"似是而非"的满足。(2)允许权利人起诉却不放弃职权援用时效的立场真能体现诉权保护吗? 保护诉权是为给受损者提供司法救济之可能,在允许起诉的同时又依职权援用时效而驳回诉讼请求的做法充其

---

〔1〕　王志毅主编:《立案指南·民事卷》,中国民主法制出版社2003年版,第31页。

〔2〕　参见王作堂等编:《民法教程》,北京大学出版社1983年版,第125页;柳经纬主编:《民法》(第三版),厦门大学出版社2008年版,第172页;高富平主编:《民法学》(第二版),法律出版社2009年版,第253页。

〔3〕　参见李永军:《民法总论》,法律出版社2006年版,第745页。

量只是提供了保护诉权的"形式",因为职权审查和援用时效已构成剥夺诉权的"实质"。(3)如果义务人不提出时效抗辩,权利人胜诉的唯一机会竟是法官未依职权审查和援用时效的"失职"。法官未查明时效已过的事实或者中止、中断的事实,义务人或权利人能否以此为由提出上诉或者再审(因为这完全可归咎于法官的"失误")?(4)职权援用时效使审查时效的阶段产生了"分裂"。审查起诉时无法直接完成的任务成了法官受理已过时效请求的理由,但这显然不符合诉权保护的本意。因为按照该逻辑,如果审查起诉时能够彻底完成时效审查,受理诉讼就不被允许,如此,胜诉权消灭说也就变成了"起诉权消灭说"。

(二)职权援用规则的体系制约与历史背景

德国学者拉德布鲁赫曾指出:"每一种法律思想都不可避免地带有它得以形塑的'历史气候'的标记,大多从一开始就被不知不觉地限定在历史可能性的界限之内。"[1]胜诉权消灭说在我国长期居于支配性地位就是对此论断所作的生动注脚。在某种程度上,对胜诉权消灭说,我们与其说是"选择",不如说是"被决定"。除了当时"全能政府"的政治体制[2]和"集中计划"的经济体制[3]等宏观的背景因素,仅从法律制度的微观层面看,我们对法官职权援用时效的"自然"选择,主要源于两个因素:

第一,我们对苏联的职权主义民事诉讼模式进行全面借鉴,该模式也因与我国古代的"纠问"传统[4]以及革命根据地时期确立起来

---

〔1〕〔德〕方斯塔夫·拉德布鲁赫:《法律智慧警句集》,舒国滢译,中国法制出版社2001年版,第32页。

〔2〕政治学家邹谠教授提出"全能主义"概念来表示以强力政治组织控制社会生活各领域的状态。参见邹谠:《中国廿世纪政治与西方政治学》,载《经济社会体制比较》1986年第4期。

〔3〕参见吴敬琏:《当代中国经济改革教程》,上海远东出版社2010年版,第3—37页。

〔4〕参见张晋藩主编:《中国司法制度史》,人民法院出版社2004年版,第237、427页。

的"马锡五审判"传统[1]相兼容而备受推崇。在苏联民事诉讼中，"法院在解决案件的争议时不受双方当事人请求范围的拘束"，"根据当事人的主张，法院就可以决定必须加以确定的事实材料的范围。同时法院也可以根据职权主动地增加一些对案件的解决有重大意义的法律事实，设法加以查明"[2]。在我国，"对民事诉讼实行国家干预，这是我国民事诉讼法的一个特点……我国民事诉讼中的国家干预，是指人民法院代表国家依法对当事人的诉讼行为实行监督，不受当事人诉讼行为的影响"，"只有收集和调查一切能够反映案件情况的证据，才能正确认定案件事实，正确地处理民事纠纷。为此，凡是能够证明当事人之间争执的法律关系的产生、变更或者消灭的各种事实的证据，都要全面地加以收集调查"[3]。于是，法官主动援用时效并查明事实只是民事审判中的无数职权行为之一。

　　第二，我们对诉讼时效制度过度坚持公共利益的目标定位，缺乏对私人利益的直接观照。在苏联学者眼中，"诉讼时效可以保证民事法律关系的明确性和稳定性；提高民事流转参加者的纪律性，推动他们在行使属于他们的权利和履行义务方面的积极性；有助于加强合同纪律，加快资金的周转，加强对履行债务的相互监督；可以保证法院、仲裁委员会和在仲裁法院所通过的决定的正确性，因为如果在这种期限提起诉讼，就有更大的可能保存证据，法院和仲裁机关就能够利用这些证据来认定案件的事实情况"[4]。我国学者在言及诉讼时

---

[1]　参见张希坡：《马锡五审判方式》，法律出版社 1983 年版，第 42—44 页。

[2]　〔苏联〕A. Φ. 克列曼：《苏维埃民事诉讼》，王之相、王增润译，法律出版社 1957 年版，第 77、88 页。

[3]　柴发邦主编：《民事诉讼法学新编》，法律出版社 1992 年版，第 96—97、228 页。

[4]　参见〔苏联〕B. T. 斯米尔诺夫等：《苏联民法》（上卷），黄良平、丁文琪译，中国人民大学出版社 1987 年版，第 217 页；〔苏联〕B. Π. 格里巴诺夫、〔苏联〕C. M. 科尔涅耶夫主编：《苏联民法》（上册），中国社会科学院法学研究所民法经济法研究室译，法律出版社 1984 年版，第 250 页。

效的意义时,集中于以下四点:其一,有利于稳定社会、经济秩序;其二,可以促使权利人早日行使权利;其三,有利于改善企业经营、加速资金流转;其四,有利于法院核查证据,便于进行审理。[1] 正是对公共利益的极度推崇,决定了时效抗辩的提出不能完全委于私人,因为诉讼时效并非义务人的私事,而且一旦义务人未提出抗辩,诉讼时效所追求的宏大目标岂不落空?

　　形成鲜明对照的是,大多数国家或地区都否定法官职权援用时效。大陆法系不少国家的民法典都以专条规定"法官不得依职权援用时效",如《法国民法典》第 2223 条、《日本民法典》第 145 条、《意大利民法典》第 2938 条、《葡萄牙民法典》第 303 条、《荷兰民法典》第三编第 322 条、《阿根廷民法典》第 3964 条、《魁北克民法典》第 2878 条、《路易斯安那民法典》第 3452 条等。英美法也持相同立场,《美国联邦民事诉讼规则》第 8 条第 3 款明确规定:"在对先行诉答文书提出诉答时,当事人应积极提出如下抗辩:合意和偿还、仲裁和仲裁裁决、风险承担、共同过失、破产免责、强迫、禁止反悔、缺乏约因、欺诈、违法、共同受雇人的伤害消灭时效、许可、支付、免除义务、既判力、欺诈防止法、诉讼时效法、放弃权利以及构成其他无效或积极抗辩的事项。"[2] 英国学者也明确指出,诉讼时效法最基本的原则

---

〔1〕　参见佟柔、赵中孚、郑立主编:《民法概论》,中国人民大学出版社 1982 年版,第 79
　　　页;王作堂等编:《民法教程》,北京大学出版社 1983 年版,第 125 页;马原主编:《中
　　　国民法讲义》(上册),全国法院干部业余法律大学 1986 年版,第 165—166 页;唐德
　　　华主编:《民法教程》,法律出版社 1987 年版,第 118—119 页;李由义主编:《民法
　　　学》,北京大学出版社 1988 年版,第 154 页;顾昂然:《立法札记——关于我国部分法
　　　律制定情况的介绍(1982—2004 年)》,法律出版社 2006 年版,第 254 页;谢怀栻:
　　　《民法总则讲要》,北京大学出版社 2007 年版,第 201 页。
〔2〕　《美国联邦民事诉讼规则·美国联邦证据规则》,白绿铉、卞建林译,中国法制出版社
　　　2000 年版,第 24 页。

是法院不能主动援用时效,而要由被告通过防御提出时效问题。[1]

与苏联、民主德国、朝鲜等社会主义国家选择职权援用的制约因素相对应,大多数国家或地区对职权援用的否定或对私人抗辩的强调,也源于两个因素:

其一,与大多数国家的民事诉讼采取当事人主导模式相关。在德国法上,"当事人通过请求决定着法官审查的范围;法官不应超出当事人的请求","仅由当事人决定诉讼材料认定的必要性并对其进行确认;当事人没有提出的事实法院不可以予以考虑,除非该事实是显而易见的"[2]。在美国法上,"对抗制是美国诉讼制度的基础。基于对抗制,诉讼程序由当事人启动并为当事人所控制。对抗制的典型模式就是,由当事人(原告和被告)承担调查、呈示证据和提出辩论的责任。当事人之间的纠纷通常是由一名法官——一个中立、无偏私的被动的裁判者——倾听当事人双方的陈述,并基于当事人所呈示的内容而作出裁断。法官的作用相当于一个公断人,力图确保律师遵守程序规则"[3]。时效抗辩仅由当事人提出,不过是这些国家坚持当事人主导模式的一个再自然不过的表现而已。

其二,与对诉讼时效制度的私人自治定位有关。德国民法典《立法理由书》就指出:"消灭时效之要旨,并非在于侵夺权利人之权利,而是在于给予义务人一保护手段,使其毋需详察事物即得对抗不成立之请求权。"[4]有日本学者在言及时效制度的实体法意义时主要强调两

---

[1] See David W. Oughton, John P. Lowry and Robert M. Merkin, *Limitation of Actions*, LLP, 1998, p. 75.

[2] 〔德〕罗森贝克、〔德〕施瓦布、〔德〕戈特瓦尔德:《德国民事诉讼法》(上),李大雪译,中国法制出版社 2007 年版,第 523、527 页。

[3] 〔美〕史蒂文·苏本、〔美〕玛格丽特·伍:《美国民事诉讼的真谛:从历史、文化、实务的视角》,蔡彦敏、徐卉译,法律出版社 2002 年版,第 29 页。

[4] 〔德〕迪特尔·梅迪库斯:《德国民法总论》,邵建东译,法律出版社 2000 年版,第 91 页。

点:一是社会的法律关系的安定(对当事人生活关系的保护和对第三人的保护),二是权利行使的懈怠——躺在权利上睡觉的人不值得保护。[1] 美国学者谈到"时效法的目的"时,也着眼于原告、被告之间的利益平衡,如避免被告因必要证据已不可用、记忆减退或重要证人消失等而遭受损失,没有时效规则,被告可能处于不道德的原告的控制之下,因为原告可能会保存支持自己主张的证据而等待未来对手丢掉可用来防御的证据。[2] 这表明,大多数国家主要着眼于私人之间的利益平衡和相互博弈,从而间接实现公共考量。诉讼时效抗辩是一种"行动的权利",一种依靠义务人自身的法律意识和自主选择去具体实践和实现的权利。诉讼时效制度只是赋予义务人表达自己立场的机会,而并不要求义务人必须利用这种机会[3],因而有"良心抗辩"之称[4]。

四、私人自治转向之后:胜诉权消灭说之"名存实亡"

2008 年最高人民法院发布了《诉讼时效规定(2008)》(已被修改,下同),成为《民法通则》和《民通意见》(已失效)之后对诉讼时效制度的最大扩展。该司法解释第 3 条明确规定:"当事人未提出诉讼时效抗辩,人民法院不应对诉讼时效问题进行释明及主动适用诉讼时效的规定进行裁判。"这表明私人自治理念已正式入主诉讼时效制

---

〔1〕　参见〔日〕山本敬三:《民法讲义Ⅰ:总则》,解亘译,北京大学出版社 2004 年版,第346 页。

〔2〕　See Calvin W. Corman, *Limitation of Actions*, Little, Brown and Company, 1991, pp. 11-13.

〔3〕　参见霍海红:《论我国诉讼时效效力的私人自治转向——实体与程序双重视角的观察》,载《现代法学》2008 年第 1 期。

〔4〕　参见史尚宽:《民法总论》,中国政法大学出版社 2000 年版,第 700 页。

度,甚至在"法官时效释明"问题上比德国法和日本法走得更远。[1]

(一)胜诉权消灭说之"名存"而"实亡"

除去法官职权援用时效,胜诉权消灭说已在实质上背离了当初的苏联传统,自身的独特性和重要性已经极度下降,私人自治转向构成了对胜诉权消灭说的消解或其反对力量。[2] 胜诉权消灭说如今只是表达了其他三种学说的共同点,已经"名存实亡"。抗辩权发生说如今被推到前台,甚至《诉讼时效规定(2008)》第3条被认为足以表征抗辩权发生说。[3] 第3条虽具有"革命性"意义,但对于立法设计而言还远远不够。抗辩权发生说的"比较优势"在于技术操作性,而非私人自治立场,它明确告诉义务人和法官该如何行为,禁止法官职权援用的规定甚至都不再绝对必要。日本学者我妻荣就指出:"日本民法的时效的效果,为谋求于由此接受利益者的意思的调和,只有依该人的主张才发生其效果。民法欲通过无'当事人的援用'无法构成'裁判'的基础的理论(第145条)来达成这一宗旨。法国民法(第2223条)、瑞士债务法(第142条)与此类似。与此相对,像德国民法的消灭时效那样,因时效的完成,不是权利消灭,只是义务者取得抗辩权时,这个问题就自身得到解决。"[4]也许在理论界和实务界看来,抗辩权是我国民法学早已采用的权利概念,《诉讼时

---

[1] 在日本和德国,法官是否可以进行时效释明存在争议。参见〔日〕高桥宏志:《民事诉讼法:制度与理论的深层分析》,林剑锋译,法律出版社2003年版,第263页;〔德〕迪特尔·梅迪库斯:《德国民法总论》,邵建东译,法律出版社2000年版,第102页。

[2] 我国民事诉讼辩论原则也因背离苏联的客观真实原则和干预原则而面临同样困境。参见霍海红:《论中国式辩论原则之消解》,载张卫平主编:《民事程序法研究》(第五辑),厦门大学出版社2010年版,第83—97页。

[3] 参见最高人民法院民事审判第二庭编著:《最高人民法院关于民事案件诉讼时效司法解释理解与适用》,人民法院出版社2008年版,第77—78页。

[4] 〔日〕我妻荣:《我妻荣民法讲义I:新订民法总则》,于敏译,中国法制出版社2008年版,第402页。

效规定（2008）》第 22 条甚至明确使用了"抗辩"的表述，并已与第 3 条自然结合在一起。但这只是一种"解释"的逻辑，而非"立法"的逻辑。

　　如果按照抗辩权发生说确立规则，就要改变《民法通则》第 135 条"向人民法院请求保护民事权利的诉讼时效期间"的模糊表述，确立如《德国民法典》"债务人有拒绝给付的权利"的精确表述。近年来的两部代表性的民法典学者建议稿均采取了德国式表述，梁慧星教授主持的《中国民法典草案建议稿附理由·总则编》第 194 条规定："时效期间届满，义务人可以拒绝履行给付。"[1]王利明教授主持的《中国民法典学者建议稿及立法理由·总则编》第 234 条规定："权利人于法定期间内继续地不行使其权利，期间届满后，义务人有权拒绝履行给付。"[2]只是，基于我国曾经允许法官职权援用时效的独特现实和学者们对此的强烈批判，两部建议稿都较德国民法典多规定了"法官不得主动援用时效"，以确保私人自治能够被"明文"固定，从而彻底与《民法通则》第 135 条划清界限。《中国民法典草案建议稿附理由·总则编》第 191 条规定："时效必须由其受益人或者受益人的代理人通过诉讼或者仲裁主张，才能适用。法院或者仲裁庭不得依职权适用时效。"[3]《中国民法典学者建议稿及立法理由·总则编》第 237 条规定："非经当事人主动援用时效抗辩，人民法院或者仲裁机构不得以诉讼时效作为裁判的依据……"[4]可以

---

〔1〕　梁慧星主编：《中国民法典草案建议稿附理由·总则编》，法律出版社 2004 年版，第 248 页。

〔2〕　王利明主编：《中国民法典学者建议稿及立法理由·总则编》，法律出版社 2005 年版，第 397 页。

〔3〕　梁慧星主编：《中国民法典草案建议稿附理由·总则编》，法律出版社 2004 年版，第 244 页。

〔4〕　王利明主编：《中国民法典学者建议稿及立法理由·总则编》，法律出版社 2005 年版，第 417 页。

预见,未来我国民法典将采取抗辩权发生说的立法表述和论证逻辑,所谓胜诉权消灭说将成为一个多余的理论解说。

(二)胜诉权消灭说之"实亡"而"名存"

胜诉权消灭说已不再风光无限,确立德国式效力规则已成共识,但如果就此断言胜诉权消灭说的思维方式已彻底退出历史舞台,似乎言之过早。我们固然否定了作为核心特征的职权援用,但在表述方式或论证思维上,胜诉权消灭说的"影子"仍时有出现。一方面,学者们虽声称坚持抗辩权发生说而否定法官职权援用,但仍没有摆脱胜诉权消灭说的表达模式:"对权利人来说,时效届满之后,权利人的实体权利和诉权均不发生消灭。时效期间届满后,其实体权利仍然存在,只是这种权利已经转化为一种自然权利。但基于该权利,权利人仍然可以接受义务人的履行,并且时效届满不导致诉权的消灭,权利人仍然可以基于其程序意义上的诉权向法院提起诉讼。只要符合起诉的条件,法院应当受理。"[1]该表述除否定法官职权援用可供识别外,更像胜诉权消灭说的话语包装下的抗辩权发生说。事实上,的确有学者主张否定职权援用后,胜诉权消灭说可转为"胜诉权抗辩发生说"。[2]另一方面,即使在《诉讼时效规定(2008)》颁布之后,法官仍使用既有的论证话语,"胜诉权"表述依然出现在诸多民事判决书之中。[3]这表明,作为胜诉权消灭说之"包装"的二元诉权说,无论是在理论界还是在实务界仍占有很大市场,普通人更是对"胜诉权"耳熟能详,胜诉权消灭说可能在较长时期内做到"实亡"而

---

〔1〕 王利明等:《民法学》(第三版),法律出版社 2011 年版,第 158 页。

〔2〕 参见傅静坤主编:《民法总论》,中山大学出版社 2002 年版,第 204 页。

〔3〕 笔者于 2011 年 4 月 12 日在北大法宝案例数据库"民事案例"中,输入"审结日期 20100101—20101231"和检索词"胜诉权"就检索到 193 个判决书。

"名存"。[1] 俄罗斯民法学在此问题上与我们类似,他们一方面坚决改采"诉讼时效的适用取决于争议当事人的意志"的立场,另一方面又认为"要求法院进行审理的权利(程序意义上的诉权)与时效期是否届满无关,而取得强制保护的权利(实体意义上的诉权)则是另一回事了,它只能在诉讼时效期内得到实现"。[2]

也许有人会质疑:既然法官职权援用时效才是问题的关键所在,而这种做法已被规则明确否定,那么使用抗辩权发生说的表达与使用胜诉权消灭说的表达,又有何差别呢?胜诉权消灭说的"实亡"而"名存",又有何不可呢?不就是一种学说吗?的确,法官职权援用被否定后,最急迫的操作性问题已经解决,但这绝不意味着全部,别忘了我们只是确立了法国于二百多年前、德国于一百多年前就已确立的规则而已。也许这应了苏力教授"学者的议论往往只是有助于理解问题,而不是解决问题"[3]的论断。然而,谁又能否定理解问题的重要性呢?否定了理解问题的重要性,是否意味着学者的自卑或者自负呢?

---

[1]　观念学说的变迁是缓慢的,其路径依赖程度常常超出我们的想象。参见霍海红:《主观证明责任逻辑的中国解释》,载《北大法律评论》编辑委员会编:《北大法律评论》(第 11 卷·第 2 辑),北京大学出版社 2010 年版,第 521—539 页。

[2]　参见〔俄〕E. A. 苏哈诺夫主编:《俄罗斯民法》(第 1 册),黄道秀译,中国政法大学出版社 2011 年版,第 435 页。

[3]　苏力:《制度是如何形成的》(增订版),北京大学出版社 2007 年版,第 66 页。

第 3 章　执行时效性质的
过去、现在与未来*

　　法律植根于文化之中，它在一定的文化范围内对特定社会在特定时间和地点所出现的特定需求作出回应。[1]

　　　　　　　　　　　　——〔美〕约翰·亨利·梅里曼《大陆法系》

引　言

　　1982 年《民事诉讼法（试行）》（已失效，下同）开始规定申请执行期限，1991 年《民事诉讼法》（已失效）原样维持。不过，自 2007 年《民事诉讼法》（已失效，下同）修正到 2015 年最高人民法院《民诉法解释（2015）》（已被修改，下同）出台，申请执行期限制度经历了重大变革：名称由"申请执行期限"修改为"申请执行时效"；申请执行期间从 1 年或 6 个月统一加长为 2 年；开始承认执行时效的中止和中断，并适用诉讼时效的相应规定；将执行时效从法院的"立案条件"调整为被执行人的"时效抗辩"。执行时效与诉讼时效的规则趋同，虽为正本清源之举，但也导致执行时效的独特性和独立性危机。是继

---

* 　本章内容曾以《执行时效性质的过去、现在与未来》为题发表于《现代法学》2019 年第 2 期。

〔1〕　〔美〕约翰·亨利·梅利曼：《大陆法系》，顾培东、禄正平译，法律出版社 2004 年版，第 155—156 页。

续留在民事诉讼法"自成一体",还是奔向民法"实现统一",这是一个问题。

对于执行时效的性质为何、如何实现巨变以及未来何去何从,笔者拟作系统性、理论性的描述、解释和展望。除了个人研究兴趣[1],还有三个初衷:第一,民法典的制定已到冲刺之时,这是重新选择执行时效立法体例的绝好契机;第二,解释清楚执行时效制度的发生与变革的细节和背景,才能理解其本质、功能及限度,才能更好地服务未来的制度设计;第三,挖掘执行时效理论、立法与实践的移植因素和中国元素,以便确定哪些是扎根中国国情的,哪些只是徒具形式。

一、"诉讼期限"定性的逻辑
——从 1982 年《民事诉讼法(试行)》说起

执行时效"出生"时的身份是民事诉讼法上的"诉讼期限",立法表述也是"申请执行期限",直到 2007 年《民事诉讼法》第一次修正时才开始转变。

(一) 初始定性:诉讼期限

自 1982 年《民事诉讼法(试行)》开始,申请执行期限的诉讼期限的定性几乎不证自明,以至于民事诉讼法教科书通常都不讨论性质问题,只是强调"丧失申请执行权利"的严重后果。偶有论及"诉

---

[1]　对重要法律观念和制度的细致解释,一直是笔者的兴趣所在,参见霍海红:《主观证明责任逻辑的中国解释》,载《北大法律评论》第 11 卷第 2 辑,北京大学出版社 2010 年版,第 521—539 页;霍海红:《胜诉权消灭说的"名"与"实"》,载《中外法学》2012 年第 2 期。

讼期限"性质,主要是两种情形:一是,强调申请执行期限与执行工作期限相区别,前者针对当事人,后者针对法院[1];二是,面对申请执行期限是否发生中断等争议,强调其诉讼期限性质以及"期间耽误"规则的解决方案[2],毕竟我国没有苏联法那样的明文规定[3]。

当时理论界有时也使用"时效"来指称申请执行期限:一是,我国有学者对1982年《民事诉讼法(试行)》第169条作释义时指出,本条是执行时效的规定[4];二是,我国有学者在翻译苏联民事诉讼法教材时,使用"执行时效"之翻译[5]。不过,使用时效表述并不影响人们心目中对诉讼期限的定性,因为我们当时并不会严格区分时效与诉讼期限,毕竟民法上尚无诉讼时效制度作为参照,这与2007年修正《民事诉讼法》时特别强调"申请执行期间是时效而不是诉讼期限"的境况已经不可同日而语。

(二) 他山之石:移植苏俄法的结果

于民事诉讼法中规定申请执行期限借鉴于苏俄法。根据《苏俄民事诉讼法典》第345条,"法院对案件的判决,只要案件当事人中有一方是公民,可在从该判决发生法律效力之时起三年内提交强制执行,而对其他所有案件的判决,如果立法未规定其他期间,则在一年之内可提交强制执行……"[6]。就连根据双方是否有自然人而设定

---

〔1〕　参见柴发邦主编:《民事诉讼法教程》,法律出版社1983年版,第391页。

〔2〕　参见江伟主编:《民事诉讼法学原理》,中国人民大学出版社1999年版,第841页。

〔3〕　根据《苏俄民事诉讼法典》第347条,"追索人耽误执行书或执行签证提交执行的期间,如果法院认为有正当理由,除法律另有规定外,可恢复其耽误的期间……",参见《苏俄民事诉讼法典》,梁启明、邓曙光译,法律出版社1982年版,第119页。

〔4〕　参见柴发邦、赵惠芬:《中华人民共和国民事诉讼法(试行)简释》,法律出版社1982年版,第121页。

〔5〕　参见〔苏联〕A·A·多勃洛沃里斯基等:《苏维埃民事诉讼》,李衍译,法律出版社1985年版,第119页。

〔6〕　《苏俄民事诉讼法典》,梁启明、邓曙光译,法律出版社1982年版,第119页。

不同期限,也是学习《苏俄民事诉讼法典》的产物,只是期间上进一步缩短。根据我国 1982 年《民事诉讼法(试行)》第 169 条,申请执行的期限,双方或者一方当事人是个人的为 1 年,双方是企业事业单位、机关、团体的为 6 个月。

立法上借鉴苏俄法在当时是一件再自然不过的事情,就连 1986 年《民法通则》(已失效,下同)初设的诉讼时效规则(如胜诉权消灭的效力表述、极短的普通时效期间、兜底性的法官裁量延长等)也明显具有苏俄法印迹。当初我国民事诉讼法的申请执行期限和民法的诉讼时效先后借鉴于苏俄法,形成了当前执行时效与诉讼时效"二元并立"的格局,明显区别于德、日等大陆法系国家。虽然二元并立已从当年的实质之别变成今天的形式之分,但其惯性仍然不小。

(三) 规范对象:公法意义的申请执行权

申请执行期限的规范对象其实是公法意义上的"执行请求权"。[1] 执行请求权界定的是申请执行人与法院(国家之代表)的关系,只要申请执行人未在法定期限内申请执行,法院便认定其丧失申请执行的权利[2],这对关系里并无被执行人的位置[3]。这与典型诉讼期限的效力表述一致,比如当事人超过上诉期限后上诉,不再

---

〔1〕　参见常怡主编:《民事诉讼法学》(修订版),中国政法大学出版社 1996 年版,第 416 页;柴发邦主编:《民事诉讼法学新编》,法律出版社 1992 年版,第 429 页;江伟主编:《民事诉讼法学原理》,中国人民大学出版社 1999 年版,第 840 页。

〔2〕　理论界和实务界常以此界定申请执行期限效力,参见柴发邦主编:《民事诉讼法教程》,法律出版社 1983 年版,第 390—391 页;江伟主编:《民事诉讼法学原理》,中国人民大学出版社 1999 年版,第 841 页;罗书平主编:《立案指南:行政诉讼·国家赔偿·执行卷》,中国民主法制出版社 2003 年版,第 302 页。

〔3〕　除了强调被执行人自愿履行的,申请人有权接受,以表明实体权利并未消灭。参见柴发邦、赵惠芬:《中华人民共和国民事诉讼法(试行)简释》,法律出版社 1982 年版,第 121 页;程延陵、朱锡森、唐德华、杨荣新:《中华人民共和国民事诉讼法(试行)释义》,吉林人民出版社 1984 年版,第 183 页;江伟主编:《中华人民共和国民事诉讼法释义·新旧法条对比·适用》,华夏出版社 1991 年版,第 347 页。

享有上诉权,法院可直接裁定驳回上诉[1],这里也无被上诉人的位置。既然申请执行期限针对执行请求权,就不可能属于诉讼时效范畴,因为诉讼时效针对私法请求权,直接界定权利人与义务人的关系。

即使《民诉法解释(2015)》第483条已确立以"执行名义所载私法请求权"为规范对象,执行请求权的思维惯性仍旧存在。根据《民诉法解释(2015)》第520条,"因撤销申请而终结执行后,当事人在民事诉讼法第二百三十九条规定的申请执行时效期间内再次申请执行的,人民法院应当受理"。第520条形式上背离了第483条的逻辑,应将其改造为:"因撤销申请而终结执行后,当事人再次申请执行的,人民法院应当受理。"至于被执行人是否依据《民事诉讼法》第239条所规定的期间提出执行时效抗辩,受《民诉法解释(2015)》第483条规范,第520条多此一举。

(四)制度目标:无关被执行人

制度目标决定规则设计。理论界常从稳定民事法律关系和社会经济秩序、防止执行工作无限期拖延、促使当事人积极行使权利等方面论述申请执行期限的存在理由[2],这些理由有关公益,有关法院,有关权利人(申请执行人),唯独无关义务人(被执行人)。这与作为典型诉讼期限的上诉期限的存在理由倒是一致(上诉期限被认

---

[1] 参见柴发邦主编:《民事诉讼法教程》,法律出版社1983年版,第359页;柴发邦主编:《民事诉讼法学新编》,法律出版社1992年版,第344—345页;江伟主编:《民事诉讼法学原理》,中国人民大学出版社1999年版,第657页。

[2] 参见柴发邦主编:《民事诉讼法学新编》,法律出版社1992年版,第447页;江伟主编:《民事诉讼法学原理》,中国人民大学出版社1999年版,第841页;章武生主编:《民事诉讼法新论》,法律出版社1993年版,第466页。

为是基于维护法律秩序、及早确定民事法律关系[1]、促使当事人尽早对权利处分与否作出决断、防止诉讼久拖不决[2]等理由而设定），但与诉讼时效的存在理由形成了巨大反差（诉讼时效的存在理由的核心就是"保护义务人"[3]）。

虽然自《民法通则》以来，立法者和理论界对于诉讼时效存在理由的认知的确有以公益保护和秩序维护为中心的明显倾向（这一度决定了极短普通诉讼时效期间和允许法官依职权援用时效等规则设计），但未来应转向以"保护义务人"为中心，间接辐射到公益保护和秩序维护等层次，以贯彻诉讼时效的私人自治精神，毕竟能提出时效抗辩的是义务人，直接得利的也是义务人。在笔者看来，诉讼时效的存在理由的体系不是一个"平行"结构，而是有中心与外围的"分层"结构。

二、"时效"定性的"开端"
——从 2007 年《民事诉讼法》修正说起

对于申请执行期限规则，2007 年注定是不平凡的一年。《民事诉讼法》修正涉及申请执行期限之处甚多："申请执行期限"被修改为"申请执行时效"；期间不再作主体类型区分，统一加长为 2 年；开始承认申请执行时效的中止和中断，并适用诉讼时效的相应规定。

---

[1]　参见程延陵、朱锡森、唐德华、杨荣新：《中华人民共和国民事诉讼法（试行）释义》，吉林人民出版社 1984 年版，第 157 页。

[2]　参见柴发邦主编：《民事诉讼法学新编》，法律出版社 1992 年版，第 344 页。

[3]　参见〔德〕迪特尔·梅迪库斯：《德国民法总论》，邵建东译，法律出版社 2000 年版，第 91 页；Calvin W. Corman, *Limitation of Actions* I, Little, Brown and Company, 1991, pp. 11-13；David W. Oughton, John P. Lowry and Robert M. Merkin, *Limitation of Actions*, LLP, 1998, p. 4。

此次制度变革不仅对债权人利益的保护产生了重要影响[1],也开启了通往时效之路的新征程。

（一）为何迈向时效之路?

申请执行期限从诉讼期限到时效的身份转向,总体上有两个原因:一是,诉讼期限的定性及其规则造成了理论矛盾,理论界展开反思并形成突破性论述;二是,申请执行期间过短且不可中止和中断,造成了一系列苛求权利人(申请执行人)而纵容义务人(被执行人)的实践后果,司法机关自发进行了突破性试点。

第一,诉讼期限的定性及其规则,引发"判决确认后请求权的保护期间竟然不如普通请求权"的理论质疑[2],对权利人产生了"起诉不如请求"的制度激励[3]。从比较法看,请求作为中断事由是个例外。大多数国家的法定中断事由是起诉和义务人承认,并无请求,目的是激励权利人尽快解决问题,而非任由他们不停中断以致形成拖延。我国则基于避讼、熟人社会等特殊国情作了相反选择[4],请求在中断事由中占据首要位置[《民法总则》(已失效,下同) 第 195条]。问题是,可以增加请求从而产生对权利人"更有利"的结果,但不应使起诉变成对权利人"更不利"的方式。

第二,20 世纪 90 年代开始,理论界和实务界已提出设立申请执

---

[1] 参见江必新主编:《民事执行新制度理解与适用》,人民法院出版社 1992 年版,第 167 页;王飞鸿:《适用诉讼时效期间更利于保护债权》,载《人民法院报》2007 年 11 月 23 日,第 6 版;张宗辉:《正确运用新的执行时效制度 有效维护金融债权》,载《金融博览》2008 年第 3 期。

[2] 参见肖建国、赵晋山:《民事执行若干疑难问题探讨》,载《法律适用》2005 年第 6 期;王飞鸿、赵晋山:《民事诉讼法执行编修改的理解与适用》,载《人民司法·应用》2008 年第 1 期。

[3] 参见肖建国主编:《民事执行法》,中国人民大学出版社 2014 年版,第 138 页。

[4] 参见李适时主编:《中华人民共和国民法总则释义》,法律出版社 2017 年版,第 619 页。

行期限中止和中断规则的主张。当时统编的民事诉讼法教材指出：
"在申请执行的期限内，有证据证明权利人曾催促义务人履行义
务，并且义务人作出履行义务表示的，则中断执行期限，以义务人表
示履行义务之日起，重新计算执行期限。权利人因不可抗力及其他
障碍而无法行使请求权的，申请执行的期限即中止；从中止的原因消
除之日起，继续计算申请执行期限。"〔1〕实务界也有人提出确立申
请执行期限中止和中断规则的明确呼吁。〔2〕

　　第三，诉讼期限的定性及其规则，在实践中激励了义务人实施机
会主义行为。义务人利用"执行前和解"和"分期清偿"等方式将债
务拖过申请执行期限、严重损害权利人合法权益的事情，时有发生。
一旦和解协议未履行，债权人可能面临申请执行期限已过而无法发
动执行程序的困境〔3〕，甚至在债权人在法官主持下达成和解协议因
而申请执行超期时，最终只能依靠最高人民法院作出"参照《民诉法
意见》（已失效，下同）第 267 条精神，作为个案特殊情况妥善处理"
的批复予以解决〔4〕。另外，常有债务人恶意利用分期清偿策略"逃
债"，金融部门的工作人员对此更有感触。〔5〕

　　第四，诉讼期限的定性及其规则，迫使权利人过快甚至违背意愿
去申请强制执行，对当事人和法院均产生了不利影响。对当事人的
影响主要是：债权人明知债务人无财产可供执行或者双方已达成分

---

〔1〕　柴发邦主编：《民事诉讼法学新编》，法律出版社 1992 年版，第 447 页。类似的表
　　　述，参见蔡彦敏主编：《民事诉讼法学》，中山大学出版社 1993 年版，第 387 页。
〔2〕　参见罗朝栋、郑明游：《试论申请执行时效的立法缺陷及其完善》，载《福建法学》
　　　2000 年第 4 期。
〔3〕　参见江必新、贺荣主编：《最高人民法院执行案例精选》，中国法制出版社 2014 年
　　　版，第 210 页。
〔4〕　参见《最高人民法院致山西省高级人民法院的复函》（〔2004〕执他字第 23 号）。
〔5〕　参见宋燕华：《警惕利用申请执行期限的逃债行为》，载《中国农村信用合作》2007 年
　　　第 4 期；李俊复：《警惕申请执行期限中的逃债行为》，载《中国城乡金融报》2006 年
　　　12 月 20 日，第 3 版。

期履行协议,也不得不申请执行,既加剧当事人之间的紧张关系[1],不利于当事人之间达成和解[2],还增加当事人的成本[3]。对法院的影响主要是:大量案件在短期内集中到法院,增大法院的工作压力[4],造成法院的执结率不高[5],浪费司法资源[6]。对于权利人而言,申请执行期限规则究竟是必要的"督促",还是武断的"强加",这是一个问题。

第五,某些法院已突破性地试点了给债权人发放债权凭证(再执凭证)等变通做法。[7] 所谓债权凭证是指,债权人只要在申请执行期限内申领债权凭证,或者案件进入执行程序后因债务人无财产可供执行,执行法院向债权人发放债权凭证,债权人在该凭证指定的期间内,发现债务人有可供执行的财产,可随时请求人民法院采取执行措施。[8] 这种做法对于保护权利人利益、压缩现行法申请执行期限规则的适用范围具有重要作用。[9] 不过,这种做法与作为债权凭证制度借鉴对象的我国台湾地区的规则(债权凭证

---

[1] 参见全国人大常委会法制工作委员会民法室编:《〈中华人民共和国民事诉讼法〉条文说明、立法理由及相关规定》,北京大学出版社 2007 年版,第 425 页。

[2] 参见俞灵雨、赵晋山:《对执行程序中若干法律问题的理解》,载《人民司法·应用》2010 年第 5 期。

[3] 参见全国人大常委会法制工作委员会民法室编:《〈中华人民共和国民事诉讼法〉条文说明、立法理由及相关规定》,北京大学出版社 2007 年版,第 425 页。

[4] 参见最高人民法院民事审判第二庭编著:《最高人民法院关于民事案件诉讼时效司法解释理解与适用》,人民法院出版社 2015 年版,第 247 页。

[5] 参见宋彦禄、葛壮志:《关于执行时效问题的一点看法》,载《中国律师》2003 年第 5 期。

[6] 参见俞灵雨、赵晋山:《对执行程序中若干法律问题的理解》,载《人民司法·应用》2010 年第 5 期。

[7] 参见童兆洪、林翔荣:《论债权凭证制度的实施》,载《人民司法》2001 年第 4 期。

[8] 参见江必新主编:《民事执行新制度理解与适用》,人民法院出版社 2010 年版,第 174—175 页。

[9] 参见蓝贤勇:《民事强制执行法理论与实务》,人民法院出版社 2004 年版,第 195 页。

产生时效中断效果,自核发债权凭证时起,消灭时效重新起算)〔1〕差异巨大,也是事实。

(二)时效之路,为何只是"开端"?

无论是申请执行时效之新名称,还是中止和中断之新规则,似乎都显示申请执行期间的身份从诉讼期限转向时效。对此,理论界和实务界达成基本共识,认为执行时效的性质属于诉讼时效〔2〕,或者是诉讼时效之一种〔3〕。然而,这种转向只是"开端",尚未"完成"。

其一,申请执行时效作为执行"立案条件",虽引发理论界和实务界的不少质疑〔4〕,但在实践中尚未被直接否定。当时实务界有三种观点:第一种主张,仍将申请执行期间作为必要条件,立案时若发现已超出申请执行期间,裁定不予受理;第二种主张,申请执行期间不再作为必要条件,但立案后执行部门可主动审查,如果发现超出申请执行期间,应裁定终结;第三种主张,申请执行期间不再作为必要条件,立案部门和执行部门均不能依职权审查,只能由被执行人提出异议。〔5〕司法实践通常仍按 1998 年最高人民法院《执行规定(1998)》

---

〔1〕 参见杨与龄:《强制执行法论》,五南图书出版公司 2007 年版,第 190 页;张登科:《强制执行法》,三民书局 2007 年版,第 143 页;沈建兴:《强制执行法逐条释义》(上),元照出版公司 2014 年版,第 436—437 页;吴光陆:《强制执行法》(修订三版),三民书局 2015 年版,第 8 页。

〔2〕 参见刘璐:《民事执行重大疑难问题研究》,人民法院出版社 2010 年版,第 17 页;江必新主编:《民事执行法律条文释义》,人民法院出版社 2011 年版,第 90 页。

〔3〕 参见江伟主编:《民事诉讼法》(第六版),中国人民大学出版社 2013 年版,第 448—449 页。

〔4〕 参见刘学在:《论执行时效制度之理解误区及其矫正》,载《北方法学》2014 年第 4 期;江必新主编:《民事执行法律条文释义》,人民法院出版社 2011 年版,第 90 页;陈耆贵:《新申请执行期间的适用》,载《人民法院报》2009 年 12 月 11 日,第 6 版。

〔5〕 参见最高人民法院修改后民事诉讼法贯彻实施工作领导小组编著:《最高人民法院民事诉讼法司法解释理解与适用》(下),人民法院出版社 2015 年版,第 1285 页。

(已被修改,下同)第 18 条进行执行时效职权性审查。[1] 问题是,将执行时效作为执行部门的"立案条件"而不是被执行人的"实体抗辩",实属对其时效身份的最大否定,因为时效并不消灭权利本身是前提。

其二,申请执行时效虽有"时效"之名,但其存在理由无涉"被执行人"。比如,全国人大常委会法制工作委员会释义书对修改申请执行期间作"说明"时指出:"本法规定的申请执行期间,是为了促使权利人尽快主张权利,及早稳定经济关系,避免时过境迁,难以执行。"[2]该表述并未超出自 1982 年《民事诉讼法(试行)》颁行以来对申请执行期限存在理由的传统表述。一个性质发生根本变化的制度,存在理由竟出奇地一致,本身就令人困惑。既然执行时效针对判决确认之实体请求权,直接得利的是被执行人,为何制度目标只是指出申请执行人为何失利,而不指出被执行人凭什么得利? 大陆法系国家通常以消灭时效"统一"解决所谓执行时效问题,存在理由也统一以"义务人保护"为中心。

(三) 立案职权审查时效:为什么是执行时效?

《民法通则》虽然允许和要求法官依职权援用诉讼时效,但民事诉讼一直坚持诉讼时效经过不影响权利人起诉。《民诉法意见》第 153 条甚至明文规定:"当事人超过诉讼时效期间起诉的,人民法院应予受理。受理后查明无中止、中断、延长事由的,判决驳回其诉讼

---

[1] 参见浙江省丽水市中级人民法院(2014)浙丽商终字第 362 号民事判决书;河南省郑州市中级人民法院(2014)郑民二终字第 595 号民事判决书;吉林省白城市中级人民法院(2013)白民二初字第 39 号民事判决书;广东省高级人民法院(2013)粤高法民二终字第 51 号民事判决书。

[2] 全国人大常委会法制工作委员会民法室编:《〈中华人民共和国民事诉讼法〉条文说明、立法理由及相关规定》,北京大学出版社 2007 年版,第 425 页。

请求。"然而,在《民诉法解释(2015)》第 483 条出现前,权利人申请强制执行必须在立案时接受执行时效职权性审查,即超过申请执行期间的,法院不予立案。起诉和申请执行,本是同一性质的权利,都是国家禁止私力救济后作出的权利保护承诺,不可能附"时间"条件。至于当事人起诉后能否得到胜诉判决,或者申请执行后能否圆满实现其权益,则是另一个问题。

在笔者看来,在《诉讼时效规定(2008)》(已被修改,下同)禁止法官依职权援用时效前,诉讼程序不允许法官在立案环节依职权审查时效并非更讲"私人自治",《执行规定(1998)》允许法官在立案环节依职权审查时效也并非更体现"国家强制"。

其一,《民诉法意见》第 153 条看似提供了私人自治空间,允许权利人起诉,其实只是为防止立案环节拖延、影响当事人平等攻击防御而将职权援用时效分"两步走"而已:第一步,在当事人起诉时初步查明时效期间是否已过,只要不涉及如何理解和确定起算规则,起止时间确定便意味着阶段性工作完成;第二步,在后续庭审中进一步审查时效中止、中断等事由是否存在,以便最终确定请求是否已过时效,因为审查时效中止、中断等事由往往相对复杂,在审理阶段才能最终完成。[1] 否则,我们无法解释如下质疑:法官发现时效已过仍允许权利人起诉,但又可依职权援用时效并判决驳回诉讼请求,岂不是白费工夫、浪费资源? 看似矛盾,但只要将胜诉权消灭说与职权援用时效结合起来考虑,起诉权不消灭与胜诉权消灭的矛盾只是形式上的,实质上前者是后者的"准备",后者是前者的"后续"。

---

[1]　参见马原主编:《中国民法讲义》(上册),全国法院干部业余法律大学 1986 年版,第 165 页;苏联学者也有同样的观点,参见〔苏联〕B. T. 斯米尔诺夫等:《苏联民法》(上卷),黄良平、丁文琪译,中国人民大学出版社 1987 年版,第 217 页;〔苏联〕B. Ⅱ. 格里巴诺夫、〔苏联〕C. M. 科尔涅耶夫:《苏联民法》(上册),中国社会科学院法学研究所民法经济法研究室译,法律出版社 1984 年版,第 250 页。

其二,诉讼期限定性及其规则,使执行立案中的职权审查工作有可能"一次性"完成。一方面,在诉讼程序中,诉讼时效是否经过是立案后庭审实体审理的重要组成,而在执行程序中,立案后会直接进入采取执行措施阶段(2017 年《民事诉讼法》第 240 条);另一方面,在2007 年《民事诉讼法》修正前,申请执行期间一直是"不变期间",只有诉讼期限耽误,无中止和中断,全部审查任务在执行立案阶段才相对更容易完成,而诉讼时效中止和中断的认定却复杂得多,不仅涉及证明责任、证明标准、经验法则等常规性证明问题,还会涉及"优先保护权利人"[1]等司法政策,需要法官综合判断和反复衡量。

三、"时效"定性的"完成"
——从《民诉法解释(2015)》说起

对于执行时效制度,2015 年是另一个关键之年。《民诉法解释(2015)》第 483 条第 1 款明确规定:"申请执行人超过申请执行时效期间向人民法院申请强制执行的,人民法院应予受理。被执行人对申请执行时效期间提出异议,人民法院经审查异议成立的,裁定不予执行。"该条款不仅正式终结了《执行规定(1998)》第 18 条"将执行时效作为立案条件"的立场,也使申请执行期间的时效身份真正名副其实。

(一)从"执行请求权"到"执行名义所载请求权"

虽然 2007 年《民事诉讼法》在修正时将申请执行期限更名为申

---

[1] 参见《最高人民法院民二庭负责人就〈关于审理民事案件适用诉讼时效制度若干问题的规定〉答本报记者问》,载《人民法院报》2008 年 9 月 1 日,第 3 版。

请执行时效,但规范对象仍未完全摆脱公法意义之执行请求权的传统思维。重要证据之一就是,2007 年之后理论界和实务界仍有不少人坚持将执行时效作为执行立案条件,继续沿用 1982 年《民事诉讼法(试行)》的立场。在此意义上,我们高估了《民事诉讼法》的修正对执行时效制度的改造力度,或者说低估了《民事诉讼法》禁止职权援用执行时效的必要性。

　　对于《民诉法解释(2015)》第 483 条,最高人民法院释义书给出的理由是"执行时效是消灭时效"。[1] 这种抽象说明似乎不够,毕竟 2007 年《民事诉讼法》的修正已将"期限"改为"时效"了。其实,《民诉法解释(2015)》第 483 条的贡献在于从技术操作层面对"执行请求权"与执行名义所载"债权请求权"作出区分,改变了以往申请执行期间一直违反强制执行法原理的窘境。根据强制执行法原理,执行请求权虽因执行名义成立而取得,但执行名义所载请求权,乃债权人对债务人之私法请求权,执行请求权则为执行名义所生公法请求权,二者性质完全不同。[2] 执行名义所载请求权作为申请执行人对被执行人的实体请求权,当然适用时效,与普通债权请求权一样。但执行请求权是当事人向法院请求执行的公法权利,不存在时效问题。

　　为何执行时效制度长期未对执行请求权与执行名义所载请求权作出区分? 除了前述直接照搬苏联法的原因,另一个可能的解释是,当时立法者、理论界和实务界,不认为这种区分有实际意义:既然执行时效的存在理由是督促权利人及时申请执行,以便稳定法律秩序、方便执行工作,只要对其怠于行使权利给予"制裁"即可,以便实

---

[1]　参见最高人民法院修改后民事诉讼法贯彻实施工作领导小组编著:《最高人民法院民事诉讼法司法解释理解与适用》(下),人民法院出版社 2015 年版,第 1285 页。

[2]　参见杨与龄:《强制执行法论》,五南图书出版公司 2007 年版,第 5—6 页;张登科:《强制执行法》,三民书局 2008 年版,第 4 页;吴光陆:《强制执行法》(修订三版),三民书局 2015 年版,第 8 页。

现督促目标。至于究竟是从法院角度对强制执行申请"不立案",还是从被执行人角度提出时效抗辩再由法院"裁定不予执行",并无实质区别。而今天开始区分执行请求权与执行名义所载请求权,是因为我们开始区分职权主义与私人自治、程序问题与实体问题。

(二)作为"过渡"的《民诉法解释(2015)》第 483 条第 1 款

《民诉法解释(2015)》第 483 条第 1 款虽有"革命"意义,但同时也是"过渡"。为了"强调",它与 1992 年《民诉法意见》第 153 条(《民诉法解释(2015)》第 219 条)功能相同。《民诉法意见》第 153 条规定:"当事人超过诉讼时效期间起诉的,人民法院应予受理。受理后查明无中止、中断、延长事由的,判决驳回其诉讼请求。"该规定主要是对《民法通则》第 135 条"向人民法院请求保护民事权利的诉讼时效期间为二年"的效力解释,对诉讼时效效力采取"诉权"进路,再加上允许法官依职权援用时效,导致法官在适用诉讼时效时必须面对"诉讼时效经过是否影响起诉"的问题,《民诉法意见》第 153 条给出的答复是:应当受理[1]。与此类似,《执行规定(1998)》第 18 条将执行时效作为立案条件,但《民诉法解释(2015)》第 483 条第 1 款在试图纠正时不得不明确"应当受理"。虽然通过解释纠正《执行规定(1998)》第 18 条在现阶段不现实,但从应然或长远讲,在《民法总则》采取抗辩权发生说以后,只要承认诉讼时效与执行时效"本质同一",《民诉法解释(2015)》第 483 条第 1 款就非"必需",只是"强调"诉讼时效与执行时效都是实体抗辩权,不涉及程序上是否受理。

《民诉法解释(2015)》第 219 条和第 483 条的存在,除了"明文"排除立案环节的职权援用,也与对抗辩权发生说的理解偏差有关。

---

[1] 想想我们将所谓"诉权消灭说"误解为"诉讼时效经过,不允许权利人起诉",就能够理解《民诉法意见》第 153 条的"用意"。

《诉讼时效规定(2008)》已频繁使用"时效抗辩"表述(第 1、3、4、7、21、22 条),《民法总则》第 192 条第 1 款"诉讼时效期间届满的,义务人可以提出不履行义务的抗辩"以基本法作出确认。[1] 笔者赞同抗辩权发生说,并支持《民法总则》的表述,但认为我们对抗辩权发生说的本质常常存在误解,《民诉法解释(2015)》第 219 条的存在说明这种误解仍有市场。全国人大常委会法制工作委员会释义书在解释《民法总则》第 192 条时强调:采用抗辩权发生说是因为"抗辩权发生说不允许法官职权援用时效,体现私人自治的逻辑,缓和了法律与道德之间的紧张关系";未采用权利消灭说是因为"会产生义务人自愿履行无效的后果,使法律和道德趋于紧张";未采用诉权消灭说是因为"起诉权消灭违背现代法治理念"。[2] 这些解释其实是有问题的。第一,作为权利消灭说典型的日本法和作为诉权消灭说典型的法国法,都明文禁止法官依职权援用时效。第二,对权利消灭说和诉权消灭说存在"标签化"误解:在日本,消灭时效经过后义务人的自愿履行被视为放弃时效抗辩权,不可主张不当得利返还;在法国,消灭时效经过不影响权利人行使起诉权,只是义务人可基于时效提出"诉讼不受理"抗辩。[3] 第三,对《民法总则》第 192 条的解说挤占了第 193 条的内容,导致两个条文意义趋同,比如最高人民法院释义书对第 192 条作出说明时指出:"采抗辩权发生说,人民法院不应主动审查诉讼时效期间是否经过问题,只有义务人提出诉讼时效抗辩时,人民法院才审查诉讼时效问题,即本法第 193 条规定的'人民法院不得主动适用诉

---

[1] 参见梁慧星:《民法总论》(第五版),法律出版社 2017 年版,第 253 页;李适时主编:《中华人民共和国民法总则释义》,法律出版社 2017 年版,第 607 页。

[2] 参见李适时主编:《中华人民共和国民法总则释义》,法律出版社 2017 年版,第 606—607。

[3] 参见霍海红:《胜诉权消灭说的"名"与"实"》,载《中外法学》2012 年第 2 期。

讼时效的规定'。"[1]

(三) 存在理由中依然"被忽略"的"被执行人"

随着《民诉法解释(2015)》第 483 条出台,执行时效与诉讼时效已经趋同,但执行时效的存在理由是个例外。关于执行时效的存在理由的表述,仍无"被执行人"的影子,最高人民法院的《民事诉讼法》释义书指出:"规定申请执行期限的目的是督促当事人行使权利,尽快实现法律文书确立的权利义务关系,保证法律文书的严肃性和有效性。"[2]既然执行时效的直接得利者是被执行人,执行时效抗辩的提出者也是被执行人,为何执行时效的存在理由竟无被执行人?如果是诉讼期限定位,执行时效的存在理由中无被执行人属正常,因为申请执行权的逻辑里本就没有被执行人;但如果是时效定位,执行时效的存在理由里有被执行人才正常。既然执行时效的本质就是诉讼时效,为何在执行时效的存在理由上如此不同于诉讼时效?

之所以执行时效彻底拥有时效身份后,被执行人在执行时效的存在理由中依然"失踪",可能有如下原因:第一,"执行难"现象导致人们常对被执行人在整体上给予道德上的负面评价,如果执行时效声称其宗旨是保护被执行人,则不易被人理解和接受。第二,关于诉讼时效存在理由,我国一直存在公益和秩序价值明显压倒保护义务人目标的倾向,被执行人在执行时效存在理由中的"失踪",只是在程度上走了极端。第三,我国现行法执行时效期间过短,以至于我们很难从"保护被执行人信赖"的角度理解执行时效。如果我们像德国法

---

[1]《〈中华人民共和国民法总则〉条文理解与适用》编委会:《〈中华人民共和国民法总则〉条文理解与适用》(下),人民法院出版社 2017 年版,第 1268 页。

[2] 参见江必新主编:《新民事诉讼法理解适用与实务指南》(修订版),法律出版社 2015 年版,第 961 页。

和日本法那样对判决确认之请求权规定很长的时效期间(分别为 30
年和 10 年),结果恐怕就不同了。

四、诉讼时效"统一化"
——基于民法典制定契机的建议

对于执行时效,规则上的"进步"与概念上的"衰落"同步。虽然
执行时效回到了针对私法请求权的正确道路,也扭转了对权利人过
度苛责的局面,但其与诉讼时效的趋同导致执行时效的独特性和独
立性面临消解。执行时效是留守民事诉讼法还是投向民法怀抱,成
为我们必须面对的大问题。笔者主张抛弃执行时效与诉讼时效的
"二元并立"体例,实现诉讼时效的"一统天下",并建议借民法典制
定之良机,取消执行时效概念,将执行时效的一般性问题置于民法典
总则编,民事诉讼法只规定极特殊情况(如果有的话)[1]。

(一)作为"常规"的诉讼时效统一化

大陆法系国家或地区通常并无独立的执行时效概念和制度,而
是以消灭时效"统一"解决判决确认之请求权的时效问题。当初,我
国执行时效单独规定于民事诉讼法中名正言顺,因为其本来就被视
为诉讼期限,与诉讼时效绝无关系。况且,1982 年《民事诉讼法(试
行)》的颁布比《民法通则》早四年,因而没有是选择一元体例还是
二元体例的条件和压力。如今,执行时效已彻底时效化,已无诉讼期
限的影子,最大的差别只是名称。与其维持现状,还不如回归大陆法

---

[1] 比如,"终结本次执行"对执行时效的影响[《民诉法解释(2015)》第 519 条]。当
　　然,该规则本身是否合理仍有探讨空间。

系之常规。先由 2007 年《民事诉讼法》修正案和《民诉法解释（2015）》在性质上逐步迈向时效之路,再由民法典实现体例上的统一,其实是水到渠成的事情。2017 年《民法总则》的制定和颁布虽也是一次难得的机会,但立法者只想作局部调整和个别加法。未来民法典的制定应进一步统筹大局,处理诉讼时效与执行时效的立法体例等宏观问题,这既符合民法典的使命,又彰显民法典的优势。

(二)具有"共识"的诉讼时效统一化

虽然直接关注时效问题的学者数量有限,但对于诉讼时效统一化,理论界有基本的共识。在民事诉讼法学界,部分学者明确主张,民事诉讼法应废除执行时效概念,废除申请执行期间制度。[1]在民法学界,早在十几年前,两份民法典学者建议稿已将判决确认之请求权的时效期间规定于其中。梁慧星教授主持的"建议稿"第 198 条规定:"下列请求权的诉讼时效期间为十年:……(八)基于生效判决和裁决的给付请求权,从判决或裁决确定时开始计算;(九)基于可执行的调解书和公证证书的给付请求权,从权利确定时开始计算……"[2]王利明教授主持的"建议稿"第 252 条规定:"经确定裁判或者其他与判决具有同一效力的执行根据所确认的权利,适用该权利原定诉讼时效期间,自该裁判或者执行根据发生效力之日起开始计算。"[3]有学者指出,当我国法律人完全接受了德国民法将债权实现的时间限制规定为实体性抗辩权的做法时,执行时效将和诉讼

---

[1]　参见张卫平:《民事诉讼法》(第四版),法律出版社 2016 年版,第 490 页;占善刚:《对我国民事申请执行期间制度的初步检讨——以〈民事诉讼法〉第 219 条的修改为对象的分析》,载《南京师大学报(社会科学版)》2011 年第 1 期。

[2]　梁慧星主编:《中国民法典草案建议稿附理由·总则编》,法律出版社 2004 年版,第 255 页。

[3]　王利明主编:《中国民法典学者建议稿及立法理由·总则编》,法律出版社 2005 年版,第 442 页。

时效共同面临着规制路径由程序向实体转化的机遇。[1] 在未来民法典的制定中,这些共识应引起立法者的高度重视。

(三)已有"前期成果"的诉讼时效统一化

诉讼时效统一化虽在体例上尚未实现,但规则中的统一倾向已有迹可循。随着 2007 年修正《民事诉讼法》时将申请执行期间的定性从诉讼期限调整为时效,2008 年《诉讼时效规定(2008)》第 13 条就将申请强制执行与申请仲裁、申请支付令、申请破产、主张诉讼抵销、申请追加当事人等一同列为"与提起诉讼具有同等效力"的中断事由。如果将《民事诉讼法》中"申请执行时效的中止、中断,适用法律有关诉讼时效中止、中断的规定"视为规则缺失时执行时效对诉讼时效的"被动参照",则《诉讼时效规定(2008)》将申请强制执行作为诉讼时效中断事由,可以被视为诉讼时效对执行时效的"主动收编"。2017 年《民法总则》第 195 条虽只列出权利人向义务人提出履行请求、义务人同意履行义务、权利人提起诉讼或者申请仲裁三个法定中断事由,但全国人大常委会法制工作委员会和最高人民法院的释义书在对兜底事由"与提起诉讼或者申请仲裁具有同等效力的其他情形"作解释时都明确承认申请强制执行属于其"射程"。[2]

(四)凸显执行时效"特殊性"的诉讼时效统一化

执行时效与诉讼时效的二元并立体例似乎有助于保证和贯彻执行时效的特殊性。但其实未必,该体例反而容易忽视执行时效与诉

---

〔1〕　参见金印:《执行时效的体系地位及其规制方式》,载《法律科学》2017 年第 5 期。

〔2〕　参见李适时主编:《中华人民共和国民法总则释义》,法律出版社 2017 年版,第 621 页;《〈中华人民共和国民法总则〉条文理解与适用》编委会:《〈中华人民共和国民法总则〉条文理解与适用》(下),人民法院出版社 2017 年版,第 1288 页。

讼时效的差异。执行时效期间就是一个突出的例子。如果执行时效与诉讼时效统一后被置于《民法总则》之中,应该很容易发现判决确认之请求权的时效期间与普通债权请求权"持平"也不适当。相反,如果将诉讼时效期间规定于《民法总则》中,将判决确认请求权之时效期间规定于《民事诉讼法》中,我们便不大可能对二者进行长短比较:既然是不同的制度,遵从不同的逻辑,长短相同或不同,均属正常。在此意义上,取消执行时效概念,取消执行时效的独立性,既不是要取消执行时效问题,也不是要忽视执行时效的特殊性,而是为了突出"实质"的特殊性,忽视徒具"形式"的特殊性。

(五)预防规则"冲突"的诉讼时效统一化

诉讼时效与执行时效的规则之间存在若干不协调甚至冲突,恐怕不是基于细致考量后的有意选择,而是制度"各自为战"的客观后果。我们似乎认为分属民法和民事诉讼法的两个制度本就不同,没有追求协调一致的必要,于是顶着"性质相同"之名的诉讼时效与执行时效仍然"仁者见仁,智者见智"。因此,所谓诉讼时效统一化主要不是为了追求形式的完美,而是要实现立法的科学化。

1. 以分期履行债务的时效起算为例

根据《民法总则》第189条,当事人约定同一债务分期履行,诉讼时效期间自最后一期履行期限届满之日计算。该条文原样出自《诉讼时效规定(2008)》第5条。全国人大常委会法制工作委员会《民法总则》释义书充分肯定了第5条的实践效果,并继承了最高人民法院《诉讼时效规定(2008)》释义书的"立法"理由:由同一债务特性决定;符合诉讼时效立法目的;减少诉累、实现诉讼效率;促进交易、增加社会财富。[1]

---

〔1〕　参见李适时主编:《中华人民共和国民法总则释义》,法律出版社2017年版,第596—597页。

然而,《诉讼时效规定(2008)》第 5 条显然没有顾及与《民事诉讼法》的协调一致。根据 2017 年的《民事诉讼法》第 239 条第 2 款,"法律文书规定分期履行的,从规定的每次履行期间的最后一日计算",该条款自 1982 年《民事诉讼法(试行)》起已存在了 30 多年(截至 2019 年)。

同为权利人的私法请求权(只是阶段和形式略有差异),同为分期履行方式,民法和民事诉讼法却选择了不同的时效起算规则。立法者对《民法总则》第 189 条的理由阐述("对分期履行的每笔债务分别计算诉讼时效,有可能导致债权人因为担心债权过期而频繁主张权利,不利于维持当事人之间债权债务关系的稳定","避免频繁起诉,有利于节约司法资源,减少讼累,实现诉讼效率"等[1])似乎用在 2017 年《民事诉讼法》第 239 条第 2 款上也合适,只要我们将 2017 年《民事诉讼法》第 239 条第 2 款修改为"法律文书规定分期履行的,从规定的最后一期履行期限的最后一日计算"即可。

2. 以未定履行期限债权的时效起算为例

1982 年《民事诉讼法(试行)》第 169 条只规定了"法律文书规定履行期限"和"法律文书规定分期履行"两种情形的期限起算,尚未对"法律文书未规定履行期限"的期限起算作出规定,但理论界对第 169 条进行解释时仍主张:"法律文书未规定履行期限,从法律文书发生法律效力之日起计算。"[2] 2017 年《民事诉讼法》修正时于第 239 条第 2 款明确规定:"法律文书未规定履行期间的,从法律文书生效之日起计算。"但是,诉讼时效规则作了不同的选择,根据《诉讼时效规定(2008)》第 6 条,未定履行期限的债权,诉讼时效期间从债

---

[1]　参见李适时主编:《中华人民共和国民法总则释义》,法律出版社 2017 年版,第 597 页。

[2]　柴发邦、赵惠芬:《中华人民共和国民事诉讼法(试行)简释》,法律出版社 1982 年版,第 121 页。

权人要求债务人履行义务的宽限期届满之日起计算,但债务人在债权人第一次向其主张权利之时明确表示不履行义务的,诉讼时效期间从债务人明确表示不履行义务之日起计算。

同样针对未定履行期限的债权请求权(只是阶段和形式略有差异),诉讼时效与执行时效采取了完全不同的立场。也许有人会指出,执行时效属于特别规则,不同于作为一般规则的诉讼时效,不是很正常吗? 问题是,如果二者并非冲突,而是"例外"与"一般"的关系,必定也存在对该例外为何必须突破一般的论证。人们言及《诉讼时效规定(2008)》第 6 条时,无论是正面论证还是反面质疑,均不提及 2017 年《民事诉讼法》第 239 条第 2 款,但无论是基于法律位阶还是理由论证,2017 年《民事诉讼法》第 239 条第 2 款都是绕不过去的。

(六)诉讼时效统一化有助于澄清所谓物权请求权的执行时效问题

在我国,诉讼时效客体是债权请求权(《诉讼时效规定(2008)》第 1 条设置了若干例外)已是共识,物权请求权是否适用诉讼时效曾存在很大争议。对此,《物权法》(已失效)《诉讼时效规定(2008)》采取了"回避"态度,但《民法总则》给予正面回应,明确了返还财产以及请求停止侵害、排除妨碍、消除危险等不适用诉讼时效(第 196条)。但与此同时,生效法律文书确定的权利包括债权请求权和物权请求权,而 2017 年《民事诉讼法》第 239 条并未将物权请求权排除在外,容易让人误认为执行时效的适用对象的范围大于诉讼时效,于是,以诉讼时效统一执行时效便存在所谓"小统大"问题。[1]

---

[1] 对此,有学者提出要限缩解释《民事诉讼法》第 239 条的适用范围,将其理解为仅适用于债权请求权。参见刘璐:《民事执行重大疑难问题研究》,人民法院出版社 2010 年版,第 23—24 页。

所谓"小统大"其实是个伪问题,诉讼时效统一化恰恰有助于避免这种误解。第一,既然已经承认执行时效的本质就是诉讼时效,那么它的适用对象就与诉讼时效一致,只是阶段和形式不同:诉讼时效针对普通债权请求权,执行时效针对判决确认之债权请求权。第二,物权请求权不适用诉讼时效的理由,诸如"请求停止侵害、排除妨碍、消除危险的权利适用诉讼时效,将会发生物权人必须容忍他人对其行使物权进行侵害的结果,这对权利人不公平,也违反物权法基本理论","已登记的物权人请求返还财产适用诉讼时效,必然导致时效制度与不动产登记制度的自相矛盾,动摇不动产登记制度的权威性"等[1],同样也可适用于执行时效。

余　论

民法典的制定提供了自 2007 年《民事诉讼法》修正和《民诉法解释(2015)》出台之后又一次"再造"执行时效制度的良机。对此,笔者有三个基本立场:第一,执行时效与诉讼时效的体例问题是个"大问题",应尽早解决,否则会影响后续制度设计,使相同性质的问题继续分别在民事诉讼法和民法的范畴内通过不同的方式或逻辑解决,最终大大消解二者同属时效性质的共识;第二,我国诉讼时效法的一大软肋是体系性不足,执行时效入民法典将会是立法者促进体系化的重大举措,而这有助于凸显执行时效真正和必要的特殊性;第三,将执行时效统一于诉讼时效,既是立法者对"民法典与民事诉讼

---

[1]　参见李适时主编:《中华人民共和国民法总则释义》,法律出版社 2017 年版,第623—624 页。

法连接与统合"〔1〕的努力和表征,也是民法学者和民事诉讼法学者推进合作的契机。

　　笔者反对维持执行时效概念和体例的现状,原因主要有四:第一,既有的执行时效规则绝大多数属于参照适用诉讼时效或者直接仿制诉讼时效,二元并立体例的意义恐怕主要是概念上的,在制度上已经徒有其表;第二,二元并立体例下,执行时效与诉讼时效的规则冲突会大大削弱其制度的正当性,使在中国法语境下本就道德性不足的时效制度雪上加霜,这早已不是单纯的概念问题;第三,二元并立体例无助于彻底区分公法意义之执行请求权和执行名义所载实体请求权,存在回到"执行请求权"思维老路的风险;第四,我们不能迷信所谓路径依赖,应勇于走出新路,只要这路比老路更好走、走得更远而且不容易迷路。无论是主张放弃传统的举证责任概念而主张将所谓"双重含义"分为"证明责任"和"提供证据责任"两个概念〔2〕,还是主张取消执行时效概念并统一到诉讼时效概念之下,笔者都持相同的信念。

---

〔1〕　张卫平:《民法典与民事诉讼法的连接与统合——从民事诉讼法视角看民法典的编纂》,载《法学研究》2016 年第 1 期。
〔2〕　参见霍海红:《证明责任概念的分立论——基于中国语境的考察》,载《社会科学》2009 年第 6 期。

期间篇

Limitation of Actions from the Perspective of
Substantive and Procedural Law

第4章　对我国2年普通诉讼
时效期间的反思[*]

> 不幸的是,在人类社会的许多场景当中,积极的敦促与强加
> 的义务之间的界限会变得十分模糊。[1]
>
> ——〔美〕富勒《法律的道德性》

引　言

从《民法通则》(已失效,下同)正式确立中华人民共和国民法诉讼时效制度至今(至2008年)已有三十个年头,这三十年提供了足够长的时间跨度和实践材料,使我们有可能重新审视和反思这一制度的合理性和实效性。这种反思既着眼于揭示《民法通则》在制定时的局限性,更在于揭示其规定的诉讼时效制度在三十年后的今天仍然可能存在的不足,并在未来的民事立法中加以修正和完善。《民法通则》对普通诉讼时效期间及其相应的起算方式的规定构成了我国诉讼时效制度的主要不足之一,笔者正是以此为分析对象而从多个视角展开对诉讼时效制度的反思。我国《民法通则》和2002年修改后

---

[*]　本章内容曾以《对我国诉讼时效期间的多维反思》为题发表于《法制与社会发展》2008年第3期。

[1]　〔美〕富勒:《法律的道德性》,郑戈译,商务印书馆2005年版,第84页。

的《德国民法典》采取的是一种较短的普通诉讼时效期间(分别是 2 年和 3 年)加上"主观"起算方式(如"从知道或者应当知道权利被侵害时起计算")的模式,而诸如《意大利民法典》、《日本民法典》、2002 年修改前的《德国民法典》以及我国台湾地区"民法"采用的是一种较长诉讼时效期间(分别是 10 年、10 年、15 年、30 年)加上"客观"起算方式(如"自权利可以行使时进行""时效自请求权产生之日起开始计算")的模式。笔者试图从多个视角指出并证明,我国《民法通则》采取的模式并不符合我国的现实国情,无法实现诉讼时效制度的目标,是应予修正的。

一、被压抑的私人
——对我国诉讼时效制度目标的反思

目的决定行动,规范目标决定着制度设计,在这个意义上,对诉讼时效制度的反思从其目标开始是必要而有益的。在《民法通则》制定前后,学者们普遍从社会经济秩序稳定、加速社会主义企业资金周转、巩固经济核算制、改善经营管理和提高经济效益、有利于人民法院审理案件等方面来论述诉讼时效的意义[1],由于不少著作的作者本身参与了立法,而且他们的著作在当时发挥着事前准备和事后注释的作用,因此这基本上可被视为立法者规定诉讼时效制度的基本

---

[1]　对此的相关论述,参见佟柔主编:《民法原理》,法律出版社 1983 年版,第 110 页;王作堂等编:《民法教程》,北京大学出版社 1983 年版,第 125 页;凌相权、余能斌:《民法总论》,武汉大学出版社 1986 年版,第 204 页;中国政法大学民法教研室编:《中华人民共和国民法通则讲话》,中国政法大学出版社 1986 年版,第 234 页;孙亚明主编:《民法通则要论》,法律出版社 1991 年版,第 253 页;佟柔、赵中孚、郑立主编:《民法概论》,中国人民大学出版社 1982 年版,第 79 页。

目标和具体规则设计中的基本考量因素。将这些作为诉讼时效制度的设计目标本身并没有什么问题,特别是考虑到当时的政治、社会环境和经济需要,然而这些目标之中缺少对私人利益的关注却是隐藏着的缺陷,不能不引起我们今天的反思。尽管诉讼时效制度的主要功能在于维护和实现某些重要的公共利益,但私人仍然是诉讼时效制度的关注对象,这一方面是因为诉讼时效制度的具体运作主体乃是私人,权利人怠于行使权利,义务人因而可以拒绝给付。在此意义上,诉讼时效制度中的公共利益考量实际上是通过私人行为间接实现的。另一方面,诉讼时效制度本来的目的并不全是为了公共利益,其中的一个重要考量乃是对义务人进行保护,如保护义务人,使之不致因很久以前发生的、难以澄清的事件而被提出履行债务的要求。[1]

这种高举公共利益大旗而私人利益缺位的叙说正说明当时我国仍然没有真正走出计划体制和苏联模式的阴影,私人自治仍然无法与强大的公共利益抗衡(尽管公共利益的具体含义和界限并不总是明确的)。对私人利益关注的缺乏直接导致了诉讼时效期间制度完全是从公共利益视角去设计的,《民法通则》规定极短的 2 年普通诉讼时效期间也就不足为奇了,因为只有时效期间短才可能实现资金的较快流转,也有利于法院将那些已经经过较长时间的案件排除在外从而减轻负担。因为对私人的关注并没有进入诉讼时效制度的视野,立法者往往不会关注这种期间设置对权利人是否公平,在立法者看来,公共利益的目标本身已经确定无疑地证明了诉讼时效制度的合理性,至于规定多长的诉讼时效期间,并不会对公共利益目标本身

---

[1]　关于诉讼时效保护义务人的功能,参见〔德〕迪特尔·施瓦布:《民法导论》,郑冲译,法律出版社 2006 年版,第 181 页;王泽鉴:《民法总则》(增订版),中国政法大学出版社 2001 年版,第 517 页。

产生任何影响。换句话说,诉讼时效期间的长短只是体现出公共利益目标的不同需要,而不是对公共利益目标本身的正当性说明。于是一切都被纳入宽泛而又不确定的公共利益目标,作为诉讼时效效力承受者的私人反而不见了。

除了计划体制的影响,意识形态因素也不可忽视。一方面,诉讼时效期间的长短问题在当时与资本主义和社会主义的意识形态产生了一一对应的联系。例如,当时的学者一般认为,资本主义国家规定的诉讼时效期间比较长,而社会主义国家规定的诉讼时效期间都比较短[1],资本主义国家规定很长的诉讼时效期间,其目的是巩固私有制,维护有产者的利益[2]。资本主义国家为了保护私有制才规定了较长的诉讼时效期间,而我国实行社会主义公有制,当然不能采取对维护私有制有利的较长的诉讼时效期间。这种将时效期间长短与意识形态(私有制和公有制)对应的做法,实际上是将权利人与剥削阶级、义务人与被剥削阶级进行阶级身份对应,是一种号召无产阶级进行革命和斗争的话语。于是在诉讼时效制度的设计中,作为被限制权利一方的权利人的利益始终未能得到充分的考虑,因为剥削者的利益不值得被保护,重要的是被剥削者的利益和公共利益。在这种贬低权利人权利的意识形态话语下,规定较短的、对权利人不利的诉讼时效期间似乎就是自然而然的。另一方面,我国长期以来将苏联视为社会主义的楷模和先行者,因此对苏联的制度和模式不加反思地全盘吸收。尽管我国逐步对这种照搬照抄有了一定的反思,特别是在"文革"结束和改革开放之后,然而苏联模式对我国的全方位的深刻影响在短时间内是无法被彻底消除的,表现在诉讼时效制度

---

[1]　相关论述具体参见佟柔主编:《民法原理》,法律出版社 1983 年版,第 110—111 页;孙亚明主编:《民法通则要论》,法律出版社 1991 年版,第 258 页;王作堂等编:《民法教程》,北京大学出版社 1983 年版,第 126 页。

[2]　参见佟柔、赵中孚、郑立主编:《民法概论》,中国人民大学出版社 1982 年版,第 80 页。

上便是我国《民法通则》作了与《苏俄民法典》(1964)类似的诉讼时效期间规定:《苏俄民法典》(1964)将普通诉讼时效期间规定为三年,我国《民法通则》规定为二年。

　　就诉讼时效制度的本来面目而言,其正当性证成必须是一个在承认权利人的权利神圣的前提之下,通过阐明名副其实的公共利益而在一定意义和程度上压缩和限制权利人权利的过程[1],而不是一个为了实现神圣的公共利益而直接否定和限制权利人权利的过程,正如有学者指出的,"一项法律最忌讳以保护社会公共利益或国家利益为名任意干涉个人权利"[2]。只有将诉讼时效制度视为一个公共利益自身向权利人证明其正当性的说服过程,那些基于公共利益而对权利人施加的限制才有可能最大限度地避免对权利人的不当伤害。[3]《民法通则》在制定之时显然更多是考虑公共利益目标本身并将其放在绝对优先的至高地位,而不是考虑公共利益如何向权利人说明限制其私人权利的正当性。当然,我们反思《民法通则》中诉讼时效制度目标的局限性不是要苛求特定时代下的《民法通则》和

----

[1]　诉讼时效制度不是与权利一同出现,而是逐渐产生的,在一定程度上说明了这一点。就作为大陆法系渊源的古罗马法而言,罗马古代,除了个别例外,一般债权具有永久性。后来,由裁判官规定之请求权,有永久性者有之,但其多数则因一年间不行使而归于消灭。嗣后,东罗马帝国法律扩大了时效之范围,并规定较长的时效期间。参见陈朝璧:《罗马法原理》,法律出版社 2006 年版,第 106 页;周枏:《罗马法原论》(下),商务印书馆 1994 年版,第 918—919 页;〔意〕彼德罗·彭梵得:《罗马法教科书》,黄风译,中国政法大学出版社 1992 年版,第 107—108 页。

[2]　彭诚信:《主体性与私权制度研究——以财产、契约的历史考察为基础》,中国人民大学出版社 2005 年版,第 185 页。

[3]　时任全国人大常委会法制工作委员会副主任的顾昂然先生曾有这样的论述:"制定《民法通则》时,法院同志建议对诉讼时效问题作出规定。他们反映,有些已经过多年的民事纠纷当事人还到法院打官司,甚至有清朝、明朝时的案子,不受理吧,没有根据,受理吧,那么久了,审理起来有许多困难。"(参见顾昂然:《立法札记——关于我国部分法律制定情况的介绍(1982—2004 年)》,法律出版社 2006 年版,第 254 页)。可以看出,减轻法院负担的公共利益所针对的是那些年代久远,至少是时间比较长的案件,而《民法通则》规定的 2 年普通诉讼时效期间似乎与此并不相符,这里的公共利益目标是否向债权人证成了其正当性是有疑问的。

立法者(注定的时代局限无论如何不能抹杀《民法通则》的里程碑意义,而《民法通则》的立法者也已经被载入史册),而是要从这种目标设定的局限本身找出未来我国诉讼时效制度的方向以及我们应当继续引以为戒的东西。法国著名历史学家马克·布洛赫指出:"'理解'才是历史研究的指路明灯。"〔1〕对于《民法通则》这类在历史上重要的法律又何尝不是如此?

二、归责,还是苛责?
——基于信用环境视角的反思

对于权利人而言,诉讼时效制度无疑是一种限制甚至"剥夺"自己权利的制度(尽管这并不是诉讼时效制度的目标)。正是由于诉讼时效不利后果的权利人指向,任何关于诉讼时效价值或理由的解说其实都可以看作一种对权利人的说服机制和正当性论证过程,而其中的"权利上之睡眠者,不值得保护"是往往被我们忽略但相当有效的论证理由。因为它是一种"自我归责"的策略,即将诉讼时效制度产生的对其不利的后果归于权利人的懒惰(怠于行使权利),而懒惰显然是一种无论是在法律上还是在道德上都会得到负面评价的特质。强调对权利人的"自我归责"并不是说"权利上之睡眠者,不值得保护"是诉讼时效制度最重要的存在理由,而是基于如下的原因:一是权利人的自我归责乃是基于私人视角的说服机制,与尊重法律平和、维护法律秩序、减轻法院负担等公共利益相比往往更容

---

〔1〕 〔法〕马克·布洛赫:《为历史学辩护》,张和声、程郁译,中国人民大学出版社 2006年版,第 121 页。

易受到忽视,诉讼时效制度被认为是基于公共利益考虑而设置的制度。[1] 二是在自由价值得到极大张扬和凸显的现代社会,法律也应当尽可能在制度设计中体现当事人的"自我决定、自我负责"需求以作为对时代要求的回应,并进而强化其合理性。三是诉讼时效制度的存在在一定程度上是以牺牲诸如"欠债还钱"这类在人们心目中根深蒂固的道德准则为代价的。这种代价是否合理往往与对权利人的归责是否合理相关。四是诉讼时效的概念界定或诉讼时效的立法,都是从"权利人不行使权利"的角度来表述的,一个法官在对权利人宣布诉讼时效适用所导致的不利后果时,或提出抗辩的义务人在面对心有不甘的权利人时,往往会毫不犹豫地指出"这是你不及时行使权利的后果",这说明从权利人自我归责的视角进行说服往往具有便利性和有效性。

　　法律对权利人的自我归责策略尽管有效但不是无条件的和无须证成的,归责必须考虑其合理性,否则无异于专制。对这种归责是否合理的判断不能仅在理论上进行抽象论证,而要考虑具体的现实条件,这些现实条件可能是诉讼时效制度良性运作的基础和前提,信用环境正是这样的一种现实制约条件。人们选择一种对自己不利(每一个人都可能成为诉讼时效制度不利后果的承担者)的制度的底线,是这种制度并不会从根本上违反欠债还钱等在人们心目中根深

---

[1]　事实上,这种自我归责不仅作为一种对权利人的说服机制而存在,而且在某种意义上扮演着衡量公共利益对权利人利益进行限制是否合理的重要角色。公共利益的抽象性和神圣性使其既难以被界定又容易扩张,很难避免对权利人利益的过分挤压,权利人的自我归责便充当了从另一极对抗公共利益限制的抵抗力量:只有在衡量"权利人是否成为睡眠者"的期间及其起算方式构成对权利人的合理督促的情况下,这种为某些公共利益而设计的制度才是合理的。从归责策略视角进行反思,并不是要否定诉讼时效制度的法律秩序与平等公共利益目标,而是试图指出过分专注于这种公共利益目标的正当性论证极易忽视和掩盖其他重要的方面和利益,而这种忽视或掩盖可能使诉讼时效制度内在的利益平衡机制出现了某种失衡。

蒂固的原则。可以想象诉讼时效制度的产生必然在一个信用良好的环境中,因为只有在这样的环境中人们才能相信这一制度并不会对权利人构成实质性的损害。很难想象在一个欠债不还成为常态的信用环境中,诉讼时效制度能够产生,因为那样等于为本来就欠债不还的义务人提供了另一个对付权利人的武器。无论如何,诉讼时效制度本来的目标是成为督促权利人行使权利的机制,而不是成为使义务人获利的机制,尽管后者常常不可避免地成为前者的结果。

　　然而,我国目前"借钱的是爷爷,要账的是孙子"的信用状况,给诉讼时效制度的自我归责策略提出了巨大的挑战。一方面,就权利人的立场而言,法律的当务之急是解决让义务人还钱的问题,而不是如何通过给予义务人抗辩权来督促权利人的问题。另一方面,就诉讼时效制度的归责策略而言,我们面对的现实不是有太多懒惰的权利人,而是有太多无赖的义务人,因此人们很难将诉讼时效视为对懒惰的权利人的督促,而更可能将其视为无赖的义务人的保护伞。我国《民法通则》采取的较短诉讼时效期间加上"主观性"起算方式的模式,本来是试图通过较短的诉讼时效期间来督促权利人行使权利,同时又通过采取主观起算方式对这种较短时效期间可能产生的不足进行弥补[1],从而完美地实现诉讼时效制度的目标。然而,这种美好设想在恶劣的信用环境下显得不切实际且离其本来目标越来越远,反而极有可能被恶意的义务人利用。第一,由于时效期间较短,义务人很容易将"欠债不还"拖过"2年"的期限,特别是在熟人社会中权利人往往碍于关系和情面,只要自己并不急需用钱就不会及时追讨。第二,起算方式的不确定使权利人缺乏预期,特别是"应当知道"本身就是一个需要综合衡量并带有主观性的标准,因此权利人

---

[1]　这是考虑到知道或应当知道的时间必定迟于请求权产生之日,至少是与其同时,这在某种意义上构成了对较短诉讼时效期间的一种弥补。

很难明确知晓和计算出在什么时候他行使请求权会受到对方的抗辩。这种本来为了权利人利益而设计的起算方式反而使权利人处于极端的不确定状态。第三,这种起算方式的设定忽视了一个重要的方面,即"请求权可行使时"与"权利人知道或应当知道权利可行使时"并不一致,且如果依据前者权利人的请求权已过诉讼时效,权利人要获得对自己有利的结果就必须证明自己在"请求权可行使时"并不知晓这一状况。换句话说,权利人要避免适用"请求权可行使时"这一标准,往往需要提供证据加以证明。在此意义上,我们切不可过于夸大"请求权可行使时"标准与"权利人知道或应当知道权利可行使时"标准的差别,事实上后者最终认定的结果可能与前者完全一致。第四,主观性的起算方式往往成为义务人可利用的另一个手段,起算方式的主观性就决定了当事人之间很容易发生争执,这种争执可能正是义务人利用的方式。如果成功即不用还钱,即使不成功也不会有什么损失,因为义务人只是还了该还的钱(这些钱能否以及什么时候到权利人手中也是一个问题)。

在良好的信用环境下,我们所指出的这些所谓缺陷可能无关紧要,一是这充其量只能被看作对权利人的督促较为严厉罢了,二是义务人通常也并不会利用诉讼时效制度达到其不良目的,因为"人们履行法律义务,与其说是一个有意识思考的问题,不如说是一个无意识地使自己习惯于周围人的情感和思想的问题"[1]。但是在信用不良的环境下,这些缺陷就是必须引起关注的。一方面,它可能会在实际上混淆"督促权利人"与"苛求权利人"的界限,从而使所谓的归责策略丧失其道德上的正当性。一旦人们怀疑制度的道德性进而降低其对于制度的认同感,我们便很难期望他们真正遵守制度。事实上,实

---

[1] 〔美〕E. 博登海默:《法理学:法律哲学与法律方法》,邓正来译,中国政法大学出版社 1998 年版,第 143 页。

践中的确存在着超过诉讼时效的债务,权利人通过私力救济方式(比如通过第三方进行民间收债)追讨债务的情形,根据徐昕先生的调查和研究,"超过诉讼时效或申请执行期间等一些法律上有缺陷的权利,公力救济不予保护,但当事人仍可能试图通过私力救济实现这些'自然债权'"[1]。另一方面,它会进一步推动义务人实施败德的机会主义行为,助长义务人的无赖行为,正如有学者所指出的"不合理的制度在造就不合理关系的同时,也在败坏私人的道德"[2]。面对令人担忧的信用环境,在对诉讼时效制度进行设计时,我们必须考虑如何尽可能减小诉讼时效制度对义务人赖账的激励(就诉讼时效制度而言,这种激励实际上是不可能绝对避免的),否则,诉讼时效制度的价值不仅不能正常发挥,反而可能成为制约"好人"而放纵"坏人"的法律。在我国目前对欠债不还还欠缺有效的威慑机制的环境下,不当的诉讼时效制度设计极有可能带来破坏性的影响,抵消本不健全的还债的激励机制。

三、诉讼时效制度的证据视角反思
——以诉讼时效中断制度为例

在诉讼时效制度中,与给予义务人抗辩权相对应的是给予权利

---

[1] 徐昕:《论私力救济》,中国政法大学出版社 2005 年版,第 179—180 页。当然,对于通过私力救济实现超过诉讼时效期间的债权,不可一概而论。这既可能是权利人由于信用环境不良和时效制度不合理,而走上"无视"法律和公力救济的道路,也有可能是权利人对于诉讼时效制度本身不认同而坚持欠债必须还钱的古老逻辑。

[2] 梁治平:《书斋与社会之间》,法律出版社 2002 年版,第 156 页。一位中级人民法院法官就曾指出,"在当今中国的司法实践中,当事人挖空心思地利用诉讼时效期间较短这一漏洞以逃避债务,律师想方设法让当事人的诉讼时效中断(如设圈套让对方当事人重新确认债务)等已经司空见惯"。参见葛承书:《民法时效——从实证的角度出发》,法律出版社 2007 年版,第 127 页。

人一定的防护措施——诉讼时效中断制度。所谓诉讼时效的中断是指,因特定事由发生,导致迄今为止已经过去的时效期间统统不算,待中断事由结束后,时效期间重新计算。诉讼时效中断乃是法律赋予权利人能够阻碍诉讼时效完成的有效措施,对诉讼时效中断制度的承认,也表明法律的目标不是要消灭权利人的权利,而是要通过给予权利人某种"可能失去给付"的压力来尽快结束双方当事人之间的债权债务,使双方都能够尽快从某种不确定性中解脱出来从而投入新的法律生活。诉讼时效中断制度不仅构成了权利人避免不利后果的防护措施,更构成了诉讼时效制度归责策略的重要环节——诉讼时效中断制度的功能能否发挥预期作用直接关系到诉讼时效制度归责策略的正当性。

由于诉讼时效中断制度作为一种防护措施构成了对权利人的特殊保护,我们往往容易忽略诉讼时效期间和起算方式的规定可能存在的缺陷。因为我们认为即使这些缺陷可能存在,但诉讼时效中断制度完全能够对这些缺陷进行弥补。我们无意否定诉讼时效中断制度的这种功能,但不可过分夸大其功能,尤其是其在实践中的实际效果。事实上,诉讼时效中断乃是权利人为防止适用诉讼时效出现对其不利的后果,而提出的法律上认可的阻断时效效力完成的主张,但对中断的事实,权利人必须提供证据加以证明。我们往往对前者关注较多,对后者却存在某种忽视,而后者往往是最为重要的。诉讼时效中断必须有证据证明,否则法律无法知晓这种中断的状况,因而无法支持权利人关于诉讼时效因中断而未完成的主张。如权利人甲在债权已届清偿期之后,曾数次到乙家催款都未果,也并未留下任何催款的证据(如让乙写下保证还款的声明或者写下关于这次催款的说明等)。待 2 年后,甲到法院起诉要求乙还款,乙可能提出诉讼时效已经经过的抗辩,此时即使甲提出其在 2 年期间内数次到乙家催款

　　因而诉讼时效中断、诉讼时效并未完成的主张,但是由于甲没有任何证据证明催款事实,所以法院无法认定诉讼时效中断,于是法院只能支持乙的主张,判决甲败诉。

　　由于证据问题,诉讼时效制度被义务人利用并不是什么新鲜事,却是必须引起我们注意的重要问题。常听人说:中国人缺乏证据意识。作出中国人缺乏证据意识的判断固然有以现代标准去衡量传统之嫌,但也的确道出了如下两个重要事实:一是传统的交往和交易方式以及面对证据的态度在现代社会遭遇前所未有的挑战;二是证据意识在现代社会扮演着日益重要的角色,成为现代人应付现代社会的一种重要素质甚至本领。但是我们也不得不看到,"作为个人,对于文化遗产总是接受容易拒绝难"〔1〕,我们不能指望人们突然都变得有很强的证据意识,它是一个随着社会整体转型而渐进的发展过程。缺乏证据意识乃是中国传统乡土社会的特征,而我们至今仍然没有彻底走出乡土社会的影子。一方面,由于我们缺乏证据意识而且很难期望在短期内改变,我们便不能过分期待权利人能够很好地利用诉讼时效中断制度,从而弥补规范模式本身存在的缺陷。另一方面,在较短诉讼时效期间下,权利人在为使自己的权利得以保全而利用诉讼时效中断制度的同时,也背上了由此带来的证明负担。规定较长的诉讼时效期间与规定较短的诉讼时效期间加上诉讼时效中断制度的利用并不是一回事。前者几乎无须证明,而后者却处处充斥着证明。在权利人不能证明诉讼时效中断的事实时,根据证明责任配置原理,权利人要承担不能证明的不利后果,即诉讼时效中断的事实无法获得法官的认可而被视为不存在。证明是诉讼中最为重要也是最为困难的事情,将证明负担加于某人身上常常意味着将败

---

〔1〕　钱满素:《爱默生和中国:对个人主义的反思》,生活·读书·新知三联书店1996年版,第30页。

诉本身加于某人身上。

四、对确定性的追求
——对诉讼时效制度赋予法官自由裁量权的反思

诉讼时效制度是一种通过义务人的行为(提出时效抗辩)对权利人的行为施加约束和限制(表现为因义务人的抗辩而无法获得给付)的制度,因而权利人能够预期在什么期间内行使权利而不会受到义务人的抗辩、义务人能够预期在什么时间内提出的抗辩是有效的抗辩,对于诉讼时效制度的正当性和具体运作都至关重要。换句话说,只有确保权利人和义务人有合理和明确的预期,诉讼时效制度对于权利人才不是一种无法预知的、令人措手不及的损害,对于义务人才不是一种名义上享有却无法正确把握的权利。法律的重要意义之一便是,"依据法律规范,人们可以预先知晓或者估计到人们应当如何行为、人们的具体行为的法律意义及其法律后果,并以这种较为可靠的预知对自己的相应的行为作出合理的计划与安排"[1]。因此,诉讼时效制度本身必须表现出较高的确定性,以便指引当事人调整行为和安排生活,在发生纠纷导致诉讼时能够容易地向败诉的一方说明这种结果完全应当是在其预料之中的。

为了实现诉讼时效制度的这种确定性,在设置诉讼时效期间和起算方式时,应当尽可能做到容易客观确定,减少个人主观判断因素(即使判断者是法官)。在较长的诉讼时效期间加上"自权利可以行使时进行"或"自请求权产生之日起算"的模式中,法官的自由裁量权几乎没有用武之地,因为诉讼时效期间是法律明确规定的,请求权

---

〔1〕　姚建宗编著:《法理学:一般法律科学》,中国政法大学出版社 2006 年版,第 217 页。

产生之日也往往容易通过当事人加以证明。无论是权利人能够有效行使权利的期间还是义务人能够有效提出时效抗辩的时间都是比较确定的。相反,在较短的诉讼时效期间加上"从知道或应当知道权利被侵害时起计算"的模式中,法官的自由裁量扮演着至关重要的角色。因为诉讼时效期间尽管已有法律明确规定,但是起算方式"从知道或应当知道权利被侵害时起计算"无法达到"自请求权产生之日起算"的那种客观性程度,其最终的确定往往是通过法官的自由裁量来实现的。这一方面是因为"知道或应当知道"这种带有较强个人主观判断的词汇(尽管在认定时会考虑客观的事实)很难达到较高的客观确定性;另一方面是因为"知道或应当知道"无法客观确定,为当事人留下了争执的空间[1]。这种争执可能基于双方对不确定事物的不同看法,也可能基于因利己动机而故意采取的策略。在时效期间的起算方式上赋予法官自由裁量权,在削弱诉讼时效制度自身的确定性的同时,也是对法律指引和预测作用的削弱,因为这会增加权利人根据诉讼时效期间是否经过的判断而进行行为选择的困难,义务人对于在何时能够行使抗辩权对抗权利人的给付请求也不易形成准确的判断,诉讼时效制度"保护债务人,避免因时日久远,举证困难,致遭受不利益"[2]的目标也会打折扣。

诉讼时效制度中不宜赋予法官过大的自由裁量权,不仅是出于诉讼时效制度自身的要求,而且是出于对我国司法实践和成文法传统的考量。其一,自由裁量权在实践中的正当性要依靠法官的优良素质(包括专业素质和职业道德)来保障,而我国法官的总体素质目前有待提高、司法公信力不高的现实还不足以提供足够的保障。如

---

[1]　有学者通过对司法案例的分析,指出《民法通则》规定的起算方式存在着不确定因素,而在民事诉讼中这种不确定就成为认定的障碍。参见常怡、陈鸣飞:《民事诉讼视角中的诉讼时效问题》,载《法律适用》2004 年第 9 期。

[2]　王泽鉴:《民法总则》(增订版),中国政法大学出版社 2001 年版,第 517 页。

果法官不能适当地行使自由裁量权,必然会使制度本身在适用中遭到扭曲,从而使制度的正当性受到人们的质疑。而且只要存在自由裁量,也就同时存在法律面前无法人人平等的可能,因为不同的法官面对同一案件,或者同一法官在不同时间面对类似案件,都可能作出完全不同的判断。在某种意义上,自由裁量总是"一件免不了的祸害"[1],我们所能做的尽管不是绝对杜绝自由裁量,但应当确保它的"免不了"特性。其二,我国一直追随大陆法系注重成文法律的严谨性和确定性的传统,这种传统因强调确定性而对自由裁量保持了较高的警惕。除非我们抛弃这种追求成文法确定性的传统,否则我们便要将法官的自由裁量限定在必要的范围内。

五、《德国民法典》的立场转变,一个辩护?

2002 年修订的《德国民法典》在诉讼时效期间和起算方式的规定上发生了重大变化,即从较长的诉讼时效期间(30 年)加上"自权利可以行使时进行"的模式,转向较短的诉讼时效期间(3 年)加上"从知道或应当知道权利被侵害时起计算"的模式。由于我国《民法通则》采用的便是较短诉讼时效期间加上"从知道或应当知道权利被侵害时起计算"的模式,《德国民法典》的这种变化很容易被我们看作为《民法通则》采用模式的不足提供了辩护。然而,这种看法以一种脱离历史与国情的简单化方式,一方面夸大了《德国民法典》的转变,另一方面掩盖了我国诉讼时效制度的真正不足。对此,笔者将

---

[1]　此处借用了托马斯·潘恩的用语,他在《常识》中指出,"社会在各种情况下都是受人欢迎的。但说到政府,即使是在它最好的情况下,也是一件免不了的祸害,而一旦碰上它最坏的时候,它就成了不可容忍的祸害"。参见〔美〕托马斯·潘恩:《常识》,何实译,华夏出版社 2004 年版,第 2 页。

在下文具体展开论述。

第一,《德国民法典》对消灭时效的改革中最引人注意的恐怕就是 30 年和 3 年这两个期间。单从这两个数字来看,《德国民法典》似乎在 2002 年经历了一百八十度的大转折。然而与其说这是一种转折,不如说这是一次立法技术上的调整。德国著名民法学家拉伦茨曾针对修正之前的消灭时效制度指出:"……但是对许多并且恰恰是最常见的、在实务中最重要的请求权适用较短的时效期间,以至于第 195 条的'一般规定',就其适用的常见性说,反而成了例外。"[1]也就是说,修正之前的普通消灭时效期间(30 年)实际上并非像我国《民法通则》规定的普通诉讼时效期间(2 年)那样发挥着广泛的作用,而是被诸多较短消灭时效期间在某种程度上"架空"了(与我国普通诉讼时效期间的地位相比)。相比之下,修正之后的《德国民法典》实际上是将那些较短消灭时效期间的"例外"扶正,通过整合,一律确立为"普通"消灭时效期间(3 年),而原来较长的消灭时效期间由"普通"转为"例外"(如第 196 条规定的 10 年和第 197 条规定的 10 年较长消灭时效期间)。我们必须正确把握 30 年和 3 年的这种转变,尽管修正后的《德国民法典》的确在时效期间上有所减短,但更值得我们注意的是,与其说是 30 年这个普通消灭时效期间过长因而需要减短,还不如说是 30 年作为普通消灭时效期间在立法技术层面不适当因而需要进行调整。

第二,修正后的《德国民法典》规定的 3 年普通消灭时效期间与我国《民法通则》规定的 2 年普通诉讼时效期间尽管看起来仅有一年差异,但是考虑到各自相关制度的配合和补充,二者对于权利人利益的关注出现了较大的分野。与我国相比,《德国民法典》尽管规定了

---

[1]　〔德〕卡尔·拉伦茨:《德国民法通论》(上册),王晓晔等译,法律出版社 2003 年版,第 336 页。

3 年的普通消灭时效期间,但由于如下几个原因它并未表现出对权利人的漠视和苛刻。一是 3 年的普通消灭时效期间长于我国《民法通则》规定的 2 年普通诉讼时效期间,而且其采用的"年末起算"的起算方式[1]在事实上相对延长了普通消灭时效的期间。二是《德国民法典》尽管规定了 3 年普通消灭时效期间,但同时规定了 10 年(第 196 条)、30 年(第 197 条)的较长消灭时效期间。反观我国民事立法,除了 2 年普通诉讼时效期间,法律也规定了短期诉讼时效期间(如《民法通则》第 136 条规定了适用 1 年诉讼时效期间的四种情形)、较长诉讼时效期间[如《合同法》(已失效,下同)第 129 条规定的 4 年诉讼时效期间]。然而,对二者进行对比会发现一个总体倾向的不同,即《德国民法典》倾向将 3 年普通消灭时效期间作为底线,在此基础上对某些特殊情形采取较长的消灭时效期间,而我国则更倾向将 2 年普通诉讼时效期间作为封顶,在此基础上对某些特殊情形采取较短诉讼时效期间。因此,即使《德国民法典》的这种转变发生在其施行百余年后,也远比我国立法对于权利人更"宽容",也始终"对权利人既存权利保持相当尊重的态度"[2]。与《德国民法典》的这种审慎相比,我国关于诉讼时效的民事立法倒像是为了追求某种功能和效果而走极端的做法。

第三,从表面上看,《德国民法典》在减短普通消灭时效期间的同时将起算方式变为主观起算方式,在这个意义上,起算方式的确变了,然而从根本上讲,这正是《德国民法典》所坚持不变的原则的产物,即较长的消灭时效期间配以客观起算方式,较短的消灭时效期间

---

[1] 修改后的《德国民法典》第 199 条第(1)款规定:"普通消灭时效期间,自有下列情形之年的年末起算:1.请求权在该年以内发生的,2.债权人在该年以内知道或在无重大过失的情况下应知道使请求权成立的情况和债务人的。"参见《德国民法典(第 2 版)》,陈卫佐译注,法律出版社 2006 年版,第 66 页。

[2] 龙卫球:《民法总论》,中国法制出版社 2002 年版,第 618 页。

配以主观起算方式。事实上，在修订前后的《德国民法典》中，较长的消灭时效期间配以客观起算方式和较短的消灭时效期间配以主观起算方式都是并存的。如修正后的《德国民法典》第199条第2款规定："以侵害生命、身体、健康或者自由为依据的损害赔偿请求权，不论它们在何时产生和权利人是否知道或者因重大过失而不知道，自实施行为时、违反义务时或者引起损害的其他事件发生时起，经过三十年而完成消灭时效。"第4款规定："损害赔偿请求权以外的请求权，不论权利人是否知道或者因重大过失而不知道，自它们产生时起，经过十年而完成消灭时效。"这说明《德国民法典》的立法者对消灭时效期间与起算方式的这两种组合都给予了充分的肯定。而我国实际上只承认较短的诉讼时效期间配以主观起算方式的模式，对于较长诉讼时效期间加上客观起算方式的模式并未给予正面的认可，有学者虽然将《民法通则》第137条规定的"从权利被侵害之日起超过二十年的，人民法院不予保护"视为长期诉讼时效，然而这一规定实际上只是为了防止"诉讼时效期间从知道或者应当知道权利被侵害时起算"导致诉讼时效期间起算的无限制拖延而采取的限制措施。[1]

第四，《德国民法典》的这种转变发生在法典施行百余年之后，这百余年的时间提供了人们具体实践消灭时效制度和进行行为博弈的广阔历史空间，进而使消灭时效制度自身的正当性问题得到了解决。在这百余年间，一方面义务人很难利用消灭时效制度来逃避债务，另一方面那些真正的陈年旧账能够适用消灭时效制度而实现其制度功

[1]　《民法通则》第137条规定的20年期间并不是所谓的长期诉讼时效期间，因为相对于普通诉讼时效期间而言，长期诉讼时效期间只能是针对特定请求权的特殊期间，否则"长期"、"短期"、"普通"等称谓没有任何意义，然而第137条规定的20年期间却是针对所有请求权的。这20年期间也不是除斥期间，因为除斥期间经过的结果是实体权利的消灭，而这20年期间经过之后，实体权利并没有消灭。

能。因此,尽管普通消灭时效期间有了较大变化,但是《德国民法典》的立场是在人们逐步适应消灭时效制度的过程中进行渐进式转变,因而这种变化并不会给人们对制度的认同带来困难。与德国相比,我国的立法似乎并未经历过如此的渐进过程,倒像是突然发生的、令人猝不及防的转变。诉讼时效制度是一个舶来品,最初见于《大清民律草案》[1],国民政府制定并实施的"民法"(中华人民共和国成立后该"法"实行于我国台湾地区)中也明确规定了诉讼时效制度,然而在二十世纪三四十年代这个动乱的时期,这个制度在多大程度上得到了实施本身就是一个问题。中华人民共和国成立后废止了国民党政府的一切法律,消灭时效制度因而随着国民政府"民法"的废止而在法律层面消失了。在某种程度上,在《民法通则》颁布之前,人们并没有甚至还没有来得及适应和认同时效制度。在没有较长时期的制度实践作为过渡的情形下,《民法通则》相对国民政府"民法"将普通时效期间从 15 年骤减到 2 年对于权利人而言过于苛刻了,而之前的分析表明这种苛刻即使在今天也并没有得到实质性改变。

　　总而言之,《德国民法典》在 2002 年的立场转变值得关注,然而如果我们的关注点仅仅集中在关于普通消灭时效期间及其起算方式的孤立(尽管这两点最引人注目)而不是就时效制度整体作通盘考虑,那么我们便会对时效制度的发展趋势作出错误的估计。事实上,与其说《德国民法典》在 2002 年进行了一百八十度的大转变,不

---

[1]　《大清民律草案》在第七章"时效"的第三节"消灭时效"中用八个条文(第304—311条)规定了消灭时效制度,其中第 304 条和第 311 条分别规定了普通消灭时效期间及其起算方式。第 304 条规定:"债权之请求权,因三十年间不行使而消灭。但法律所定期间较短者,不在此限。"第 311 条规定:"消灭时效,自请求权成立时进行,但以不行为为目的之请求权,其消灭时效自其行为时进行。"参见杨立新点校:《大清民律草案·民国民律草案》,吉林人民出版社 2002 年版,第 38—39 页。

如说是其所作的一次立法技术调整,它的转变远没有我们想象得大。因此,《德国民法典》的立场转变即使给了我们一些信心和安慰,我们也不可大意地认为我国《民法通则》在三十多年前就采用了《德国民法典》目前的规范模式,并在时效制度领域引领世界法律潮流。《德国民法典》的转变是一个从量变到质变的历史过程,其百余年的实践历程不能被一笔带过。重要的不是《德国民法典》发生了变化,而是这种变化是如何发生的。此时我们不能不想起美国著名大法官霍姆斯的忠告:"法律蕴含着一个国家数个世纪发展的故事,我们不能像对待仅仅包含定理和推论的数学教科书一样对待它。"[1]

结　语

我国《民法通则》在中华人民共和国成立后首次明确规定了诉讼时效制度。尽管这是立法者、学者和法官们在认识到诉讼时效制度的必要性的基础上进行的立法选择,然而由于时代局限和对诉讼时效制度认知的局限,我国诉讼时效制度从一开始就存在着不足,只不过这种不足是随着法律发展和社会变迁而逐渐显露和变得显著的。以作为分析对象的普通诉讼时效期间及其起算方式为例,2 年的普通诉讼时效期间体现出立法者为了实现诸如社会经济秩序稳定、加速社会主义企业资金周转、改善经营管理和提高经济效益的功利性考量,却明显忽视了对权利人利益的周到考量,以至于诉讼时效制度的"权利上之睡眠者,不值得保护"的归责策略变成对权利人的苛求。原本为了缓和 2 年普通诉讼时效期间带来的弊端而采取的"诉讼时

---

[1]　〔美〕小奥利弗·温德尔·霍姆斯:《普通法》,冉昊、姚中秋译,中国政法大学出版社 2006 年版,第 1 页。

效期间从知道或者应当知道权利被侵害时起计算"的起算方式,由于证明问题和法官自由裁量所导致的确定性不足问题并未能像立法者设想的那样起到缓和作用。法律规定的另一个权利人可以用来保护自己的诉讼时效中断制度,也由于其本身对证明的要求和民众证据意识不足而难以在实践中真正形成对权利人的保护。总之,我国《民法通则》所确立的普通诉讼时效期间及其起算方式并不符合我国民众的法律生活的实际需要,其过于超前的立法不仅无助于对法律生活的调整,反而可能冲击制度自身的正当性。

就笔者所集中分析的普通诉讼时效期间及其起算方式而言,我国应当摒弃目前过短的普通诉讼时效期间加上"从知道或者应当知道权利被侵害时起算"的模式,而采取较长的普通诉讼时效期间加上"自权利可以行使时起算"的模式,另外,对于特殊情形再特别规定较短的时效期间和相应的主观起算方式。对此,我国台湾地区"民法"以及《日本民法典》可以为我们提供借鉴和参照,我国台湾地区"民法"第 125 条规定:"请求权,因十五年间不行使而消灭。但法律所定期间较短者,依其规定。"第 128 条规定:"消灭时效,自请求权可行使时起算。以不行为为目的之请求权,自行为时起算。"同时在第 126 条、第 127 条分别规定了 5 年和 2 年的短期诉讼时效期间作为补充。《日本民法典》第 167 条针对债权的 10 年普通诉讼时效期间,在第 170—174 条规定了 3 年、2 年、1 年不等的短期诉讼时效期间,并于第 166 条规定:"消灭时效,自权利可以行使时起进行。"

笔者之所以赞同规定较长普通诉讼时效期间,再特别规定短期诉讼时效期间,是因为还有一个立法技术的问题。正如笔者已经指出的,诉讼时效制度是一个法律向权利人证成权利限制正当性的过程,规定较长普通诉讼时效期间显然更符合这一认识,因为只要某一请求权不在法律规定的短期诉讼时效适用范围内,便要适用较长普通诉讼时效期间,从而避免了无充分理由而过度限制权利人权利的情形。相反,如果规定了较短的普通诉讼时效期间,只要某一请求权不在法律规定的长期诉讼时效适用范围内,便要适用较短普通诉讼时效期间,从而可能存在没有说明理由,即限制权利人权利的情形。因此,采用偏长还是偏短的普通诉讼时效期间实际上可以反映立法者对诉讼时效制度本质的认识的微妙差异。当然,较长普通诉讼时效期间应当规定多长?特别规定的短期诉讼时效期间应当如何设置(比如要分成几档等)?这些都是需要进一步考察的问题,特别是要有相当的实证性调查研究作为支撑(特别是短期诉讼时效期间的设定要考虑不同的交易、不同的行业等)。

最后有三点非结论性内容需要说明:第一,笔者对我国普通诉讼时效期间及其起算方式的批评可能给人一种过于侧重保护权利人的印象,客观地说,对权利人的保护的确是笔者进行反思的立足点。然而,与其说笔者的立场更侧重对权利人的保护,不如说笔者试图对过去侧重公共利益和债务人保护的极端做法进行纠正。第二,笔者似乎花费了如此大的篇幅论证了一个结论似乎很简单的问题,然而笔者认为这恰恰是对制度进行反思和重构所必需的,因为结论本身也许并不重要,重要的是理由。被反思的制度作为曾经合理的存在,必须得到我们应有的尊重,而尊重的方式是客观地指出其不足并详细说明理由。第三,在《合同法》《物权法》(均已失效)等重要民事单行法律陆续通过、民法典的制定已不再遥远的时候,对作为民法重要制度的诉讼时效进行系统的反思和重构已经刻不容缓,因为我国《民法通则》中的诉讼时效制度无论是从指导思想、具体内容还是从条文规模上都不足以胜任。

第5章　重思我国3年普通
诉讼时效期间改革*

> 法律蕴含着一个国家数个世纪发展的故事,我们不能像对
> 待仅仅包含定理和推论的数学教科书一样对待它。[1]
>
> ——〔美〕小奥利弗·温德尔·霍姆斯《普通法》

引　言

我国《民法总则》(已失效,下同)已将普通诉讼时效期间规定为
3年,理论界和实务界关于加长《民法通则》(已失效,下同)2年诉讼
时效期间的呼吁终于有了结果,对普通诉讼时效期间的关注似乎可
告一段落了。但在笔者看来,至少就理论研究而言,这与其说是"结
束",不如说是一个"开始",因为"规则"虽已定,但"问题"尚存:普通
诉讼时效期间与其他时效规则相互有何关联和影响? 诉讼时效短期
化趋势究竟何意和有何限度? 我国诉讼时效制度运行的现状与普通
诉讼时效期间设定有何关系? 普通诉讼时效期间改革中不同程度地
忽略或误识了这三个维度。

---

* 　本章内容曾以《重思我国普通诉讼时效期间改革》为题发表于《法律科学》2020年第
　　1期。

〔1〕　〔美〕小奥利弗·温德尔·霍姆斯:《普通法》,冉昊、姚中秋译,中国政法大学出版社
　　2006年版,第1页。

直接促使笔者重思我国普通诉讼时效期间改革的,除了笔者一直坚持的设置较长普通诉讼时效期间的立场[1],还有如下三个因素。

第一,在《民法总则》立法过程中,普通诉讼时效期间究竟设置多长的争议要远大于预期,存在继续讨论和斟酌的空间。虽然普通诉讼时效期间应予加长似乎曾是理论界和实务界的共识,但这一共识及其作用其实有限,表现有三:一是,在 2015 年 8 月 28 日和 9 月 30 日分别召开的"专家座谈会"与"法院座谈会"上,供会议讨论的全国人大常委会法制工作委员会民法室"室内稿"均对普通诉讼时效期间确定了两个方案,其中首选方案是 5 年,次选方案是 3 年[2];二是,两个座谈会后形成的"征求意见稿"选定的方案虽为 5 年[3],但最终提交全国人大常委会的"一次审议稿"又修改为 3 年,直至获得全国人民代表大会通过[4];三是,立法过程中仍有不少人主张,维持《民法通则》的 2 年普通诉讼时效期间,无须加长[5]。

第二,在《民法总则》立法过程中,普通诉讼时效期间长短之争的理由大多较为抽象和宏观。主张 5 年期间者认为,诉讼时效期间太短,"不利于保护债权人利益"[6],"不利于社会和谐稳定"[7],"增

---

〔1〕　参见霍海红:《对我国诉讼时效期间的多维反思》,载《法制与社会发展》2008 年第 3 期。

〔2〕　参见杜涛主编:《民法总则的诞生:民法总则重要草稿及立法过程背景介绍》,北京大学出版社 2017 年版,第 27 页。

〔3〕　参见杜涛主编:《民法总则的诞生:民法总则重要草稿及立法过程背景介绍》,北京大学出版社 2017 年版,第 47 页。

〔4〕　参见杜涛主编:《民法总则的诞生:民法总则重要草稿及立法过程背景介绍》,北京大学出版社 2017 年版,第 141 页。

〔5〕　参见杜涛主编:《民法总则的诞生:民法总则重要草稿及立法过程背景介绍》,北京大学出版社 2017 年版,第 183、414 页。

〔6〕　杜涛主编:《民法总则的诞生:民法总则重要草稿及立法过程背景介绍》,北京大学出版社 2017 年版,第 93 页。

〔7〕　杜涛主编:《民法总则的诞生:民法总则重要草稿及立法过程背景介绍》,北京大学出版社 2017 年版,第 183 页。

加当事人维权成本"〔1〕,其设定"应当考虑国情与本土文化"〔2〕。主张 3 年期间者认为,诉讼时效期间过长"不利于证据收集和调查"〔3〕,不利于"加快经济流转",况且"网络普及与通信快捷使得权利行使更加方便"〔4〕。主张 2 年期间者认为,"2 年对老百姓和司法机关来说,已约定俗成,深入人心"〔5〕,诉讼时效期间越长,"证据收集就越难,查找证人、固定相关法律事实也就更难"〔6〕。上述争辩理由虽各有道理,但多少流于抽象、宏观,既容易陷入"自说自话"之境,又有跳出诉讼时效思维之嫌,而且许多理由似乎用在哪个期间方案都无明显问题,区分度很小。

　　第三,《民法总则》中的诉讼时效规则仍然相对"简陋"和"粗线条",相对《民法通则》而言其制度扩充仍属有限,特别是那些有实践需求的制度仍然缺席。未来民法典大幅增加诉讼时效规则并强化其体系性(尤其是规则之间的协调性),势在必行。因此,民法典完全有必要和能力以"统筹规划"的心态和格局,根据普通诉讼时效期间与相关诉讼时效规则的关系,分别进行设定和调整,应当超越《民法总则》在面对《民法通则》和《诉讼时效规定(2008)》(已被修改,下同)时的权衡和取舍,体现民法典的独特优势和特殊使命。

---

〔1〕　《民法总则立法背景与观点全集》编写组汇编:《民法总则立法背景与观点全集》,法律出版社 2017 年版,第 120 页。
〔2〕　杜涛主编:《民法总则的诞生:民法总则重要草稿及立法过程背景介绍》,北京大学出版社 2017 年版,第 27 页。
〔3〕　杜涛主编:《民法总则的诞生:民法总则重要草稿及立法过程背景介绍》,北京大学出版社 2017 年版,第 93 页。
〔4〕　杜涛主编:《民法总则的诞生:民法总则重要草稿及立法过程背景介绍》,北京大学出版社 2017 年版,第 27 页。
〔5〕　杜涛主编:《民法总则的诞生:民法总则重要草稿及立法过程背景介绍》,北京大学出版社 2017 年版,第 414 页。
〔6〕　杜涛主编:《民法总则的诞生:民法总则重要草稿及立法过程背景介绍》,北京大学出版社 2017 年版,第 183 页。

一、普通诉讼时效期间过短对相关时效制度的不当影响

在《民法总则》制定过程中,对普通诉讼时效期间虽有 5 年、3 年和 2 年的方案之争,但各方有一个共同的"盲点":孤立看待普通诉讼时效期间长短问题,未对期间过短给其他诉讼时效规则造成的严重困扰加以重视,从而大大低估了在 2 年普通诉讼时效期间基础上大幅加长的必要性,也客观上妨碍了诉讼时效制度应有的体系性。对此,未定履行期限债权的诉讼时效起算和撤诉后的诉讼时效后果两个问题提供了证明。

(一)以未定履行期限债权的诉讼时效起算为例

关于未定履行期限债权的诉讼时效起算,在《民法通则》颁布前,存在两种观点。一种主张,未定清偿期之债权时效从债权成立时起算[1];另一种主张,未定清偿期之债权时效从权利人主张权利时起算,但应给对方必要的准备时间,从该期限届满之日起算[2]。但《民法通则》只规定了其认为最基本的若干诉讼时效问题(如普通诉讼时效期间、短期诉讼时效期间、基本的中断和中止事由规则等),未定履行期限债权的诉讼时效起算不在其中。不过,《民法通则》似乎并非完全没有立场或倾向,时任全国人大常委会法制工作委员会副主任的顾昂然先生在 1986 年 7 月举办的"最高人民法院民法通则培训班"上所作的题为《民法通则的制定情况和主要问题》的讲话中就明确指出:"《民法通则》规定,诉讼时效期间从知道或者应当知道权

---

[1]　参见佟柔主编:《民法原理》,法律出版社 1983 年版,第 112 页。
[2]　参见王作堂等编:《民法教程》,北京大学出版社 1983 年版,第 128 页。

利被侵害时起计算。具体如何计算,大体有以下几种情况:第一,有约定履行期限的债务关系,到期不履行的,从期限届满起计算。第二,债务关系没有约定履行期限的,从权利人提出要求履行之日起算。"[1] 负责撰写最高人民法院《民法通则》培训班教材"时效"一章的谢怀栻教授作了更具体的论证:"没有约定履行期的债,应从何时起算时效期间? 世界各国立法有两种规定:(1)从债权成立时起算,多数资本主义国家是这样规定的。(2)从债权人请求而债务人不履行时起算,苏联是这样规定的……我们应取哪一种呢? 我看我们的时效规定得很短,只有两年,一成立马上计算时间,很容易使债权人丧失利益,苏联的规定还是比较可取的。"[2] 在此意义上,《民法通则》规定的 2 年普通诉讼时效期间自始就制约着对该问题的思考方式和选择。

《民法通则》颁布后,关于未定履行期限债权的诉讼时效起算,无论是理论界还是实务界,"从权利人主张时起算时效"方案都成为主导,20 世纪 80 年代初期两种方案"分庭抗礼"的格局已一去不返。在理论界,主张"从权利人主张时起算时效"者占据多数[3],而主张"从债权成立时起算时效"者则仅占少数[4]。实务界则几乎"一边

---

[1]　顾昂然:《立法札记——关于我国部分法律制定情况的介绍(1982—2004 年)》,法律出版社 2006 年版,第 255 页。

[2]　最高人民法院《民法通则》培训班编辑组:《民法通则讲座》,北京市文化局出版处 1986 年版,第 284—285 页;谢怀栻:《民法总则讲要》,北京大学出版社 2007 年版,第 203—204 页。

[3]　参见陈国柱主编:《民法学》(第二版),吉林大学出版社 1987 年版,第 121 页;周元伯主编:《中国民法教程》,南京大学出版社 1988 年版,第 155 页;佟柔主编:《中国民法学·民法总则》,中国人民公安大学出版社 1990 年版,第 322 页;梁慧星:《民法总论》(第三版),法律出版社 2007 年版,第 247 页;郭明瑞主编:《民法》(第二版),高等教育出版社 2007 年版,第 147 页;魏振瀛主编:《民法》(第三版),北京大学出版社 2007 年版,第 198 页;王利明等:《民法学》(第二版),法律出版社 2008 年版,第 153 页。

[4]　参见马俊驹、余延满:《民法原论》(第三版),法律出版社 2007 年版,第 256 页;江平主编:《民法学》,中国政法大学出版社 2007 年版,第 244 页。

倒"地支持"从权利人主张时起算时效"〔1〕,直到最高人民法院通过《诉讼时效规定(2008)》第6条作出明确规定:"未约定履行期限的合同,依照合同法第六十一条、第六十二条的规定,可以确定履行期限的,诉讼时效期间从履行期限届满之日起计算;不能确定履行期限的,诉讼时效期间从债权人要求债务人履行义务的宽限期届满之日起计算,但债务人在债权人第一次向其主张权利之时明确表示不履行义务的,诉讼时效期间从债务人明确表示不履行义务之日起计算。"在此意义上,《诉讼时效规定(2008)》第6条只是完成了《民法通则》当初未实现的设想。

也许有人会指出,理论界诸多著述和最高人民法院的《诉讼时效规定(2008)》释义书虽坚持"从权利人主张时起算时效",但并未将其与2年普通诉讼时效期间过短作直接联系,而是以"债权人未主张或主张但给予债务人宽限期,因而不存在债务人违约,不符合《民法通则》第137条'知道或者应当知道权利被侵害'的条件"等理由进行论证。〔2〕对此种情形可有两点回应。其一,虽然人数很少但仍有人指出《诉讼时效规定(2008)》第6条与诉讼时效期间过短的实质联系,曾主持《诉讼时效规定(2008)》起草的最高人民法院法官就针对"从债权成立时起算时效"方案提出如下批评:"以前我国普通的诉讼时效期间为两年、一年,在这么短的时间内,如果以权利可行使作为标准,完全不顾权利人主观上是否知道其权利受到侵害,不利于权利的保护。"〔3〕其二,一个理论上不自洽的

---

〔1〕《人民司法》2002年第1期至2006年第12期刊登的司法信箱"民事"部分的73篇文章中,就有4篇讨论未定期债权的诉讼时效起算问题,法官们的回答均为"债权人请求时"或者"宽限期届满时"。参见《人民司法》杂志社编:《司法信箱集》(第4辑),人民法院出版社2007年版,第86、105、113、133页。

〔2〕参见最高人民法院民事审判第二庭编著:《最高人民法院关于民事案件诉讼时效司法解释理解与适用》,人民法院出版社2015年版,第116页。

〔3〕吴庆宝:《避免错案裁判方法》,法律出版社2018年版,第229页。

制度竟然被选择,只能合理推导出这是对现实的"妥协",这个现实就是,期间短对权利人不利。"从债权成立时起算时效"方案的不自洽表现在两点:一是,会导致"权利人掌控诉讼时效起算点"的"悖论";二是,对"知道或应当知道权利被侵害时"的表述存在误解,其实该表述的重点在于"知道或者应当知道"的主观标准,"权利被侵害"并无实际意义,相反具有误导性。想一想,如果我们像德国法那样做"知道或者应当知道请求权成立时"之表述又该如何选择?[1] 然而,由于我国《民法通则》规定的 2 年普通时效期间过短,选择"从债权成立时起算"将会出现大量诉讼时效已过的案件,对权利人极为不利。"从权利人主张时起算"实属"不得已"的"将错就错"。虽然笔者理解其中"保护权利人"的"良苦用心",但仍然坚持"从源头"解决问题的思路,将普通诉讼时效期间加长"到位"。

其实,主张"从权利人主张时起算时效"方案者的论证理由之所以大多未显示对现实的"妥协"之意,是因为论证者对其论证理由的绝对自信,即无须"刻意"承认妥协,认为"从债权成立时起算时效"方案只是现行立法和理论推演的正常结果。持这种观点和理由的人越多,就越会强化这种"自信",尤其对于理论研究者而言,理论上的自洽更重要。至于当年谢怀栻教授直接将《民法通则》立场与 2 年普通诉讼时效期间过短联系起来,恐怕多少与当时两种理论方案的"势均力敌"有关:即使要选择"从权利人主张时起算时效"方案,当时仅凭所谓"知道或者应当知道权利被侵害"就推导出"从权利人主张时起算时效"恐怕也无法完全令人信服,毕竟在《民法通则》颁布之前,"知道或者应当知道权利被侵害"不仅无"法定"地位,在理论界也无"统治"地位,甚至"从债权成立时起

---

[1]　参见霍海红:《未定期债权时效起算——一个"中国式问题"的考察》,载《吉林大学社会科学学报》2010 年第 6 期。

算"似乎更强势。[1] 谢怀栻教授当年提出"2 年期间过短"这一考量因素,可能是在原本势均力敌的"理论"天平的一端增加了重要的"现实"砝码。

(二)以撤诉后的诉讼时效后果为例

关于撤诉后的诉讼时效后果,理论界存在"绝对中断"[2]、"相对中断"[3]、"不中断"[4]三种方案之争,实务界则总体支持"中断"方案。其中,江苏省高级人民法院《关于民商事审判适用诉讼时效制度若干问题的讨论纪要》和北京市高级人民法院《审理民商事案件若干问题的解答之四(试行)》认为,债权人起诉后又撤诉,诉讼时效中断。此即所谓"绝对中断"方案。而辽宁省高级人民法院《关于当前商事审判中适用法律若干问题的指导意见》认为,起诉后又撤诉表明

---

[1] 参见佟柔主编:《民法原理》,法律出版社 1983 年版,第 111 页。

[2] 该立场主张,权利人起诉说明未放弃权利,也未怠于行使,当然发生时效中断。参见中国政法大学民法教研室编:《中华人民共和国民法通则讲话》,中国政法大学出版社 1986 年版,第 240 页;夏利民:《民法基本问题研究》,中国人民公安大学出版社 2001 年版,第 252 页;柴发邦主编:《民事诉讼法学新编》,法律出版社 1992 年版,第 326 页;常怡主编:《民事诉讼法学》(第六版),中国政法大学出版社 2008 年版,第 283 页。

[3] 该立场主张,起诉而中断的时效视为未中断,但起诉状副本送达义务人,发生请求的中断效力。参见佟柔主编:《民法原理》,法律出版社 1983 年版,第 115 页;李开国:《民法总则研究》,法律出版社 2003 年版,第 443 页;邹开亮、肖海:《民事时效制度要论》,知识产权出版社 2008 年版,第 229 页;杨荣馨主编:《民事诉讼原理》,法律出版社 2003 年版,第 399 页。

[4] 该立场主张,起诉而中断的时效视为未中断,因为撤诉视为未起诉。参见陈国柱主编:《民法学》(第二版),吉林大学出版社 1987 年版,第 123 页;孙宪忠主编:《民法总论》,社会科学文献出版社 2004 年版,第 280 页;魏振瀛主编:《民法》(第三版),北京大学出版社 2007 年版,第 201 页;王利明主编:《民法》(第三版),中国人民大学出版社 2007 年版,第 207 页;梁慧星:《民法总论》(第三版),法律出版社 2007 年版,第 258 页;江伟主编:《民事诉讼法》(第四版),高等教育出版社 2013 年版,第 330 页;张卫平:《民事诉讼法》(第三版),法律出版社 2013 年版,第 288 页;李浩:《民事诉讼法学》(第二版),法律出版社 2014 年版,第 271 页。

权利人撤回诉讼上主张权利的意思表示,诉讼时效不中断;诉状送达相对人,起到诉讼外向相对人主张权利的作用,诉讼时效于起诉状送达相对人之日中断。此即所谓"相对中断"方案。因存在较大争议,《诉讼时效规定(2008)》最终未作出规定。[1] 笔者曾撰文主张,撤诉后不发生诉讼时效中断的效果,从准许撤诉之日起继续计算起诉前剩余的时效期间,但为防止撤诉后权利人无足够时间主张权利或提起诉讼,可特别规定撤诉后6个月内时效不完成。[2]

笔者在此无意再专门论述撤诉后的诉讼时效后果,而是强调某些方案与普通时效期间长短的内在关联。主张"撤诉后时效应中断"者提出的一个重要理由就是,诉讼时效期间过短导致权利人撤诉后可能无充分时间再行起诉或主张权利。有学者明确指出:"我国现行法对诉讼时效的规定过短……从利益衡量的法理出发,赋予撤诉以中断诉讼时效的效力有利于对权利人的保护,也能弥补立法的不足。"[3] 毕竟受传统影响,权利人直至诉讼时效临界期才起诉是很常见的。[4] 还有法官在论及撤诉后诉讼时效后果的考量因素时特别指出:"同其他国家相比,我国现行法律对诉讼时效期间的规定普遍较短,这对保护权利人的利益是不利的。鉴于此,应当对引起诉讼时效中断的事由作较为有利于权利人的解释,以校正法定诉讼时效期

---

〔1〕　参见最高人民法院民事审判第二庭编著:《最高人民法院关于民事案件诉讼时效司法解释理解与适用》,人民法院出版社2015年版,第238页。

〔2〕　参见霍海红:《撤诉的诉讼时效后果》,载《法律科学》2014年第5期。

〔3〕　许可:《民事诉讼中当事人撤诉与诉讼时效中断——兼论撤诉制度中的权利配置》,载张卫平等主编:《民事程序法研究》(第2辑),厦门大学出版社2006年版,第87页。

〔4〕　《民法总则》的制定者在加长普通诉讼时效期间时也不得不考虑这一现实:"中国社会几千年的传统是避讼的,当事人为了亲情和友情,为了社会关系的维持,往往不愿意提起诉讼,在婉转表达的权利要求不能实现时,才提起诉讼,这样时间上常常比较晚。"参见李适时主编:《中华人民共和国民法总则释义》,法律出版社2017年版,第591页。

间过短的制度缺陷。"[1]最能代表最高人民法院"相对中断"立场的某"批复"[2]也明确归因于"诉讼时效期间过短"之弊:《民法通则》规定较短的诉讼时效期间有督促债权人积极行使权利、加速经济流转的目的,但实践证明,这种规定也往往会成为权利人的诉讼时效'陷阱'。在立法作出调整之前,对诉讼时效问题应以有利于权利人的原则作从宽解释。"[3]

综上所述,在中国法语境下,普通诉讼时效期间过短的确造成了理论界和实务界不得已选择"中断"方案的客观结果。"撤诉后的诉讼时效后果"这个在理论上比较"复杂"的问题,竟在一定程度上变成了一个如何回应普通诉讼时效期间过短的现实的"简单"问题,这会带来三个"严重"后果:第一,"不必要"地加剧了撤诉后诉讼时效后果问题的方案之争,如果普通诉讼时效期间较长,撤诉后通常仍有足够时间行使权利,就会大大降低"中断"方案的必要性;第二,淡化了方案之争中的"理论"内涵,它降低了理论自洽的重要性,大大降低了诉讼时效理论和制度的"体系化"程度;第三,消解了理论对现实的指导作用,降低了理论界的贡献,仅仅因为诉讼时效期间短就直接按中断处理,就不需要理论的逻辑了。鉴于此,笔者不赞同在维持过短普通诉讼时效期间之后再寻"妥协"之路,而是建议通过充分加长普通诉讼时效期间(5 年以上)从根本上解决问题。这种做法并非"无视"现实,而是选择以另一种方式"重视"现实。

---

[1] 李群星:《法律与道德的冲突——民事时效制度专论》,法律出版社 2011 年版,第247 页。

[2] 参见《最高人民法院关于四川高院请示长沙铁路天群实业公司贸易部与四川鑫达实业有限公司返还代收贷款一案如何适用法(民)复〔1990〕3 号批复中"诉讼时效期间"问题的复函》。

[3] 该理由出自"答复"的起草人,参见《解读最高人民法院请示与答复》编选组编:《解读最高人民法院请示与答复》,人民法院出版社 2004 年版,第43 页。

二、全面理解"时效短期化"趋势

自罗马法以来[1],时效呈"短期化"趋势。进入 21 世纪,各国时效法改革陆续带来了更多随手可得的短期化"证据":德国法将普通消灭时效期间从 30 年调整为 3 年,法国法将普通消灭时效期间从 30 年调整为 5 年,日本法将债权的普通消灭时效期间从 10 年调整为 5 年。时效短期化趋势似乎已不证自明,且势不可挡。我国理论界和实务界基本是在这一角度和背景下阐述和应对诉讼时效短期化趋势的。[2] 按此逻辑,我国《民法总则》第 188 条选择 3 年普通诉讼时效期间的方案似乎顺应了世界潮流。即使是今天看来极短的 2 年普通诉讼时效期间,《民法通则》的制定者当时也在强调诉讼时效短期化:"诉讼时效期间规定多长? 过去,各国对诉讼时效的规定一般比较长,现在的趋势是往短里发展,因为现在生活的节奏都快了,经济发展要求及时解决问题。"[3]

(一) 时效短期化趋势的两个层面

真正的问题不在于诉讼时效有无短期化趋势,而是如何理解所

---

[1]　除某些作为例外的短期时效期间外,罗马法上的普通消灭时效期间为 30 年。参见〔意〕彼德罗·彭梵得:《罗马法教科书(2017 年校订版)》,黄风译,中国政法大学出版社 2018 年版,第 88 页。考虑到当时最常见的死亡年龄是 30 岁左右,30 年时效期间似乎是"一代人"的标准。参见〔德〕马克斯·卡泽尔、〔德〕罗尔夫·克努特尔:《罗马私法》,田士永译,法律出版社 2018 年版,第 80 页。在此意义上,30 年在罗马法上是一个相当长的时效期间,后来德国法的 30 年普通消灭时效期间远不可比。

[2]　参见葛承书:《民法时效——从实证的角度出发》,法律出版社 2007 年版,第 123—124 页。

[3]　顾昂然:《立法札记——关于我国部分法律制定情况的介绍(1982—2004 年)》,法律出版社 2006 年版,第 254 页。

谓"短期化"。时效短期化仅指时效期间本身的缩短吗？短期化的限度又在哪里？由于这些核心问题往往被我们忽略，具体分析所谓时效短期化趋势在我国还具有"正本清源"的作用。自《民法通则》设定诉讼时效制度以来，对诉讼时效期间仅有"过短"的广泛质疑，并无缩短诉讼时效期间的理论主张和现实需求，但所谓"时效短期化趋势"的抽象理由容易使人以为当前的普通诉讼时效期间正好符合世界大势，只需将被质疑的 2 年期间稍微加长 1 年，就与作为时效短期化趋势代表的德国法保持一致，而之前对《民法通则》诉讼时效期间过短的质疑也就"一扫而光"，问题似乎已经随着时间的流逝自然消失了。但这种认识既有对中国现实认识不足的问题，更有对时效短期化理解片面的问题。

时效短期化虽是大势所趋，但其实包含两个层面：一是时效期间本身的缩短；二是时效中断事由"式微"（中断其实可视为"变相加长"）和中止事由的"强势"。《德国民法典》的确迎接了时效短期化趋势，做到了"两条腿走路"：一方面，将普通消灭时效期间从 30 年调整为 3 年；另一方面，将绝大多数"中断"事由（包括起诉）调整为"停止"事由。在 2002 年《德国债法现代化法》之前，《德国民法典》将权利人提起请求履行或者确认请求权之诉、请求发给执行证书或者执行判决之诉、督促程序中送达支付令、向调解处提出调解申请、破产程序中或者海商法分配程序中申报债权、诉讼中主张请求权抵销、诉讼中发布诉讼通告、开始执行行为、在已指定法院或者其他行政机关强制执行时提出强制执行申请等，明确规定为中断事由（第 209 条）[1]，但在 2002 年之后，除"法院或者机关的执行行为被实施或者申请"被保留为消灭时效中断事由（第 212 条）外，其他都成为"停

---

[1]　参见《德国民法典》，郑冲、贾红梅译，法律出版社 1999 年版，第 41—42 页。

止"事由(第 204 条)。[1] 但我们似乎只看到了德国法消灭时效期间本身的巨变,而忽视了时效中断制度的重大转向。

(二)时效短期化,我们并未做好准备

从我国《民法总则》的选择看,目前仅接受了诉讼时效期间本身的短期化,但并无中断事由式微的任何迹象。事实上刚好相反,我国理论界和实务界在诸多诉讼时效问题上都表现出"强化中断"的倾向:能中断尽量中断,没说不能中断就中断。这一点在最高人民法院民二庭负责人对《诉讼时效规定(2008)》的说明中有集中体现:"由于诉讼时效中断、中止制度的立法目的在于保护权利人权利,因此,在适用上述制度时,如果存在既可以做有利于权利人的理解也可以做有利于义务人的理解的情形,那么,在不违背基本法理的基础上,应做有利于权利人的理解。"[2] 实践中也有实例,虽然现行法未对"撤诉后诉讼时效是否中断"问题作出明确规定,理论界与实务界也有争议,但部分法院直接以"优先保护权利人"理念进行论证以解决"法无明文"难题,"当事人起诉后又撤诉导致诉讼时效中断,做有利于权利人的理解,符合诚实信用原则的基本要求"[3],该表述甚至在之后其他案件中被上诉人一字不差地"引用",作为上诉请求之理由。[4]

我们对时效短期化趋势的理解具有"片面"性和"悖论"性:一方面,坚持极短的诉讼时效期间设定,此种意义上的时效短期化,我们不是未做好准备,而是早已做得"过度";另一方面,不断强化中断措

---

〔1〕　参见《德国民法典(第 4 版)》,陈卫佐译注,法律出版社 2015 年版,第 75、71 页。

〔2〕　《最高人民法院民二庭负责人就〈关于审理民事案件适用诉讼时效制度若干问题的规定〉答本报记者问》,载《人民法院报》2008 年 9 月 1 日,第 3 版。

〔3〕　福建省泉州市鲤城区人民法院(2014)鲤民初字第 1742 号民事判决书。

〔4〕　参见山西省太原市中级人民法院(2017)晋 01 民终第 2514 号民事判决书。

施及其运用,在客观效果上相当于以中断措施抵消诉讼时效期间过短的"负面"效果。[1] 这种理论认识与实践做法在根本上与诉讼时效短期化趋势相悖,它是一种"内部抵消式"的"扭曲式"平衡,存在指导思想上的严重矛盾,这种矛盾也是我国诉讼时效制度"体系化"不足的重要"证据"。既然目前我们无法真正像德国法那样全面实践时效短期化,将普通诉讼时效期间加长为 5 年以上以此减少对中断事由的过度依赖,是更"现实"的选择,也可为未来我们真正面对诉讼时效短期化作必要的、实在的准备——如果我们真正愿意面对的话。

(三) 怠于行使权利的判断时间,而非权利行使所需时间

从我国《民法通则》设定诉讼时效制度开始,对诉讼时效期间长短适当与否的判断似乎常常取决于"期间是否足够让权利人行使权利",如下表述似乎对此提供了部分证据,"按照我国现有的实际情况,在通常情况下,两年的诉讼时效期间足以保证权利人行使其权利"[2],"二年诉讼时效期间,对交通发达地区、不发达地区都比较切合实际,可以使公民、法人有足够的时间行使民事权利"[3]。尽管如此明确的表述仍属少数,但许多人应该都持这种看法,否则无法解释为什么《民法通则》在设定 2 年普通诉讼时效期间时并不觉得对权利人"苛刻",因为行使权利行为的完成本身通常并不需要太长时间。问题是,如果以"期间是否足够让权利人行使权利"为标准,会面临一个解释难题,即为什么多年来人们一直批评 2 年普通诉讼时效期

---

〔1〕 这一点可以在《诉讼时效规定(2008)》制定者的表述中窥见一斑:"诉讼时效中断制度是对诉讼期间较短问题的有效弥补。"参见最高人民法院民事审判第二庭编著:《最高人民法院关于民事案件诉讼时效司法解释理解与适用》,人民法院出版社2015 年版,第 249 页。

〔2〕 唐德华主编:《民法教程》,法律出版社 1987 年版,第 120 页。

〔3〕 陈国柱主编:《民法学》(第二版),吉林大学出版社 1987 年版,第 119 页。

间过短而不是过长？如果考虑到网络、通信、交通的发展变化"翻天覆地"，正常的做法似乎应该是批评 2 年诉讼时效期间"过长"才对。以"期间是否足够让权利人行使权利"作为判断标准，使我们有一种"缩短"诉讼时效期间的先天倾向。在此意义上，我们对时效短期化应该保持必要的"警惕"，重视必然的"限度"。

事实上，诉讼时效期间的本质并非权利人行使权利完毕需要的时间，而是可以被社会一般观念判断为"懒惰"的"不行使权利"的持续时间（虽然二者并非没有联系）。按照该逻辑，《民法通则》规定的 2 年普通诉讼时效期间虽然足够让权利人行使权利，但不够判断权利人"怠于行使权利"，这恐怕才是近年来几乎全民批评 2 年普通诉讼时效期间过短的真正原因。由此也才能解释为什么时效期间短期化并不意味着诉讼时效期间随着权利行使行为所需时间本身的缩短而进行"同比例"缩短，尤其是在网络、通信技术和交通发达带来几何数级缩短的背景下。笔者认为，相对《民法通则》的 2 年普通诉讼时效期间，《民法总则》规定的 3 年普通诉讼时效期间仍不足以支撑或显示从"期间是否足够让权利人行使权利"到"期间是否足够判断权利人的懈怠"的观念转变。

（四）诉讼时效的"统一化"与"短期化"

在对其他国家的时效短期化进行判断和评价时，我们常常会忽略一个重要问题，即这些国家消灭时效期间"统一化"的需求，在某种程度上促进了时效的短期化，至少从这些国家的普通消灭时效期间的角度看是如此，德国学者甚至直接将德国时效法改革的原因归于"时效期间的多样性（不同长度以及起始时间）"[1]。但我国并不存

---

[1]　〔德〕汉斯·布洛克斯、〔德〕沃尔夫·迪特里希·瓦尔克：《德国民法总论（第 33 版）》，张艳译，中国人民大学出版社 2014 年版，第 277 页。

在类似的特殊需求。[1]

时效期间的统一化,至少源于两个方面的考量甚至反思。第一,时效期间过度差异化可能导致时效判断的"不确定性"和当事人的"无所适从",因为"时效是否发生经常是一个在当事人之间的法律关系还不十分明朗时就必须作出判断的问题"。[2] 日本学者山本敬三教授就曾对日本民法上种类繁杂的短期消灭时效批评道:"由于各个规定的适用范围未必明确,因此弄不清楚自己的债权属于哪一规定,时效期间多长的情况不在少数。"[3]日本民法在2017年修正后,山本敬三教授论及"短期消灭时效"被取消的原因时进一步指出:由于时代变化,职业与合同多样化,产生了诸多相似的职业,适用何种时效规定已变得难以判断。[4] 第二,时效期间过度差异化使原先设定的较长普通消灭时效期间难副"普通"之名。在2002年《德国债法现代化法》之前,就有德国学者指出普通消灭时效期间的"尴尬"处境:"《德国民法典》对各种时效规定了不同的确定时间。一般时效期间是30年(第195条)……但是对许多并且恰恰是最常见的、在实务中最重要的请求权适用较短的时效期间,以至于第195条的'一般规定',就其适用的常见性说,反而成了例外。"[5]2002年之

---

〔1〕　当然,这并不意味着我国《民法通则》规定的短期诉讼时效期间都合理,比如人身损害赔偿的1年短期诉讼时效期间,梁慧星教授就曾建议对人身损害赔偿请求权设置10年诉讼时效期间。参见梁慧星:《梁慧星谈民法》,人民法院出版社2017年版,第309页。

〔2〕　参见〔德〕克里斯蒂安·冯·巴尔、〔英〕埃里克·克莱夫主编:《欧洲私法的原则、定义与示范规则:欧洲示范民法典草案(全译本):第1卷、第2卷、第3卷》,高圣平等译,法律出版社2014年版,第1002页。

〔3〕　〔日〕山本敬三:《民法讲义Ⅰ:总则》(第三版),解亘译,北京大学出版社2012年版,第448页。

〔4〕　山本敬三『民法の基礎から学ぶ民法改正』(岩波书店,2017年)92页。

〔5〕　〔德〕卡尔·拉伦茨:《德国民法通论》(上册),王晓晔等译,法律出版社2003年版,第335—336页。

后,有德国学者认为时效法改革完成了使普通消灭时效期间"名副其实"的任务:"30 年作为一般消灭时效一方面确实感觉时间过长;另一方面又被大量例外情形突破,以至于整个规则体系缺乏明晰性。所以,除了法律规范的简化,缩短应重新获取核心地位的一般消灭时效首先成了改革的主要目标。"[1]

消灭时效的统一化需求必然要求将现有的较长普通消灭时效期间大幅缩短(德国法、法国法、日本法都是如此),但时效"统一化"并非对较长普通消灭时效期间的无限缩短,而是从"普通"和"短期"的两头向中间寻找"折中",这意味着普通消灭时效期间的"缩短"往往也是原先作为特别规定的短期消灭诉讼时效期间的"加长",虽然在原来较长普通消灭时效期间的映衬下,这种折中似乎更青睐"短"而不是"长"(德国法从 30 年到 3 年,法国法从 30 年到 5 年,日本法从 10 年到 5 年)。我国原先并不存在德日式过于繁杂的短期消灭时效期间,而且短期消灭时效期间与普通消灭时效期间相差无几(6 个月、1 年与 2 年的差距太小了),因而不存在寻找折中的"两头",并且在中国法语境下设计和修改普通诉讼时效期间难免带有一定的"任意性"和"保守性"。言"任意"是指缺乏两头参照,关于诉讼时效期间过短应当加长以及加长到何种程度的议论常常只是抽象表态,难以互相说服。言"保守"是指缺乏两头参照,既存的诉讼时效期间设定就会变得相对有力,更容易被视为"稳妥"方案,因为"已经习惯了"。我国《民法总则》最终在 5 年、3 年和 2 年的三方案之争中选择了 3 年,恐怕多少有这方面的原因吧。

---

[1]　〔德〕本德·吕斯特、〔德〕阿斯特丽德·施塔德勒:《德国民法总论(第 18 版)》,于馨森、张姝译,法律出版社 2017 年版,第 79 页。

三、保守的选择更符合中国国情

横向来看,世界各国或地区的普通时效期间并不相同,大致有以下三种模式。第一种是"长"期间,基本在 10 年以上:规定为 10 年的有意大利、瑞士、巴西、阿根廷、韩国等;规定为 15 年的有我国台湾地区、我国澳门特区等;规定为 20 年的有葡萄牙、希腊、荷兰、丹麦等;规定为 30 年的有奥地利、卢森堡等。第二种是"短"期间,如德国、俄罗斯、捷克、斯洛伐克等规定了 3 年普通时效期间。第三种是"折中"期间:规定为 6 年的有英格兰等;规定为 5 年的有法国、日本、比利时、匈牙利、斯洛文尼亚等。从这个角度来说,我国《民法总则》选择 3 年期间看上去虽已比《民法通则》规定的 2 年期间有所加长,但从普通时效期间由长到短的发展史看,选择了一条相对"激进"的道路。就中国国情而言,是选择"激进"还是"保守",还真是一个问题。

(一)如何理解德国时效法改革

我国《民法总则》最终规定 3 年普通诉讼时效期间,不仅出于自己对时效短期化趋势的理解,也出于德国时效法改革产生的"域外影响力"。2002 年《德国债法现代化法》将普通消灭时效期间从 30 年调整为 3 年。之后,全国人大常委会法制工作委员会的"民法草案"(2002)[1]和另外两个有代表性的民法典学者建议稿都将普通诉讼

---

[1] 全国人大常委会法制工作委员会《中华人民共和国民法(草案)(总则部分)》(2002 年 12 月 17 日)第 99 条,参见扈纪华编:《民法总则起草历程》,法律出版社 2017 年版,第 421 页。

时效期间规定为 3 年[1],这恐怕很难说是一种巧合。一方面,我国民法理论界和民事立法都深受德国法影响,更何况《德国债法现代化法》在当时乃"最新成果";另一方面,德国是新世纪时效短期化趋势的第一个"践行者"[2],而且 3 年时效期间与我国《民法通则》的规定只差 1 年,客观上形成了对我国 2 年普通诉讼时效期间的某种"支持"。这些草案和学者建议稿似乎给人这样的印象,即理论界和立法者在诉讼时效期间问题上已经达成 3 年的基本共识,这恐怕对《民法总则》在 5 年、3 年和 2 年的三种方案中最终选择 3 年起了一定的作用。

　　对于德国法上普通消灭时效期间从 30 年到 3 年的变化,需要给予更全面的思考,而非停留于 3 年这个"数字"本身。

　　第一,德国时效法改革深受《欧洲合同法原则》的影响,而后者规定了 3 年普通时效期间。曾同时参与起草《欧洲合同法原则》和德国《债法现代化法》的齐默曼教授就曾特别指出二者的渊源:"在债法改革的最后阶段,德国司法部下设的债法现代化法案'讨论草案'修订工作小组注意到了《欧洲合同法原则第三部分》第十四章的草案文本,该章涉及的是时效的有关规定,而且其也的确对债法修订委员会产生了重大影响。之后,德国政府特别承认,'的确在一些主要方面采纳了兰多委员会提出的规则模式'。"[3]而《欧洲合同法原则》是"为了促进欧洲内部的跨境贸易而设计的,其制定了一系列中立规

---

[1]　参见梁慧星主编:《中国民法典草案建议稿附理由·总则编》,法律出版社 2004 年版,第 254 页;王利明主编:《中国民法典学者建议稿及立法理由·总则编》,法律出版社 2005 年版,第 430 页。

[2]　经济学认为,人类所做的选择通常取决于人们提出各种替代选择的顺序。如果 A 的提出先于 B,那么 A 很可能就是可取的,或至少是令人满意的;但如果 B 出现在前,那么 B 很可能就是可取的,甚至会在考虑 A 之前就选定了 B。参见〔美〕赫伯特·西蒙:《人类活动中的理性》,胡怀国、冯科译,广西师范大学出版社 2016 年版,第 27 页。

[3]　〔德〕莱因哈德·齐默曼:《德国新债法:历史与比较的视角》,韩光明译,法律出版社 2012 年版,第 179—180 页。

则,而不仅局限于交易当事人可以寻求的任何某一国家的个别法律制度。而且,这些规则还可以被认为是商人法的现代模式……"〔1〕这带来了两个可能的启示:一是 3 年普通时效期间是一个"求同存异"的选择,基于其欧洲合同法的统一化目标,不得不尽可能忽略各国的特殊国情;二是 3 年普通时效期间是一个合同法内的时效规则,主要以"商人"和"商事"为蓝本,而非重点考虑普通"民事"。

第二,德国法规定的 3 年普通消灭时效期间由于其特殊的"年末起算"规则,实际上产生 3 年至 4 年的"实际"效果。《德国民法典》第 199 条第 1 款规定:"以其他消灭时效起算点未被规定为限,普通消灭时效期间自有下列情形之年的年末起算:(1)请求权系在该年以内发生的;(2)债权人在该年以内知悉或在无重大过失的情况下本应知悉使请求权成立的情事和债务人本人的。"〔2〕"年末起算"规则使时效起算之日不在年度最后一日的请求权实际的时效期间一定超过 3 年,而且离年末越远,效果上越接近 4 年时效期间。"年末起算"规则并非《德国债法现代化法》的新创制,而是将德国旧民法典中适用于特殊请求权的消灭时效起算规则〔3〕"一般化"到普通消灭时效期间的起算,这原本就是德国法的一个"特色"。〔4〕因此,虽然普通消灭时效期间形式上同为 3 年,但我国《民法总则》与《德国民法典》并不能简单作统一对待。如果因为德国规定 3 年普通消灭时效期

〔1〕 〔德〕莱因哈德·齐默曼:《德国新债法:历史与比较的视角》,韩光明译,法律出版社 2012 年版,第 178 页。

〔2〕 《德国民法典(第 4 版)》,陈卫佐译注,法律出版社 2015 年版,第 69 页。

〔3〕 如在 2002 年德国《债法现代化法》之前,《德国民法典》第 201 条规定:"第 196 条、第 197 条所列举的请求权的时效,自根据第 198 条至第 200 条规定的时刻届至之年的年终开始计算。如果须在超过这一时刻的一定期间届满后始得请求履行时,时效自该期间届满之年的年终开始计算。"参见《德国民法典》,郑冲、贾红梅译,法律出版社 1999 年版,第 40 页。

〔4〕 参见〔德〕莱因哈德·齐默曼:《德国新债法:历史与比较的视角》,韩光明译,法律出版社 2012 年版,第 207 页。

间,我国也规定 3 年普通诉讼时效期间,这种忽视"年末起算"规则的效仿似乎也有"选择性"的嫌疑。

(二) 中国诉讼时效制度的"道德性"难题

苏永钦教授曾针对民事立法"本土化"指出:"本土化的重点,不在勉强让技术性的语言及规范通俗到一般人民可以了解的程度,而是尽量缩短规范与民众在价值判断上的差距,尽量贴近人民素朴的法感。"[1]这个强调和提醒用在我国当前的诉讼时效立法上,不仅十分贴切,而且令人深思。

第一,诉讼时效可能遭受人们朴素道德情感的"心理抵制",这应当成为诉讼时效立法必须面对的国情。这不仅是因为"欠债还钱"自古构成了人们心目中不可改变的"铁律",人们可能简单地将诉讼时效制度与"借钱可以不还"画等号,还因为在人们的朴素观念中,权利人未在法定时间内催还表明了权利人对义务人的情谊和宽容,因而在道德上不应成为"丧失"权利的理由。[2] 法律设置诉讼时效规则有诸多正当理由,这是事实;但诉讼时效本就被视为"从道德上看最弱的抗辩理由"[3],也是事实;诉讼时效期间越短,与国民朴素情感的冲突就越激烈,这还是事实。期间过短甚至变成了部分法官心目中诉讼时效制度"不道德"的源头。[4] 设置较长诉讼时效期间相对

---

〔1〕 苏永钦:《走入新世纪的私法自治》,中国政法大学出版社 2002 年版,第 49 页。

〔2〕 参见霍海红:《论我国诉讼时效效力的私人自治转向——实体与程序双重视角的观察》,载《现代法学》2008 年第 1 期。

〔3〕 〔德〕克雷斯蒂安·冯·巴尔:《欧洲比较侵权行为法》(下卷),焦美华译,法律出版社 2004 年版,第 655 页。

〔4〕 比如,有判决书写道:"我国民法关于诉讼时效期间的规定相对较短,对权利人的权利保护不利。一般而言,义务人进行诉讼时效抗辩的目的都是为减轻或规避己方的义务,特别是负有给付金钱义务的义务人的抗辩很难认定是善意行为……诉讼时效的抗辩不能成为义务人规避己方义务的砝码。"参见天津市宝坻区人民法院(2015)宝民初字第 3386 号民事判决书。

能够兼顾国人朴素的道德情感,缓解人们对诉讼时效制度的"道德"质疑,但这似乎尚未被理论界和立法者充分重视。对于诉讼时效制度这个"舶来品",借鉴国外经验固然不可避免,考虑本土法律观念和国人心理承受能力更是重要和必要。

第二,诉讼时效的适用常常被上升至促进社会诚信(符合诚信原则)或损害社会诚信(违背诚信原则)的高度,其中有不少涉及诉讼时效期间过短之弊。比如,"我国社会诚信程度不高,公民的法律意识不强,人情观念浓厚、主张权利的方式含蓄,如果严格限制诉讼时效中断事由的适用,则有违诚实信用的民法基本原则"[1],"义务人违背诚信利用诉讼时效制度逃避债务,不利于建设诚信社会"[2],"要求权利人在两年诉讼时效期间内行使权利显得过于仓促,为有利于建设诚信社会,更好地保护债权人合法权益,有必要适当延长"[3],"现实生活中,仅仅2年的诉讼时效期间经过,债务人就可以'理直气壮'地拒绝还债,与社会主义市场经济的道德概念、公平正义、诚实信用抵触太甚"[4],等等。为减轻诉讼时效期间过短对社会诚信的冲击,避免对诚信原则的违背,彰显诉讼时效制度自身的道德性,设定5年以上的普通诉讼时效期间能够起到"事半功倍"的效果。

(三)认真对待诉讼时效制度实践的"折扣执行"

诉讼时效制度运行中存在的"折扣执行"(描述意义上使用)现象值得关注和反思。就笔者所见,其至少有如下四类表现:第一,法

---

[1] 最高人民法院民事审判第二庭编著:《最高人民法院关于民事案件诉讼时效司法解释理解与适用》,人民法院出版社2015年版,第30—31页。

[2] 《〈中华人民共和国民法总则〉条文理解与适用》编委会:《〈中华人民共和国民法总则〉条文理解与适用》(下),人民法院出版社2017年版,第1243—1244页。

[3] 陈甦主编:《民法总则评注》(下册),法律出版社2017年版,第1343—1344页。

[4] 梁慧星:《梁慧星谈民法》,人民法院出版社2017年版,第307—308页。

官在案件审理中实际"降低"证明标准,比如,债权人提供相应的火车
票、飞机票、住宿发票等差旅费单据,用以证明在诉讼时效期间内到
债务人所在地向债务人主张了权利,该事由具有诉讼时效中断效
力,除非债务人能够证明债权人到债务人所在地系因其他事务。[1]
第二,某些民事判决书"一般性"地论证降低证明标准的合理性,比
如,"诉讼时效中断制度的设立目的在于阻却时效期间的进行,以使
权利人有更长的保护期间,由此可见,该制度是保护权利人的制
度,所以在适用该制度时应作有利于权利人的理解,即在适用该制度
时,应遵循民事诉讼高度盖然性的认定标准和优势证据规则,而不应
严苛证据充分、明确"[2]。第三,最高人民法院曾在某司法解释的释
义书中强调:"对于受害人向对方当事人主张权利以及向有关机关提
出赔偿主张的时间认定,应作出宽严相济的认定,无须对受害人的证
明责任要求过于严苛。"[3]第四,在《民法总则》制定过程中,有法官
主张普通诉讼时效期间加长为 5 年的核心理由之一就是:"在审判实
践中,法律对诉讼时效规定严,但法官审查松,对诉讼时效中断、中止
适用条件掌握得也非常宽松;当事人主张多,但法院真正援引诉讼时
效驳回当事人诉讼请求的案件极少。"[4]

　　在实务界看来,所谓"折扣执行"是保护权利人合法权益、降低
对权利人"损害"的必要之举,是一个矫正诉讼时效制度偏差、维护
诚实信用、打击赖账之人的"正义之举"。因为现行诉讼时效制度
存在诸多问题,有失公正,所以法官们试图通过"折扣执行"实现个

---

[1]　参见最高人民法院(2003)民二终字第 205 号民事判决书。
[2]　江苏省南京市中级人民法院(2016)苏 01 民终 360 号民事判决书。虽然表述中对高
　　度盖然性的理解存在问题,但其表达的降低证明标准的意思是明确的。
[3]　最高人民法院研究室、最高人民法院环境资源审判庭编著:《最高人民法院环境侵权
　　责任纠纷司法解释理解与适用》,人民法院出版社 2016 年版,第 218 页。
[4]　《民法总则立法背景与观点全集》编写组汇编:《民法总则立法背景与观点全集》,法
　　律出版社 2017 年版,第 449 页。

案中的利益平衡。不过,仍需指出,这种方式因为有损制度建设而代价过大,存在隐忧,并不值得大张旗鼓地鼓励,我们更应该强调和追求的是"把实质合理性尽可能地转化为可计量的形式合理性体系,并借助这个体系来实现实质合理性的要求"[1]。在此意义上,勇于及时革除现行诉讼时效制度之弊,形成平衡权利人和义务人利益的诉讼时效规则体系,以降低"折扣执行"之需,才是一个"长远"而又"迫切"的任务。具体到普通诉讼时效期间设定,期间足够长,可大大降低权利人对时效中断和中止规则的需求,因而也就在诉讼时效中断、中止等问题上,降低了法官在证明标准、证明责任等方面给予权利人"优惠"的需求。降低非正常的制度需求也是制度的使命之一。

(四) 可能的备选方案

我国《民法通则》当初设定 2 年普通诉讼时效期间,除在诉讼时效存在理由上强调"公益"和"宏观经济"等层面外[2],还在于当时备选方案"单一"。一方面,法学理论研究和立法长期受到苏联影响,即使在我国制定《民法通则》时,无论是理论准备还是立法技术,都不足以真正摆脱苏联 3 年普通诉讼时效期间的影响。另一方面,意识形态因素的影响仍不小。即使在 20 世纪 80 年代,民法教材大多会描述诉讼时效期间长短与姓"资"、姓"社"的关系。比如,"资本主义国家因袭罗马法,规定的期限较长,有长达数十年之久的;社会主义国家规定的期限较短,一般不超过五年"[3],"资本主义国家

---

[1] 郑成良:《法律之内的正义:一个关于司法公正的法律实证主义解读》,法律出版社 2002 年版,第 147 页。

[2] 参见霍海红:《对我国诉讼时效期间的多维反思》,载《法制与社会发展》2008 年第 3 期。

[3] 佟柔主编:《民法原理》,法律出版社 1983 年版,第 110—111 页。

时效期间长,社会主义时效期间短……我国《民法通则》规定一般诉讼时效的期间为二年,体现了社会主义国家民法中时效制度的特点"[1],等等。意识形态的影响将选项限定在"短期间"范围,而无法放眼全世界,选择当时更通行的"长期间"方案。

现今设定普通诉讼时效期间所面临的情形早已不同,主要涉及权利人与义务人之间的利益平衡,并通过这一枢纽辐射到公益和秩序层面。无论是 10 年以上的"长"期间,还是 3 年的"短"期间,抑或 5 年或 6 年的"中"期间,均在备选之列,既不可"先入为主",也不宜"故步自封"。从比较法上看,在 21 世纪之初,德国、法国就进行了时效法改革,关于普通消灭时效期间,德国法将其从 30 年调整为 3 年,法国法将其从 30 年调整为 5 年。日本债法修改时,作为日本民法传统移植渊源的德国法和法国法自然成为其主要借鉴对象。日本法原定的债权普通消灭时效期间为 10 年,日本官方草案对此的确也存在 3 年、4 年还是 5 年的"选择"问题[2],但最终选择了 5 年期间方案[3]。而根据日本学者的表述,在立法审议会上,是否缩短债权的普通消灭时效期间本身是最大的争论点[4],而且选择 5 年期间的一个重要原因就是将原则性的时效期间(与当时的现行法 10 年相比)的实质性缩短的影响降到最低[5]。可见,即使是我们看来较长

---

〔1〕　马原主编:《中国民法讲义》(上册),全国法院干部业余法律大学 1986 年版,第167 页。

〔2〕　商事法务(编集)『民法(債権関係)の改正に関する中間試案の補足説明』(商事法務,2013 年)68 頁参照。

〔3〕　2017 年修正后的《日本民法典》第 166 条规定:"(一)债权在下列情形因时效而消灭:1.债权人自知道可以行使权利之时起五年内不行使时;2.自可以行使权利之时起十年内不行使时……"参见《日本民法典》,刘士国、牟宪魁、杨瑞贺译,中国法制出版社 2018 年版,第 30—31 页。

〔4〕　四宮和夫=能見善久『民法総則〈第 9 版〉』(弘文堂,2018 年)435 頁参照。

〔5〕　大村敦志=道垣内弘人(編集)『解説 民法(債権法)改正のポイント』(有斐閣,2017年)57 頁参照。

的 5 年普通消灭时效期间,在日本民法修正中也被视为相对"激进"的选择,并伴有较大争议。相对德国法,日本时效法改革更为"保守"与"谨慎",这种态度值得我们关注和借鉴。

结　语

虽然《民法总则》在制定过程中曾经历 5 年、3 年和 2 年的诉讼时效期间方案之争,立法者也最终选择 3 年方案,但这并不意味着对普通诉讼时效期间的关注已充分,研究已深入。我们对普通诉讼时效期间的理解仍存在诸多不足或误区。第一,大大低估了普通诉讼时效期间过短对其他诉讼时效规则造成的严重困扰,形成诸多"将错就错"的规则设计,影响诉讼时效理论和立法的体系化。第二,片面理解所谓"诉讼时效短期化趋势",对自身应对诉讼时效短期化的意愿和能力作了"过高"估计,未能注意到目前许多被特别强调和强化的做法恰恰是反诉讼时效短期化的。第三,选择"激进"方案而不是"折中"方案,忽视了我国的特殊国情,特别是诉讼时效制度面临的道德性难题和"折扣执行"困境。

我国在普通诉讼时效期间的设定上应当坚持"体系化"思路,充分关注受其影响或制约的时效制度或问题,立足长远,统筹规划,摆脱"头痛医头,脚痛医脚"的"短视"方式;即使是为保护权利人的合法权益而作的"有益"调整,也有"代价",与其在实践中作违反常规甚至背离诉讼时效规则的"临时性"和"裁量性"调整,不如尽可能设定足够长的普通诉讼时效期间,以便从"根源上"彻底解决;我们应充分评估在中国语境下诉讼时效制度的运行现状及其难题,在此基础上确定我们是否以及在多大程度上需要和能够与国际接轨,适度的

"保守"未尝不是一个更妥适的选择。如果非要给出一个普通诉讼时效期间的长短的具体立法建议,这个建议就是 5 年以上。普通诉讼时效期间的长短问题虽一直被关注,也多有争论,但普通诉讼时效期间问题的重要性和关联性一直被低估。因此,笔者的目标与其说是重申设定较长普通诉讼时效期间的观点,不如说是揭示这种重要性和关联性。

第6章 "20年期间"的性质分析 *

所谓定义,或多或少都存在一定程度的含混之处。[1]

——〔英〕伯特兰·罗素《词语与意义》

《民法通则》(已失效,下同)第137条[2]中"20年期间"之定性问题可谓"老生常谈",因为在"琳琅满目"的民法学教科书中其均占有一席之地;同时它又有待给出"确定答案",因为各种学说之争从未停止,甚至还愈演愈烈。如果对《民法通则》实施二十余年(截至2010年)来的20年期间定性之争作一个简单盘点,前十年主要是除斥期间说与最长诉讼时效期间说之竞争,而近十年来主要是最长诉讼时效期间说与最长权利保护期限说之对抗,最长期间限制说则作为一种新型学说还未形成足够的影响。总的来说,最长诉讼时效期间说仍居统治地位。笔者对该问题如此关注还基于如下两个理由:一是如何定性20年期间直接关系到其未来在民法典的技术位置,比如究竟是像《民法通则》第137条那样将20年期间与普通诉讼时效起算规则置于同一条文,还是与普通诉讼时效期间、特殊诉讼时效期

---

* 本章内容曾以《"20年期间"定性之争鸣与选择——以〈民法通则〉第137条为中心》为题发表于《华东政法大学学报》2010年第3期。

[1] 〔英〕伯特兰·罗素:《词语与意义》,载〔英〕罗素:《罗素自选文集》,戴玉庆译,商务印书馆2006年版,第285页。

[2] 《民法通则》第137条规定:"诉讼时效期间从知道或者应当知道权利被侵害时起计算。但是,从权利被侵害之日起超过二十年的,人民法院不予保护。有特殊情况的,人民法院可以延长诉讼时效期间。"

间并列排在若干条文中,抑或将其纳入除斥期间规则体系;二是 20 年期间之不同定性在某种程度上反映出我们对诉讼时效制度及其精神的不同理解,于是该问题也成为我们检验和反思既有诉讼时效观念的一块试金石。笔者试图对 20 年期间之定性学说进行全面盘点和系统反思,并表明自己的基本立场。需要指出的是,20 年期间之定性问题既非我国独有,也非只存在于《民法通则》第 137 条。德国、日本以及我国台湾地区等的民法典及"民法"中都存在类似的期间甚至类似的定性争论,我国诸多民事单行法也存在与 20 年期间相同性质的期间。在此意义上,笔者的分析不可能局限于《民法通则》第 137 条,也不可能局限于对我国法的考察,第 137 条更像是一个典型的分析样本。

一、除斥期间说:日渐式微的"先行者"

除斥期间说是为解释 20 年期间性质而较早出现的学说,该说主要基于如下三个理由:(1)20 年期间是"为了弥补诉讼时效可能出现的问题"而设置的一个不变期间,以防出现适用诉讼时效制度导致的法律关系不稳定(如某人过了 30 年才知道自己的继承权被侵害,那么实际上要经过 32 年,诉讼时效才能届满),因此不是诉讼时效期间。(2)20 年期间不适用中止和中断规定[《民通意见》(已失效,下同)第 175 条第 2 款],因此与诉讼时效期间相比属于明显的"不变期间",而诉讼时效与除斥期间的重要区别之一就是前者为可变期间,可以中止和中断,而后者属不变期间,不能中止和中断。[1] 于

---

[1] 有些国家的民法典对此有明确规定,如《葡萄牙民法典》第 328 条规定:"除斥期间既不中止亦不中断,但法律有此规定者除外。"参见《葡萄牙民法典》,唐晓晴等译,北京大学出版社 2009 年版,第 59 页。

是,明显属于不变期间的20年当然应被归为除斥期间。(3)20年期间是"从当事人的权利客观上发生时起计算",这与普通诉讼时效期间和特殊诉讼时效期间采取的"从知道或者应当知道权利被侵害时"的主观起算标准明显不同,既然归入诉讼时效并不合适,那么在行使权利的两种限制(诉讼时效和除斥期间)之中,20年期间更应被归为除斥期间。[1] 目前民法学界主张除斥期间说的学者相对较少,徐国栋教授主持的《绿色民法典草案》持这种观点,该建议稿第270条[诉权的除斥期间]规定:"从完成行为起算的20年过去后,不承认任何诉权有效。此等期间不得中止,也不得中断。"[2]与我国除斥期间说的式微不同,日本学界和实务界倒是对除斥期间说情有独钟。《日本民法典》第724条规定:"因侵权行为发生的损害赔偿请求权,自受害人或其法定代理人知道其损害及加害人时起三年间不行使时,因时效而消灭。自侵权行为时起,经过二十年时,亦同。"通说、判例认为《日本民法典》第724条的3年期间是消灭时效期间,但20年期间是除斥期间。[3]

除斥期间说充分肯定了20年期间与除斥期间的相似性,以及20年期间与一般诉讼时效期间之间的重大差异,因此具有相当的合理性。然而,除斥期间说存在的局限更明显。第一,除斥期间说过分夸大了20年期间与除斥期间在"不变期间"这一特征上的相似性,却忽视了20年期间与除斥期间在其他方面的重要差异,如20年期间适用于请求权,而除斥期间适用于形成权;20年期间只是使义务人获得抗辩权,而除斥期间的效力为实体权利的消灭;除斥期间一般较

〔1〕　参见佟柔主编:《中国民法学·民法总则》,中国人民公安大学出版社1990年版,第321页。

〔2〕　徐国栋主编:《绿色民法典草案》,社会科学文献出版社2004年版,第40页。

〔3〕　参见〔日〕圆谷峻:《判例形成的日本新侵权行为法》,赵莉译,法律出版社2008年版,第138—139页。

短,因为形成权对法律关系影响较大,不宜久拖不决,各国立法大多规定得较短,一般不应达到 20 年期限[1];除斥期间从权利人可行使权利时起算,而 20 年期间则不考虑权利人可以行使权利的主观因素等[2]。简言之,除斥期间说陷入了"以偏概全"的局限。第二,除斥期间说与现行法某些规则存在冲突。根据《民通意见》第 175 条,20年期间虽不适用中止、中断规定,却可以延长,这与除斥期间不得延长的一般原理并不相符[3];第三,除斥期间说过分局限于诉讼时效与除斥期间"两分法",将那些与诉讼时效期间不同的期间都统统"非此即彼"地直接归为除斥期间,却未考虑"第三种可能性",以至于除斥期间说的论证过程在某种程度上与其说是对 20 年期间之定性,还不如说是对诉讼时效与除斥期间二者差异的再次确认和解释。

指出除斥期间说的局限固然必要,考察该学说在我国产生的背景或制度环境同样有益。除斥期间说在某种程度上源于《民法通则》颁布实施以来长期的"职权主义援引"立法[4]和司法实践,至少是受到了后者的重要影响。如有持除斥期间说观点的学者同时阐述了诉讼时效援引的职权主义特征:"无论当事人是否了解时效的规定或是否提出时效抗辩,司法机关均应依职权调查诉讼时效问题,如果原告的请求或权利适用诉讼时效,且时效期间已经届满,又没有应予保护

---

[1] 参见王利明:《民法总则研究》,中国人民大学出版社 2003 年版,第 726 页。

[2] 参见朱岩:《消灭时效制度中的基本问题:比较法上的分析——兼评我国时效立法》,载《中外法学》2005 年第 2 期。

[3] 参见王泽鉴:《民法总则》(增订版),中国政法大学出版社 2001 年版,第 518 页。当然,对于《民法通则》第 137 条确立的延长制度是否合理,可以也需要进一步考察和争论,参见霍海红:《诉讼时效延长规则之反省》,载《法律科学》2012 年第 3 期。

[4] 无论是实体法还是程序法都有这样的规则,《民法通则》第 135 条规定:"向人民法院请求保护民事权利的诉讼时效期间为二年,法律另有规定的除外。"《民诉法意见》(已失效)第 153 条规定:"当事人超过诉讼时效期间起诉的,人民法院应予受理。受理后查明无中止、中断、延长事由的,判决驳回其诉讼请求。"

或延长时效期间的特殊情况,就应判决对其权利不予保护。"[1]由于诉讼时效援引的职权主义倾向和做法,原本诉讼时效制度的"私人抗辩"效果消失了。法官主动援用诉讼时效,实质上已经使诉讼时效"除斥期间化",因而从根本上扭曲了诉讼时效制度的本来面目。[2]就其对除斥期间学说定性所产生的客观效果而言,既然诉讼时效与除斥期间都成为法官可以主动援引的事项,那么诉讼时效与除斥期间在是否允许法官主动援引上的重要差异实际上被消除了[3],这相当于原本会成为除斥期间学说定性重要障碍的特征差异由于相关制度的"变异"而不存在了。在某种意义上,除斥期间说在我国逐渐式微的事实可以从诉讼时效援用的抗辩模式逐渐得到学界广泛认同和规则确立[4]得到解释。

二、最长诉讼时效期间说:"常青树"的内在困境

在 20 年期间定性的问题上,最长诉讼时效期间说一直在我国学

---

[1] 佟柔主编:《中国民法学·民法总则》,中国人民公安大学出版社 1990 年版,第 317 页。

[2] 我们所熟知的所谓权利消灭主义、诉权消灭主义和抗辩权发生主义,尽管视角和侧重点各不相同,但都是依据"私人自治"模式来建构的,《苏俄民法典》和我国《民法通则》倒是有些特立独行。《苏俄民法典》第 82 条规定:"法院、仲裁署或公断法庭,不论双方当事人声请与否,均应适用诉讼时效。"参见《苏俄民法典》,马骧聪、吴云琪译,中国社会科学出版社 1980 年版,第 29 页。

[3] 二者差异甚至体现于各国法典,如《日本民法典》第 145 条规定:"时效非经当事人援用,法院不能依时效裁判。"参见《最新日本民法》,渠涛编译,法律出版社 2006 年版,第 35 页。《巴西新民法典》第 210 条规定:"在法律规定了除斥期间的情形,法官应依职权指明此等期间。"参见《巴西新民法典》,齐云译,中国法制出版社 2009 年版,第 35 页。

[4] 《诉讼时效规定(2008)》(已被修改)第 3 条规定:"当事人未提出诉讼时效抗辩,人民法院不应对诉讼时效问题进行释明及主动适用诉讼时效的规定进行裁判。"

界占据统治地位[1],即使目前它受到了有力的挑战。在该学说看来,20 年期间与 2 年、1 年等诉讼时效期间均为"关于诉讼时效"的期间,都是对权利人行使权利的限制措施,将 20 年期间收编于"诉讼时效期间"名称之下理所当然。[2] 虽然 20 年期间与普通诉讼时效期间、特殊诉讼时效期间的差异也同时被强调(如前者具有固定性,不适用中止、中断的规定,而后者广泛适用中止、中断的规定;前者在起算上具有特殊性,从权利产生之日起计算,而后者从知道或者应当知道权利被侵害时起计算等),但这种差异往往被视为具体诉讼时效期间之间的"表面"或"个性"差异,与是否属于诉讼时效期间这一"本质"问题无关。然而,对最长诉讼时效期间的理解和定性在理论上和规则设计中都有重大缺陷。

首先,最长诉讼时效期间说模糊了诉讼时效期间的内涵和边界。诉讼时效的效力在于请求权因期间届满而丧失可强制执行性,因此诉讼时效期间与请求权存在某种对应关系:一方面,某个诉讼时效期间针对特定范围内的请求权;另一方面,某一请求权只能适用一种诉讼时效期间。然而,将 20 年期间作最长诉讼时效期间定性打破了诉讼时效期间与请求权的这种对应性和确定性,造成了某一请求权能够适用两种诉讼时效期间、某一诉讼时效期间能够适用于所有请求权的混乱局面。最长诉讼时效期间说可能会提出如下辩护:20 年最

---

[1] 参见陈国柱主编:《民法学》(第二版),吉林大学出版社 1987 年版,第 120 页;张俊浩主编:《民法学原理》,中国政法大学出版社 1997 年版,第 289 页;孙宪忠主编:《民法总论》,社会科学文献出版社 2004 年版,第 279 页;梁慧星:《民法总论》(第三版),法律出版社 2007 年版,第 246 页;江平主编:《民法学》,中国政法大学出版社 2007 年版,第 239 页;马俊驹、余延满:《民法原论》(第三版),法律出版社 2007 年版,第 261 页;魏振瀛主编:《民法》(第三版),北京大学出版社 2007 年版,第 198 页;王利明等:《民法学》(第二版),法律出版社 2008 年版,第 152 页。

[2] 有学者将 20 年期间定性为最长诉讼时效期间的一个理由就是"规定于《民法通则》'诉讼时效'一章",参见葛承书:《民法时效——从实证的角度出发》,法律出版社 2007 年版,第 119 页。

长诉讼时效期间与 2 年或 1 年的普通或特殊诉讼时效期间并不会同时适用(前者是在权利人不知道或不应当知道的情况下适用;后者是从权利人知道或者应当知道权利被侵害时起算),因此对最长诉讼时效期间定性的质疑是陷于纯粹概念之争的"小题大做"。这一辩护忽略了两个问题:一是它忽视了大陆法系民法讲求概念逻辑和体系性的特征(除非我们抛弃之)。一旦用"诉讼时效期间"指称产生根源和规范目标并不相同的期间,那么这一概念事实上已经无法向我们清晰展示其真正内涵,其边界何在;二是它忽视了这种定性对法官和民众准确理解 20 年期间可能造成的困难,用同一术语指称不同的事物会大大增加他们理解的难度和成本,甚至使准确理解变得完全不可能。正如有法理学者所指出的:"词义的不确定性、多义性和变迁性是语言理解过程的重要特征之一。因此交流双方能够并且必须为词语的含义约定一个特定的范围。"[1]

其次,最长诉讼时效期间说导致 20 年期间成为诉讼时效期间家族中的异类。各种时效期间都与特定范围的请求权相联系,并形成多元层次体系,如《德国民法典》第 195、196、197 条分别针对不同请求权规定了 3 年(普通消灭时效期间)、10 年、30 年(特别消灭时效期间)期间。同时,《德国民法典》也存在类似我国《民法通则》第 137 条"20 年期间"的诸种期间,第 199 条规定:"……(1)普通消灭时效期间,自有下列情形之年的年末起算:1. 请求权在该年以内产生的,并且 2. 债权人在该年以内知道或者在无重大过失的情况下应当知道使请求权成立的情况和债务人的。(2)以侵害生命、身体、健康或者自由为依据的损害赔偿请求权,不论它们在何时产生和债权人是否知道或者因重大过失而不知道,自实施行为时、违反义务时或者引起损害的其他事件发生时起,经过三十年而完成消灭时效。(3)其

---

[1] 〔德〕魏德士:《法理学》,丁晓春、吴越译,法律出版社 2005 年版,第 89 页。

他损害赔偿请求权:1. 不论是否知道或者因重大过失而不知道,自它们产生时起,经过十年而完成消灭时效,并且不论它们在何时产生和债权人是否知道或者因重大过失而不知道,自实施行为时,违反义务时或者引起损害的其他事件发生时起,经过三十年而完成消灭时效……"显然,《德国民法典》只是将第 199 条规定的 10 年和 30 年视为消灭时效期间起算的限制性期间,是为防止采纳主观起算标准可能导致的对权利人的无限期保护而设,或者也源于"时效开始于获知或在重大过失时未获知之时的规定会造成时间上区分的困难"〔1〕的现实难题。换句话说,这些期间只与"起算"有关,与诉讼时效的"常规性期间"设定(如第 196、197、198 条)无关。我国《民法通则》第137 条规定的 20 年期间不也被置于关于"起算"的条文中吗? 我们却硬要将其界定为最长诉讼时效期间,结果我们不得不通过多种方式强调该期间的特殊性以显示将其归入诉讼时效期间家族的限度,如学者们虽然主张 20 年期间为最长诉讼时效期间,但在期间分类上却只区分为普通诉讼时效期间和特殊诉讼时效期间(包括《民法通则》规定的短期诉讼时效期间和各民事单行法规定的诉讼时效期间),20 年期间并未被列入。〔2〕

再次,最长诉讼时效期间说可能(也许已经)造成对我国诉讼时效起算标准的误解。最长诉讼时效期间说容易给人这样一种印象:我国既存在较短诉讼时效期间(2 年的普通诉讼时效期间、1 年的特殊诉讼时效期间)加主观起算标准的模式,也存在最长诉讼时效期间加客观起算标准的模式。〔3〕 然而,事实并非如此,而要澄清这一

〔1〕 朱岩编译:《德国新债法:条文及官方解释》,法律出版社 2003 年版,第 25 页。
〔2〕 参见尹田主编:《民法教程》(第二版),法律出版社 2006 年版,第 97—99 页;汪渊智主编:《民法》(第二版),法律出版社 2008 年版,第 181 页。
〔3〕 参见吴庆宝主编:《最高人民法院专家法官阐释民商裁判疑难问题(2009—2010 年卷)》,中国法制出版社 2009 年版,第 404 页。

点,《德国民法典》似乎提供了难得的参照标准。虽然 2002 年修正后的《德国民法典》在缩短普通消灭时效期间的同时将相应的起算标准从"客观标准"变为"主观标准",但较长消灭时效期间配以客观起算标准和较短消灭时效期间配以主观起算标准是继续并存的。前者如《德国民法典》第 196 条:"土地所有权的转让请求权以及要求设定、转让或者取消土地上权利的请求权,或者要求变更此种权利的内容的请求权以及对待给付请求权,经过十年而完成消灭时效。"第 197 条:"(1)除另有规定外,下列请求权经过三十年而完成消灭时效:1. 由所有权或者其他物权产生的返还请求权,2. 亲属法和继承法上的请求权,3. 被有既判力地确认的请求权,4. 由可执行和解或者可执行证书产生的请求权,以及 5. 因在支付不能程序中进行的确认而变成可执行的请求权……"后者如《德国民法典》第 199 条(如前所述)。我国学者常常提及的所谓"20 年期间从权利产生之日起计算,而 2 年普通诉讼时效期间则是从知道或者应当知道权利被侵害时起计算"的表述,似乎更像是针对《德国民法典》"两种消灭时效起算标准并存"模式的评论,而并不适用于对我国诉讼时效期间起算标准的描述,因为我国实际上只存在较短诉讼时效期间配以主观起算标准的模式。

最后,最长诉讼时效期间说甚至可能造成立法设计中的混乱。九届全国人大常委会组织起草的《中华人民共和国民法(草案)》(2002 年 12 月 17 日)第 99 条规定:"请求人民法院保护民事权利的诉讼时效,知道或者应当知道权利被侵害的,期间为三年,但下列情形为一年……前款规定的诉讼时效期间……"第 100 条规定:"诉讼时效期间,自民事权利被侵害之日起超过二十年的,人民法院不予保护;有下列情形之一,超过三十年的,人民法院不予保护……前款规定的诉讼时效期间……"这两条规定产生了两个问题:(1)如果两个条文都是对独立的诉讼时效期间及其起算标准的规定,第 99 条和第 100 条就是根本冲突的。至少从表述上看,两个条文的确都可以单独作为普通诉讼时效期间及其起算的规定,其中第 99 条可被视为 3 年普通诉讼时效期间和主观起算标准"知道或者应当知道权利被侵害"的规定,第 100 条可被视为 20 年普通诉讼时效期间和客观起算标准"自民事权利被侵害之日起算"的规定。然而,一个诉讼时效制度体系之内不能存在两种普通诉讼时效期间及其起算方式。(2)如果立法者并非试图设定两个普通诉讼时效期间及其起算标准,第 100 条规定的"诉讼时效期间,自民事权利被侵害之日起超过二十年的,人民法院不予保护"实际上只能被视为对第 99 条"请求人民法院保护民事权利的诉讼时效,知道或者应当知道权利被侵害的,期间为三年"规定的补充和限制,就像《民法通则》第 137 条一样。换句话说,草案第 100 条虽然使用了"诉讼时效期间"的称谓,但并非真的界定了另一种诉讼时效期间,而只是关于"起算"的补充规则。最长诉讼时效期间说体现了一种将其与普通时效期间并列的思维倾向,在草案起草者看来,第 100 条只是将《民法通则》规定的 20 年最长诉讼时效期间独立出来与普通诉讼时效期间的规定并列,从而使其更符合诉讼时效期间的称谓或身份而已。

三、最长权利保护期限说:"破有余而立不足"的"挑战者"

最长权利保护期限说虽然早已被提出,但其地位确立和影响拓展却是近些年来的事情[1],并已发展壮大为最长诉讼时效期间说的

---

[1] 参见徐开墅等编著:《民法通则概论》,群众出版社 1988 年版,第 261 页;李开国主编:《中国民法教程》,法律出版社 1997 年版,第 231 页;彭万林主编:《民法学》(第六版),中国政法大学出版社 2007 年版,第 134 页;郭明瑞主编:《民法》(第二版),高等教育出版社 2007 年版,第 147 页;王卫国主编:《民法》,中国政法大学出版社 2007 年版,第 176 页。

最大"威胁"。最长权利保护期限说的论证主要着眼于两个方面:第一,揭示20年期间与诉讼时效期间的重要区别(就像除斥期间说所做的一样),如前者从权利被侵害时起计算,后者从权利人知道或者应当知道权利被侵害时起计算;前者不能中止、中断,而后者可以中止、中断。第二,强调最长权利保护期限是为克服诉讼时效制度可能导致的无限期保护权利之缺点而设的制度。[1] 最长权利保护期限说的出现和壮大反映了学者们试图跳出除斥期间和诉讼时效期间"二分法"之外寻求"第三种可能"的努力和共识,反映了他们对20年期间与其他诉讼时效期间的差异的重新审视和界定,即这些差异既不应被视为除斥期间与诉讼时效的差异,也不应被视为诉讼时效期间的内部差异或者诉讼时效期间多样性的表现,而应当被视为20年期间独立性和独特性的有力证明。这也在相当程度上解释了最长诉讼时效期间说和最长权利保护期限说都强调20年期间与普通诉讼时效期间和特殊诉讼时效期间之间存在诸多重要差异却导致完全不同定性的原因。

　　虽然最长权利保护期限说已经在寻求20年期间定性的新的可能性上大有进展,直指其"克服诉讼时效制度可能导致的无限期保护权利的缺点"之意义,但该学说自身也有着局限,即"破有余而立不足",至少在其反对的最长诉讼时效期间说和除斥期间说面前是如此。

　　首先,最长权利保护期限说虽竭力强调其与最长诉讼时效期间说和除斥期间说的本质差异,却缺乏足够的正面论证。一方面,最长权利保护期限说在论证时提到的20年期间与诉讼时效期间的诸多差异,与最长诉讼时效期间说"本质上属于诉讼时效期间,只不过特殊而已"的观点并无多大差异;另一方面,最长权利保护期限说在论

---

〔1〕　参见江平主编:《民法学》,中国政法大学出版社2000年版,第235页;彭万林主编:《民法学》(第六版),中国政法大学出版社2007年版,第134页;郭明瑞主编:《民法》(第二版),高等教育出版社2007年版,第147页。

证时所进行的"20 年期间与诉讼时效期间"的比较分析,与除斥期间说在论证时所进行的比较分析几乎如出一辙。[1] 如此一来,至少对于最长诉讼时效期间说和除斥期间说的坚定支持者而言,最长权利保护期限说是判断多于论证,缺乏足够细致的推理过程,该说除视角和侧重点不同因而得出不同的结论外,并不比最长诉讼时效期间说甚至不比除斥期间说做得更多或更具说服力。

其次,"最长权利保护期限"的表述本身也遭到了质疑,特别是遭到持最长诉讼时效期间观点学者的质疑,如有学者指出:"将 20 年作为民事权利的最长保护期限,其一是没有揭示出 20 年的法律本质。民事权利的最长保护期限不是一个规范的法律术语,而且从文义上说,民事权利的保护原则上是不受期限限制的,即便有限制,也往往长于 20 年。比如在我国,著作权中的署名权、修改权等的保护就不受期限限制,而发表权、获得报酬权等的保护期限则是作者生前加死后 50 年。因此笼统地说 20 年是民事权利的最长保护期限难免令人费解。其二,说 20 年是民事权利的最长保护期限是建立在权利遭受了侵害的基础之上的,而当权利遭受侵害之后的法律保护期限在本质上就是指诉讼时效期限。很难想象除了诉讼时效期限,还有什么期限称得上是对遭受侵害之后的民事权利的保护期限。"[2] 这一质疑不无道理,作为一个广义称谓,权利保护期限既可指向法律赋权意义上的保护期限(如著作权中的发表权的保护期限是作者生前加死后 50 年),也可指向法律限权意义上的保护期限(如除斥期间和诉讼时效期间),还可指向为防止主观起算而导致时效届满被无限期推迟而设置的限制措施等。用一个如此广义和概括的称谓指称其中一种可能情形达不到清晰界定的目的。记住德国学者魏德士的提醒是有益的:"新概念就应该比旧概念

---

〔1〕 参见王卫国主编:《民法》,中国政法大学出版社 2007 年版,第 176 页。
〔2〕 葛承书:《民法时效——从实证的角度出发》,法律出版社 2007 年版,第 118—119 页。

更加准确地描述对象和关系,不过必须避免不清楚的、容易引起误解的新词语或定义,因为它们对法学和法律实践都是有害的。"〔1〕

最后,"权利保护"用语在描述诉讼时效制度时极易引起歧义。我国《民法通则》在第七章"诉讼时效"中使用"请求保护"(第 135 条)、"不予保护"(第 137 条)等表述,这种用语有诉讼时效援用的职权主义倾向。可作为佐证的是,我国《民法通则》虽未像《苏俄民法典》那样明确规定法官依职权援用诉讼时效,却仍与后者一样长期保持着诉讼时效援用的职权主义实践。在诉讼时效援用的抗辩模式逐渐得到学界广泛认同并已在制度上确立的今天,"权利保护"用语显得不合时宜。在 20 年期间定性的问题上,这种用语问题已成为持最长诉讼时效期间说学者对最长权利保护期限说的批评理由:20 年期间"不宜看作权利最长保护期限。因为这 20 年期满后,权利人接受义务人自动履行之后果仍受法律保护,并非绝对不受法律保护,因此,20 年期间规定应视为最长诉讼时效"〔2〕。

四、最长期间限制说:立足"功能"的"新生代"

四种学说中,最长期间限制说出现最晚〔3〕,也还有待引起人们

---

〔1〕　〔德〕魏德士:《法理学》,丁晓春、吴越译,法律出版社 2005 年版,第 90—91 页。

〔2〕　陈明添、吴国平主编:《中国民法学》,法律出版社 2007 年版,第 322—323 页。

〔3〕　在国内学界,龙卫球教授最早提出应将 20 年期间定性为"诉讼时效计算之最长期间限制"。参见龙卫球:《民法总论》,中国法制出版社 2002 年版,第 622 页。需要特别指出的是,有学者虽然明确表示赞同"诉讼时效计算之最长期间限制",但其表述和论证却早已偏离了这种学说的实质:(1)先将 20 年期间界定为"最长诉讼时效期间",然后将所谓"诉讼时效计算之最长期间限制"作为最长诉讼时效期间的"性质"界定;(2)其主要论证过程偏离了"诉讼时效计算之最长期间限制"之主旨,也忘记了 20 年期间属于《民法通则》第 137 条这一前提。参见冯恺:《诉讼时效制度研究》,山东人民出版社 2007 年版,第 123 页。

足够的关注。然而,最长期间限制说最为准确地界定了 20 年期间的性质——为防止主观起算标准可能导致的对权利人的无限期保护而设置的限制性措施,并且在概念表述和具体论证上更具说服力。对 20 年期间性质的界定只能从其与主观起算标准的内在关联着手,而不是从强调 20 年期间与普通和特殊短期诉讼时效期间在固定性和起算标准上的差异等来入手。一方面,采取客观起算标准而非现行法规定的主观起算标准并不足以证明某一期间不属于诉讼时效期间范畴,是客观还是主观的起算标准只是立法者根据其所理解的诉讼时效精神和时代背景而作出的技术性选择(如《德国民法典》就同时存在长短不一的时效期间及其相应的客观或主观起算标准),其本身并不是一个界定是否属于诉讼时效期间的范畴;另一方面,所谓固定性,通常被理解为不适用中止和中断规定,因而属于不变期间而非可变期间,但这种固定性事实上也源于 20 年期间与主观起算标准的关联性。正是为防止主观起算方式可能导致的对权利人的无限期保护,法律设置了限制期间,又由于该期间必须考虑权利人不知道或不应知道的"无辜"情形,期间又必须很长,这种足够长的限制期间已经无法再容忍中止和中断制度的适用,因为那必将导致另一种形式的无限期保护。仅仅强调 20 年期间与诉讼时效期间之间所谓固定性和起算标准的差异,更多只是阐述了特征和结果,并未解释性质和原因。在此意义上,最长期间限制说更侧重从制度起源与功能角度对 20 年期间进行定性,而不是侧重强调它与其他期间的特征差异。

20 年期间与主观起算标准直接相关的一个证据是,在采取客观起算标准和较长诉讼时效期间的规则中,并不存在最长期间限制。如《德国民法典》第 199 条的 20 年和 30 年都是针对采取主观起算标准的 3 年普通消灭时效期间而设,对于第 197 条采取客观起算标准的 30 年消灭时效期间,则并不存在相应的最长期间限制,因为客观起算标准的选择决定了不存在长期无法计算时效的困境。《日本民法典》原则上采取了较长诉讼时效期间(第167条规定的10年和20年期间)和主观起算标准(第166条规定的"自权利可以行使时起进行")的模式,因而在"总则"编第七章"时效"中并没有关于最长期间限制的规定,倒是在债权编第五章"侵权行为"中的第724条为侵权行为损害赔偿请求权规定了特别的主观起算标准("知道其损害及加害人时起")和较短的时效期间(3年),相应地规定了与我国《民法通则》第137条类似的20年期间。我国台湾地区"民法"采取了与日本民法类似的立场,即原则上采取较长诉讼时效期间(第125条规定的15年期间)和客观起算标准(第128条规定的"自请求权可行使时起算")的模式,因而在"总则"第六章"消灭时效"中并没有关于最长期间限制的规定,倒是在"债编"第一章第一节第五款"侵权行为"中的第197条为侵权行为所导致的损害赔偿请求权规定了特别的主观起算标准("自请求权人知有损害及赔偿义务人时起")和较短的时效期间(2年),与此相应地规定了与我国《民法通则》第137条相同性质的10年期间。

就我国的民法典立法(草案或学者建议稿)而言,梁慧星教授主持的《中国民法典草案建议稿附理由·总则编》对于诉讼时效起算标准采取"客观"立场,该建议稿第192条规定:"除法律有特别规定外,时效依以下规定开始计算:(一)时效期间自权利能够行使时开始计算……"[1]在建议稿中并没有类似《民法通则》20年期间的规定。徐国栋教授主持的《绿色民法典草案》对于诉讼时效起算标准也采取"客观"立场,该建议稿第252条规定:"时效期间从可以行使诉权之

---

〔1〕　梁慧星主编:《中国民法典草案建议稿附理由·总则编》,法律出版社2004年版,第245页。

时起算。"〔1〕在建议稿中也没有类似《民法通则》20年期间的规定。王利明教授主持的《中国民法典学者建议稿及立法理由·总则编》对于诉讼时效起算标准采取"主观"立场,该建议稿第245条规定:"诉讼时效期间自权利人知道或应当知道其权利或者受法律保护的利益受到侵害之日起开始计算……"相应地也有类似《民法通则》第137条的规定:"无论权利人是否知道其权利受到侵害,自权利受到侵害之日起超过二十年的,义务人可以拒绝履行给付义务。"(第246条)〔2〕《中华人民共和国民法(草案)》(2002年12月17日)对于诉讼时效起算标准也采取"主观"立场,该草案第一编"总则"第99条规定:"请求人民法院保护民事权利的诉讼时效,知道或者应当知道权利被侵害的,期间为三年……"于是有了第100条规定:"诉讼时效期间,自民事权利被侵害之日起超过二十年的,人民法院不予保护……"因此,只有"20年期间与主观起算标准相伴而生且只为其存在"才能解释草案或建议稿中仅仅由于起算标准的不同导致最长期间限制的存在与否。

在我国,20年期间与主观起算标准的内在关联这一直接决定其性质界定的要素一直未得到足够关注和强调,20年期间很"自然地"被界定为最长诉讼时效期间。以下四个因素可能有助于解释这种状况:(1)20年期间在我国"关于"诉讼时效的期间体系中的确"最长"。除《民法通则》规定的"2年"(第135条)和"1年"(第136条)外,《合同法》(已失效)规定的"4年"(第129条)、2000年《产品质量法》规定的"2年"(第45条)、1989年《环境保护法》规定的"3年"(第42条)等也都属于比较短的诉讼时效期间,因此,与这些诉讼

---

〔1〕 徐国栋主编:《绿色民法典草案》,社会科学文献出版社2004年版,第38页。
〔2〕 王利明主编:《中国民法典学者建议稿及立法理由·总则编》,法律出版社2005年版,第430页。

时效期间相比,20 年的确是最长的。《德国民法典》第 199 条规定的
10 年和 30 年与《民法通则》规定的 20 年性质一样,但我们可以区分
出它并非最长消灭时效期间,因为《德国民法典》第 197 条已经明确
规定了 30 年"真正的"最长消灭时效期间。在我国学者对修正后《德
国民法典》的研究中,特别将第 199 条规定的 10 年和 30 年称为"最
长期间"[1]或"最大期间"[2],而不是"最长消灭时效期间",应该有
基于区分需要的考虑。(2)我国诉讼时效期间普遍很短,20 年期间
很容易给人以"设置更长时效期间以便更周全保护权利人利益"的印
象[3],从而扭曲了 20 年期间的真正规范目标——对权利人行使权
利的限制。如果说 20 年期间是为特别保护某种利益的话,那也是债
务人的利益。因为在权利人不知道且无重大过失的情况下,20 年期
间不存在无疑对其有利,而对债务人不利。20 年期间正是为了扭转
对债务人的极端不利局面、防止诉讼时效制度对权利人限制的失灵
而设置的补救措施。正如德国学者福克斯所指出的:"对时效的起算
点取决于债权人主观上知道的规定,在个别情况中可能导致时效期
间在侵权行为发生很长时间后才开始计算,或者推迟的时间甚至完
全无法确定。这不符合法律也应当保护债务人法律安全利益的原

---

〔1〕 《德国民法典》,陈卫佐译注,法律出版社 2004 年版,第 57 页。

〔2〕 杜景林、卢谌:《德国债法改革:〈德国民法典〉最新进展》,法律出版社 2004 年版,第
140 页。

〔3〕 如有学者指出:"权利人在二十年内任何时候发觉其权利被侵害时,均可请求法院依
诉讼程序强制义务人履行义务。在二十年内该项民事权利受法律保护。《民法通
则》对此规定这么长的诉讼时效期间的目的,在于保护权利人的权利。因为适用本
条的民事主体之所以没有行使自己的权利并不是由于自己的疏忽或漠不关心,而是
因为他们对其权利的被侵害是不知道或不应当知道的,其诉讼时效期间只能从权利
被侵害时计算。如果时效期间规定短了,权利人的合法权益得不到必要的保护,故
规定较长的诉讼时效期间是必要的。"参见郑立等:《民法通则概论》,红旗出版社
1986 年版,第 287 页。

旨。"[1](3)我国《民法通则》及其他单行法普遍对诉讼时效期间采取了主观起算标准,如 1989 年《环境保护法》第 42 条、2000 年《产品质量法》第 45 条等。由于主观起算标准的这种唯一性,20 年期间只源于和针对主观起算标准的本质特征的现象没有得到关注,而不像现行《德国民法典》能够清晰显示这一点(如前所述)。(4)我们未能将 20 年期间与民商事单行法中的其他最长期间限制结合起来进行考察,以致出现片面的认识。事实上,能够称得上"最长期间限制"的并非只有《民法通则》第 137 条规定的 20 年期间,《继承法》(已失效)第 8 条规定:"继承权纠纷提起诉讼的期限为二年,自继承人知道或者应当知道其权利被侵犯之日起计算。但是,自继承开始之日起超过二十年的,不得再提起诉讼。"2000 年《产品质量法》第 45 条规定:"因产品存在缺陷造成损害要求赔偿的诉讼时效期间为二年,自当事人知道或者应当知道其权益受到损害时起计算。因产品存在缺陷造成损害要求赔偿的请求权,在造成损害的缺陷产品交付最初消费者满十年丧失……" 1992 年《海商法》第 258 条第 2 项、第 265 条对有关旅客死亡的请求权、油污损害请求权也规定了最长期间限制,分别为 3 年和 6 年。如果我们将其与《民法通则》第 137 条规定的 20 年期间结合起来考察,就能在很大程度上避免我们对 20 期间的诸多误解。

笔者将 20 年期间以"最长期间限制"定性,还与另一事实有关,即这种类型的期间不仅出现在关于诉讼时效的规则中,也出现在关于除斥期间的规则中。许多国家的民法典的除斥期间规则中都有功能上类似第 137 条"20 年"的期间设置,如《日本民法典》第 126 条规定:"撤销权自可以追认时起,五年间不行使时,因时效而消灭。自

---

[1] 〔德〕马克西米利安·福克斯:《侵权行为法》,齐晓琨译,法律出版社 2006 年版,第 246 页。

行为时起,经过二十年时,亦同。"《德国民法典》第 121 条规定:
"(1)在第 119 条、第 120 条的情况下,必须在撤销权人知道撤销原因
后,在没有有过错的迟延的情况下(不迟延地)进行撤销……(2)自
意思表示作出时起十年已过去的,撤销即被排除。"第 124 条规定:
"(1)依照第 123 条可予撤销的意思表示,只能在一年的期间内撤
销……(3)自意思表示作出时起十年已过去的,撤销即被排除。"我
国台湾地区"民法"第 93 条规定:"前条之撤销,应于发见诈欺或胁迫
终止后,一年内为之。但自意思表示后,经过十年,不得撤销。"第
245 条规定:"前条撤销权,自债权人知有撤销原因时起,一年间不行
使,或自行为时起,经过十年而消灭。"对于撤销权除斥期间中这种明
显很长的限制期间,学者们或者根本未提到这种期间及其性
质[1],或者将其与常规除斥期间作统一对待[2],或者将其与常规除
斥期间区分为"短期行使期间"和"长期行使期间"[3]。如果我们将
除斥期间规则中存在的这种期间定性为除斥期间,而将诉讼时效规
则中存在的这种期间定性为诉讼时效期间,就会导致具有同样功能
的期间被作出完全不同甚至相反的定性,并引起我们对两种期间差
异的误解和想象。在此意义上,将 20 年期间定性为最长期间限制实
际上是从其原初功能而非它所属法律领域的角度所作的界定。

---

[1]　参见刘得宽:《民法总则》,中国政法大学出版社 2006 年版,第 311 页;林诚二:《民法总则》(下册),法律出版社 2008 年版,第 486 页。

[2]　参见〔德〕迪特尔·梅迪库斯:《德国民法总论》,邵建东译,法律出版社 2000 年版,第 585 页;王泽鉴:《民法总则》,中国政法大学出版社 2001 年版,第 493 页。

[3]　参见〔日〕山本敬三:《民法讲义Ⅰ:总则》,解亘译,北京大学出版社 2004 年版,第 219 页。

第 7 章　诉讼时效延长规则之反省[*]

> 不要反对裁量权,要反对不必要的裁量权。[1]
> ——〔美〕肯尼斯·卡尔普·戴维斯《裁量正义》

《民法通则》(已失效,下同)第 137 条中规定的"有特殊情况的,人民法院可以延长诉讼时效期间"确立了诉讼时效延长规则,《民通意见》(已失效,下同)第 169 条进一步抽象界定了"特殊情况",第 175 条则框定了适用对象:普通时效期间、特殊时效期间以及 20 年最长期间限制。[2] 然而,令人困惑的是,学界对适用对象一直颇有争议,或者认为延长只适用于 20 年期间[3],或者认为延长只适用于普通时效期间和特殊时效期间[4],或者认为延长对于 20 年期间、普通

---

[*]　本章内容曾以《诉讼时效延长规则之反省》为题发表于《法律科学》2012 年第 3 期。
[1]　〔美〕肯尼斯·卡尔普·戴维斯:《裁量正义——一项初步的研究》,毕洪海译,商务印书馆 2009 年版,第 26 页。
[2]　关于《民法通则》137 条中"20 年期间"之定性,学界大致形成了四种观点:除斥期间、最长诉讼时效期间、最长权利保护期限、最长期间限制,笔者主张最长期间限制之定性并有详细论证,参见霍海红:《"20 年期间"定性之争鸣与选择——以〈民法通则〉第 137 条为中心》,载《华东政法大学学报》2010 年第 3 期。
[3]　参见江平、张佩霖:《民法教程》,中国政法大学出版社 1986 年版,第 120 页;龙卫球:《民法总论》,中国法制出版社 2002 年版,第 622 页;梁慧星:《民法总论》(第四版),法律出版社 2011 年版,第 260 页。
[4]　参见佟柔主编:《中国民法学·民法总则》,中国人民公安大学出版社 1990 年版,第 321 页;魏振瀛主编:《民法》(第三版),北京大学出版社 2007 年版,第 203 页。

时效期间和特殊时效期间均有适用。[1] 为什么司法解释给出答案后仍争议不断? 立法者设置延长规则究竟要解决何种问题? 延长规则真的无可避免吗? 它在多大程度和范围内被适用? 循着这些追问,原先简单又清晰的延长规则反而复杂和模糊起来。我们面对的已非延长规则适用对象的后续性问题,而是延长规则正当性论证的前提性问题。笔者试图证明,由于现行法已为中止和中断规则预留兜底空间,延长规则显得多此一举,并导致其与中止、中断的混淆;延长规则是我国时效期间过短和法官职权援用时效等规则约束的产物,随着职权援用已被禁止和时效期间将被加长,延长规则作为"权宜之计"的价值也将消失;司法实践"公认"的延长案例,其实或者是起算问题,或者是时效排除问题,或者应以规则而非裁量方式解决;英美法所谓裁量延长和不适用规则并不能作为我国延长规则的域外辩护,二者在含义、适用范围、类型化因素确定等方面均不同。建议未来民法典放弃延长规则[2],将重点放在对诉讼时效法体系的规划和调整,统筹解决诸多时效难题,而不是"头痛医头,脚痛医脚"[3]。

需要特别指出,笔者主张废除的只是概括赋予法官裁量权意义上的延长规则,而与针对法定特殊事由的"变相延长"规则无关,如《瑞士

---

[1] 参见李由义主编:《民法学》,北京大学出版社 1988 年版,第 169 页;孙宪忠主编:《民法总论》,社会科学文献出版社 2004 年版,第 281 页;马俊驹、余延满:《民法原论》(第四版),法律出版社 2010 年版,第 261 页。

[2] 《中华人民共和国民法(草案)》(2002 年)延续了《民法通则》的立场。不过,已有学者主张放弃延长规则[参见王利明:《民法总则研究》,中国人民大学出版社 2003 年版,第 742 页;汪渊智:《民法总论问题新探:比较法上的分析——兼评我国时效法》,中国社会科学出版社 2005 年版,第 374 页;朱岩:《消灭时效制度中的基本问题》,载《中外法学》2005 年第 2 期;刘凯湘:《民法总论》(第三版),北京大学出版社 2011 年版,第 381 页],只是对"放弃"立场的论证并不系统,也缺乏对时效延长实践的足够观察。

[3] 颇具中国特色的未定期债权时效起算争议,就反映了我国忽视权利人归责、时效期间过短、有侵害论思维定式等相关规则或观念的制约,并显示出与大陆法系通行规则完全不同的面貌。参见霍海红:《未定期债权时效起算——一个中国式问题的考察》,载《吉林大学社会科学学报》2010 年第 6 期。

债法典》第 139 条就规定:"起诉或者反诉因法院无管辖权,或者因可以修正的形式上的瑕疵,或者因提前起诉而被驳回,此时诉讼时效届满的,则适用一新的 60 天的诉讼时效。"否定现行延长规则与承认变相延长规则并不矛盾,后者产生了延长的积极效果,却与"裁量"行为无关。相反,以变相延长规则来正当化现行延长规则的论说[1],却混淆了"裁量"权力和延长"规则"之间的区别。我国时效延长规则的本质在于法官的主观裁量权,而非时效期间的客观延长结果。

一、"多此一举"的"兜底"规则

主张延长对象为普通时效期间和特殊时效期间的学者认为,延长规则是对中止和中断规则的必要补充,中止和中断事由采取法定主义,无法包罗"客观障碍"或"权利行使证明",所以设延长规则以弥补列举式规定之不足。[2] 主张延长对象为 20 年期间的学者认为,延长规则主要针对两种情况:一是我国大陆和台湾地区长期不统一,延长构成了保护我国台湾同胞在大陆的财产或权利的有力措施。[3]

---

〔1〕　参见葛承书:《民法时效——从实证的角度出发》,法律出版社 2007 年版,第 212 页。

〔2〕　参见佟柔、赵中孚、郑立主编:《民法概论》,中国人民大学出版社 1982 年版,第 83 页;张俊浩主编:《民法学原理》,中国政法大学出版社 1997 年版,第 296 页;王利明、杨立新、王轶、程啸:《民法学》(第三版),法律出版社 2011 年版,第 157 页。

〔3〕　参见陈国柱主编:《民法学》(第二版),吉林大学出版社 1987 年版,第 125 页;厦门大学法律系民法教研室:《民法概论》,厦门大学出版社 1987 年版,第 179 页;江平主编:《民法学》,中国政法大学出版社 2000 年版,第 240 页;韩松主编:《民法学》,中国政法大学出版社 2004 年版,第 221 页。《最高人民法院关于人民法院处理涉台民事案件的几个法律问题》(1988 年)更指出:"为了保护去台人员和台胞的合法权益,我们在适用诉讼时效方面,对涉台民事案件作了特别规定。根据《民法通则》的规定,从权利被侵害之日起超过二十年,权利人才向人民法院提起诉讼的,人民法院不予保护。由于涉及去台人员和台湾同胞的案件,许多已经超过二十年了,(转下页)

二是"文革"期间可能发生权利无法行使的特殊情况。[1] 总之,延长规则是为兜住特殊情况特别而设。"兜底"是一种正常的立法技术,"在立法上常常会遭遇对拟规范之事项难于穷举,或其穷举太烦琐,却又不愿挂一漏万地加以规定的难题。这时,立法技术上通常是在作适当的示例后,紧接着用概括规定来加以穷尽的涵盖"[2]。但这绝不意味着兜底无须论证和可以无限运用。

(一)已经"兜底"的中止、中断规则

我国中止和中断规则已在内部预留了裁量和扩张空间。《民法通则》第 139 条规定:"在诉讼时效期间的最后六个月内,因不可抗力或者其他障碍不能行使请求权的,诉讼时效中止。"其中"其他障碍"便是已完成的"兜底"。《诉讼时效规定(2008)》(已被修改,下同)第 20 条在对"其他障碍"进行列举解释时,又继续留下"其他导致权利人不能主张权利的客观情形"的新出口。[3] 最高人民法院甚至可以作出专门的司法解释应对,如《最高人民法院关于在防治传染性非典型肺炎期间依法做好人民法院相关审判、执行工作的通知》(已失效)第 6 条规定:"当事人因是'非典'患者、疑似'非典'患者或者被依法隔离人员,不能及时行使民事请求权的,适用《中华人民共和国民法通则》第一百三十九条关于诉讼时效中止的规定。"《民法通则》第 140 条虽然未像第 139 条那样兜底,但提起诉讼、提出要求、同意

(接上页) 因此,对去台人员和台湾同胞的诉讼时效期间问题,根据民法通则第一百三十七条的规定,人民法院可以作为特殊情况予以适当延长。"

[1] 参见顾昂然:《立法札记——关于我国部分法律制定情况的介绍(1982—2004年)》,法律出版社 2006 年版,第 256 页。

[2] 黄茂荣:《法学方法与现代民法》,中国政法大学出版社 2001 年版,第 309 页。

[3] 有民法学者也肯定了这种"目的性扩张解释"的原理运用,参见王利明:《法律解释学》,中国人民大学出版社 2011 年版,第 137 页;梁慧星:《民法总论》(第四版),法律出版社 2011 年版,第 259 页。

履行义务等显然有具体化空间,立法者在解释"提起诉讼"时就将其
扩张至"申请仲裁"和"申请强制执行"。[1]《诉讼时效规定(2008)》
(已被修改,下同)第 10 条对"提出要求"作了列举规定,第 13 条列
举了与提起诉讼具有同等中断效力的诸多事项,并以"其他与提起诉
讼具有同等诉讼时效中断效力的事项"再次兜底。这充分说明,延长
规则试图发挥的兜底功能,本是中止和中断规则的"分内之事"。

　　比较来看,日本[2]以及我国台湾地区[3]的学者在面对停止或
不完成规则的局限时都主张进行扩张解释,而不是"另起炉灶"。
《苏俄民法典》(1922)第 49 条:"在一切情形下,法院认为迟误起诉
期间之理由为正当者,得延长之。"[4]《苏俄民法典》(1964)第 87 条
第 2 款规定:"如果法院、仲裁署或公断法庭认为造成诉讼时效过期
有正当原因,则对于被侵犯的权利应予保护。"[5]在苏联学者眼
中,这两条是中止和中断规则只列举而未留有余地的结果,"如果把民
法典第 49 条所规定的期限的恢复同民法典第 48 条所规定的诉讼时效
期间的中止加以比较,就可以看出如下的区别。诉讼时效的中止只有
在法律明文规定的情况下才可以,而诉讼时效的恢复则不受任何既定
情况的限制,只要法院认为有充分根据即可"[6],第 87 条第 2 款"适
用于时效期已经错过但没有中止或中断理由的各种情况。法律授权
法院、仲裁机关和公断法庭解决诉讼时效过期的原因是否正当的问

---

〔1〕 参见顾昂然:《立法札记——关于我国部分法律制定情况的介绍(1982—2004
年)》,法律出版社 2006 年版,第 256 页。
〔2〕 参见〔日〕我妻荣:《我妻荣民法讲义Ⅰ:新订民法总则》,于敏译,中国法制出版社
2008 年版,第 424 页。
〔3〕 参见曾世雄:《民法总则之现在与未来》,中国政法大学出版社 2001 年版,第 226 页。
〔4〕《苏俄民法典》,王增润译,新华书店 1950 年版,第 22 页。
〔5〕《苏俄民法典》,马骧聪、吴云琪译,中国社会科学出版社 1980 年版,第 31 页。
〔6〕〔苏联〕И. Б. 诺维茨基:《法律行为·诉讼时效》,康宝田译,中国人民大学出版社
1956 年版,第 221—222 页。

题"〔1〕。《俄罗斯联邦民法典》延续了两部《苏俄民法典》的模式,其第202条第1款为中止规则设定了"不可扩展的清单"〔2〕,然后再由第205条规定"诉讼时效期间的恢复"。总之,苏联民法和俄罗斯民法的所谓延长或恢复规则都是对中止和中断规则的"过度概括"进行补救。一旦中止和中断规则有其他"出口",这些规则就并无必要。

所谓历史遗留问题也可在中止规则内利用兜底条款解决,而不是制造一个更大的兜底规则。《最高人民法院公报》曾刊载一则因海峡两岸遗留问题而适用时效延长的上诉案:1948年11月,李启经将院内二房一厅及一块空地共计140平方米,出典给柯伯行。典期5年,典金250美元。典期期间,李启经去我国台湾地区谋生,于1975年去世。柯伯行去菲律宾,于1960年去世。1989年10月,李金连(李启经之妻)、李娜萍(李启经之女)以海峡两岸长期隔绝致出典房屋在典期届满时难以回赎为由,向厦门市开元区人民法院提起诉讼,该院判决准予李金连、李娜萍回赎李启经出典给柯伯行的房屋;李金连、李娜萍给付柯杰生(柯伯行之孙)典金人民币5000元。厦门市中级人民法院认为,在1987年11月"台湾当局"开放台胞回大陆探亲之前,由于历史原因,海峡两岸长期隔绝,出典人无法主张回赎,应视为不可抗力,这段时间不应计入回赎期限。出典人主张回赎典当房屋的限期并未超过。同时,出典人由于同一原因在法定诉讼时效内不能行使请求权,属《民法通则》第137条的"特殊情况"。〔3〕 其实,本案无须适用《民法通则》第137条的"特殊情况",而应考虑第139条的"不可抗力"。根据《民通意

〔1〕 〔苏联〕B.П.格里巴诺夫、〔苏联〕C.M.科尔涅耶夫主编:《苏联民法》(上册),中国社会科学院法学研究所民法经济法研究室译,法律出版社1984年版,第256页。

〔2〕 〔俄〕E.A.苏哈诺夫主编:《俄罗斯民法》(第1册),黄道秀译,中国政法大学出版社2011年版,第437页。

〔3〕 参见"李金连、李娜萍诉柯杰生房屋典当回赎纠纷案",载《最高人民法院公报》1993年第01期。

见》第 165 条和第 166 条,本案诉讼时效从 1987 年 1 月 1 日起算,李金连、李娜萍于 1989 年 10 月才得以回大陆主张权利,符合《民法通则》第 139 条的中止条件。从既有规则体系看,援用延长规则是"舍近求远";从立法角度看,该案恰恰表明延长规则"多此一举"。

(二) 中止与延长的实践混淆

虽然民法通则和相关司法解释已在中止规则中预留裁量空间,但法官们对当事人提出的原属中止范畴的延长请求常直接在延长规则内予以回应。在刘树国与施岩秋等道路交通事故人身损害赔偿纠纷上诉案中,法院认为,刘树国在伤残评定结束及交警支队出具调解终结书之后,即使一直行动不便,但神志清楚具有行为能力,在其委托的吴保福受到刑罚未能及时代为行使权利时可委托他人,然而其在 8 年内一直未行使权利,对其诉讼时效延长的主张不予支持。[1] 在昆明市政基础设施综合开发建设(集团) 股份有限公司(以下简称"市政集团公司")与云南容畅投资(集团) 有限公司(以下简称"容畅公司")土地使用权出让合同纠纷上诉案中,法院认为,虽然被上诉人容畅公司的名称在 2003 年发生变更,但住所地并未变更,同时政府部门专户代收的行为也未改变建设指挥部(原审原告)的收款主体地位,这两个原因均不能成为市政集团公司(上诉人,原审原告)向容畅公司行使请求权的客观障碍,不能认定为时效延长。[2] 在顾勇与重庆金岛置业有限公司商品房买卖合同纠纷上诉案中,法院认为,一审法院以顾勇(原审被告)离开重庆市到外地工作构成重庆金岛置业有限公司不能在诉讼时效期间行使权利的客观障碍而适用诉讼时效延长,不能成立。[3]

---

〔1〕　参见上海市第一中级人民法院(2010)沪一中民一终字第 161 号民事判决书。

〔2〕　参见云南省高级人民法院(2008)云高民一终字第 3 号民事判决书。

〔3〕　参见重庆市第一中级人民法院(2005)渝一中民终字第 2975 号民事判决书。

事实上,受托人因受刑罚未能代权利人行使权利、义务人企业名称变更、义务人到外地工作等事由均发生于时效期间内并持续超出 2 年期间,应考察其是否属于《民法通则》第 139 条规定的"其他障碍"或《诉讼时效规定(2008)》第 20 条规定的"其他导致权利人不能主张权利的客观情形"。

延长与中止不加区分的实践,不仅造成了延长规则适用广泛的假象,而且破坏了中止规则的有效边界。只要 2 年期间已过且存在权利不能行使的客观困难,而这种困难又不能被"明确"归于中止和中断的法定事由,当事人就会联系到"延长",而不是什么"中止",尽管中止规则已有兜底规定。延长似乎更容易得到普通人的通俗理解(在他们看来,法律上区分的中止、中断和延长,最终产生的均是时效期间被"延长"的效果)[1],也更容易被"靠上"(毕竟延长规则并没有明确的法定情形)[2]。法官们似乎也不愿指出当事人提出的延长事由其实只是中止事由,他们更愿意判断事由本身能否表明权利人的"无辜"。如果能,就支持其延长请求,否则就否定之。当事人和法官对中止和中断均不作区分的实践可能有两个制度层面的具体原因:(1)中止规则和延长规则关于"客观障碍"的立法表述几乎一模一样,实务部门也往往以"特殊情况"统称之。[3] (2)我们有使用"大延

---

[1]　20 世纪 50 年代,民法典草案在规定"统一"的延长规则时,就将"便于一般人理解"作为重要理由。参见何勤华等编:《新中国民法典草案总览》(上册),法律出版社 2003 年版,第 47 页。

[2]　有实务界人士就指出:"在适用的依据上,诉讼时效中止和中断的适用需根据法律的明确规定,诉讼时效延长的适用是法官行使自由裁量权的结果,法律没有明确规定。"参见李群星:《法律与道德的冲突——民事时效制度专论》,法律出版社 2011 年版,第 755 页。

[3]　实务界就有人认为,无法定代理人、义务人下落不明、债务人死亡而遗产尚未处理、债权人死亡而继受人尚未确定、权利人受到人身自由限制等"特殊情况",均可导致中止或者延长适用。参见吴庆宝主编:《最高人民法院专家法官阐释民商裁判疑难问题:民事裁判精要卷》,中国法制出版社 2011 年版,第 361 页。

长"概念的传统。证据之一是,延长规则在 20 世纪 50 年代民法草案
出现时,就常常并且实际包含了今天的中止、中断和延长三种情
形。[1] 证据之二是,学界在解释胜诉权消灭的效力时常指出,即使
时效期间届满,法院仍应受理起诉,根据有无延长的正当理由,决定
是否予以保护。[2] 从根本上讲,当事人之所以能提出本属于中止范
畴的延长请求,而法院也从延长角度予以回应,正是由于延长规则自己
的制造。

二、周边特殊制约规则的消解

时效延长规则并非孤立存在,相关时效规则及其实施也会对该
规则的产生或者论证产生重要影响,这样的周边规则至少有两个:
一是过短的时效期间设置,二是允许和要求法官职权援用时效。然
而这两个规则目前或者被严重质疑,或者已经被废除。

(一) 加长时效期间的基本共识

《民法通则》过短的时效期间设计在近些年来多遭诟病,时效期
间过短模糊了"敦促"与"强加"之间的界限,造成诸多消极后果,甚
至被实务界视为"民事诉讼中关于诉讼时效争论的重要原因之
一"[3]。就延长规则而言,过短的时效期间导致我们对延长的必要

---

[1]　参见何勤华等编:《新中国民法典草案总览》(上册),法律出版社 2003 年版,第 11、
　　　21、32、46 页。
[2]　参见佟柔主编:《民法原理》,法律出版社 1983 年版,第 110 页;马原主编:《中国民法
　　　讲义》(上册),全国法院干部业余法律大学 1986 年版,第 165 页。
[3]　吴庆宝主编:《最高人民法院专家法官阐释民商裁判疑难问题:民事裁判精要卷》,中
　　　国法制出版社 2011 年版,第 216 页。

性始终作出过高估计,延长规则在某种程度上成为解决时效期间过短之弊的"权宜之计"。[1]

如果延长规则是为保护台胞财产、权利和为解决"文革"特殊情况而设,现行法过短的时效期间在当时可谓充当了必要性论证的重要一环:由于当时两岸长期隔绝,权利人能否行使权利存在不可预计的政策障碍,更不用说在短时间内行使权利;"文革"期间的无序和混乱状态使权利被侵犯的现象并非罕见,待拨乱反正后可能因时效已过而无可奈何。面对私人无法控制和预料的不可抗力,《民法通则》如此短的时效期间回天乏术。于是允许法官裁量延长时效期间自然成为立法者的选择。试想,如果《民法通则》规定了 15 年普通时效期间,延长规则还会被如此关注吗? 比如在前述李金连、李娜萍诉柯杰生房屋典当回赎纠纷案中,如果时效期间为 15 年,李金连、李娜萍请求的诉讼时效会在 2001 年 12 月 31 日才届满,在 1989 年 10 月起诉不会有任何时效障碍。

如果延长规则是为补充中止和中断规则而设,则时效期间过短使这两种规则之局限雪上加霜。在不存在明确的法定事由时,若时效期间过短,权利人无法阻止时效完成的可能性大增;若时效期间较长,权利人陷入困境的可能性则大减,延长规则周全保护权利人的功能也将大打折扣。首先,权利人有更充足的时间展开起诉、请求等中断时效的行动。其次,权利人有更多获取时效法律知识的机会,进而积极行使权利并有效利用时效制度提供的防御手段。最后,较长时效期间为权利人确定债务人的"恶意"提供了足够的检验期。在国人的观念中,借钱给别人却急着催要往往是"不够意思"的体现,如果时

---

[1] 已有学者和法官将延长规则归因于过短的时效期间,参见李开国、张玉敏主编:《中国民法学》,法律出版社 2002 年版,第 269 页;李群星:《法律与道德的冲突——民事时效制度专论》,法律出版社 2011 年版,第 154 页。

效期间较长,催促不仅不会显示权利人的"苛刻",相反提供了判断义务人是否"无赖"的标准,进而使权利人心安理得且果断地行使权利。

我国未来的民法典应合理加长时效期间已成为学术界和实务界的基本共识,并已反映在若干民法典学者建议稿之中。这些建议稿不仅普遍将普通时效期间从 2 年增加到 3 年,更重要的是,时效期间设计开始呈现出一个多元化的层级体系:在 3 年普通时效期间之外,有 10 年等较长的特殊时效期间及其法定情形,还有不适用诉讼时效的法定情形。[1] 可以确定,一旦未来的民法典选择加长时效期间[2],将请求权按照特殊性分成不同级别并设定相应的时效期间或者直接排除适用,因时效期间过短而造成的延长需求就会大大减少甚至可以忽略不计。制度的不合理或缺失会造成对另一制度的非正常需求和过度依赖[3],因此,任何制度的设置都必须对既有相关制度的功能进行全面审视,并对所谓现实需求进行细致评估。

(二)法官职权援用时效已被明确禁止

职权干预不仅构成中华人民共和国成立后民事诉讼模式的基本特征[4],而且对民事实体法和程序法的具体制度有着基调性影响,诉讼时效制度就是其中之一。《民法通则》虽未明确规定法官可依职权援用时效,但学术界和实务界基本上认同和坚持了职权主义

---

〔1〕　参见梁慧星主编:《中国民法典草案建议稿附理由·总则编》,法律出版社 2004 年版,第 254—255、259 页;王利明主编:《中国民法典学者建议稿及立法理由·总则编》,法律出版社 2005 年版,第 400、430 页。

〔2〕　当然,具体期间长短设置仍需仔细斟酌。将普通时效期间定为 3 年,很可能受到《德国债法现代化法》的影响。然而必须注意两个事实:(1)德国民法从"30 年"到"3 年"的普通时效期间调整,是与其消灭时效规则体系的整体调整密切相关的;(2)许多国家或地区民法(如意大利、巴西等)仍坚持 10 年以上的普通时效期间。

〔3〕　参见霍海红:《证明责任配置裁量权之反思》,载《法学研究》2010 年第 1 期。

〔4〕　参见张卫平:《转换的逻辑:民事诉讼体制转型分析》,法律出版社 2004 年版,第 134 页。

立场的理解:"时效届满,权利人的胜诉权消灭,其起诉权和实体权利则不消灭。无论当事人是否了解时效的规定或是否提出时效抗辩,司法机关均应依职权调查诉讼时效问题,如果原告的请求或权利适用诉讼时效,且时效期间已经届满,又没有应予保护或延长时效期间的特殊情况,就应判决对其权利不予保护。"[1]在学者们的眼中,延长规则也是职权干预的产物,如"权利人在时效期间内没有行使其权利,但是人民法院经过审理之后,认为权利人没有行使权利有正当理由时,无论有无权利人之声请,可将其时效完成期限适当延长,以保护权利人的正当权利"[2],"诉讼时效延长,是社会主义国家特有的制度。资本主义国家的民法,强调司法机关不得依职权主动调查和过问时效问题,认为是否援用时效应由当事人自治,因而不规定这一制度是很自然的事"[3]。

　　站在比较法的视角,的确只有苏联、朝鲜等强调法官职权干预的国家热衷于延长规则。《苏俄民法典》(1964)第 87 条第 2 款规定:"如果法院、仲裁署或公断法庭认为造成诉讼时效过期有正当原因,则对于被侵犯的权利应予保护。"[4]《朝鲜民法》第 267 条规定:"裁判机关或仲裁机关,认为有请求权人于民事时效期间内,未提起诉讼或仲裁有正当理由的,可延长时效期间。"[5]与延长规则并存的是授权法官依职权援用时效的明确规定。《苏俄民法典》(1964)第 82 条规定:"法院、仲裁署或公断法庭,不论双方当事人声请与否,均应适用诉讼时效。"[6]《朝鲜民法》第 268 条规定:"裁判

〔1〕　佟柔主编:《中国民法学·民法总则》,中国人民公安大学出版社 1990 年版,第 317 页。
〔2〕　陈国柱主编:《民法学》(第二版),吉林大学出版社 1987 年版,第 125 页。
〔3〕　佟柔主编:《中国民法学·民法总则》,中国人民公安大学出版社 1990 年版,第 327 页。
〔4〕　《苏俄民法典》,马骧聪、吴云琪译,中国社会科学出版社 1980 年版,第 31 页。
〔5〕　《韩国民法典 朝鲜民法》,金玉珍译,北京大学出版社 2009 年版,第 233 页。
〔6〕　《苏俄民法典》,马骧聪、吴云琪译,中国社会科学出版社 1980 年版,第 29 页。

机关或仲裁机关,即使当事人未主张民事时效利益,亦应适用时效。"[1]

近年来,司法实践中的职权援用时效出现明显松动[2],如下原因提供了解释:其一,民事诉讼职权主义取向逐渐弱化,诉讼时效抗辩已被纳入民事诉讼法辩论原则的范畴[3];其二,民事实体法大刀阔斧地对现行规则进行"私人自治"改造,这为抛弃职权援用提供了良好的周边环境;其三,我国诉讼时效制度和实践的正当性始终存在不足,其中有现行规则不合理的问题,也有"欠债还钱"这一传统观念束缚诉讼时效的问题。职权援用时效则使其"雪上加霜",它不仅使现行规则的不合理"扩大化",而且背离了"自然债务处于法律和道德的中间地带"[4]的基本定位,加剧了诉讼时效的道德非难性。在此意义上,抛弃职权援用在我国具有促进制度正当性的功能。[5]2008 年 8 月公布的《诉讼时效规定(2008)》彻底宣告了职权援用时效的终结,其第 3 条明确规定:"当事人未提出诉讼时效抗辩,人民法院不应对诉讼时效问题进行释明及主动使用诉讼时效的规定进行裁判。"尽管否定法官职权援用并不必然意味着对延长规则的否定,但曾自然作为职权主义环节的时效延长将面临新的正当性证成任务,则是确定无疑的。

---

[1]　《韩国民法典　朝鲜民法》,金玉珍译,北京大学出版社 2009 年版,第 233 页。

[2]　参见王宇华:《法官不应主动审查诉讼时效》,载《人民法院报》2002 年 3 月 6 日,第 3版;刘贵祥:《诉讼时效若干理论与实务问题研究》,载《法律适用》2004 年第 2 期。

[3]　参见张卫平:《民事诉讼法》,中国人民大学出版社 2011 年版,第 212 页。

[4]　〔法〕雅克·盖斯旦等:《法国民法总论》,陈鹏、张丽娟、石佳友、杨燕妮、谢汉琪译,法律出版社 2004 年版,第 674 页。

[5]　笔者曾从实体和程序两个角度对法官职权援用时效进行了全面反思,参见霍海红:《论我国诉讼时效效力的私人自治转向——实体与程序双重视角的观察》,载《现代法学》2008 年第 1 期。

三、"似是而非"的延长实践

废除时效延长规则,必须面对司法实践中的延长适用案例。笔者将证明,这些案例面对的难题不应或者不必通过法官裁量的延长予以解决,而是应当且可以寻求更精致化和规则化的方式,这些案例只是表征了现有规则缺失或不合理的无可奈何以及我们误解规则之后的错位适用。

(一) 是延长规则,还是起算规则?

"后遗症案件"被视为一类典型的延长案例。虽然《民通意见》第 168 条规定:"人身损害赔偿的诉讼时效期间,伤害明显的,从受伤害之日起算;伤害当时未曾发现,后经检查确诊并能证明是由侵害引起的,从伤势确诊之日起算。"但司法实践中以延长规则解决后遗症问题并不少见。《人民法院案例选》1996 年第 3 辑曾刊载李焕雄受伤害后出现新症诉李金发赔偿未过诉讼时效再审案,法院认定受害人赔偿请求权的时效从后遗症确诊之日起算,进而认定请求未过时效。但在案例后刊载的评论表达了应适用延长规则的立场:"对于人身伤害出现潜伏性后遗症时受害人提起诉讼的,人民法院应当确认为可以延长诉讼时效的'特殊情况',予以延长诉讼时效,以确保受害人得到司法救济。"[1] 国家法官学院编辑的《法律教学案例精选:2007 年民事卷》曾刊载一则"延长"案例:被告骆天军玩土枪误伤原告陈娴。被告辩称原告起诉时已过时效。一审法院认为,事件对原

---

[1] 最高人民法院中国应用法学研究所编:《人民法院案例选》1996 年第 3 辑,人民法院出版社 1996 年版,第 120 页。

告造成的伤害延续至今且仍将继续，原告在受伤时因年幼无法进行伤残评定和整形手术，治疗尚未终结，符合民法通则可延长的"特殊情况"，原告的请求中除营养费已过时效，现今或即将发生的损失应予支持。被告不服，提起上诉并重申时效问题。二审法院认为一审认定并无不当，上诉理由不足。[1] 尽管冠以"延长"之名，但该案与"后遗症案件"更为类似，其需要的并不是延长规则，而是类似《民通意见》第 168 条的"起算"规则。

　　将未发现后遗症、未能作出伤残评定等视为延长规则针对的"特殊情况"，混淆了起算规则与延长规则的功能区分，造成延长规则"越俎代庖"。起算规则解决的是时效起始点问题，通常从权利人可行使权利之日开始计算。受害人无法发现后遗症正是贯彻《民法通则》第135 条"从知道或者应当知道权利被侵害时起计算"的结果，我国也有学者是在"知有损害"的框架下阐述后遗症案件时效起算的。[2]从比较法看，将后遗症问题归入起算范畴是通行做法。《法国民法典》第 2226 条规定："因造成身体伤害之事件，受到该事件引起之损失的直接或间接受害人提起的追究责任之诉讼，时效期间为 10 年，自最初的损害或者加重的损害得到最后确定之日起计算。"[3]《德国民法典》虽未作出明确规定，但学者在解释第 199 条"请求权产生"起算点时指出："如果未来的损害无法预见时，则对其时效期的计算按照一个新的起算点。"[4]日本法上的判例认为，当受伤后经过相当长的时间出现后遗症时，在确定这种情况以前，损害赔偿请求权

---

〔1〕　参见最高人民法院国家法官学院编：《法律教学案例精选：2007 年民事卷》，中国政法大学出版社 2008 年版，第 239 页。
〔2〕　参见刘士国：《现代侵权损害赔偿研究》，法律出版社 1998 年版，第 102 页。
〔3〕　《法国民法典》，罗结珍译，北京大学出版社 2010 年版，第 492 页。
〔4〕　〔德〕马克西米利安·福克斯：《侵权行为法》，齐晓琨译，法律出版社 2006 年版，第 243 页。

的消灭时效不予计算。[1]

(二) 是裁量思路,还是规则思路?

让我们转向轰动一时的银广夏案。银广夏因证券虚假陈述造成投资人重大损失,中国证监会于 2002 年 4 月 23 日作出处罚决定,银广夏于 2002 年 5 月 16 日作出相应公告。根据《民法通则》第 135 条,诉讼时效将于 2004 年 5 月 15 日届满。2004 年 5 月 14 日,银川市中级人民法院宣布:为保护投资人合法权益,经最高人民法院批复,投资人诉银广夏民事赔偿案的时效延长到 2004 年 8 月 15 日。银广夏案中的众多投资者曾因法院“暂不受理”而面临时效困境以及最终通过法院延长获得解决的现实,加剧了人们对延长规则的必要性的认可和想象,以致反对延长规则可能招致质疑:如果没有延长规则,类似银广夏案的时效难题如何公平解决? 该质疑看上去气势逼人,“杀伤力”却不大。因为延长规则“雪中送炭”的形象过于深入人心,其是否是最佳解决方式的问题早已被遮蔽。

权利人的起诉因政策原因未被受理,“权利上睡眠者,不值得保护”的归责策略已彻底失效,权利人可以合理地将不利后果归于法院的“暂不受理”,于是法院只能搬出延长规则充当挽救者以应对这种归责。但问题是,只有延长规则可胜任吗? 答案是否定的。银广夏案所显示的并非无法预料和无法控制的特殊情况,而是可以制度化的常规类型。最高人民法院也已认识到规则化方案的优势:“在司法实务中,由于某类案件影响重大、关系社会稳定,故存在暂不受理的情形。在该情形下,原告起诉符合我国 2007 年《民事诉讼法》(已失效)第 108 条规定的起诉条件,权利人通过诉讼的方式主张其权利的

---

[1] 参见〔日〕田山辉明:《日本侵权行为法》,顾祝轩、丁相顺译,北京大学出版社 2011 年版,第 123 页。

意思表示明确、合法,只是由于特殊政策性原因而暂时不予受理,故起诉应具有诉讼时效中断的效力。在暂不予受理期间,诉讼时效期间应持续中断,直至法院下发恢复受理的通知之日止。"[1]当然,在实践中,暂不受理并不出具裁定,导致起诉本身无法证明、究竟"中断"还是"中止"或者"起算"[2]方案更为合适等问题仍有待斟酌。总之,与其说银广夏案表征了延长规则的巨大功能,还不如说显示出相关规则的极度匮乏,显示出我们对裁量思路的执着和规则思路的盲点。[3]

(三)是延长规则,还是排除规则?

"通化连环串子案"提供了另一类延长案例。《民事审判指导与参考》曾刊载其中一个案件:1981 年 10 月 29 日,李爱野在通化市人民医院分娩一男婴(孙超)。2002 年 2 月 5 日,经辽宁省公安厅亲子鉴定,孙超与孙华东夫妇无血缘关系,孙超系赵盛强夫妇亲生子。孙华东夫妇起诉通化市人民医院。一审判决被告协助二原告寻找亲生子、赔偿二原告抚育费和精神抚慰金、在《通化日报》赔礼道歉。原、被告均上诉,被告上诉理由之一是,请求已过 20 年时效且不具备延长条件。二审法院认为,双方对主张权利时超过 20 年无异议,但应适用延长规则,孙华东夫妇不知受到侵害和不能主张权利属客观障

[1]　最高人民法院民事审判第二庭编著:《最高人民法院关于民事案件诉讼时效司法解释理解与适用》,人民法院出版社 2008 年版,第 243 页。
[2]　就像银广夏案件中的行政处罚公告一样。关于行政处罚公告前,诉讼时效不能计算,曾有最高人民法院公报案例涉及。参见《最高人民法院公报》2005 年第 11 期。
[3]　有苏联学者在对"诉讼时效期间的恢复"规则中"错过诉讼时效期间的正当原因"进行解释时也曾将"应该对诉讼作出答复的组织没有回音"作为重要事由,反映了与我国延长规则同样的思路。参见〔苏联〕B. T. 斯米尔诺夫等:《苏联民法》(上卷),黄良平、丁文琪译,中国人民大学出版社 1987 年版,第 224 页。

碍。[1] 在法官看来,适用 20 年期间将产生不公:孙华东夫妇不能被期待出院之时和之后确认孩子是否抱错;诉讼时效为督促权利行使而设,本案权利人却不知道权利被侵害且无过失,不产生督促问题。[2] 而现行时效制度中只有延长规则可以保护当事人的权益。

如果说这是以当事人不知道权利被侵害且无过失为由对 20 年期间设置的例外,那么 20 年期间的正当性就成了问题。20 年期间是为避免主观起算标准导致对权利人无限期保护而设,并有助于解决"义务人不易确切知道权利人是否享有权利"的难题。如果例外着眼于应对权利人的"无辜",相当于取消了 20 年期间,因为该规则原本就是基于诉讼时效的基本精神而"无视"此种无辜的。在不取消 20 年期间规则的前提下,解决问题的关键在于对特殊请求权设置更长的期间限制,而不是为这种期间限制设置例外。德国法为我们提供了范例,《德国民法典》第 199 条特别针对"以侵害生命、身体、健康或者自由为依据的损害赔偿请求权"规定了长达 30 年的最长期间限制。

如果说该案反映了身份权排除时效规则的缺失,那么我们尚缺乏充分的论证和法律的规定。实务界人士指出,我国缺乏《德国民法典》第 194 条第 2 款(由亲属法上的关系产生的请求权,它们旨在向将来设立与该关系相适应的状态危险,不受消灭时效的制约)之类的规则,因此必须以时效延长来解决串子案的时效难题。[3] 有学者则批评道,身份权不适用诉讼时效,法院对"通化连环串子案"适用延长

---

[1]　参见最高人民法院民事审判第一庭编:《民事审判指导与参考》(第 15 集),法律出版社 2003 年版,第 313—322 页。

[2]　这也是关联案件当事人赵盛强在上诉审中主张适用延长规则的主要理由。参见赵盛强:《血与缘:中国首例特大连环串子案纪实》,华艺出版社 2004 年版,第 271—272 页。

[3]　参见最高人民法院民事审判第一庭编:《民事审判指导与参考》(第 15 集),法律出版社 2003 年版,第 262 页。

规则属法律适用不当。[1] 遗憾的是,两种对立立场均未对该案请求权不适用时效规则给予论证。我国台湾地区的学界认为,基于并着重于身份或人格之请求权不适用消灭时效,如履行婚约请求权、夫妻同居请求权、扶养请求权、父子关系回复请求权、人格权除去侵害请求权等,但诸如人格权损害赔偿请求权、夫妻间损害赔偿请求权、赡养费之请求权、继承回复请求权等仍适用消灭时效。[2] 换言之,对于涉及人格或身份的请求权是否适用时效规则不能一概而论,这是需要细致论证和明文规定的问题。

(四)是延长规则,还是诚信原则?

《人民法院报》曾刊载一则适用延长规则的人身损害赔偿案:1958年3月7日,8岁的刘桂祥随母亲到湖南省新晃县汞矿捡矿砂,因矿工违反安全操作规程,刘桂祥的双腿被矿车碾压而致高位截肢。矿里承诺在刘桂祥初中毕业后为其安排工作和安装假肢,但未兑现承诺甚至否认其责任。刘桂祥不断申诉,1982年矿里与县民政福利厂签订协议书,以投资换取残疾人安置,矿里为刘桂祥安装假肢,但其生老死葬由民政福利厂负责。但具体安置人员曾向刘桂祥承诺矿里仍会负责。刘桂祥继续每年向矿里要求解决正式工作,被矿里以"你是福利厂的人"为由拒绝。2001年年初,刘桂祥向民政福利厂请求解决困难时被厂长告知,应向新晃中兴总公司(原新晃汞矿)要求解决,并告知其协议书之事。新晃中兴总公司为其安装一次假肢并支付4000元生活费,但之

---

[1] 参见苏号朋主编:《民法总论案例选评》,对外经济贸易大学出版社2006年版,第390页。

[2] 参见史尚宽:《民法总论》,中国政法大学出版社2000年版,第634页;王泽鉴:《民法总则》,中国政法大学出版社2001年版,第524页;刘得宽:《民法总则》,中国政法大学出版社2006年版,第330页;林诚二:《民法总则》(下册),法律出版社2008年版,第510页。

后刘桂祥提出的一次性赔偿的要求被拒绝。2001 年 7 月 13 日,刘桂祥
向新晃县人民法院起诉。被告对刘桂祥受伤情况及历年均未解决的事
实无异议,但提出时效抗辩。法院认为,时效从 1987 年 1 月 1 日起
算,但 1982 年被告将刘桂祥私下安置到新晃县民政福利厂,使被告的
侵权行为得以持续,直接侵犯了原告依法获得伤残补偿等各种费用的
实际利益。直到 2001 年 4 月,刘桂祥才看到被告与民政福利厂签订的
协议书,故该案时效理应延长。[1]

　　本案法官适用延长规则是基于两点:一是刘桂祥遭受严重损
害,却屡被欺骗蒙蔽;二是新晃汞矿以各种手段推卸和逃避责任,产
生"拖"过诉讼时效的客观效果。既然 2 年时效已过,只有适用延长
规则才能公平解决案件。笔者也认为法院应保护刘桂祥的合法权
益,对新晃中兴总公司的时效抗辩不予支持,不过,依据不是延长规
则,而是认定新晃中兴总公司违背诚实信用原则而排除时效适用。
《民法通则》第 4 条规定:"民事活动应当遵循自愿、公平、等价有偿、
诚实信用的原则。"民法学界也将诚实信用作为民法基本原则之
一[2],而基本原则具有立法准则、行为准则、裁判准则、授权司法造
法等功能[3],以诚实信用原则审查义务人时效援用的合法性再自
然不过。德国民法学提供了例证,学界已将合同或债领域规定的
诚实信用条款扩展到整个民法[4],并主张将诚实信用原则应用于
对时效抗辩的审查,"诚信原则的适用效力应优先于法律所规定的消

---

〔1〕　参见杨标:《伤残四十四年后,他如何能赢这场巨额赔偿官司》,载《人民法院报》
2002 年 12 月 12 日,第 3 版。

〔2〕　参见王利明、杨立新、王轶、程啸:《民法学》(第三版),法律出版社 2011 年版,第 14
页;梁慧星:《民法总论》(第四版),法律出版社 2011 年版,第 49 页;孙宪忠主编:
《民法总论》,社会科学文献出版社 2004 年版,第 49 页。

〔3〕　参见徐国栋:《民法基本原则解释——以诚实信用原则的法理分析为中心》(增删
本),中国政法大学出版社 2004 年版,第 11—13 页。

〔4〕　参见〔德〕迪特尔·施瓦布:《民法导论》,郑冲译,法律出版社 2006 年版,第 177 页。

灭期间"[1],"如果义务人在此之前曾给人造成一种印象,他不准备行使它的反对权,或者他故意或非故意地阻碍权利人为了中断时效而及时提起诉讼,那么,义务人的这种行为就可以是不被允许的权利行使行为"[2]。在本案中,被告对协议书的隐瞒以及对安置的承诺足以使权利人相信义务人不会行使反对权,并影响了权利人中断时效的行动,故应排除时效适用。

四、来自英国法的辩护?

我国有学者在论及诉讼时效延长时,除提及苏联法外,还特别提及英国法和澳大利亚法等[3],似乎表明延长规则是一个通行规则。如果说我国的延长规则继承了苏联模式,那么英国法似乎提供了另一法系的辩护,但事实并非如此。

(一) 此延长非彼延长

我们所理解的英国法延长规则,主要表现在《1980 年诉讼时效法》第 32A 条和第 33 条。第 32A 条为"裁量延长"规则,第 33 条为"裁量不适用"规则。

第 32A 条具体解决的是"诽谤诉讼中的裁量延长"(Discretional extension of time limit for libel or slander)问题。该条规定:"当书面

---

[1]　〔德〕罗伯特·霍恩、〔德〕海因·科茨、〔德〕汉斯·G. 莱塞:《德国民商法导论》,楚建译,中国大百科全书出版社 1996 年版,第 158 页。

[2]　〔德〕卡尔·拉伦茨:《德国民法通论》(上册),王晓晔等译,法律出版社 2003 年版,第 347 页。

[3]　参见葛承书:《民法时效——从实证的角度出发》,法律出版社 2007 年版,第 204—208 页;冯恺:《诉讼时效制度研究》,山东人民出版社 2007 年版,第 218—219 页。

诽谤或口头诽谤的诉因已经产生,由于他对全部或者任何与该诉因相关的事实直至诉讼时效届满都一无所知,因而在本法第 4A 条规定的 3 年时效期间内没有提起诉讼,那么诉讼从他知道所有与该诉因相关的事实之日起 1 年内可以提起,但必须经高等法院批准。"该条款表达的如下三个事实常被我们忽视:其一,所谓延长只针对特殊的诉讼,即诽谤诉讼,这与我国延长规则针对不特定诉讼明显不同;其二,所谓延长实质上相当于我国诉讼时效规定中的起算规则,是在"诉因产生之时"一般起算标准之外设置的"例外",与我国"知道或者应当知道权利被侵害"异曲同工,只不过特别设定了 1 年的期间而已;其三,所谓延长需要高等法院批准,这一特别程序的条件显示出立法者超乎寻常的慎重态度。

第 33 条具体解决的是"人身伤害或死亡诉讼中的裁量不适用"(Discretionary exclusion of time limit for actions in respect of personal injuries or death)问题。根据该条第 1 款,如果法院考虑到如下事项及其程度后认为容许进行某一诉讼是公平的——(a)第 11 条或第 12 条损害了原告或其代表的人;(b)法院根据本款所作的决定损害了被告或其代表的人——则法院可决定这些条款不适用于该诉讼或任何与其有关的明确诉因。根据该条第 3 款,法院应考虑案件的所有情况特别是如下情形:(a)原告方面延误的时间长度及理由;(b)原告或者被告提出或可能会提出的证据是否比在原定时效期间内提起诉讼具有更低的说服力;(c)诉因产生后被告的行为,包括当原告为确证针对被告有关的事实而合理地要求查看相关资料时,被告所作回应的程度;(d)诉因产生后原告无行为能力的持续时间;(e)原告在知道被告的行为导致其受伤害并可能引发损害诉讼时原告合理行事的程度;(f)原告为取得医学、法律或其他专家意见而采取的步骤及该意见的性质。

就第 33 条对法官裁量不适用的授权而言,也有三点需要特别注意:其一,裁量不适用针对人身伤害或死亡的诉讼,这与我国延长规则的不加限制不同;其二,裁量不适用规则表现出立法者格外慎重,明文规定的类型化考量因素足以证明。英国学者也对审慎运用给予特别强调:"裁量不适用时效权力的运用要在对适用法定时效期间给原告造成的损害与延长时效期间给被告造成的损害之间进行对比和权衡的基础上进行。"〔1〕其三,裁量不适用类型中包含了大陆法系国家中止规则的部分功能,比如第(d)种情形"诉因产生后原告无行为能力的持续时间",实际上属于大陆法系民法中止或停止规则的规范对象。如《德国民法典》第 210 条规定:"无行为能力人或限制行为能力人没有法定代理人的,正在进行而对其发生利益或不利益的消灭时效,不在其成为完全行为能力人或代理的欠缺被消除后 6 个月以内完成……"〔2〕站在大陆法系民法的视角,英国法所谓延长针对的多为常规类型,而非我国延长规则试图规制的极端例外。

(二) 必要的提醒

对于从英国法寻求正当性论证资源的努力,有四点值得注意:第一,虽然适用对象有限且有类型化因素作为参照,英国法延长和裁量不适用仍被学者们批评。德国比较法学者冯·巴尔就指出:"它一方面缓和了过于严格的法律规定,但另一方面却危及了时效法所追求的法律的安全性。因为自该规则被引进后,大量案件中原告之所以提起诉讼就是因为他寄希望于法院会得出有利于他的裁量决定。法院在那些时效实际已过的案件中主要考虑的是,延长是否会恶化被

---

〔1〕 David W. Oughton, John P. Lowry and Robert M. Merkin, *Limitation of Actions*, LLP, 1998, p. 78.

〔2〕 参见《德国民法典》(第 2 版),陈卫佐译注,法律出版社 2006 年版,第 71—72 页。

告的举证困境;原告未能遵守正常时效具有多大程度的主观可归责性。要预见法院的决定几乎是不可能的,这正是它的问题所在。"〔1〕第二,裁量不适用即使在英国国内也存在极大争议。英国法律委员会《关于诉讼时效法的征求意见报告(第151号)》(1998年)认为,时效排除弊大于利,并建议新时效法废除法院对时效的排除权。在《关于诉讼时效法的最终报告(第270号)》(2001年)中,英国法律委员会不得不承认,是否允许时效排除极具争议。只是考虑到与财产损害相比,人身伤害更严重,特别是为保护儿童性侵害案件的受害者,建议保留人身伤害诉讼中法院对时效的排除权。〔2〕第三,《联合国国际货物销售合同公约》《欧洲合同法原则》《国际商事合同通则》等重要国际民商事立法,均无所谓时效延长规则。虽然这不构成否定我国延长规则的直接证据,但至少说明在所谓延长规则确立的问题上,各国缺乏足够的共识。第四,英国的判例传统造就了法官的造法权力和事实区别技术,即使在制定法大为扩张的今天,判例法仍与立法"一并运行"。〔3〕大陆法虽不绝对否定法官的造法权力,但对其可能产生的对确定性的威胁保持警惕,因而多强调"造法权限"。〔4〕如果不能从根源、条件和路径依赖的角度真正理解判例造法和自由裁量对英国法的意义,那么以英国法为我国的自由裁量规则作论证就只是表面的和无力的,并可能沦为美国比较法学者达玛什卡所谓"修辞上的成果"。〔5〕

---

〔1〕 〔德〕克雷斯蒂安·冯·巴尔:《欧洲比较侵权行为法》(下卷),焦美华译,法律出版社2004年版,第672页。
〔2〕 参见李永锋:《英国诉讼时效延长制度具体改革——兼论对我国民法典的启示》,载《法学》2006年第12期。
〔3〕 参见〔英〕鲁伯特·克罗斯、〔英〕J. W. 哈里斯:《英国法中的先例》,苗文龙译,北京大学出版社2011年版,第190页。
〔4〕 参见〔德〕魏德士:《法理学》,丁晓春、吴越译,法律出版社2005年版,第368页。
〔5〕 参见〔美〕米尔伊安·R. 达玛什卡:《司法和国家权力的多种面孔——比较视野中的法律程序》,郑戈译,中国政法大学出版社2004年版,第1页。

第 8 章　执行时效期间的再改革*

　　条条大路通罗马。[1]

——英语谚语

引　言

　　1982 年《民事诉讼法(试行)》(已失效,下同)首次以民事诉讼基本法的名义规定了申请执行期限制度[2],1991 年《民事诉讼法》(已失效,下同)颁布时维持原状。不过,从 2007 年《民事诉讼法》(已失效,下同)第一次修正到 2008 年《执行程序解释(2008)》(已被修改,下同)和《民诉法解释(2015)》(已失效,下同)等司法解释出台,申请执行期限制度经历了一系列深刻变革:名称由"申请执行期限"修改为"申请执行时效";申请执行期间从 1 年(双方或者一方当

＊　本章内容曾以《执行时效期间的再改革》为题发表于《中国法学》2020 年第 1 期。

〔1〕　All Roads Lead to Rome.

〔2〕　在《民事诉讼法(试行)》颁布前,作为全国法院系统的民事诉讼程序指南的《各级人民法院刑、民事案件审判程序总结》(1956 年 10 月 17 日)和《人民法院审判民事案件程序制度的规定(试行)》(1979 年 2 月 2 日)等都未规定申请执行期限。不过,确有地方条例曾涉及申请执行期限,如 1949 年《哈尔滨市人民法院民事强制执行》第5 条规定:"请求执行之权利,自司法裁判确定日起,于六个月内无故不请求强制执行时,视为执行失效。"参见中国社会科学院法学研究所民法研究室民诉组、北京政法学院诉讼法教研室民诉组合编:《民事诉讼法参考资料》(第一辑),法律出版社1981 年版,第 435 页。

事人是公民）或 6 个月（双方是法人或者其他组织）统一加长为 2 年；
开始承认执行时效的中止和中断，并适用诉讼时效的相应规定；将执
行时效从执行部门的"立案条件"调整为被执行人的"时效抗辩权"；
当事人双方达成和解协议构成执行时效中断事由之一；等等。总
之，申请执行期间在性质上从"诉讼期限"转向"时效"，在规则上也
更加合理和现实。

　　执行时效制度虽进步显著，但尚未圆满，仍有提升空间。在宏观
上，随着执行时效与诉讼时效性质同一和规则趋同，执行时效究竟是
保留于民事诉讼法而"自成一体"，还是投向民法怀抱而"被统
一"，成为问题。在微观上，若干执行时效规则不过是受制于相关规
则或观念的"路径依赖"或"不得已"，而非"体系化"考量的结果，规
则之间的相互影响尚未被揭示和重视。对于前者，笔者已有专文论
述[1]；对于后者，这就是一次努力。具体而言，所谓执行时效期间的
再改革，最直接的目标是动态展示和全面解释执行时效期间规则的
过去和现在，并对未来改革提出建议方案，更进一步的目标则是揭示
执行时效期间设计对整个执行时效制度的"体系性"意义，因为我们
总是低估这种意义。[2]

　　在结构框架上，笔者以"短期模式""持平模式"和"长期模式"对
我国执行时效期间的过去、现在与未来进行概括、解释与展望。对这
三种模式的概括以我国《民法通则》（已失效，下同）规定的 2 年普通
诉讼时效期间作为参照，而这出于四个方面的考虑：第一，2007 年
《民事诉讼法》修正对执行时效期间的改革以 2 年普通诉讼时效期间
作为参照对象；第二，修法前我国理论界对执行时效期间的批评，有

---

[1]　参见霍海红：《执行时效性质的过去、现在与未来》，载《现代法学》2019 年第 2 期。
[2]　比如，我们对普通诉讼时效期间的意义就存在低估问题，参见霍海红：《重思我国普
　　　通诉讼时效期间改革》，载《法律科学》2020 年第 1 期。

许多是出于同 2 年普通诉讼时效期间的对比;第三,对判决确认之请求权作显著长于普通消灭时效期间或者原权利消灭时效期间的处理,在德、日等大陆法系国家或地区一直是共识,这与我国执行时效期间的过去和现在形成鲜明对比;第四,不选择《民法总则》(已失效,下同)规定的 3 年普通诉讼时效期间作参照,是因为其出现晚于执行时效制度发展的许多重要节点,无参照意义。

在研究方法上,笔者极为重视历史方法和比较方法。这主要出于三个方面的考虑:第一,我国执行时效制度的发展具有明显的阶段性特征,深受我国民事诉讼法和民法的理论、立法和实践发展阶段的影响与制约,只有了解过去才能展望未来;第二,我国执行时效制度在不同的历史阶段分别深受苏联法和大陆法系的影响,比较方法的运用不仅是我国执行时效制度继续学习的必要途径,也是理解自身的必要方式;第三,大陆法系国家或地区在执行时效问题上有基本的共识和相似的规定,在立法上也互相学习借鉴,比较方法的运用早已超出了单纯的制度比较,而是具有揭示执行时效的一般理论和制度的意义和效果。

一、"短期模式"的形成及其逻辑

根据 1982 年《民事诉讼法(试行)》第 169 条的规定,"申请执行的期限,双方或者一方当事人是个人的为一年,双方是企业事业单位、机关、团体的为六个月"。1991 年《民事诉讼法》修改并正式颁布时除了将"个人"修改为"公民"、将"企业事业单位、机关、团体"修改为"法人或者其他组织",对期间长短未作任何修改。1 年或 6 个月被定性为诉讼期限且不可中止和中断,与可中止和中断的《民法通则》规定的 2 年普通诉讼时效期间相比,属于"极短"之期间,这就是笔者所谓"短期模式"。短期模式自 20 世纪 90 年代以来遭受激烈批评直至 2007 年被重大修改,但其能够在我国民事诉讼法上存在 25 年之久,远不是批评可以解释的,它需要同情式的理解。这种解释其实也是我们深入理解后来制度变革的需要。

(一) 期间设定模式:学习苏联法但走得更远

大陆法系通常无独立的执行时效概念和规则,民法上的消灭时效制度足以辐射"诉讼"和"执行"两个领域。于民事诉讼法中规定申请执行期限是苏联法的做法,根据《苏俄民事诉讼法典》第 345 条,"法院对案件的判决,只要案件当事人中有一方是公民,可在从该判决发生法律效力之时起三年内提交强制执行,而对其他所有案件的判决,如果立法未规定其他期间,则在一年之内可提交强制执行"[1]。在两种模式中,《民事诉讼法(试行)》选择学习苏联法:一方面坚持苏联法的"短期限"立场,并在苏联法 3 年或 1 年的基础上继续缩短,设定 1 年或 6 个月期限;另一方面将主体区分为"双方或者一方是个人"和"双方是企业事业单位、机关、团体"。这种区分主体类型的做法通过 1 年和 6 个月之间的"内部比较"强化了各自的合理性:对双方是企业事业单位、机关、团体的专门规定 6 个月期间(而不是 1 年),是为了加速社会主义经济组织的民事流转、快速完成国民经济计划和经济发展;对双方或者一方是个人的专门规定 1 年期间(而不是 6 个月),是为了保护公民的合法权益。[2] 不过,这种做法一定程度上掩盖了 1 年和 6 个月期间均很短的事实。

---

〔1〕 《苏俄民事诉讼法典》,梁启明、邓曙光译,法律出版社 1982 年版,第 119 页。
〔2〕 参见柴发邦主编:《民事诉讼法教程》,法律出版社 1983 年版,第 391 页;常怡主编:《民事诉讼法教程》,重庆出版社 1982 年版,第 278 页;程延陵、朱锡森、唐德华、杨荣新:《中华人民共和国民事诉讼法(试行)释义》,吉林人民出版社 1984 年版,第 182 页。

其实,除了设置短期限和区分主体类型,苏联法还规定了申请执行期限中断制度。根据《苏俄民事诉讼法典》第 346 条的规定,"时效期间由于执行文书付诸执行而中断,法律另有规定时除外。如果案件的一方或双方当事人是公民,则时效期也由于部分执行判决而中断"[1]。不过,《民事诉讼法(试行)》未规定申请执行期限中断,1991 年《民事诉讼法》也未吸收借鉴。民事诉讼法教科书通常并不论及申请执行期限中断。20 世纪 90 年代才出现的极少论述也态度不一,肯定者有之[2],否定者也有之[3]。司法实践则一直按否定立场操作[4],直到 2007 年《民事诉讼法》修正后明文承认中断。由于我国长期不承认申请执行期限中断,虽同样是"短期限",但我国《民事诉讼法(试行)》比《苏俄民事诉讼法典》要"激进"得多。

在申请执行期限中断上,我们之所以未借鉴苏联法既有时效观念的原因,也有立法时机的原因。苏联法采取申请执行期限与诉讼时效"二元并立"的体例,分别规定于民事诉讼法典和民法典中,但理论界倾向认为申请执行期限与诉讼时效均属"时效",只是适用领域有差异。[5] 事实上,民事诉讼法在规定申请执行期限时对民法诉讼时效制度做了诸多参照。除承认中断外,二者还有其他制度对应:(1)申请执行期限与普通诉讼时效期间均是区分主体类型的 3 年或 1 年(《苏俄民事诉讼法典》第 345 条,《苏俄民法典》

---

[1]　《苏俄民事诉讼法典》,梁启明、邓曙光译,法律出版社 1982 年版,第 119 页。
[2]　参见柴发邦主编:《民事诉讼法学新编》,法律出版社 1992 年版,第 447 页。
[3]　参见江伟主编:《民事诉讼法学原理》,中国人民大学出版社 1999 年版,第 841 页。
[4]　参见罗书平主编:《立案指南/行政诉讼·国家赔偿·执行卷》,中国民主法制出版社 2004 年版,第 302 页。某些我们今天以"中断"解决的问题(如执行和解)在当时被当作"中止"问题对待,《民诉法意见》(已失效)第 267 条规定:"申请恢复执行原法律文书,适用民事诉讼法第二百一十九条申请执行期限的规定。申请执行期限因达成执行中的和解协议而中止,其期限自和解协议所定履行期限的最后一日起连续计算。"
[5]　参见〔苏联〕И. Б. 诺维茨基:《法律行为·诉讼时效》,康宝田译,中国人民大学出版社 1956 年版,第 266—267 页。

第 78 条)[1];(2)申请执行期限与诉讼时效均有因正当理由错过期间的恢复规则(《苏俄民事诉讼法典》第 347 条,《苏俄民法典》第 87 条)。[2] 然而,在 1982 年《民事诉讼法(试行)》颁布时,民法尚无诉讼时效制度,申请执行期限自始没有参照诉讼时效制度的需求和压力,立法上也不存在二者协调的必要,因此申请执行期限在中国自始走上了一条"纯粹"民事诉讼法的道路,不仅不同于德、日等大陆法系国家或地区,也比我们的学习对象苏联法走得更远。

(二)执行时效根据:因"公"抑"私"

在我国,执行时效根据(存在理由)通常被表述为稳定民事法律关系和社会经济秩序、防止执行工作无限期拖延、促使当事人积极行使权利等方面。[3] 执行时效的受益者是宏观秩序、法院工作等抽象目标,无关私人受益,因为权利人(申请执行人)只是不利后果的承担者,而真正直接受益的义务人(被执行人)却不在执行时效根据范围内。执行时效根据的这种"因公抑私"特征决定了执行时效的具体期间设置极易走向短期化,原因有二:第一,期间短既能促使权利人早日启动执行工作,又能对懈怠的权利人早点进行"失权"制裁,这对于稳定法律秩序和减轻法院负担都十分有利;第二,立法者主观上不会担心期间短会对权利人造成"不适当"的不利,毕竟执行时效根据之

---

[1]　参见《苏俄民事诉讼法典》,梁启明、邓曙光译,法律出版社 1982 年版,第 119 页;《苏俄民法典》,马骧聪、吴云琪译,中国社会科学出版社 1980 年版,第 28 页。

[2]　参见《苏俄民事诉讼法典》,梁启明、邓曙光译,法律出版社 1982 年版,第 119 页;《苏俄民法典》,马骧聪、吴云琪译,中国社会科学出版社 1980 年版,第 31 页。

[3]　参见柴发邦、赵惠芬:《中华人民共和国民事诉讼法(试行)简释》,法律出版社 1982 年版,第 121 页;柴发邦主编:《民事诉讼法学新编》,法律出版社 1992 年版,第 447 页;江伟主编:《民事诉讼法学原理》,中国人民大学出版社 1999 年版,第 841 页;全国人大常委会法制工作委员会民法室编:《〈中华人民共和国民事诉讼法〉条文说明、立法理由及相关规定》,北京大学出版社 2007 年版,第 425 页;江必新主编:《新民事诉讼法理解适用与实务指南》,法律出版社 2015 年版,第 961 页。

一就是督促权利人行使权利,期间越短说明督促功能越强,期间太长反而可能成为"督促不力"的证据。

执行时效根据以"公"为基调可能导致执行时效期间短期化,还有两点佐证:其一,20 世纪 80 年代,我国学者曾对资本主义国家和社会主义国家时效期间长短差异作出与公有制和计划经济相联系的解释:"资本主义国家的时效普遍长于社会主义国家的时效。通常解释是,资本主义国家实行私有制,侧重于保护债权人利益;社会主义国家公有制经济,要求按计划行事,并督促当事人尽快行使权利和履行义务,因而规定了较短的时效。"[1] 其二,虽然 2007 年《民事诉讼法》修正后开始承认执行时效的中止和中断,产生了加长执行时效期间的实际效果,也大大改善了权利人的处境,但仍有反对声音,而反对理由基本是从法院执行工作便利的角度出发:与时效期间相比,申请执行期限最大的优点是确定性、简单明了、容易计算,法院很容易查清起算点和届满期间,有利于案件及时受理和执行。[2]

(三) 申请执行期限定性:诉讼期限

《民事诉讼法(试行)》基于当时学习苏联法的惯性,将申请执行期限规定于民事诉讼法中,并打造成纯粹的诉讼期限。[3] 当时这种

---

[1]　佟柔主编:《中国民法学·民法总则》,中国人民公安大学出版社 1990 年版,第 319 页。

[2]　参见最高人民法院民事诉讼法修改研究小组编著:《〈中华人民共和国民事诉讼法〉修改的理解与适用》,人民法院出版社 2007 年版,第 158 页。

[3]　不过,这种彻底的程序思路与英美法系对时效的所谓程序理解不能等同。英美法系对时效的程序理解是强调,时效影响的是对权利人的"救济",而不是权利人的"权利"。参见 Calvin W. Corman, *Limitation of Actions I*, Little, Brown and Company, 1991, p. 24;Martin Canny, *Limitation of Actions in England and Wales*, Bloomsbury Professional, 2013, p. 13. 英美法系的这种理解更接近于罗马法对时效的最初理解:时效是通过义务人的民事诉讼抗辩导致权利人诉权的消灭。参见〔德〕马克斯·卡泽尔、〔德〕罗尔夫·克努特尔:《罗马私法》,田士永译,法律出版社 2018 年版,第 78 页;〔意〕彼德罗·彭梵得:《罗马法教科书》,黄风译,中国政法大学出版社 2018 年版,第 88 页。

定性理所当然,以至于我国民事诉讼法教科书通常不直接讨论申请执行期限的性质,只是强调两点:一是,未在申请执行期限内申请执行便会丧失申请执行权利[1];二是,被执行人自愿履行的,申请执行人有权接受,强调实体权利不消灭[2]。诉讼期限定位根本上源于我们将申请执行期限的规范对象理解为公法意义上的执行请求权,而非私法请求权,与诉讼时效形成鲜明对比。执行请求权界定申请执行人与法院(国家之代表)之间的关系,只要申请执行人未在法定期限内申请执行,法院便认定其丧失申请执行的权利[3],这对关系里并无被执行人的位置。既然申请执行期限针对执行请求权,就不可能属于诉讼时效范畴,因为诉讼时效针对私法请求权,直接界定权利人与义务人之间的关系(权利人请求与义务人抗辩),这是民法学的共识。

　　诉讼期限定性决定了申请执行期限当时只能短于《民法通则》规定的 2 年普通诉讼时效期间。在 1991 年《民事诉讼法》规定的各种诉讼期限里,短者如 15 天的判决上诉期限,最长者如 2 年的申请再审期限(于 2007 年修改为 6 个月)。在诉讼期限家族里,2 年期限已

---

[1]　参见柴发邦主编:《民事诉讼法教程》,法律出版社 1983 年版,第 390—391 页;江伟主编:《民事诉讼法学原理》,中国人民大学出版社 1999 年版,第 841 页。

[2]　参见柴发邦、赵惠芬:《中华人民共和国民事诉讼法(试行)简释》,法律出版社 1982 年版,第 121 页;程延陵、朱锡森、唐德华、杨荣新:《中华人民共和国民事诉讼法(试行)释义》,吉林人民出版社 1984 年版,第 183 页;江伟主编:《中华人民共和国民事诉讼法释义·新旧法条对比·适用》,华夏出版社 1991 年版,第 347 页。

[3]　参见柴发邦主编:《民事诉讼法学新编》,法律出版社 1992 年版,第 429 页;常怡主编:《民事诉讼法学》,中国政法大学出版社 1996 年版,第 416 页;江伟主编:《民事诉讼法学原理》,中国人民大学出版社 1999 年版,第 841 页。民事判决书也常提示"逾期申请则不予受理"、"逾期申请则丧失申请权利"或"逾期申请则视为放弃权利",参见贵州省福泉市人民法院(2000)福民再初字第 6 号民事判决书;甘肃省高台县人民法院(2005)高民重字第 9 号民事判决书;江西省上饶县人民法院(2006)饶民一初字第 46 号民事判决书;内蒙古自治区扎赉特旗人民法院(2006)扎民初字第 16 号民事判决书;江西省赣县人民法院(2007)赣民二初字第 190 号民事判决书;陕西省南郑县人民法院(2007)南民初字第 00940 号民事判决书。

是最长。在 20 世纪 80 年代,对当事人启动程序的督促力度,执行程序显然远超再审程序。证据就是,1982 年《民事诉讼法(试行)》未对当事人申请再审规定任何期限,后因造成部分当事人重复申请再审、反复缠讼、浪费司法资源等实践难题,才不得不于 1991 年《民事诉讼法》首次规定 2 年申请再审期限。[1] 在此意义上,申请执行期限长期维持在 2 年以下的 1 年或 6 个月,是很自然的。然而,21 世纪以来,督促观念逐步发生变化:对当事人申请再审的督促应当加强(适用再审程序应当谨慎),对当事人申请执行的督促应当减弱(对权利人利益的保护应当加强),逐步成为理论界和实务界的基本共识。于是就有了如下立法调整:2007 年《民事诉讼法》修正,将申请执行期限从 1 年或 6 个月统一加长为 2 年;2012 年《民事诉讼法》(已失效)修正,将申请再审期限从 2 年修改为 6 个月。

二、"持平模式"的改革及其逻辑

2007 年《民事诉讼法》修正时将申请执行期限从 1 年或 6 个月统一加长为 2 年,开始承认期间的中止和中断,并适用诉讼时效的相应规定,这与《民法通则》规定的 2 年普通诉讼时效期间保持一致,笔者将其称为"持平模式"。持平模式乃立法者有意为之,有全国人大常委会法制工作委员会的释义书为证:"草案在征求各方面意见以及全国人大常委会审议时,多数意见指出,规定申请执行的期限为 3 年,期间过长,应当缩短,建议与诉讼时效的期间一致,规定为 2 年。"[2] 最

---

[1] 参见江伟主编:《中华人民共和国民事诉讼法释义·新旧法条对比·适用》,华夏出版社 1991 年版,第 347、291 页。
[2] 全国人大常委会法制工作委员会民法室编:《〈中华人民共和国民事诉讼法〉条文说明、立法理由及相关规定》,北京大学出版社 2007 年版,第 425 页。

高人民法院所编的执行条文释义书也基于和 1 年或 6 个月期限的对比效果而特别强调:"执行时效期间应当与普通诉讼时效期间保持协调。"〔1〕其实,我们当年对执行时效期间过短的批评和对执行时效期间加长的建议,也主要是基于和普通诉讼时效期间的比较。

(一)从"诉讼期限"到"时效"的性质转向

无论是申请执行时效之新名称,还是对中止和中断规则的明文承认,都显示出申请执行期间的身份已开始从"诉讼期限"转向"时效"。〔2〕理论界和实务界都强调:执行时效的性质是诉讼时效〔3〕,或者执行时效属于诉讼时效之一种〔4〕。既然执行时效就是诉讼时效,普通诉讼时效期间在我国已是"长"时效期间〔5〕,持平模式似乎已是顺理成章:既保证了执行时效与诉讼时效从名称到规则的全面一致,又回应了之前人们对申请执行期限过短的质疑,加大了对申请执行人的保护力度。在性质转向过程中,承认中止和中断"功

〔1〕　江必新主编:《民事执行法律条文释义》,人民法院出版社 2011 年版,第 92 页。

〔2〕　从制度角度看,申请执行期限的时效转向直到 2015 年《民诉法解释(2015)》(已被修改,下同)第 483 条禁止法官在执行立案时依职权援用时效才彻底完成,从此,执行时效期间届满,权利人并不丧失申请执行的权利,只是义务人被赋予提出执行时效抗辩的权利。不过,从观念角度看,转向似乎尚未真正完成,因为《民诉法解释(2015)》实施后,仍有部分法官在民事判决书中作"逾期申请则不予立案"或"逾期视为放弃申请权利"等表述。参见贵州省安龙县人民法院(2015)安民初字第 1675 号民事判决书;广西壮族自治区崇左市江州区人民法院(2015)江民初字第 1014 号民事判决书;河北省张家口市桥西区人民法院(2015)西民初字第 39 号民事判决书;甘肃省武威市凉州区人民法院(2016)甘 0602 民初第 501 号民事判决书;湖南省邵东县人民法院(2017)湘 0521 民初第 4472 号民事判决书;贵州省望谟县人民法院(2017)黔 2326 民初第 1109 号民事判决书。

〔3〕　参见刘璐:《民事执行重大疑难问题研究》,人民法院出版社 2010 年版,第 17 页;江必新主编:《民事执行法律条文释义》,人民法院出版社 2011 年版,第 90 页。

〔4〕　参见江伟主编:《民事诉讼法》(第五版),高等教育出版社 2016 年版,第 393 页。

〔5〕　《民法通则》有 2 年普通诉讼时效期间(第 135 条),还有更短的 1 年短期诉讼时效期间(第 136 条),至于所谓 20 年期间(第 137 条)系限制性期间,非与 2 年或 1 年诉讼时效期间并列。

不可没"。以义务人外出逃债为例[1]，只靠《民事诉讼法》的期间耽误规则[2]将义务人外出逃债期间扣除，有两个致命局限：第一，无法有效保护权利人。申请执行期间本身过短，即使扣除特殊障碍期间，期间长短也无根本性改变，而且，义务人逃债导致申请执行期间被耽误本身也需要权利人证明[3]。第二，难以有效制裁义务人。对于逃债行为如果仅仅扣除逃债期间，义务人几乎没有违法成本，而且更容易获得申请执行期限的利益（权利人可能无法证明义务人的逃债行为）。时效中止和中断规则克服了以上局限。这也表明一个事实：在时效家族里，期间规则并非孤立存在，而是与中止和中断规则协同一体。不过，立法者在设计期间时似乎常常忽略这一点。

(二) 回应"判决确认请求权不如普通请求权"之质疑

相较于《民法通则》规定的 2 年普通诉讼时效期间，2007 年《民事诉讼法》规定的 1 年或 6 个月申请执行期限曾引发人们对"判决确认之请求权的保护期间竟然不如普通请求权"的质疑[4]，客观上产生"起诉不如请求"的激励。如果权利人选择向义务人"请求"，时效中断后可以重新起算 2 年诉讼时效。如果权利人向法院起诉并获得生效判决，却只剩下 1 年或 6 个月申请执行期限。权利人起诉得越

---

[1] 外出逃债是规避执行行为的主要类型之一，参见卫彦明主编、最高人民法院执行局编：《人民法院反规避执行典型案例选编》，中国法制出版社 2014 年版，第 41—72 页。
[2] 2017 年《民事诉讼法》第 83 条规定："当事人因不可抗拒的事由或者其他正当理由耽误期限的，在障碍消除后的十日内，可以申请顺延期限，是否准许，由人民法院决定。"在 2007 年《民事诉讼法》修正将申请执行期限转向时效之前，理论界认为以该条文解决申请执行期限的特殊障碍问题。参见江伟主编：《民事诉讼法学原理》，中国人民大学出版社 1999 年版，第 841 页。
[3] 参见河南省内乡县人民法院(2018)豫 1325 民初第 2924 号民事判决书。
[4] 参见肖建国、赵晋山：《民事执行若干疑难问题探讨》，载《法律适用》2005 年第 6 期；王飞鸿、赵晋山：《民事诉讼法执行编修改的理解与适用》，载《人民司法》2008 年第 1 期。

早,二者反差就越大。这等于激励人们尽量选择"请求"中断方式,进而会产生两个问题。第一,对于起诉和请求,"厚此薄彼"并不合适,何况《民法通则》第137条规定了三种中断事由,起诉甚至被排在首位。第二,从比较法看,请求作为中断事由是"少数派"。大多数国家或地区规定的中断事由是权利人起诉和义务人承认,目的是激励权利人尽快通过起诉解决纠纷,而非任由他们不停中断时效而向后拖延解决纠纷。我国则因避讼传统、减轻当事人讼累、减轻法院压力等特殊考虑作了不同选择。[1] 立足中国国情而将"请求"规定为中断事由从而产生对权利人"更有利"的结果,无可厚非,但如果因此使得"起诉"变成对权利人"更不利"的中断事由,则不妥当。然而,随着2007年申请执行期间被加长到2年并可中止和中断,判决确认之请求权与普通请求权终于在期间上实现"平等",所谓"判决确认之请求权不如普通请求权"的质疑已成过去式。

(三)走出"苛求权利人、纵容义务人"的实践困境

对申请执行期限作重大改革的最直接动力是走出"苛求权利人、纵容义务人"的实践困境。在2007年修法前,1年或6个月的申请执行期限加上不可中止和中断,不仅对权利人极为不利,还助长义务人实施机会主义行为,义务人利用"执行前和解"和"分期清偿"等方式拖过申请执行期限的事情时有发生。本属有益各方的执行前和解,一旦和解协议未履行,债权人可能面临申请执行期限已过而无法启动执行程序的风险,债权人实现债权的目的落空。[2] 对于债务人

---

〔1〕　参见李适时主编:《中华人民共和国民法总则释义》,法律出版社2017年版,第619页。

〔2〕　1999年4月21日《最高人民法院执行工作办公室关于如何处理因当事人达成和解协议致使逾期申请执行问题的复函》明确指出:"申请执行人未在法定期限内申请执行,便丧失了请求法院强制执行保护其合法权益的权利。双方当事人于判决生效后达成还款协议,并不能引起法定申请执行期限的更改。"

恶意利用分期清偿和申请执行期限逃债,曾有农村信用合作社的工作人员"痛心"讲述:在生效法律文书确定的履行期间即将届满时,借款人主动找到农村信用合作社协商分期付款,达成按月(季)给付少量借款本息的协议并积极履行以换取信任,使农村信用合作社在申请执行期限内不向法院申请执行,一旦申请执行期限届满,就不再向农村信用合作社支付余下的借款本息。[1] 这些实践后果虽非制度初衷,但影响恶劣,有论者甚至发出"申请执行期限制度已蜕变为债务人逃避债务的合法途径""过短的申请执行期限沦为助纣为虐的工具"等感叹和批评。[2] 2007 年全国人大常委会法制工作委员会的《民事诉讼法》释义书甚至一般性地将"应当有利于权利人主张权利"作为申请执行期间规则的修法理由[3],足见此次执行时效期间改革对保护权利人合法权益的核心关切。

(四)符合解决"执行难"的总体修法目标

20 世纪 80 年代后期以来,"执行难"一直是中国司法的"老大难",1991 年《民事诉讼法》已将解决执行难作为重点问题之一。[4] 2007 年《民事诉讼法》修正时,执行程序是两大修法领域之一,规则修改目标直指"解决执行难"。时任全国人大常委会法制工作委员会副主任的王胜明在《关于〈中华人民共和国民事诉讼法修正案(草案)〉的说明》中说得明确:"随着民事案件的增加,申请执行的案件

---

[1] 参见宋燕华:《警惕利用申请执行期限的逃债行为》,载《中国农村信用合作》2007 年第 4 期;李俊复:《警惕申请执行期限中的逃债行为》,载《中国城乡金融报》2006 年 12 月 20 日,第 3 版。

[2] 参见肖建国、赵晋山:《民事执行若干疑难问题探讨》,载《法律适用》2005 年第 6 期。

[3] 参见全国人大常委会法制工作委员会民法室编:《〈中华人民共和国民事诉讼法〉条文说明、立法理由及相关规定》,北京大学出版社 2007 年版,第 425 页。

[4] 参见顾昂然:《立法札记——关于我国部分法律制定情况的介绍(1982—2004 年)》,法律出版社 2006 年版,第 488 页。

也大量增加,由于多种原因,有相当一部分判决、裁定没有得到执行,胜诉当事人的合法权益未能最终实现,'执行难'成为人民群众反映强烈的问题。2006 年,各级人民法院受理申请执行的民事案件为213 万件,人民法院发出执行通知后履行义务的为 71 万件,采取强制措施执行的为 46 万件。为了有效执行依法作出的判决和裁定,维护法律和司法的权威,保障胜诉当事人的合法权益,草案对执行程序作出以下修改补充……"[1]既有的申请执行期限对权利人苛刻而且对义务人放纵,无疑与解决执行难的总体修法目标相悖,因而成为改革对象。2007 年《民事诉讼法》将申请执行期间从 1 年或 6 个月统一加长至 2 年,并承认中止和中断,对解决执行难问题有重要贡献[2]:一方面,它对保障权利人申请执行和防范义务人恶意逃债十分有利;另一方面,它有助于改变权利人明知债务人无财产可供执行仍不得不申请执行的窘境[3],避免执行程序被无谓地开启。

三、"长期模式"之再改革及其逻辑

2007 年《民事诉讼法》对执行时效期间的改革,效果积极而明

---

[1] 全国人大常委会法制工作委员会民法室编:《〈中华人民共和国民事诉讼法〉条文说明、立法理由及相关规定》,北京大学出版社 2007 年版,第 570 页。

[2] 学者在设计"强制执行法(专家建议稿)"时也特别强调执行时效期间合理化对解决"执行难"和"执行乱"的贡献。参见杨荣馨主编:《〈中华人民共和国强制执行法(专家建议稿)〉立法理由、立法例参考与立法意义》,厦门大学出版社 2011 年版,第 162 页。

[3] 这曾是一个突出的实践问题,参见全国人大常委会法制工作委员会民法室编:《〈中华人民共和国民事诉讼法〉条文说明、立法理由及相关规定》,北京大学出版社 2007 年版,第 425 页;最高人民法院民事审判第二庭编著:《最高人民法院关于民事案件诉讼时效司法解释理解与适用》,人民法院出版社 2015 年版,第 427 页;俞灵雨、赵晋山:《对执行程序中若干法律问题的理解》,载《人民司法》2010 年第 5 期;宋彦禄、葛壮志:《关于执行时效问题的一点看法》,载《中国律师》2003 年第 5 期。

显。但从长远来看,该规则只是过渡,是阶段性成果,尚有继续改革的余地和需求。德国、日本、我国台湾地区等大陆法系国家或地区针对判决确认之请求权,设定了明显长于普通消灭时效期间或原权利消灭时效期间的特别消灭时效期间,笔者将其称为"长期模式"。笔者拟从长期模式与执行时效特质的关系、长期模式与时效规则体系化的关系两个层面论证长期模式在我国的必要性和可行性。另外,我们目前之所以对执行时效期间的"持平模式"及其实践尚感到满意,除了2007年修正后规则相对修正前规则的"比较优势",还归因于对两个事实的忽视或混淆:第一,执行时效期间对相关时效规则或执行规则有重要或直接的影响;第二,执行时效与诉讼时效本质是否同一,判决确认请求权与普通请求权或原权利时效期间长短是否一致,这是两个不同的问题。

(一) 长期模式符合执行时效的特质

对执行时效期间长期模式的论证,要先从执行时效的特质出发。相比诉讼时效,该特质包括两个方面:(1)请求权经过了判决的确认;(2)义务人的处境发生变化。之所以强调执行时效的特质,原因有二:第一,一项制度的本质特征往往决定其具体的规则方案;第二,我国执行时效期间的"持平模式"以无视执行时效的特殊性为前提,追求长期模式的最好方式就是承认执行时效具有一定的特殊性。

1. 判决确认之请求权的特殊性

德国、日本,以及我国台湾地区等的民事法律通常将判决确认之请求权的消灭时效期间作特殊处理:或显著长于普通消灭时效期间,或显著长于原权利消灭时效期间,并将理由归于"保证和维护判决的确定性和安定性"。我国台湾地区"民法"第137条第3款的立法理由指出:"按法律规定短期消灭时效,系以避免举证困难为主要目的,如请求权经法院判决确定,或和解、调解成立者,其实体权利义务关系,业已确定,不再发生举证问题,为保护债权人无清偿能力,仍须不断请求强制执行或为其他中断时效之行为,并为求其与强制执行法第四条第三项相呼应,增订本条第三项以延长时效期间为五年。"[1] 日本学者加藤雅信对日本法的特殊处理给出解释:"短期消灭时效债权透过裁判这种公众纠纷解决方式变为更加安定的权利。"[2] 不过,民法著作或教材极少专门论述该理由,通常只是援引民法典条文[3],因为已视为当然。

对于是否因强调判决确定性和安定性而将执行时效期间作特殊处理,我国理论界尚未达成充分共识,肯定者有之[4],反对者亦有之[5]。也许问题并不在于是否要保证和维护判决的确定性和安定性,而在于在如何保证与维护上出现了分歧。比如,在实务界偶尔谈到"保证判决严肃性和有效性"的场合,却是与"督促权利人"的"绑定":民事诉讼法规定申请执行期限的目的,是督促当事人行使权利,尽快实现法律文书确立的权利义务关系,保证法律文书的严肃性和有效性。[6] 这种观念倒是可以在一定程度上解释 2007 年《民事诉讼法》在修正时的立法选择:执行时效期间从 1 年或 6 个月加长到

[1] 陈忠五主编:《新学林分科六法:民法》,新学林出版股份有限公司 2018 年版,第 A—233 页。
[2] 〔日〕加藤雅信:《日本民法典修正案 I:第一编:总则》,朱晔、张挺译,北京大学出版社 2017 年版,第 452 页。
[3] 参见〔德〕卡尔·拉伦茨:《德国民法通论》(上册),王晓晔等译,法律出版社 2003 年版,第 345 页;〔日〕山本敬三:《民法讲义 I:总则》(第三版),解亘译,北京大学出版社 2012 年版,第 448 页;〔日〕近江幸治:《民法讲义 I:民法总则》,渠涛等译,北京大学出版社 2015 年版,第 357—359 页;王泽鉴:《民法总则》,北京大学出版社 2009 年版,第 510 页;施启扬:《民法总则》,中国法制出版社 2010 年版,第 348 页。
[4] 参见梁慧星主编:《中国民法典草案建议稿附理由·总则编》,法律出版社 2004 年版,第 256—257 页。
[5] 参见王利明主编:《中国民法典学者建议稿及立法理由·总则编》,法律出版社 2005 年版,第 442 页。
[6] 参见唐德华主编:《新民事诉讼法条文释义》,人民法院出版社 1991 年版,第 370 页;江必新主编:《民事执行法律条文释义》,人民法院出版社 2011 年版,第 961 页。

2 年便停滞不前,甚至 3 年期间也被认为太长[1],因为按照"保证判决严肃性和有效性"与"督促权利人"的关联逻辑,2 年期间已是极限,再长就会引发"判决确认之请求权竟然不如普通请求权更严肃、更有效"的新质疑。在此意义上,对时效督促功能的过度强调使我们忽略了判决确认之请求权的特殊性。

2. 认真对待"义务人归责"

我们习惯于强调时效制度对权利人的归责与督促作用,比如,将1 年或 6 个月的申请执行期限明显短于 2 年普通诉讼时效期间归因于"前者针对已决的权利,后者针对未决的权利"[2]。事实恰恰相反,对于判决确认之请求权的时效,义务人更需要归责和督促:权利未决时,义务人未及时、主动履行义务情有可原(毕竟义务本身就可能存有争议),可归于权利人的"懈怠";权利已决时,义务人不主动、及时履行义务则有"消极"甚至"恶意"之嫌,此时应给权利人"优惠",以便更从容地督促义务人履行义务。2007 年《民事诉讼法》在修正时,有观点坚持将执行时效期间加长至与《民法通则》规定的 2年普通时效期间持平,并批评 3 年期间过长,显然未对普通请求权之义务人和判决确认请求权之义务人的不同处境作出区分。

执行时效期间对"义务人归责"的缺失,源于我们整体上对时效制度中义务人角色的习惯性忽视或贬抑。关于消灭时效的根据(存在理由),无论是大陆法系还是英美法系,"保护义务人"都是被格外甚至唯一强调的制度目标。[3] 这种"保护"分为两个层面:一是,避

---

[1]　参见全国人大常委会法制工作委员会民法室编:《〈中华人民共和国民事诉讼法〉条文说明、立法理由及相关规定》,北京大学出版社 2007 年版,第 425 页。
[2]　刘璐:《民事执行重大疑难问题研究》,人民法院出版社 2010 年版,第 20 页。
[3]　参见〔德〕迪特尔·梅迪库斯:《德国民法总论》,邵建东译,法律出版社 2000 年版,第 91 页;Calvin W. Corman, *Limitation of Actions I*, Little, Brown and Company, 1991, pp. 11—13;David W. Oughton, John P. Lowry and Robert M. Merkin, *Limitation of Actions*, LLP, 1998, p. 4。

免因时日久远，义务人举证困难，致遭受不利益〔1〕；二是，义务人会因时日久远形成权利人不再行使权利的预期或信赖〔2〕。我国总体上一直强调从法律秩序、公共利益、宏观经济等角度论证诉讼时效的根据或理由〔3〕，但随着法官依职权援用时效在制度上被彻底抛弃〔4〕，公共利益、法律秩序、宏观经济等目标相对弱化或变得间接〔5〕，"督促权利人—保护公益"的二元结构已经失衡，亟须以"保护义务人"为中心论证诉讼时效的根据，建立"督促权利人—保护义务人"的新二元结构。

3. 执行时效期间的"不能承受之重"

对执行时效期间做大幅加长，也许会面临如下质疑或担忧：大幅加长期间会大大弱化对申请执行人的督促作用，可能有损法律秩序的稳定，影响法院的执行工作。该质疑或担忧显示出我们对执行时

---

〔1〕　参见王泽鉴：《民法总则》，北京大学出版社 2009 年版，第 492 页；〔德〕本德·吕特斯、〔德〕阿斯特丽德·施塔德勒：《德国民法总论（第 18 版）》，于馨淼、张姝译，法律出版社 2017 年版，第 78 页；〔日〕山本敬三：《民法讲义 I：总则》（第三版），解亘译，北京大学出版社 2012 年版，第 446 页。

〔2〕　国人普遍质疑 2 年普通诉讼时效期间过短的一个重要原因是，如此短的期间实在无法使义务人形成"权利人不再行使权利"的合理预期和信赖，因为现实常常相反，2 年未主张权利可能恰恰反映了权利人对义务人的宽容和情谊以及义务人对权利人的不诚信。

〔3〕　《民法通则》的制定者就是从稳定社会和经济秩序、促使权利人早日行使权利、便于法院核查证据和审理等角度理解诉讼时效的意义。参见顾昂然：《立法札记——关于我国部分法律制定情况的介绍（1982—2004 年）》，法律出版社 2006 年版，第 254 页。从比较法上看，这种倾向主要是受了苏联法的影响。参见〔苏联〕Д. М.坚金主编：《苏维埃民法》（第一册），中国人民大学民法教研室李光谟、康宝田、邬志雄译，法律出版社 1956 年版，第 317—318 页；〔苏联〕B. П. 格里巴诺夫、〔苏联〕C. M. 科尔涅耶夫主编：《苏联民法》（上册），中国社会科学院法学研究所民法经济法研究室译，法律出版社 1984 年版，第 250 页；〔苏联〕B. T. 斯米尔诺夫等：《苏联民法》（上卷），黄良平、丁文琪译，中国人民大学出版社 1987 年版，第 217 页。

〔4〕　参见《诉讼时效规定（2008）》（已被修改，下同）第 3 条，《民法总则》第 193 条。

〔5〕　职权援用时效是维护公共利益和促进宏观经济的必要手段，胜诉权消灭说的本质特征就是职权援用时效。参见霍海红：《胜诉权消灭说的"名"与"实"》，载《中外法学》2012 年第 2 期。

效督促功能的过度依赖、对相关督促机制的忽视,甚至将相关督促机制都绑定在执行时效期间上。比如,2007 年《民事诉讼法》在修正时试图增加中止和中断制度,就有实务界人士担心:时效制度取代期限制度,会导致申请执行期间过长,双方当事人及被执行人的财产状况往往会发生很大变化,给法院执行案件带来很多困难,既增加执行成本,也不利于社会关系的稳定。[1] 这种担心虽然用心良苦,但有两点值得商榷:一是,试图对当事人权利的最终实现进行"兜底"的思维并不可取,法院的使命是严格按照程序做能做和该做的事情,而不是操心本应由当事人自己负责的事情;二是,当事人必须具有风险意识,不能一味依赖制度和法院,制度运行和法院提供保护都需要当事人的配合和努力。

　　完全依靠执行时效督促权利人的前提是义务人的责任财产一直稳定在足以随时清偿债务的水平,时效经过是权利无法实现的唯一风险。但判决后权利人不及时申请执行面临的最大风险是义务人责任财产的减少或消灭,这可能因为义务人的恶意逃债(如转移和隐匿财产)[2],可能因为义务人正常交易中的损失(如生意失败或破产),也可能因为越来越多到期债权人的加入而使得权利实现的比例降低(如权利人只是参与分配的众多债权人之一)。其实,《民事诉讼法》专门规定财产保全制度本身就证明了上述风险的现实性和普遍性。与罹于执行时效的风险相比,义务人的责任财产减少或消灭的风险才是对权利人最有力的督促,是权利人抓紧时间主张权利甚至申请执行的直接动力。我们完全不必担心执行时效期间一加长就

---

〔1〕　参见最高人民法院民事诉讼法修改研究小组编著:《〈中华人民共和国民事诉讼法〉修改的理解与适用》,人民法院出版社 2007 年版,第 158 页。
〔2〕　2011 年最高人民法院公布了 9 起反规避执行的典型案例,其中就有 3 起属于"转移和隐匿财产"。参见张先明:《最高人民法院公布九起反规避执行典型案例》,载《人民法院报》2011 年 7 月 6 日,第 3 版。

会纵容权利人懈怠,何况不良信用环境和执行难早已抵消了所谓的"纵容"。

(二)长期模式促进时效规则的体系化
——以终本程序时效后果的反思为中心

我国时效制度的最大问题在于体系化不足,这至少有四个表现:一是诉讼时效内部规则之间不协调甚至冲突;二是执行时效与诉讼时效规则不协调甚至冲突;三是时效期间与障碍规则"各自为战";四是时效规则与基本国情不协调。所谓执行时效期间的再改革同时涉及以上多个方面。笔者选择从反思终本程序的执行时效后果[《民诉法解释(2015)》(已被修改,下同)第519条]出发论证长期模式对时效规则体系化的意义,主要有两个原因:第一,《民诉法解释(2015)》第519条是对2017年《民事诉讼法》第254条的进一步贯彻,从终本程序出发并不意味着局限于终本程序,这是一个涉及如何看待执行时效本质的大问题;第二,《民诉法解释(2015)》第519条与《民法总则》(已失效,下同)第195条产生了直接的规则冲突,这是一个涉及执行时效与诉讼时效协调统一的大问题。

1.《民诉法解释(2015)》第519条与《民法总则》第195条之冲突

根据2017年《民事诉讼法》第254条,人民法院采取《民事诉讼法》规定的执行措施后,被执行人仍不能偿还债务的,应当继续履行义务。权利人发现义务人有其他财产,可随时请求人民法院执行。根据《民诉法解释(2015)》第517条[《民诉法意见》(已失效,下同)第296条],债权人根据2017年《民事诉讼法》第254条请求人民法院继续执行,不受2017年《民事诉讼法》第239条申请执行时效期间限制。20世纪90年代以来,上述两个规则一直"一体两面"地存在,后者构成对前者的延伸和补充。这种排除执行时效适用的立场自然延续到《民诉法解释(2015)》第 519 条的"终本程序":经过财产调查未发现可供执行的财产,在申请执行人签字确认或者执行法院组成合议庭审查核实并经院长批准后,可以裁定终结本次执行程序。终结执行后,申请执行人发现被执行人有可供执行的财产的,可以再次申请执行。再次申请不受申请执行时效期间的限制。

最高人民法院释义书明确指出,《民诉法解释(2015)》第 519 条系借鉴我国台湾地区债权凭证制度而形成。[1] 我国台湾地区"强制执行法"第 27 条规定:"债务人无财产可供强制执行,或虽有财产经强制执行后所得之数额仍不足清偿债务时,执行法院应命债权人于一个月内查报债务人财产。债权人到期不为报告或查报无财产者,应发给凭证,交债权人收执,载明俟发见有财产时,再予强制执行。债权人声请执行,而陈明债务人现无财产可供执行者,执行法院得径行发给凭证。"虽然该条文未直接规定发放债权凭证的时效后果,但理论界和实务界均主张,自核发债权凭证时起,消灭时效重新起算,这是基于"民法总则"相关规定的自然推论。[2] 不过,《民诉法解释(2015)》第 519 条只借鉴了债权凭证制度的"程序终结"效果,而有意忽略了"时效中断"效果[3],因为时效中断后果与 2017 年《民事诉讼法》第 254 条和《民诉法解释(2015)》

---

[1]　参见最高人民法院修改后民事诉讼法贯彻实施工作领导小组编著:《最高人民法院民事诉讼法司法解释理解与适用》(下),人民法院出版社 2015 年版,第 1371 页。

[2]　参见杨与龄:《强制执行法论》,五南图书出版公司 2007 年版,第 190 页;张登科:《强制执行法》,三民书局 2008 年版,第 143 页;吴光陆:《强制执行法》(修订三版),三民书局 2015 年版,第 8 页;沈建兴:《强制执行法逐条释义》(上),元照出版有限公司 2014 年版,第 431 页。

[3]　我国台湾地区"强制执行法"中债权凭证的时效中断后果,早在《民诉法解释》制定者的视野中。参见最高人民法院修改后民事诉讼法贯彻实施工作领导小组编著:《最高人民法院民事诉讼法司法解释理解与适用》(下),人民法院出版社 2015 年版,第 1371 页。

第 517 条冲突,而且司法实践早已将 2017 年《民事诉讼法》第 257 条第 6 项"人民法院认为应当终结执行的其他情形"与 2017 年《民事诉讼法》第 254 条结合使用,从而达到《民诉法解释(2015)》第 519 条规定的效果。[1]

我们不宜将《民诉法解释(2015)》第 519 条排除执行时效适用视为特色,因为它与《民法总则》第 195 条存在冲突。《民法总则》第195 条规定:"有下列情形之一的,诉讼时效中断,从中断、有关程序终结时起,诉讼时效期间重新计算:(一)权利人向义务人提出履行请求;(二)义务人同意履行义务;(三)权利人提起诉讼或者申请仲裁;(四)与提起诉讼或者申请仲裁具有同等效力的其他情形。"该条文有两个重点:第一,根据全国人大常委会法制工作委员会和最高人民法院释义书,申请强制执行属于"与提起诉讼或者申请仲裁具有同等效力的其他情形"[2];第二,从有关程序终结时起,诉讼时效要重新计算。基于以上两点,如果我们承认执行时效就是诉讼时效,那么《民诉法解释(2015)》第 519 条规定的终本程序的时效后果就不应是"不受申请执行时效期间限制",而是"自裁定终结本次执行程序之日起,执行时效重新计算"。在此意义上,与《民法总则》第 195 条冲突的还有《民诉法解释(2015)》第 517 条和 2017 年《民事诉讼法》第 254 条。该冲突也从反面证明了"诉讼时效统一化"的必要性和紧迫性,因为执行时效与诉讼时效"各自为战"极易导致时效法的内部

---

[1]　参见广西壮族自治区南宁市兴宁区人民法院(2007)兴执字第 951 号民事裁定书;湖北省武汉市汉阳区人民法院(2010)阳执字第 685 号民事裁定书;安徽省天长市人民法院(2013)天执字第 00762 号民事裁定书;安徽省临泉县人民法院(2013)临执字第 00620 号民事裁定书;安徽省绩溪县人民法院(2015)绩执字第 00158—1 号民事裁定书;河北省平乡县人民法院(2013)平执字第 89 号民事裁定书。

[2]　李适时主编:《中华人民共和国民法总则释义》,法律出版社 2017 年版,第 621 页;最高人民法院修改后民事诉讼法贯彻实施工作领导小组编著:《〈中华人民共和国民法总则〉条文理解与适用》(下),人民法院出版社 2017 年版,第 1288 页。

冲突。[1]

2. 终本程序排除执行时效适用的理论困境

终本程序排除执行时效适用是对 2017 年《民事诉讼法》第 254 条和《民诉法解释(2015)》第 517 条(《民诉法意见》第 296 条)的继承和具体化,而且为终本程序获得认同作出重要贡献,但在理论上存在诸多困境。这些困境之前之所以被我们忽视,主要是因为我们太执着于执行程序的逻辑,偏爱"实用"的立场,却无视时效制度的逻辑。

第一,终本程序排除执行时效适用缺乏法理依据。最高人民法院释义书通篇在解释终本程序的正当性,但对排除执行时效适用只字未提。[2] 即使是可能作为《民诉法解释(2015)》第 519 条渊源的 2017 年《民事诉讼法》第 254 条,全国人大常委会法制工作委员会释义书对"可以随时请求人民法院执行"所作的强调也只是"被执行人的义务不消灭,应当继续履行",也未对不受执行时效限制给出任何理由。[3] 从比较法角度看,排除时效适用包括两类情形。其一,法律规定某些特殊请求权不适用时效,否则会产生不公正。《德国民法典》第 194 条第 2 款规定:"因亲属法上的关系而发生的请求权,其旨在向着将来设立与该关系相应的状态者,或旨在要求允许进行基因检验以澄清嫡亲出身者,不受消灭时效的限制。"[4] 我国《民法总则》第 196 条规定:"下列请求权不适用诉讼时效的规定:(一)请求

---

[1] 这样冲突的例子还有若干,比如,《诉讼时效规定(2008)》第 6 条与《民事诉讼法》第 239 条第 2 款,《民法总则》第 189 条与《民事诉讼法》第 239 条第 2 款。

[2] 参见最高人民法院修改后民事诉讼法贯彻实施工作领导小组编著:《最高人民法院民事诉讼法司法解释理解与适用》(下),人民法院出版社 2015 年版,第 1373 页。

[3] 参见全国人大常委会法制工作委员会民法室编:《〈中华人民共和国民事诉讼法〉条文说明、立法理由及相关规定》,北京大学出版社 2012 年版,第 400 页。

[4] 《德国民法典》(第 4 版),陈卫佐译注,法律出版社 2015 年版,第 67 页。

停止侵害、排除妨碍、消除危险；(二)不动产物权和登记的动产物权的权利人请求返还财产；(三)请求支付抚养费、赡养费或者扶养费；(四)依法不适用诉讼时效的其他请求权。"其二,法官基于诚实信用原则裁量排除时效适用,主要是义务人影响甚至阻碍权利人行使权利,因而不能归责于权利人的懈怠的情形。在德国,如果义务人曾给人造成"不准备行使时效抗辩权"的印象,或者故意或非故意阻碍权利人为中断时效而及时提起诉讼,则义务人的行为就不被允许。[1]在日本,司法机关在公害关系、亲族关系、医疗错误、交通事故、消费者被害、劳动关系等领域确立违反诚信原则的时效法判例。[2]在美国,如果原告因依赖被告行动或表述而延迟提起诉讼,法院可基于"禁反言"禁止义务人提出时效抗辩。[3]其实,终本程序既未使原先被判决确认之请求权本身产生根本变化,也并未对权利人日后行使权利构成障碍,因此没有排除执行时效适用的理由。

第二,终本程序排除执行时效适用存在"双重标准"问题。如果说终本程序后排除执行时效适用的理由是权利人未获清偿并不能归责于权利人自己,而是义务人逃避债务、规避执行的结果,或者义务人恢复和增加财产需要时间,那么按照此逻辑,判决后权利人持判决书向义务人主张权利却因义务人无清偿能力而未获清偿,也不能仅产生"执行时效中断"[《执行程序解释(2008)》第 28 条]的效果,而应该"排除执行时效适用"。况且,本是四种"平等"的执行时效中断方式(权利人请求履行、权利人申请执行、双方和解协议达成、义务人

---

[1]　参见〔德〕卡尔·拉伦茨:《德国民法通论》(上册),王晓晔等译,法律出版社 2003 年版,第 347 页。

[2]　酒井廣幸『損害賠償請求における不法行為の時効』(新日本法規出版,2013 年)243—252 頁参照。

[3]　参见〔美〕丹·B. 多布斯:《侵权法》(上册),马静、李昊、李妍、刘成杰译,中国政法大学出版社 2014 年版,第 492 页。

同意履行），一旦终本程序可以排除执行时效适用，不仅使得申请执行超常规地成为权利人的"优先"选项，而且导致产生申请执行既可以中断执行时效又可以排除执行时效的悖论。如果将此种排除时效适用的逻辑从执行时效推导到诉讼时效，就会得出如下结论：权利人向义务人请求履行但因义务人无清偿能力而未获清偿，不产生"诉讼时效中断"（《民法通则》第 140 条，《民法总则》第 195 条）的效果，而是产生"再次请求履行不受诉讼时效限制"的效果。照此逻辑不断推论，时效中断规则就会崩溃，进而崩溃的是整个时效制度。

第三，终本程序排除执行时效适用存在激励困境。一方面，终本程序排除执行时效适用给权利人"一劳永逸"的优惠，似乎符合终本程序的"兜底"初衷[1]，但从时效制度的逻辑看，排除执行时效需要论证剥夺义务人（被执行人）执行时效利益的正当性[2]，而不是论证对权利人如何有利。我们之所以不质疑终本程序对执行时效的排除适用，恐怕多少受到当下实务界流行的"有利于保护权利人"诉讼时效理念的影响。[3] 然而，我们似乎忘记了时效的本质是对权利人的督促甚至"制裁"，而不是"保护"。另一方面，终本程序排除执行时效适用会激励权利人在明知被执行人当下无财产可供执行时选择申请执行，以便通过终本裁定"一劳永逸"地突破执行时效。这会导致大量当下无财产可供执行的案件进入强制执行程序，加剧法院的"执行难"问题。这恐怕与终本程序解决"执行难"问题的目标相悖。

---

〔1〕　参见周强主编：《最高人民法院关于人民法院解决"执行难"工作情况的报告》，法律出版社 2018 年版，第 4—5 页。

〔2〕　然而，在对终本程序"法律后果"的官方表述中，只有"法院"和"申请执行人"，并无"被执行人"。参见最高人民法院修改后民事诉讼法贯彻实施工作领导小组编著：《最高人民法院民事诉讼法司法解释理解与适用》（下），人民法院出版社 2015 年版，第 1373 页。

〔3〕　对此种观念的观察与反思，参见霍海红：《"优先保护权利人"诉讼时效理念的困境》，载《法制与社会发展》2019 年第 4 期。

3. 加长执行时效期间：兼顾权利人利益与时效法逻辑

排除执行时效适用是特殊关照权利人的非常举措,潜台词是:终本程序后,权利人尚未实现权利且不可归责于自己。然而,"条条大路通罗马",我们实在不必选一条虽有良好初衷但无法理论自圆的道路,因为它看似解决了问题,却埋下了规则冲突的种子和隐患。有一条路既能保证权利人有相对充足的时间行使权利,又不违背时效法的基本逻辑,即针对判决确认之请求权设置显著长于普通消灭时效期间或原权利消灭时效期间的特殊消灭时效期间。这也是德国、日本以及我国台湾地区等采取的常规路径。

第一,执行时效期间足够长,法院裁定终结本次执行程序后,权利人再次申请执行前有充足的准备和等待时间(只要该期间在社会观念上尚不至于构成对其"懈怠"的纵容)。时效固然是对权利人行使权利的督促,但该"督促"不只关涉对权利人懈怠的"制裁",更事关权利人与义务人的利益平衡。时效是"权利人受限、义务人得利"的制度安排,其魅力和难题都在于权利人受限的程度和义务人得利的多少,而不是简单的"保护谁"和"放弃谁"。在此意义上,终本程序对执行时效的排除适用"走了极端"。

第二,显著加长执行时效期间,并将终本程序的时效后果从"再次申请不受执行时效限制"改为"执行时效重新起算",能够实现终本程序与时效制度的协调,避免"头痛医头、脚痛医脚"。如果执行时效期间能够像德、日等国那样保持在 10 年以上,那么在权利人申请执行后,即使未能实现权利而被裁定终结本次执行程序,重新起算后还剩余 10 年以上的执行时效,不需要特殊关照。2017 年《民事诉讼法》第 254 条和《民诉法解释(2015)》第 517 条、第 519 条给权利人的特别"优惠"只是我国执行时效期间过短背景下的无奈之举。

第三,显著加长执行时效期间,再配以中断规则,会"合力"产生巨幅增加时效期间的效果,对维护权利人的权益意义重大。如果执行时效期间为 2 年,期间届满前一天中断,中断 1 次,增加 2 年期间,中断 4 次才能使"总"期间达到 10 年。如果执行时效期间为 10 年,届满前一天中断,那么中断 1 次,就增加 10 年期间,中断 1 次就能使"总"期间达到 20 年,中断 4 次就能使"总"期间达到 50 年。显著加长执行时效期间还会大大降低权利人实施时效中断行为的必要性,并减轻了权利人保留时效中断证据的压力[1],这在短期间背景下常给权利人造成困扰。

第四,执行时效期间显著加长后,获得生效判决的权利人不必因时效问题而着急申请强制执行(何况还有请求履行、对方同意履行等中断事由可使用),待掌握相关财产线索,再向法院申请执行。站在法经济学角度,这有两个好处:第一,对权利人而言,只在必要时才申请执行,可以节约权利人的权利实现成本,毕竟申请强制执行有金钱、时间等成本;第二,对法院而言,避免权利人在义务人无财产可供执行时仍然申请执行,既节约了本就有限的执行资源,也在客观上促进终本程序适用的"合理化"。[2]

---

〔1〕　这一点可以从时效中断的证明责任分配规则中窥见一斑。《民诉法解释(2015)》第 91 条规定:"人民法院应当依照下列原则确定举证证明责任的承担,但法律另有规定的除外:(一)主张法律关系存在的当事人,应当对产生该法律关系的基本事实承担举证证明责任;(二)主张法律关系变更、消灭或者权利受到妨害的当事人,应当对该法律关系变更、消灭或者权利受到妨害的基本事实承担举证证明责任。"据此条文,义务人只需对时效期间开始和届满的事实承担证明责任,但权利人如果要否定时效已过,需要对时效中断或中止的事实承担证明责任(规范说的创立者罗森贝克对此也有明确表述,参见〔德〕莱奥·罗森贝克:《证明责任论》,庄敬华译,中国法制出版社 2018 年版,第 459—460 页)。相比较而言,义务人的证明工作比较容易完成,而权利人的证明工作要难得多,往往需要有事先保留证据的意识。

〔2〕　终本程序主要是解决法院执行积案的退出问题,但并未真正解决权利人的权利实现问题,这就决定了终本程序只应在必要时启动。2015 年 1 月 1 日实施的《关于执行案件立案、结案若干问题的意见》第 16 条对"何种情形下可以终结本次执行程序"和"何谓人民法院穷尽财产调查措施"都作了细致的规定。《最高人民法院(转下页)

四、"长期模式"之方案选择

如前所述,设置显著长于普通诉讼时效期间或者原权利诉讼时效期间的特殊时效期间,应当成为我国未来执行时效期间改革的基本方向。不过,何种具体方案既符合基本原理又兼顾中国国情,则需要进一步论证和取舍,毕竟作为"长期模式"代表的德国、日本以及我国台湾地区在具体方案的制定上并不相同,而且各自都经历过制度变迁。

(一)"长期模式"立法例梳理

1. 专门设置远超"较短"普通消灭时效期间的特别消灭时效期间

在较短普通消灭时效期间之外专门设置针对判决确认之请求权的特别消灭时效期间,代表性立法例是 2002 年修法后的德国民法典、2017 年修法后的日本民法典以及 1996 年《欧洲合同法原则》。在德国,判决确认之请求权适用 30 年消灭时效期间(《德国民法典》第 197 条),与"基于故意侵害生命、身体、健康、自由或性的自主决定的损害赔偿请求权""因所有权而发生的返还请求权"等并列,远远超过 3 年的普通消灭时效期间(《德国民法典》第 195 条)。[1] 在日本,债权的普通消灭时效期间从 2007 年修法前的 10 年缩短为 5 年(2017 年修正后《日本民法典》第 166 条),但判决确认之请求权的消

(接上页)关于研究处理对解决执行难工作情况报告审议意见的报告》(2019 年 4 月 21 日)特别强调:"加强督办检查,杜绝滥用终结本次执行程序,挤干'执行不能'水分,努力使'执行不能'案件办理真正让当事人信服。"

〔1〕　参见《德国民法典》(第 4 版),陈卫佐译注,法律出版社 2015 年版,第 68 页。

灭时效期间仍维持在 10 年(2017 年修正后《日本民法典》第 169
条)。[1]《欧洲合同法原则》规定了 3 年的普通消灭时效期间,但对
判决确认之请求权专门规定了 10 年的消灭时效期间。

2. 直接向"较长"普通消灭时效期间看齐,不考虑原权利消灭时
效期间

直接向较长普通消灭时效期间看齐而不考虑原权利消灭时效期
间,代表性立法例是 2002 年修法前的《德国民法典》和 2017 年修法
前的《日本民法典》。在德国,普通消灭时效期间原为 30 年(原《德
国民法典》第 197 条),而判决确认之请求权的消灭时效期间也为 30
年,根据原《德国民法典》第 218 条,"以确定判决确认的请求权,即使
该权利本身应适用短期时效的规定,在判决后仍适用三十年的时效
规定"[2]。在日本,债权的普通消灭时效期间原为 10 年(《日本民法
典》第 167 条),根据《日本民法典》第 174 条之二,"依据确定判决确
定的权利,即使有短于十年的时效期间的规定存在,其时效期间亦为
十年"[3]。第 174 条之二属于后增条款,最初在解释上将第 157 条
第 2 项"因裁判上请求而中断的时效,自裁判确定时起,重新开始进
行"的立法理由归于"既然判决不改变权利性质,因而判决确认请求
权的时效期间与之前权利的时效期间完全相同",但后来"判决认定
的权利与短期消灭时效期间相同缺乏根据"的观点得到认可,立法上
因此增加了第 174 条之二。[4]

---

[1] 参见《日本民法典》,刘士国、牟宪魁、杨瑞贺译,中国法制出版社 2018 年版,第
31 页。
[2]《德国民法典》,郑冲、贾红梅译,法律出版社 1999 年版,第 44 页。
[3]《最新日本民法》,渠涛编译,法律出版社 2006 年版,第 40—41 页。
[4] 参见[日]我妻荣:《新订民法总则》,于敏译,中国法制出版社 2008 年版,第 462—
463 页。

3. 原则上适用原权利消灭时效期间,但设置了最低时效期间

判决确认之请求权原则上适用原权利消灭时效期间,但设置了最低时效期间,代表性立法例是我国台湾地区"民法"。我国台湾地区"民法"规定了15年普通消灭时效期间(第125条),又规定了5年(第126条)、3年(第717条)、2年(第127条)、1年(第514条)、6个月(第473条)等诸多短期消灭时效期间。关于判决确认之请求权的消灭时效期间,根据我国台湾地区"民法"第137条第2款,"因起诉而中断之时效,自受确定判决,或因其他方法诉讼终结时,重行起算"。根据第137条第3款,"经确定判决或其他与确定判决有同一效力之执行名义所确定之请求权,其原有消灭时效期间不满五年者,因中断而重行起算之时效期间为五年"。我国台湾地区"民法"原则上采取"判决未改变权利性质,也不改变期间长短"的立场,但又因短期消灭时效期间种类多且显著短于普通消灭时效期间而在立场上有所保留,设定了最低时效期间。虽然与2017年修法前的《日本民法典》都面临短期消灭时效"杂乱"的困境和质疑[1],但我国台湾地区"民法"显然选择了不同方案。

(二)方案建议

根据我国现行时效制度和立法体例的特点,结合域外制度的经验教训和最新发展,笔者建议专门设置远超较短普通诉讼时效期间的10年执行时效期间。

第一,直接向较长普通消灭时效期间看齐而不考虑原权利消灭时效期间,不符合我国时效制度的现实。我国普通诉讼时效期间过短,无

---

[1] 参见曾世雄:《民法总则之现在与未来》,中国政法大学出版社2001年版,第218—219页;[日]山本敬三:《民法讲义I:总则》(第三版),解亘译,北京大学出版社2012年版,第448—449页。

论是《民法通则》规定的 2 年还是《民法总则》规定的 3 年,与 2002 年修
法前《德国民法典》的 30 年和 2017 年修法前《日本民法典》的 10 年相
比,都差距巨大。如果未来将执行时效期间与 3 年普通诉讼时效期间
"持平",也无法达到对执行时效期间作特殊处理的效果,更像是"原来
多长还多长"的常规处理,这与当前 2017 年《民事诉讼法》规定的 2 年
执行时效期间相比,改革意义极其有限。2017 年修法前的《日本民法
典》之所以采取"直接向较长普通消灭时效期间看齐"的方案,主要是
基于 10 年较长普通消灭时效期间和大量短期消灭时效期间(5 年、3
年、2 年、1 年等)共存的制度设计,试图使适用短期消灭时效的权利产
生"因判决而显著加长时效"的效果,但我国并不存在此种制度设计。

　　第二,原则上适用原权利消灭时效期间并设置最低时效期
间,也不符合我国时效制度的现实。《民法通则》规定了 2 年普通
诉讼时效期间,1 年短期诉讼时效期间;《民法总则》规定了 3 年普
通诉讼时效期间,但并未规定短期诉讼时效期间。[1] 与我国台湾
地区"民法"相比,我们不存在与普通诉讼时效期间长短差距很
大且种类繁多的短期诉讼时效期间。我们的诉讼时效期间是"整
体"短,而不是"个别"短。除《民法通则》和《民法总则》外,单行
法、司法解释或部门规章等规定的特殊诉讼时效期间均在当时普
通诉讼时效期间的基础上作象征性加长[2]、保持持平[3]或者略

---

〔1〕　由于《民法总则》与《民法通则》共存,1 年短期消灭时效是否有效成为问题,最高人
　　　民法院给出了"否定"回答,《最高人民法院关于适用〈中华人民共和国民法总则〉诉
　　　讼时效制度若干问题的解释》第 1 条规定:"民法总则施行后诉讼时效期间开始计算
　　　的,应当适用民法总则第一百八十八条关于三年诉讼时效期间的规定。当事人主张
　　　适用民法通则关于二年或者一年诉讼时效期间规定的,人民法院不予支持。"
〔2〕　与《民法通则》相比,加长为 3 年期间,参见《环境保护法》第 66 条、《海洋石油勘探
　　　开发环境保护管理条例实施办法》第 29 条。
〔3〕　与《民法通则》相比,保持 2 年期间持平,参见《最高人民法院关于审理专利纠纷案件
　　　适用法律问题的若干规定》第 23 条,《最高人民法院关于审理融资租赁合同纠纷案
　　　件适用法律问题的解释》第 25 条。

微缩短[1]。因此,如果学习我国台湾地区"民法"的模式,即使在《民法通则》时代也缺乏空间和意义,只能徒增混乱,更不用说在《民法总则》时代了。

第三,专门设置远超较短普通诉讼时效期间的执行时效期间,相对更符合我国时效制度的现实。一是由于我国普通诉讼时效期间过短,只有针对判决确认之请求权专门规定"长"期间,才能实质性地使执行时效期间"特殊化",而不是"微改善"。二是专门规定长执行时效期间在立法技术上更具操作性,因为它不必受制于执行时效的立法体例。如果诉讼时效实现"统一化",取消专门的执行时效概念[2],可在民法典总则部分以"判决确认请求权之时效"的名义作"显著加长"规定。如果暂时维持诉讼时效与执行时效的"二元并立"体例,也可直接在《民事诉讼法》中将现有执行时效期间作"显著加长"。

第四,执行时效期间具体应该设置多长?笔者的建议是10年,理由有如下六个:(1)执行时效期间应能够明显拉开与普通诉讼时效期间的距离,否则无法对应判决确认之请求权与普通请求权的重要差异;(2)我国《民法总则》规定的3年普通诉讼时效期间仍偏短,5年以上更为适当,如此推算,10年已是执行时效期间的"底线";(3)《德国民法典》虽对判决确认之请求权规定了30年时效期间,但有德国著名学者明确提出质疑并建议学习《欧洲合同法原则》的10

---

[1]　与《民法通则》相比,缩短为1年期间,参见《拍卖法》第61条。与《民法总则》相比,缩短为2年期间,参见《民用航空法》第135条,《产品质量法》第45条。

[2]　这在民事诉讼法学界已有不小的共识,参见张卫平:《民事诉讼法》(第四版),法律出版社2016年版,第490页;董少谋:《民事强制执行法学》(第二版),法律出版社2016年版,第112页;占善刚:《对我国民事申请执行期间制度的初步检讨——以〈民事诉讼法〉第219条的修改为对象的分析》,载《南京师大学报(社会学科版)》2011年第1期;霍海红:《执行时效性质的过去、现在与未来》,载《现代法学》2019年第2期。

年时效期间[1];(4)2017 年《日本民法典》修正后,虽对债权的普通
消灭时效期间作下调处理(从 10 年下调到 5 年),但对判决确认之请
求权仍坚持 10 年时效期间,说明 10 年时效期间在日本经受住了考
验;(5)足够长的执行时效期间能为权利人提供更充裕的准备和等待
时间,减少义务人拖延赖账的机会和激励,因而有助于缓解"执行难"
困境,10 年以下的时效期间恐难达到效果;(6)中国的时效制度一直
存在道德难题和"折扣执行"问题,只有时效期间足够长才能缓解道
德困境、消解"折扣执行"的现实需求[2],10 年以下的时效期间难以
实现这个目标。

结　语

执行时效期间一直是我国执行时效制度发展的核心问题,但也
是一个容易被简单化处理的问题。2007 年《民事诉讼法》修正时对
执行时效期间作了重大改革:期间从 1 年或 6 个月统一加长为 2
年,且可以中止和中断。虽然从时效理论和实践效果看,该项改革属
重大进步,但仍有巨大的提升空间。笔者主张,执行时效期间应在坚
持"时效"身份的前提下"独特化":为体现判决之确定性、安定性和
严肃性,平衡申请执行人与被执行人之间的利益,缓和"执行难"困
境,提升执行时效规则体系化程度,我国执行时效期间应显著长于普

---

[1]　参见〔德〕莱因哈德·齐默曼:《德国新债法:历史与比较的视角》,韩光明译,法律出
版社 2012 年版,第 194—195 页。
[2]　实践中,折扣执行的一个典型表现是在时效中断证明问题上给权利人以"关照"。参
见最高人民法院(2003)民二终字第 205 号民事判决书;江苏省南京市中级人民法院
(2016)苏 01 民终第 360 号民事判决书;山西省芮城县人民法院(2017)晋 0830 民初
第 271 号民事判决书。

通诉讼时效期间。具体而言,建议坚持"诉讼时效统一化"思路,在民法典总则部分对"判决确认之请求权"规定10年的特别诉讼时效期间。退一步讲,即使暂时无法实现诉讼时效统一化,继续维持执行时效与诉讼时效的"二元并立"体例,也应于《民事诉讼法》中将执行时效期间加长为10年。

　　笔者在论证过程中有四个基本的"坚持":第一,坚持诉讼时效与执行时效统一化思路的优先性,既然理论界和实务界承认执行时效的本质是诉讼时效,那么独立的执行时效概念和体例已无必要,回归诉讼时效"一统天下"的时机已经成熟;第二,坚持解释与解决中国问题之立场,充分考虑中国法语境下的时效道德难题、时效制度折扣执行、"执行难"等现实,对所谓时效短期化趋势、与国际接轨等保持必要的保守态度;第三,坚持执行时效期间与相关时效规则(如普通诉讼时效期间)或执行规则(如终结本次执行程序)联动的体系化思路,避免"头痛医头、脚痛医脚"或者"拆东墙补西墙";第四,坚持规则层面对权利人的合理督促和实践层面的"硬执行",而避免规则层面对权利人的过度督促和实践层面的"软执行",后者会削弱时效制度的道德性和确定性。

计算篇

Limitation of Actions from the Perspective of
Substantive and Procedural Law

第 9 章　作为中国问题的未定履行
期限债权时效起算 *

不识庐山真面目,只缘身在此山中。

——〔宋〕苏轼《题西林壁》

引　言

　　未定履行期限债权的时效起算问题在我国学界一直争议很大,并形成了四种学说:一是从债权成立时起算[1];二是从债权人请求债务人履行(义务人拒绝)时起算[2];三是从债权人给予债务人的宽限期满开始计算[3];四是从权利人主张权利(义务人拒绝)时起算,但债权人给对方必要的准备时间的,从该期限届满之日的次日开

---

　　*　　本章内容曾以《未定期债权时效起算——一个"中国式问题"的考察》为题发表于《吉林大学社会科学学报》2010 年第 6 期。

〔1〕　参见佟柔主编:《民法原理》,法律出版社 1983 年版,第 112 页;马俊驹、余延满:《民法原论》(第三版),法律出版社 2007 年版,第 256 页;江平主编:《民法学》,中国政法大学出版社 2007 年版,第 244 页。

〔2〕　参见周元伯主编:《中国民法教程》,南京大学出版社 1988 年版,第 155 页;谢怀栻:《民法总则讲要》,北京大学出版社 2007 年版,第 203 页;梁慧星:《民法总论》(第三版),法律出版社 2007 年版,第 247 页。

〔3〕　参见陈国柱主编:《民法学》(第二版),吉林大学出版社 1987 年版,第 121 页;郭明瑞主编:《民法》(第二版),高等教育出版社 2007 年版,第 147 页;王利明等:《民法学》,法律出版社 2008 年版,第 153 页。

始起算[1]。四种学说其实大致可分为两种方案，一种是"债权成立时"方案，一种是"债权人请求时"方案(后三种学说实际上只是进行了更为细致的区分而已)。"债权人请求时"方案在我国学界占据"多数派"地位，实务界也一直倾向该方案[2]，而这可能归因于苏联民法理论和制度对我们的强大影响[3]。然而，与此形成鲜明对照的是，大陆法系的学说在这一问题上与我国大相径庭，不仅普遍采取"债权成立时"起算方式，而且几乎没有任何质疑和分歧。在日本和我国台湾地区，学者们普遍认为，未定履行期限债权的诉讼时效期间"从债权成立时起算"。[4] 至于德国，学者们几乎没有提及所谓未定履行期限债权的时效起算问题，倒是反复提及有履行期限债权的时效起算问题，德国民法学说和判例常有"时效的开始不仅要考虑请求权的发生，也要考虑到请求权的到期"[5]"问题的关键不是请求权的产生，而是请求权的已届清偿期"[6]等表述，强调定有履行期限债权的时效期间不是从请求权产生之时起算，而是从履行期限届满

---

[1] 参见王作堂等编：《民法教程》，北京大学出版社 1983 年版，第 128 页；魏振瀛主编：《民法》(第三版)，北京大学出版社 2007 年版，第 198 页。

[2] 最高人民法院机关刊物《人民司法》2002 年第 1 期至 2006 年第 12 期刊登的司法信箱"民事"部分的 73 篇文章中，就有 4 篇是未定履行期限债权时效起算问题，法官们的回答均为"债权人请求时"或者"宽限期届满时"。参见《人民司法》杂志社编：《司法信箱集》(第 4 辑)，人民法院出版社 2007 年版，第 86、105、113、133 页。

[3] 有苏联学者认为，根据《苏俄民法典》第 172 条，如果债的履行，没有预先规定期限，而是按照债权人的请求，则时效从这种情况下给予债务人的 7 天履行期限届满之时起计算。参见《苏联民法》。〔苏联〕B. Π. 格里巴诺夫、〔苏联〕C. M. 科尔涅耶夫主编：《苏联民法》(上册)，中国社会科学院法学研究所民法经济法研究室译，法律出版社 1984 年版，第 253 页；〔苏联〕B. T. 斯米尔诺夫等：《苏联民法》(上卷)，黄良平、丁文琪译，中国人民大学出版社 1987 年版，第 219 页。

[4] 参见〔日〕山本敬三：《民法讲义 I：总则》，解亘译，北京大学出版社 2004 年版，第 362 页；郑玉波：《民法总则》，中国政法大学出版社 2003 年版，第 504 页。

[5] 〔德〕卡尔·拉伦茨：《德国民法通论》(上册)，王晓晔等译，法律出版社 2003 年版，第 339 页。

[6] 〔德〕迪特尔·梅迪库斯：《德国民法总论》，邵建东译，法律出版社 2000 年版，第 94 页。

开始计算。因为 2002 年修正之前的《德国民法典》第 198 条明确规定"时效自请求权产生之日起开始计算",对于未定履行期限债权,由于债权人随时可以要求履行,明显属于第 198 条规定的典型情形;然而对于有履行期限债权,在期限届满前虽然请求权已经产生,但存在法律上的障碍使权利人不能行使权利,所以诉讼时效不能开始计算,否则"就有可能将债权人的诉追期限缩短"[1],与诉讼时效制度的精神相悖。换句话说,这些学说和判例表述和强调的只是斟酌诉讼时效制度精神对第 198 条进行的具体阐述而已。《巴西新民法典》似乎提供了更为确切的证据,该法第 189 条规定:"侵犯权利的,由此产生的请求权因诉讼时效在第 205 条和第 206 条规定的期间消灭。"并在第 199 条特别规定了诉讼时效不进行的若干情形,其中之一便是"期间未届满时",但没有所谓未定履行期限债权的时效起算问题。正是在我国形成了与大陆法系诸国或地区完全不同风貌的意义上,笔者称未定履行期限债权时效的起算问题为"中国式问题",并试图对其深层的制度原因和观念原因进行考察,提出立法建议方案,以期对我国未来民法典的诉讼时效制度的设计有所助益。

《诉讼时效规定(2008)》(已被修改,下同)第 6 条规定:"未约定履行期限的合同,依照合同法第六十一条、第六十二条的规定,可以确定履行期限的,诉讼时效期间从履行期限届满之日起计算;不能确定履行期限的,诉讼时效期间从债权人要求债务人履行义务的宽限期届满之日起计算,但债务人在债权人第一次向其主张权利之时明确表示不履行义务的,诉讼时效期间从债务人明确表示不履行义务之日起计算。"该规定对未定履行期限债权时效的起算问题作出明确回答,从而为司法实践提供了统一、确定的指引和操作规程。然

---

[1]　〔德〕卡尔·拉伦茨:《德国民法通论》(上册),王晓晔等译,法律出版社 2003 年版,第 338 页。

而,《诉讼时效规定(2008)》重在解决目前民事司法过程中的实践难题和填补过于简单的现行立法留下的空当[1],这就决定了该规定只是在现有制度框架内进行补充而无法突破相关制度的制约,它无力从整体设计甚至是重新设计的角度来形成规则。具体而言,"债权人请求时"方案的暂时胜出只是既有相关制度维持的自然结果和既有诉讼时效观念的惯性延续,而既有制度是否合理、既有观念是否正确则远未获得认真反思,换句话说,该方案并没有真正解决正当性论证问题。《诉讼时效规定(2008)》第6条与其说是一个"争论"和"衡量"的结果,不如说是一个相关制度"先占"和"垄断"的结果。此时,笔者想起了美国学者福山的一个论断:"许多制度之所以存在,并非因为其有效或者适合环境,而只是因为在产生之初,它们挤掉了其他选择。"[2]因此,《诉讼时效规定(2008)》的出台并不意味着未定履行期限债权时效起算学说之争的终结,也不意味着该规定第6条便是我国未来民法典的必然选择,更不意味着对该问题的研究和争鸣已经没有意义,相反,第6条的存在恰恰表明我们需要进一步关注未定履行期限债权的诉讼时效起算问题,因为既有制度已经在违背诉讼时效制度基本精神的路上越走越远,其惯性也越来越大。

一、偏离诉讼时效制度的归责逻辑

对于诉讼时效制度的价值,学者们已达成基本共识:(1)保护债务人,避免因时日久远,举证困难,致遭受不利益;(2)尊重现存

---

[1]　参见最高人民法院民事审判第二庭编著:《最高人民法院关于民事案件诉讼时效司法解释理解与适用》,人民法院出版社2008年版,第9页。

[2]　〔美〕弗朗西斯·福山:《大分裂:人类本性与社会秩序的重建》,刘榜离等译,中国社会科学出版社2002年版,第121页。

秩序,维护法律平和;(3)权利上之睡眠者,不值保护;(4)简化法律关系,减轻法院负担,降低交易成本。[1] 虽然诉讼时效制度主要在于保护债务人和维护公共利益,但直接向权利人证成不利后果的却是权利人自己"怠于行使权利",不仅诉讼时效的概念界定和立法设计都从"权利人不行使权利"的角度来表述,而且关于诉讼时效的流行法谚也都围绕权利人的自我归责展开,如"法律帮助勤勉人,不帮助睡眠人""时间之经过,对于懒惰或忽视自己权利之人常予以不利"。[2] 强调对权利人的"自我归责"有如下几个理由:第一,权利人的自我归责乃是基于私人视角的说服机制,与尊重法律平和、维护法律秩序、减轻法院负担等公共利益相比往往更容易被忽视。第二,在自由选择的价值日益凸显的现代社会,法律也应尽力体现当事人的"自我决定、自我负责"以作为对时代要求的回应。第三,诉讼时效制度以牺牲诸如"欠债还钱"这类在人们心目中根深蒂固的道德准则为代价,这种代价是否合理往往与对权利人的归责是否合理相关。第四,从权利人自我归责的视角进行说服往往具有便利性和实效性,比如一个法官向权利人宣布适用诉讼时效会导致的不利后果时,或者提出抗辩的义务人面对心有不甘的权利人时,往往会毫不犹豫地指出"这是你不及时行使权利的后果"。按照对权利人的归责逻辑,对于未定履行期限债权的诉讼时效起算,对权利人的督促和归责从债权成立时就可以或应该开始了——因为此时权利人可以随时要求债务人履行债务。大陆法系普遍采取"债权成立时"方案实际上正是严格遵从这种"自我归责"逻辑的反映,这一点在"履行期与履行迟延"规则与"对义务人的归责"的对照下得到了更为清晰

---

[1]　参见王泽鉴:《民法总则》(增订版),中国政法大学出版社 2001 年版,第 517 页。
[2]　参见郑玉波:《法谚》(一),法律出版社 2007 年版,第 71—72 页。

的体现。[1]

　　抽象地承认诉讼时效对权利人的归责逻辑是一回事,在诉讼时效规则的设定和论证过程中真正贯彻却是另一回事。苏联学者就在对《苏俄民法典》第172条的解说中指出:"在规定债务人应向债权人完成一定行为的债中,不履行义务即意味着侵害债权人的权利。在定期之债中,债权人一般要到履行债务的期限届满时,才会知道债务并未履行,或并未认真履行……在未确定履行义务的期限的债中,诉讼时效期间一般从按债权人要求给债务人规定的履行债务的优待期届满时起计算。债权人既然要求债务人履行债务,必定知道或者无论如何应当知道时效期间的过期和开始。"[2]我国学者沿用了苏联学者的论证方式,并结合《民法通则》(已失效,下同)和《合同法》(已失效,下同)的相关规定[3],将"宽限期"的设置作为推迟诉讼时效期间起算时间点的理由。比如,"对未定履行期的合同的诉讼时效起算问题,向来就有争议。但按照合同法的规定,未定履行期的合同,一方可以要求对方随时履行,一方也可以随时履行债务,只要给对方必要的履行准备期就是合法的。因此,我们认为,未定履行期的

---

[1]　如《日本民法典》第412条规定:"(1)就债务的履行有确定期限时,债务人自期限届至时起,负迟延责任。(2)就债务的履行有不确定期限时,债务人自其知道期限届至时起,负迟延责任。(3)就债务的履行未定期限时,债务人自接到履行的请求时起,负迟延责任。"我国台湾地区"民法"第229条规定:"给付有确定期限者,债务人自期限届满时起,负迟延责任;给付无确定期限者,债务人于债权人得请求给付时,经其催告而未为给付,自受催告时起,负迟延责任。其经债权人起诉而送达诉状,或依督促程序送达支付命令,或为其他相类之行为者,与催告有同一之效力。前项催告定有期限者,债务人自期限届满时起负迟延责任。"参见《最新日本民法》,渠涛编译,法律出版社2006年版,第92—93页。

[2]　[苏联]B. T. 斯米尔诺夫等:《苏联民法》(上卷),黄良平、丁文琪译,中国人民大学出版社1987年版,第218—219页。

[3]　根据《民法通则》第88条的规定,"履行期限不明确的,债务人可以随时向债权人履行义务,债权人也可以随时要求债务人履行义务,但应当给对方必要的准备时间",根据《合同法》第62条的规定,"履行期限不明确的,债务人可以随时履行,债权人也可以随时要求履行,但应当给对方必要的准备时间"。

合同的诉讼时效应当从当事人要求履行或者进行履行时,如果有履行准备期则从准备期满时,开始计算诉讼时效"[1]。再比如,"没有约定履行期的债,从经债权人请求后的一个合理的债务履行准备期届满时起计算。对于这种债,资本主义国家的民法多是规定从债权成立时起计算消灭时效期间。其理由是,债务未定履行期,债权人随时可请求履行,因而应从债权成立时起计算。但是,债权人虽可随时请求履行,但不一定立即请求履行,这样规定使债权人很容易丧失利益。我国《民法通则》第 88 条规定,履行期限不明确的债,债务人可以随时履行,债权人也可以随时请求债务人履行,但应给债务人必要的准备时间。因此,诉讼时效期间应从该准备期结束时起计算"[2]。类似这样的论述常常见于学者的论著和教材之中。

从宽限期制度对义务人的宽容直接推论出诉讼时效期间起算也相应推迟的做法是极有问题的。首先,宽限期是为了克服权利人可随时请求可能造成义务人准备不及而被追究违约责任的不利状态,特别为义务人设计的保护"装置",义务人将被要求在合理准备期间后再开始履行,这一制度装置甚至被赋予法律伦理意义:"引导债权人在行使权利时主动向交易对方(债务人)展示出一种'体谅''宽容',从而更好地维系双方业已建立起来的'信任'和'诚意'。"[3]宽限期是对义务人的某种宽容,而诉讼时效则是对权利人的某种归责,二者并无必然联系。然而,学者们在考察未定期债权时效起算问题时,却常常将二者混在一起,如有学者指出:"没有期限的债权,自

---

[1]　《人民司法》杂志社编:《司法信箱集》(第 4 辑),人民法院出版社 2007 年版,第133 页。

[2]　佟柔主编:《中国民法学·民法总则》,中国人民公安大学出版社 1990 年版,第322 页。

[3]　最高人民法院民事审判第二庭编著:《最高人民法院关于民事案件诉讼时效司法解释理解与适用》,人民法院出版社 2008 年版,第 126 页。

债权成立时起计算,但应给债务人一定的宽限期。"〔1〕其次,既然宽限期是为保护义务人而设,岂有权利人因推迟时效起算点而获利之理? 岂有诉讼时效随着权利人是否以及何时请求而定何时起算之理? 孙学致教授曾精辟地指出:"诉讼时效制度的立法目的,就是要限制权利不行使的状态,而不是受权利限制,更不能由权利支配。"〔2〕宽限期学说方案非但不是对权利人怠于行使权利的督促和归责,反而使权利人取得了控制诉讼时效期间起算的主动和支配地位。最后,宽限期起算方案反映了我们一直以来的思维定式——将有履行期限债权的时效起算方式作为唯一标准模式。如有学者认为:"在合同关系中,债务人在履行期限届满而未履行的事实,就是诉讼时效开始的依据。"〔3〕还有学者从另一个角度阐明了相同的逻辑:"权利可以行使之时,也就是义务人不履行义务而侵犯权利人的权利之时,二者实质上没有区别。"〔4〕换句话说,宽限期起算方案是一种将有履行期限债权时效起算的思维直接套用在未定履行期限债权时效起算问题上的结果,而没有将后者作为与前者相对独立的情形进行特殊考察。

诉讼时效规则在设定过程中未真正贯彻权利人的自我归责逻辑也导致了某些规则之间的矛盾,如有实务界人士指出:"按照诉讼时效中断的规定,当事人提出要求或者同意履行义务就发生诉讼时效中断的效果。但是按照诉讼时效期间起算的规定,是从知道或者应当知道权利被侵害时起计算。那么,在没有约定履行日期的情况

---

〔1〕　冯菊萍:《民法学》,华东理工大学出版社 2007 年版,第 122 页。

〔2〕　孙学致:《论诉讼时效期间的起算——以未定期限债权为客体的分析路径》,载《法制与社会发展》2002 年第 5 期。

〔3〕　江平、张佩霖编著:《民法教程》,中国政法大学出版社 1986 年版,第 119 页。

〔4〕　佟柔主编:《中国民法学·民法总则》,中国人民公安大学出版社 1990 年版,第 321—322 页。

下,当事人提出要求或者同意履行义务,并不能说明当事人的权利受到了侵害。"[1]在诉讼时效制度中,在给予义务人对抗权利人的抗辩权的同时,也给予权利人一定的自我防护措施。只要权利人积极运用了防护措施就意味着其并未懈怠,也就具有了不可归责的理由,诉讼时效中断制度就是措施之一,其效力是,迄今为止已经过去的时效期间统统不算,待中断事由结束后,时效期间重新计算。因此,在逻辑上,诉讼时效的起算在先,然后才有中断。然而,根据《民法通则》第 137 条"诉讼时效期间从知道或者应当知道权利被侵害时起计算"的规定,未定履行期限债权的诉讼时效从权利人主张权利(而义务人拒绝)或者宽限期届满开始起算,而根据《民法通则》第 140 条"诉讼时效因提起诉讼、当事人一方提出要求或者同意履行义务而中断"的规定,权利人主张权利是当然的中断事由(各国民法都有类似规定)。一个法律上主张权利的行为竟然导致了起算和中断两种后果,而且在时间上产生中断与起算同时,甚至中断早于起算的荒谬结果。

二、现行法过短的时效期间设计

未定履行期限债权的时效起算与一国民事法制下的时效期间长短设计密切相关。如果时效期间被设计得较长,那么"债权成立时"这种看起来对债权人"不利"的起算方案(毕竟与定有履行期债权的情形相比,它给人一种"缩短"诉讼时效期间的印象),也已经给了债权人足够长的请求时间。于是,债权人因不行使权利而导致时效期间届满进而招致损失,显然可以合理地归责于债权人的"懈怠"。相

---

[1]　吴庆宝主编:《最高人民法院专家法官阐释民商裁判疑难问题(2009—2010 年卷)》,中国法制出版社 2009 年版,第 379—380 页。

反,如果诉讼时效期间规定得较短甚至很短(在我国,不仅普通诉讼时效期间只有短短的 2 年,而且整个诉讼时效期间体系都呈现出极短的特征),那么采取"债权成立时"的起算方式,就会显得对债权人过于苛刻,因为被"缩短"的部分相较本来就已经很短的诉讼时效期间可能显得太长了。相比而言,"债务人拒绝履行时""宽限期届满之日"等起算方式却不会存在对债权人严苛的问题,反而可能形成对现行法诉讼时效期间过短之弊的某种补救,实现债权人利益和债务人利益的重新平衡。在此意义上,未定履行期限债权的时效起算问题可能被转换成诉讼时效期间设置的长短合理与否的问题,或者说对后者的确定已经在某种程度上决定了我们对前者的选择(无论我们是否清楚地意识到),至少在中国语境中是如此。

我国《民法通则》规定的诉讼时效期间过短,对债权人极为苛刻,早已成为学界、实务界和民众的基本共识,因此许多学者为了给予债权人利益以格外的关注和偏重,不选择大陆法系常规的"债权成立时"方案,而是选择诸如"债权人请求债务人履行时""债权人给予债务人的宽限期满"等有利于债权人的方案,防止债权人的处境"雪上加霜"。谢怀栻教授就曾考虑到:"没有约定履行期的债,应从何时起算时效期间? 世界各国立法有两种规定:(1) 从债权成立时起算,多数资本主义国家是这样规定的。(2) 从债权人请求而债务人不履行时起算,苏联是这样规定的……我们应取哪一种呢? 我看我们的时效规定得很短,只有两年,一成立马上计算时间,很容易使债权人丧失利益,苏联的规定还是比较可取的。"[1]郭明瑞教授也指出:"我国法上规定的普通时效期间过短,仅有 2 年。如果认为未定有履行期限的债,自债权成立之时就开始计算诉讼时效,就等于允许当事人间不定期债只能为 2 年,这显然不妥。例如,在民间借贷中,当事

---

〔1〕 谢怀栻:《民法总则讲要》,北京大学出版社 2007 年版,第 203—204 页。

人往往不约定偿还期限,若自债权成立之日起开始计算时效期间,也就是说在两年内债权人必须向债务人要求偿还借款,否则法律将不予保护,这不符合社会实情。"[1]还有学者指责"债权成立时"方案可能带来债务人大量逃废债务的道德风险[2],这种论证显然是针对过短时效期间的设置而言,否则就会变成对诉讼时效制度本身的颠覆。笔者还试图作出如下两个"猜测":第一,正是时效期间过短和权利人不及时行使权利常常包含了"宽容"情谊的现实,使得学者们和法官们在面对"权利人主宰时效起算的不正常状况"时表现出了极大的宽容。第二,《民法通则》之前以及之后的早期阶段,主张"债权成立时"方案的学者要多于主张"债权人请求时"方案的学者,一个可能的解释是,当时学者们并不认为 2 年的诉讼时效期间"过短",至少与我们今天的认识不可相提并论。

　　关于未定履行期限债权时效起算与时效期间长短关系的解说,可能在一定程度上解释了为什么诸多大陆法系国家或地区(比如日本、意大利、巴西以及我国台湾地区等)的民法和学说理论对选择"债权成立时"方案会如此惊人的一致。因为这些国家或地区都普遍规定了较长的普通诉讼时效期间(分别是 10 年、10 年、10 年、15 年等),"债权成立时"起算方式对债权人利益并不构成任何不公正的不利(除了诉讼时效制度自身逻辑给权利人造成的不利),或者这种不利微小到可以忽略不计。从我国未定履行期限债权时效起算制度设计的角度看,对于在我们看来需要特别关注的债权人利益保护问题,诸多大陆法系国家或地区的民法已通过时效期间设定时的特别考量而"预先"解决了;相反,我国《民法通则》由于在时效期间的设定上未能周到考虑债

---

[1]　郭明瑞、房绍坤、唐广良:《民商法原理(一)民商法总论　人身权法》,中国人民大学出版社 1999 年版,第 327 页。

[2]　参见邹开亮、肖海:《民事时效制度要论》,知识产权出版社 2008 年版,第 214 页。

权人的正当利益问题,从而不得不在未定履行期限债权时效起算问题上作"延后"的"特殊"处理。如果未来民法典能够通过合理加长诉讼时效期间的方式将此问题"预先"解决,那么我们因为需要对债权人利益特别关照而产生的方案分歧("债权人请求时"方案与"债权成立时"方案之间的对立)也就不存在了。

三、"侵害论"的思维定式和制度选择

学界之所以在"债权成立时"方案之外产生出各种"债权人请求时"方案,除了归因于偏离权利人的自我归责逻辑和现行法过短的时效期间设置,还与我国诉讼时效立法选择"侵害论"的理念与制度直接相关,《民法通则》第137条"诉讼时效期间从知道或者应当知道权利被侵害时起计算"的规定表明了这一点。正是"侵害论"的初始选择使我们无法自然地接受"债权成立时"这一大陆法系较为通行的方案(因为债权成立之时并不一定是权利被"侵害"之时),反而使我们想当然地将起算问题与违约认定捆绑在一起。大陆法系通常选择"行使论"的立场,即时效从权利可行使开始。[1] "行使论"强调权利或请求权可行使,而且是在"法律上"可行使,即"对债权的行使使法律上的障碍消失时"[2]"权利人于法律上并无障碍,而得行使请求

---

[1] 如《日本民法典》第166条规定的"自权利可以行使时起进行",《意大利民法典》第2935条规定的"自权利可以主张之日起开始",以及我国台湾地区"民法"第128条规定的"自请求权可行使时起算"等。参见《最新日本民法》,渠涛编译,法律出版社2006年版,第39页;《意大利民法典》(2004年),费安玲等译,中国政法大学出版社2004年版,第779页。
[2] 〔日〕我妻荣:《我妻荣民法讲义Ⅰ:新订民法总则》,于敏译,中国法制出版社2008年版,第448页。

权之状态"[1]。按照这样的逻辑,对于未定履行期限债权,选择"债权成立时"的起算方式是不言而喻的,因为从债权成立之时就不存在法律上的请求障碍,债权人随时可以要求履行;相反,对于定有履行期限的债权,履行期限倒是作为一种权利行使的法律障碍而存在。选择"侵害论"的立场[2],意味着强调权利是否被侵害而不是权利是否发生或请求权在法律上是否可行使。按照这样的逻辑,虽然未定履行期限债权的债权人随时可以请求履行,但是只要其未请求便不会存在债务人违约(迟延或拒绝),也就无所谓权利被侵害,而时效开始计算只能是第一次请求之后的事情,因为只有这时才能确定债务人是否违约或者构成侵害。[3] 我国学界除"债权成立时"外的三种学说,都或隐或显地表明违约与诉讼时效起算的关联,差异只是违约认定时间的不同而导致时效起算的时间略有不同而已。[4] 这也解释了我国学者为什么对未定履行期限债权时效起算的关注远甚于定有履行期限债权的时效起算,因为后者(由于履行期限届满与违约认

---

〔1〕　梁慧星主编:《中国民法典草案建议稿附理由·总则编》,法律出版社 2004 年版,第 530 页。

〔2〕　如《俄罗斯联邦民法典》第 200 条规定的"自当事人获悉或应该获悉自己的权利被侵犯之日起计算",《越南社会主义共和国民法典》第 159 条规定的"自合法权益被侵害之日起计算"等。参见《俄罗斯联邦民法典(全译本)》,黄道秀译,北京大学出版社 2007 年版,第 109 页;《越南社会主义共和国民法典》,吴远富编译,厦门大学出版社 2007 年版,第 41 页。

〔3〕　参见邹开亮、肖海:《民事时效制度要论》,知识产权出版社 2008 年版,第 126—127 页。

〔4〕　部分学者明确指出诉讼时效期间只能从违约开始计算,参见崔建远:《无履行期限的债务与诉讼时效》,载《人民法院报》2003 年 5 月 30 日,第 3 版;冯恺:《诉讼时效制度研究》,山东人民出版社 2007 年版,第 141 页;王利明等:《民法学》(第二版),法律出版社 2008 年版,第 153 页。其他学者虽大多没有在表述中明确指出这种关联,但大都将未定履行期限债权与有履行期限债权、附条件的债权和不作为的债等情形的起算,一并放在对《民法通则》规定的"诉讼时效期间从知道或者应当知道权利被侵害时起计算"的具体阐释之下。参见魏振瀛主编:《民法》(第三版),北京大学出版社 2007 年版,第 198 页;马俊驹、余延满:《民法原论》(第三版),法律出版社 2007 年版,第 256 页;梁慧星:《民法总论》(第三版),法律出版社 2007 年版,第 247 页。

定的直接关联)很自然地与《民法通则》第 137 条中的"侵害论"规则保持一致,前者则由于和第 137 条的"冲突"而需要进行符合诉讼时效精神的合理解释。

　　选择"行使论"和选择"侵害论"在未定履行期限债权时效起算问题上产生的巨大分歧,也可以从我国近年来三部有代表性的民法典学者建议稿中窥见一斑。梁慧星教授主持的《中国民法典草案建议稿附理由·总则编》采取了大陆法系通行的行使论立场,该建议稿第 192 条规定:"除法律有特别规定外,时效依以下规定开始计算:(一)时效期间自权利能够行使时开始计算……"并且在对"权利能够行使时"这一起算标准进行"立法说明"时,明确指出其中的一种情形便是:"债权未定清偿期的,债权人可以随时请求清偿,此类请求权自债权成立时即可行使,因此自债权成立之时,诉讼时效开始计算。"[1]徐国栋教授主持的《绿色民法典草案》也持行使论立场,该草案第 152 条规定:"时效期间从可以行使诉权之时起算。"[2]在未定期履行期限权时效起算问题上自然地延续"权利能够行使"的立场,第 256 条规定:"在期限不定的债中,如果请求法院确定期限的诉权因时效消灭,则为实现此等债本身的诉权也因时效消灭。"[3]王利明教授主持的《中国民法典学者建议稿及立法理由·总则编》则延续了《民法通则》的侵害论立场,该草案建议稿第 245 条规定:"……诉讼时效期间自权利人知道或应当知道其权利或者受法律保护的利益受到侵害之日起开始计算,但本法或者其他法律另有特殊规定的除

---

[1]　梁慧星主编:《中国民法典草案建议稿附理由·总则编》,法律出版社 2004 年版,第 245—246 页。

[2]　徐国栋主编:《绿色民法典草案》,社会科学文献出版社 2004 年版,第 38 页。

[3]　徐国栋主编:《绿色民法典草案》,社会科学文献出版社 2004 年版,第 39 页。

外……"〔1〕在未定履行期限债权时效起算问题上采取了"债权人请求时"方案,该建议稿第 247 条规定:"履行期限未确定的债权的诉讼时效期间,自权利人通知履行后,催告期间届满之日起开始计算……"〔2〕

需要特别指出的是,尽管"侵害论"模式常常与主观起算标准结合在一起(如《俄罗斯联邦民法典》、我国《民法通则》、《越南民法典》等),但是二者实际上并无必然的关联,换句话说,采取主观起算标准并不必然要采取侵害论模式。《德国民法典》2002 年修正前后的规则变化为我们提供了观察二者关系的一个极好案例。修正前的《德国民法典》第 198 条规定:"时效自请求权产生之日起开始计算。以不作为为目的的请求权,时效自发生违反行为之时起开始计算。"2002 年修正后实施的《德国民法典》第 199 条规定:"(1)普通消灭时效期间,自有下列情形之年的年末起算:1. 请求权在该年以内产生的,并且 2. 债权人在该年以内知道或者在无重大过失的情况下应当知道使请求权成立的情况和债务人的……" 从中可以看出:一方面,《德国民法典》修正前后的普通诉讼时效起算方式存在着从客观标准向主观标准的变化,而与这种变化相应的是普通诉讼时效期间长短的变化,即从之前的 30 年变为目前的 3 年;另一方面,尽管普通诉讼时效期间起算转向主观标准,但《德国民法典》却并未采取侵害论,"请求权在该年以内产生""应当知道使请求权成立的情况和债务人"等规则表述清晰地表明了这一点。因此,未定履行期限债权的时效起算规则在《德国民法典》修正之后并未发生根本的变化。

---

〔1〕　王利明主编:《中国民法典学者建议稿及立法理由·总则编》,法律出版社 2005 年版,第 430 页。

〔2〕　王利明主编:《中国民法典学者建议稿及立法理由·总则编》,法律出版社 2005 年版,第 437 页。

苏力教授曾提醒我们:"仅仅因为别人或别国如何如何这并不能赋予某种做法或制度本身任何规范性的或正当化的力量。"[1]大陆法系国家普遍采取"行使论"而不是"侵害论",也并不足以证明我国采取侵害论就是有问题的,它至多可以构成我们反思自己独特制度的必要提醒和无形压力。我们真正需要的是审视和反思"侵害论"本身,而这正是下文要做的工作。一是,侵害论只是解释了引起权利人行使权利的通常原因或情形,而无法完成周延界定"权利人能够行使权利"(这是界定是否构成"权利上的睡眠者"的基本标尺)本身的任务。侵害论更像专门针对侵权行为的诉讼时效起算理论,因为对于侵权问题而言,判断是否懈惰也只能从确定"侵害"开始,侵害确定的重要性凸显出来。相反,大陆法系国家普遍采取的行使论则对各种原因或情形具有更大的包容性和解释力。[2]未定履行期限债权与定有履行期限债权的起算都只是"权利可行使之时"的不同表现方式,差异只在于,与前者相比,后者由于履行期限的存在而使行使权利的时间推后而已。二是,侵害论会导致出现诉讼时效始终无法进行的情形,而这明显与诉讼时效制度的基本精神相悖。我国台湾地区的学者刘得宽教授就指出:"对于债务之履行未定有期限者:债务人原则上,从受到履行请求之时起,负迟延责任。然债权人因随时可以请求(现实权利之行使),因此消灭时效之起算点,应从债权之成立时,开始进行,斯未必与债务人负迟延之时点相为一致。非如此,则

[1] 苏力:《也许正在发生:转型中国的法学》,法律出版社 2004 年版,第 250 页。

[2] 已有学者指出:"如果采取'从权利人能够行使权利时起'开始计算普通诉讼时效的期间作为一般原则,就会兼顾合同责任、侵权责任及其他责任的性质,是一种比较合理与可行的方法。"参见江平主编:《民法学》,中国政法大学出版社 2007 年版,第 242 页。当然,这并不妨碍针对侵权行为法的特殊性而在诉讼时效一般规则之外作出特别规定,如《日本民法典》第 724 条规定:"因侵权行为发生的损害赔偿请求权,自受害人或其法定代理人知道其损害及加害人时起三年间不行使时,因时效而消灭。自侵权行为时起,经过二十年时,亦同。"参见《最新日本民法》,渠涛编译,法律出版社 2006 年版,第 154 页。

会产生无债权人之请求则永无消灭时效进行之不合理现象。"〔1〕虽然《民法通则》第137条有20年最长期间限制("从权利被侵害之日起超过二十年的,人民法院不予保护")〔2〕,但这一限制是为了防止适用主观起算标准("从知道或者应当知道权利被侵害时起计算")可能导致的永远无法计算诉讼时效之弊而设,实际上是为"无辜"("不知道权利被侵害"的)权利人所划定的一个保护边界,而未定履行期限债权的债权人知道并能够行使权利而长期不行使,与20年最长期间限制的本旨并不相符。如果适用,与其说是敦促权利人行使权利,还不如说是纵容权利人的懒惰。

结　论

未定履行期限债权的时效起算作为中国式问题的存在迥异于大陆法系的一般做法,直接源于现行法和理论对权利人自我归责逻辑的偏离、过短的时效期间设置和对"侵害论"模式的选择。在很大程度上,这"三个相关"形成的模式力量限制了人们的选择,使人们更可能或很自然地按照三个相关设置的条件和环境来行动,并进一步加强了三个相关的力量,"债权人请求时"方案在《诉讼时效规定(2008)》中获得确认就是证明。未来民法典最终在未定履行期限债权的时效起算问题上采取何种立场、确立何种规则,将主要取决于对这"三个相关"的重新审视和制度选择。如果未来民法典在这三个问

---

〔1〕　刘得宽:《民法总则》,中国政法大学出版社2006年版,第342页。

〔2〕　关于《民法通则》第137条中"20年期间"之定性,学界大致形成了四种观点:除斥期间、最长诉讼时效期间、最长权利保护期限、最长期间限制,笔者倾向最长期间限制之定性,详细论证参见霍海红:《"20年期间"定性之争鸣与选择——以〈民法通则〉第137条为中心》,载《华东政法大学学报》2010年第3期。

题上继续坚持既有的制度和观念,那么可以预见,《诉讼时效规定
(2008)》第 6 条将会在民法典中被坚持和固定下来。相反,如果在这
三个问题上与大陆法系的一般做法和观念靠拢,那么"从债权成立时
起算"方案将会是未来民法典的新选择。笔者的基本立场是,我国未
来民法典在"三个相关"问题上应当作出与现行立法完全不同的观念
和制度选择。首先,正确认识和严格贯彻诉讼时效制度对权利人的
归责逻辑,改变将保护债务人的履行宽限期制度与督促债权人的诉
讼时效制度相混淆的观念和做法,并理顺诉讼时效起算与诉讼时效
中断的关系;其次,对既有过短诉讼时效期间进行更为合理的设
计,从时效期间的角度将债权人利益进行妥当安置,消除对特别保护
和平衡债权人利益的考量;最后,在诉讼时效起算上抛弃侵害论模式
而采取行使论模式等,将时效起算与所谓"侵害"判断或违约认定彻
底剥离,并从权利行使的角度重新理解和界定侵害与诉讼时效的关
系。如果实现以上三点转变,那么在未定履行期限债权时效起算问
题上改采"债权成立时"方案将成为相关制度调整或改进后的必然产
物。到那时,所谓作为"中国式问题"的未定履行期限债权时效的起
算问题也将彻底消失,就像在大陆法系其他国家或地区的诉讼时效
制度体系之内,未定履行期限债权时效的起算根本未成为一个问题
一样。

　　笔者的论证过程还试图表明如下两个事实:一是,未定履行期限
债权时效的起算问题早已超出这一问题本身,而是涉及诉讼时效制
度的基本观念、整体设计和综合考量等一系列问题,制度系统中的
"牵一发而动全身"由此可见一斑;二是,我国既有的诉讼时效制度设
计缺乏一以贯之的理念支撑和细致权衡,而是给人一种为达致总量
平衡而"拆东墙补西墙"的印象,比如一方面遵循职权主义援用逻辑

过分保护义务人和所谓公共利益[1]，另一方面却在未定履行期限债权时效起算点的设定中过度放纵权利人，这将是我国未来在民法典诉讼时效制度的设计中必须充分关注和着力解决的重大问题。

---

[1]　参见霍海红:《论我国诉讼时效效力的私人自治转向——实体与程序双重视角的观察》,载《现代法学》2008 年第 1 期。

第 10 章　再论未定履行期限债权
的诉讼时效起算*

> 许多制度之所以存在,并非因为其有效或者适合环境,而只是因为在产生之初,它们挤掉了其他选择。随着时间的推移,当初随意性的细小差别可能会扩大为非常大的差别。[1]
> ——〔美〕弗朗西斯·福山:《大分裂:人类本性与社会秩序的重建》

引　言

关于未定履行期限债权的诉讼时效起算,在 20 世纪 80 年代初期,理论界曾形成两种"势均力敌"的观点:一种观点主张,未定清偿期之债权,时效从债权成立时起算[2];另一种观点主张,未定清偿期之债权,时效从权利人主张权利时起算,但债权人给对方必要准备时间的,从该期限届满时起算[3]。1986 年《民法通则》(已失效,下同)未对此作出规定。不过,时任全国人大常委会法制工作委员会副

---

　*　本章内容曾以《再论未定履行期限债权的诉讼时效起算》为题发表于《环球法律评论》2019 年第 1 期。
〔1〕　参见〔美〕弗朗西斯·福山:《大分裂:人类本性与社会秩序的重建》,刘榜离等译,中国社会科学出版社 2002 年版,第 121 页。
〔2〕　参见佟柔主编:《民法原理》,法律出版社 1983 年版,第 112 页。
〔3〕　参见王作堂等编:《民法教程》,北京大学出版社 1983 年版,第 128 页。

主任的顾昂然先生在"最高人民法院民法通则培训班"所作的《民法通则的制定情况和主要问题》明确指出:"《民法通则》规定,诉讼时效期间从知道或者应当知道权利被侵害时起计算。具体如何计算,大体有以下几种情况:第一,有约定履行期限的债务关系,到期不履行的,从期限届满起计算。第二,债务关系没有约定履行期限的,从权利人提出要求履行之日起算……"[1]

《民法通则》颁行后,无论是在理论界还是实务界,"从权利人主张权利时起算时效"方案都成为主导,而不再是当初两方案"平分秋色"的情形。在理论界,主张"从权利人主张权利时起算时效"者明显占据多数[2],而主张"从权利成立时起算时效"者则仅占少数[3]。实务界更是几乎"一边倒"地支持"从权利人主张权利时起算时效"方案[4],直到 2008 年最高人民法院《诉讼时效规定(2008)》(已被修改,下同)第 6 条明确规定:"未约定履行期限的合同,依照合同法第六十一条、第六十二条的规定,可以确定履行期限的,诉讼时效期间从履行期限届满

---

[1]　顾昂然:《立法札记——关于我国部分法律制定情况的介绍(1982—2004 年)》,法律出版社 2006 年版,第 255 页。

[2]　参见马原主编:《中国民法讲义》(上册),全国法院干部业余法律大学 1986 年版,第 170—171 页;陈国柱主编:《民法学》(第二版),吉林大学出版社 1987 年版,第 121 页;周元伯主编:《中国民法教程》,南京大学出版社 1988 年版,第 155 页;佟柔主编:《中国民法学·民法总则》,中国人民公安大学出版社 1990 年版,第 322 页;梁慧星:《民法总论》(第三版),法律出版社 2007 年版,第 247 页;郭明瑞主编:《民法》(第二版),高等教育出版社 2007 年版,第 147 页;魏振瀛主编:《民法》(第三版),北京大学出版社 2007 年版,第 198 页;王利明等:《民法学》(第二版),法律出版社 2008 年版,第 153 页。

[3]　参见马俊驹、余延满:《民法原论》(第三版),法律出版社 2007 年版,第 256 页;江平主编:《民法学》,中国政法大学出版社 2007 年版,第 244 页。

[4]　最高人民法院机关刊物《人民司法》2002 年第 1 期至 2006 年第 12 期刊登的司法信箱"民事"部分的 73 篇文章中,就有 4 篇是未定履行期限债权时效起算问题,法官的回答均为"债权人请求时"或者"宽限期届满时"。参见《人民司法》杂志社编:《司法信箱集》(第 4 辑),人民法院出版社 2007 年版,第 86、105、113、133 页。部分高级人民法院也在"指导意见"中,明确表达了"从权利人主张时或宽限期(如果有的话)届满时起算时效"的立场,如辽宁省高级人民法院《关于诉讼时效若干法律问题的指导意见》、广东省高级人民法院《关于民商事审判适用诉讼时效制度若干问题的指导意见》、四川省高级人民法院《关于诉讼时效若干问题的指导意见》等。

之日起计算;不能确定履行期限的,诉讼时效期间从债权人要求债务人履行义务的宽限期届满之日起计算,但债务人在债权人第一次向其主张权利之时明确表示不履行义务的,诉讼时效期间从债务人明确表示不履行义务之日起计算。"《诉讼时效规定(2008)》的出台似乎意味着问题已"尘埃落定",理论界从此也的确很少关注。然而,《诉讼时效规定(2008)》第6条与其说是"旧争议的终结",不如说是"新探讨的开始"。

笔者曾于2010年发表《未定期债权时效起算——一个"中国式问题"的考察》一文,提出三个判断:(1)《诉讼时效规定(2008)》第6条选择"从权利人主张权利时起算时效"方案,主要基于三个因素:对诉讼时效期间过短之现实给予了"妥协"、忽视"权利人掌控时效起算点"的"悖论"、对《民法通则》第137条"权利人被侵害"的表述存在误解;(2)《诉讼时效规定(2008)》第6条未做到理论的自洽,主要体现对现实的妥协,只是一种"权宜之计";(3)在未来民法典设置足够长普通时效期间的前提下,应采理论自洽的"从权利产生时起算时效"方案。[1] 对于该文的立场和观点,笔者至今坚持。

既然一直坚持《未定期债权时效起算——一个"中国式问题"的考察》一文的立场和观点,为何几年后再度关注?主要原因有三:第一,《民法总则》(已失效,下同)未正面回应未定履行期限债权的时效起算问题,这既可能是立法者对《诉讼时效规定(2008)》第6条持"保留态度",也可能是立法者认为"时机未到",期待理论界和实务界进一步达成共识[2];第二,该文尚有诸多任务没有完成,笔者力图

---

〔1〕 参见霍海红:《未定期债权时效起算——一个"中国式问题"的考察》,载《吉林大学社会科学学报》2010年第6期。

〔2〕 笔者作此推断并非无端猜测,一方面,在我国,基本法律吸收成熟司法解释条文,是一种立法中的常规做法,是长期以来"摸着石头过河"立法政策的表现;另一方面,《民法总则》有的规则就是从《诉讼时效规定(2008)》"搬家"而来。比如,《民法总则》第189条"当事人约定同一债权分期履行的,诉讼时效期间自最后一期履行期限届满之日起计算",就"原样"出自《诉讼时效规定(2008)》第5条。

基于新材料、新视角,形成新论证;第三,在未定履行期限债权的时效起算问题上,在"结论"层面有争议很正常,但其实在"问题"层面我们也缺乏足够共识,以致某些争论沦为"自说自话"。在此意义上,笔者与其说是"表达观点",不如说是"界定问题"。

一、违约责任与诉讼时效的"混淆"

根据《诉讼时效规定(2008)》第 6 条的规定,未定履行期限债权的诉讼时效,从债权人要求债务人履行义务的宽限期届满之日起算,或者从债权人第一次主张权利而债务人表示不履行之日起算。这是一种"根据违约责任成立与否确定诉讼时效起算与否"的逻辑,它混淆了"违约责任"与"诉讼时效"这两个独立的问题(尽管在时间点上有时会重合)。

(一)诉讼时效起算而非违约责任确定

对于未定履行期限的债权,要确定义务人的违约责任,需要权利人主张权利这个"媒介",有权利人主张权利,才会有义务人不履行义务或权利人给予义务人宽限期的问题,主张权利之时或宽限期届满之时,是追究违约责任的时点;相反,如果权利人不主张权利,便不存在义务人需要实际履行义务的问题,也谈不上承担违约责任。但权利人"实际"主张权利,只是"确定违约责任成立"的逻辑,并非"确定诉讼时效起算"的逻辑,因为诉讼时效关注的是"不行使权利",它只需要确保"权利可行使"即可。根据《民法通则》第 88 条和《合同法》(已失效,下同)第 62 条的规定,权利人"可以随时"行使权利,既然从"权利成立时"就可行使,理应受到诉讼时效的归责而开始计算时效,至于权利人是否实际行使权利,只关涉"中断",而非"起算"。[1]

对定有履行期限的债权,要确定义务人的违约责任,媒介已不是"权利人主张权利",而是预定的"履行期限",因为履行期限届至便意味着义务人承担违约责任,权利人无须另行催告。[2] 权利人主张权利,则既非违约责任的成立条件,也非确定时点。与此同时,履行期限也是确定诉讼时效起算的关键,因为只有履行期限届至,权利人才可主张权利(此前义务人因履行期限而享有"不履行"的"利益"),诉讼时效才可开始计算。"履行期限"只是在定有履行期限债权的情形下,才同时在违约责任和诉讼时效的确定上发挥关键作用。因此,定有履行期限债权的时效起算并不能成为未定履行期限债权时效起算的"模板"参照,但《诉讼时效规定(2008)》第6条却"比葫芦画瓢"。

(二)"混淆"带来的"冲突"难题

根据《民法总则》第188条第2款规定:"诉讼时效期间自权利人知道或者应当知道权利受到损害以及义务人之日起计算。"按照《诉讼时效规定(2008)》第6条,未定履行期限债权的时效,从债权人要求债务人履行义务的宽限期届满之日起算,或者从债权人第一次主张权利而债务人表示不履行之日起算。综合上述两个条文,只要权利人不去主张权利,便不会满足所谓"权利受到损害"之条件,也便不

---

[1] 根据1922年《苏俄民法典》第45条第2款的规定:"关于须由债权人请求方始履行之债务,其起诉时效自债务发生之日起算。"(参见《苏俄民法典》,王增润译,新华书店1950年版,第21页)苏联学者对该条款的解释,在今天看起来也是比较精辟的:"如果根据索偿要求,债务人应该向债权人提交某种东西,那么,提出要求(索偿要求)一事不应该看作是产生诉讼请求权的根据,而应该看作是已产生的诉讼请求权的实现。因此,时效期间也应该从产生债的时候开始,因为那时已经产生了提出索偿要求的可能性。"参见〔苏联〕И. Б. 诺维茨基:《法律行为·诉讼时效》,康宝田译,中国人民大学出版社1956年版,第191页。

[2] 参见韩世远:《合同法总论》(第三版),法律出版社2011年版,第259页。

会起算诉讼时效,哪怕在权利成立数十年后也是一样。这相当于承认未定履行期限债权的时效存在"永不计算"的可能,权利人可以"无限期"不行使权利。这实际上背离了诉讼时效制度对权利人的"督促"逻辑。

如果《诉讼时效规定(2008)》第 6 条的逻辑成立,那么它与《诉讼时效规定(2008)》第 2 条在指导思想上也存在冲突。根据《诉讼时效规定(2008)》第 2 条的规定:"当事人违反法律规定,约定延长或者缩短诉讼时效期间、预先放弃诉讼时效利益的,人民法院不予认可。"最高人民法院释义书明确指出:"允许当事人预先放弃时效,无异于允许权利人无限期地怠于主张权利,不利于维护稳定的市场交易秩序,背离了诉讼时效制度的设定宗旨。"[1]同样规定于《诉讼时效规定(2008)》,同样涉及"无限期不行使权利的潜在危险",竟然一个条文"准许",而另一个条文"禁止"。冲突的根源在于,将原本属于违约责任的界定手段,错置到诉讼时效的界定,破坏了诉讼时效的正常逻辑,进而与其他时效规则产生冲突,也就不足为奇了。

值得注意的是,根据《民法总则》第 197 条第 2 款的规定"当事人对诉讼时效利益的预先放弃无效"。全国人大常委会法制工作委员会释义书指出:"如果允许预先放弃时效利益,权利人可能会利用强势地位,损害义务人的权利。从公平保护的角度,不应该允许当事人预先约定放弃时效利益,否则等于权利人可以无期限地行使权利,违反了诉讼时效制度的法定性,与诉讼时效制度设立的目的不相吻合,因此当事人对诉讼时效利益的预先放弃无效。"[2]这与最高人民法院对《诉讼时效规定(2008)》第 2 条的释义基本一致。不过,《民

---

〔1〕　最高人民法院民事审判第二庭编著:《最高人民法院关于民事案件诉讼时效司法解释理解与适用》,人民法院出版社 2015 年版,第 62 页。
〔2〕　李适时主编:《中华人民共和国民法总则释义》,法律出版社 2017 年版,第 628 页。

法总则》并未吸收《诉讼时效规定（2008）》第 6 条。笔者更愿意相信，《民法总则》之所以并未像吸收《诉讼时效规定（2008）》第 5 条一样吸收第 6 条，是因为看到了《诉讼时效规定（2008）》第 6 条与《民法总则》第 197 条第 2 款的理念冲突。果真如此，倒是体现了《民法总则》注重诉讼时效制度"体系化"的努力。

二、"权利受到损害"的不能承受之重

根据《民法总则》第 188 条第 2 款的规定："诉讼时效期间自权利人知道或者应当知道权利受到损害以及义务人之日起计算……"其中"权利受到损害"沿袭于《民法通则》第 137 条第 1 款之"权利被侵害"表述。全国人大常委会法制工作委员会释义书对"权利受到损害"未作任何"立法说明"，但在未定履行期限债权的时效起算上，"权利受到损害"竟发挥着"决定性"作用。主张"从权利人主张权利时起算时效"者，大多将其作为"核心"论证资源。最高人民法院释义书对《诉讼时效规定（2008）》第 6 条作说明时也指出，"宽限期届满"和"债务人拒绝履行"都是贯彻《民法通则》第 137 条"权利被侵害"的结果，因为权利人在向义务人主张权利前并无"权利被侵害"之事实。[1] 对于"从权利人主张权利时起算时效"方案，无论是持支持立场，还是持反对态度，认真对待"权利被侵害（受到损害）"的表述都不可或缺。

---

[1]　参见最高人民法院民事审判第二庭编著：《最高人民法院关于民事案件诉讼时效司法解释理解与适用》，人民法院出版社 2015 年版，第 118—122 页。

(一)"权利受到损害"表述被"过度"解读

在未定履行期限债权的时效起算上,从"知道或者应当知道权利受到损害时起算"推导出"权利人主张权利时起算时效"方案,误解和误用了"权利受到损害"的表述。《民法总则》第 188 条第 2 款除新增"知道义务人"条件外,重点在于"知道或者应当知道"的主观标准,而不是"权利受到损害"的表述,证据之一就是:全国人大常委会法制工作委员会释义书对《民法总则》第 188 条第 2 款所作的"立法说明",通篇都在强调:在时效起算标准的"客观"与"主观"之间,《民法总则》与《民法通则》一样选择了"主观"。该说明不仅未提"权利受到损害"的表述究竟是何意,甚至对于均采主观起算标准的德国法和俄罗斯法的不同表述(德国法:请求权产生时;俄罗斯法:权利受到侵犯时)也未作区别。[1] 我们似乎可以推论:在立法者眼中,"请求权产生时"与"权利受到侵犯时"无任何区别。这倒是与释义书不对"权利受到损害"作说明的做法相一致。在此意义上,在未定履行期限债权的时效起算的问题上,将"权利受到损害"作为核心论证资源,存在对无实质意义表述作"过度解读"的问题。[2]

(二)是权利受到损害时,还是请求权成立时?

即使同为主观起算标准,各国表述也并不一致,代表性模式有三种:第一种以德国法为代表,法典表述为"知道或者在无重大过失

---

〔1〕　参见李适时主编:《中华人民共和国民法总则释义》,法律出版社 2017 年版,第592—593 页。
〔2〕　另一个例子,是对《侵权责任法》(已失效)第 10 条"能够确定具体侵权人的,由侵权人承担责任"的过度解读,该表述本属"多余",却常被当作规则"核心"。对该"过度解读"的批评,参见霍海红:《论共同危险行为规则之无因果关系免责——以〈侵权责任法〉第 10 条之解释为中心》,载《中外法学》2015 年第 1 期。

的情况下应当知道请求权成立时"(《德国民法典》第 199 条)〔1〕;第二种以俄罗斯法为代表,法典表述为"获悉或应该获悉自己的权利被侵犯之日"(《俄罗斯联邦民法典》第 200 条)〔2〕;第三种以 2017 年修正前的日本法为代表,法典表述为"权利可以行使时"(《日本民法典》第 166 条)〔3〕。虽然 2017 年修正前的《日本民法典》没有"知道或者应当知道"的表述以明示其"主观"标准,但学界有力学说主张,"权利可以行使时"是指能够现实期待权利行使的时刻,甚至提出以"可以期待债权人行使权利时"直接取代"权利可以行使时"。〔4〕我国法与俄罗斯法的表述一致,是当初学习苏联法的结果,根据《苏俄民法典》第 83 条的规定:"诉讼时效的期限从起诉权产生之日算起;起诉权从当事人得知或者应当得知其权利遭受侵犯之日起产生。"〔5〕

　　笔者建议,放弃"权利受到损害"的表述,转而学习德国法,将《民法总则》第 188 条第 2 款修改为:"诉讼时效期间自权利人知道或者应当知道请求权成立和义务人之日起计算……"主要原因有二:第一,俄罗斯法采取"权利被侵犯"表述,是因为其诉讼时效制度整体从"侵权"角度展开。虽然诉讼时效适用并不限于侵权法领域,但"侵权""侵犯"在法典条文和学者著述中随处可见〔6〕,甚至对诉讼时效概念的立法界定也是如此,根据《俄罗斯联邦民法典》第 195 条的规

〔1〕　参见《德国民法典》(第 4 版),陈卫佐译注,法律出版社 2015 年版,第 69 页。

〔2〕　参见《俄罗斯联邦民法典(全译本)》,黄道秀译,北京大学出版社 2007 年版,第 109 页。

〔3〕　参见《最新日本民法》,渠涛编译,法律出版社 2006 年版,第 39 页。

〔4〕　参见〔日〕山本敬三:《民法讲义Ⅰ:总则》(第三版),解亘译,北京大学出版社 2012 年版,第 450—451 页。

〔5〕　《苏俄民法典》,马骧聪、吴云琪译,中国社会科学出版社 1980 年版,第 29 页。

〔6〕　参见〔俄〕E. A. 苏哈诺夫主编:《俄罗斯民法》(第 1 册),黄道秀译,中国政法大学出版社 2011 年版,第 434—439 页。

定:"诉讼时效是被侵权人为维护自己的权利而提起诉讼的期限。"如果俄罗斯法不使用"权利被侵犯"表述,反倒奇怪。我国显然并无类似需求和背景,与俄罗斯法相比,我国"权利受到损害"的表述相对显得"另类"。第二,日本民法于 2017 年修正时已作调整,正式采取"主观"起算标准并辅之以最长期间限制,日本学者更愿意称之为"二元化起算点"。[1] 修正后的《日本民法典》第 166 条规定:"(一)债权在下列情形因时效而消灭:1. 债权人自知道可以行使权利之时五年内不行使时;2. 自可以行使权利之时起十年内不行使时……"[2]这实际上改变了日本法之前不得不通过解释来确定"权利可以行使时"系主观标准的做法,直接使用"知道"之主观标准,同时将"权利可以行使时"作为纯客观时点,从而更加明晰。

三、"随时履行原则"的诉讼时效意义

根据《民法通则》第 88 条和《合同法》第 62 条的规定,履行期限不明确的,债务人可以随时履行,债权人也可以随时要求履行,但应当给对方必要的准备时间。对于作为"履行"范畴的"随时履行原则"本身,无人提出异议,但关于该原则的诉讼时效意义,"从权利人主张权利时起算时效"和"从权利成立时起算时效"两种方案的主张者,在理解和贯彻上却出现了"原则性"分歧。

(一)随时履行原则与主观起算标准

对于"从权利成立时起算时效"方案,曾有学者表达担忧:"债权

〔1〕　近江幸治『民法講義 I 民法総則［第 7 版］』(成文堂,2018 年)382—383 頁参照。
〔2〕　《日本民法典》,刘士国、牟宪魁、杨瑞贺译,中国法制出版社 2018 年版,第 30—31 页。

人虽可随时请求履行,但不一定立即请求履行,这样规定使债权人很容易丧失利益。"〔1〕这种观点可能受制于过短时效期间的制度背景,受制于"欠债还钱"的传统观念,是基于"保护权利人"而特别考量的结果。不过,诉讼时效制度对权利人的"归责"与"保护"之间的"张力"无处不在,因而是一个"平衡"问题,而非单纯的"保护"问题。权利成立后,权利人能行使权利而长期不行使,难道没有"怠于行使权利"之嫌?从理论上讲,权利人可以随时要求履行,就意味着权利人能够决定自己何时请求履行,也意味着权利人随时可以通过主张权利而确认是否"受到损害",因而从一开始就属于"应当知道",而非客观上"无法知道"。权利人何时开始归责与时效期间长短的利弊是两个问题,可以通盘考虑,但不能混为一谈。

另外,如果将"从权利人主张权利时起算时效"方案与"20 年期间"制度作一对比,就会对"权利人的应受归责性"一目了然。根据《民法总则》第 188 条第 2 款的规定:"诉讼时效期间自权利人知道或者应当知道权利受到损害以及义务人之日起计算。法律另有规定的,依照其规定。但是自权利受到损害之日起超过二十年的,人民法院不予保护……"设定主观起算标准的目的,就是在诉讼时效期间相对较短的背景下追求公平结果,防范出现"不知情的受害人"的情况。〔2〕但即使如此,对于"不知道也不应当知道"的"无辜"权利人,诉讼时效制度也设定了 20 年的最长期间限制,一旦超过 20 年便"不再保护"。相比之下,知道权利成立(只是未定履行期限)的权利人,在普通诉讼时效期间为 3 年的背景下,十几年不主张权利,还能被称为"无辜"?还能不受到诉讼时效制度的"督促"?

---

〔1〕　佟柔主编:《中国民法学·民法总则》,中国人民公安大学出版社 1990 年版,第322 页。

〔2〕　参见李适时主编:《中华人民共和国民法总则释义》,法律出版社 2017 年版,第594 页。

(二)"随时履行"等于"清偿期届至"

关于随时履行原则与诉讼时效起算的关系,两种方案给出了不同的回答。在主张"从权利人主张权利时起算时效"者看来,"随时履行"意味着:在权利人主张前,义务人没有履行"义务"(只有履行的"权利"),就不会有违约行为,也就不会有诉讼时效起算;在主张"从权利成立时起算时效"者看来,"随时履行"意味着:从权利成立时起,权利人就"可以"行使权利,没有履行期限"相当于"履行期限从一开始就已届至。

德国民法学说和判例常有"时效的开始不仅要考虑请求权的发生,也要考虑到请求权的到期"[1]"问题的关键不是请求权的产生,而是请求权的已届清偿期"[2]等表述,意在强调:定有履行期限债权的时效不是从请求权产生时起算,而是从履行期届满时起算,而未定履行期限债权的时效之所以能很"自然地"从请求权产生时起算,是因为没有"履行期限"的限制。我国《诉讼时效规定(2008)》与德国法的逻辑正相反,我们是以定有履行期限债权的时效起算作为"标尺"强行"衡量"未定履行期限债权的时效起算。最高人民法院释义书对《诉讼时效规定(2008)》第 6 条的一个解说颇能说明问题:"债务人可以随时履行债务,权利人也可以随时要求履行。这样就意味着权利人主张其权利没有了'履行期限届满条件'的限制,但同时也意味着没有了通常情形下的起算诉讼时效的时间基点。"[3]事实

---

[1]　〔德〕卡尔·拉伦茨:《德国民法通论》(上册),王晓晔等译,法律出版社 2003 年版,第 339 页。

[2]　《联邦最高法院民事裁判集》第 55 卷,第 340、341 页。转引自〔德〕迪特尔·梅迪库斯:《德国民法总论》,邵建东译,法律出版社 2000 年版,第 94 页。

[3]　最高人民法院民事审判第二庭编著:《最高人民法院关于民事案件诉讼时效司法解释理解与适用》,人民法院出版社 2015 年版,第 117 页。

上，无论是在《诉讼时效规定（2008）》出台之前还是之后，司法实践中都存在直接将《民法通则》第 88 条或《合同法》第 62 条的随时履行原则作"排除诉讼时效对权利人归责"的理解。[1]

四、《诉讼时效规定（2008）》第 6 条的三个悖论

（一）"被消失"的"义务人同意履行"中断事由

根据《民法通则》第 140 条和《民法总则》第 195 条的规定："义务人同意履行义务"构成诉讼时效中断的法定事由之一。根据《诉讼时效规定（2008）》第 16 条的规定，义务人作出分期履行、部分履行、提供担保、请求延期履行、制定清偿债务计划等承诺或行为的，均属于"义务人同意履行义务"。但《诉讼时效规定（2008）》第 6 条客观上在未定履行期限债权的时效起算上取消了"义务人同意履行义务"之事由。

《诉讼时效规定（2008）》的主持起草者曾针对第 6 条作如下解说："对没有约定履行期间的，如果当事人提出要求和同意履行义务，就发生时效中断，那么，对债务人很有利。例如：没有还款日期的借贷，债权人不提出要求，诉讼时效不起算，一旦提出要求，诉讼时效就开始计算，时效为两年，对债权人不利。债务人对没有履行期间的债务，如果在中间履行一部分，那么就发生诉讼时效中断，对剩余部分如果债权人超过两年未主张权利，就超过了诉讼时效，债务人就可以以此抗辩逃避履行债务。所以，对于当事人没有约定履行日期的

---

[1] 参见吉林省桦甸市人民法院(2007)桦民二初字第 40 号民事判决书；浙江省绍兴县人民法院(2007)绍民二初字第 1996 号民事判决书；河北省武邑县人民法院(2014)武民二初字第 261 号民事判决书。

债权债务,只要债权人未主张,或者债务人没有明确提出拒绝履行意见的,便不存在诉讼时效期间中断的法律后果。"〔1〕该解说揭示了《诉讼时效规定(2008)》第 6 条的实际逻辑,值得特别关注和反思。

第一,所谓"从权利人主张权利时起算时效"方案,不仅要强调"权利人主张了权利",更要强调并非"权利人主张了权利"就起算时效,而是要把起算进一步"限制"为两种情况:一是,债权人给了债务人宽限期;二是,债务人在债权人第一次向其主张权利之时明确表示不履行义务。从诉讼时效督促权利人的逻辑看,权利人"已经开始"行使权利了,难道还不能证明权利"可以"行使也"应该"行使了吗?

第二,根据《诉讼时效规定(2008)》第 6 条的规定,对于未定履行期限的债权,如果债务人主动部分履行债务,并不会产生任何诉讼时效的效果。〔2〕 问题是,《民法通则》第 140 条和《民法总则》第 195 条明确将"义务人同意履行义务"规定为时效中断事由之一,为何在未定履行期限债权的时效起算问题上,竟排除适用? 更难解释的是,在义务人主动部分履行义务时,诉讼时效还未起算,直到权利人后来主动主张权利并且"给了债务人宽限期"和"债务人在债权人第一次向其主张权利之时明确表示不履行义务"才开始起算时效,于是产生"悖论":"中断事由"在时间上竟然会跑到"起算事由"之前。

第三,根据《诉讼时效规定(2008)》第 11 条的规定:"权利人对同一债权中的部分债权主张权利,诉讼时效中断的效力及于剩余债权,但权利人明确表示放弃剩余债权的情形除外。"既然权利人部分主张债权的中断效力及于剩余债权,对于未定履行期限的债权,义务人的部分履行对剩余债权产生中断效力,不也正常吗? 最高人民法

---

〔1〕 吴庆宝:《避免错案裁判方法》,法律出版社 2018 年版,第 187—188 页。
〔2〕 有实务界人士指出,如果债权人与债务人并未在债务人清偿部分债务时谈及剩余债务的偿还问题,剩余债务仍为未定履行期限的债务。参见张雪楳:《诉讼时效前沿问题审判实务》,中国法制出版社 2014 年版,第 153 页。

院释义书对《诉讼时效规定(2008)》第 11 条作释义时指出:部分请求应否构成对全部债权的诉讼时效中断,并非理论上的是非问题,而是是否有利于保护债权人的问题。[1] 但在笔者看来,诉讼时效中断是权利人的"武器"是一回事,何种情形构成诉讼时效中断则是另一回事。而且,简单以是否"有利于保护权利人"作为判断标准也成问题。[2]

(二)"从权利人主张权利时起算"与相关时效规则的冲突

作为未定履行期限债权的时效起算规则,《诉讼时效规定(2008)》第 6 条会与其他时效规则产生冲突。就笔者所见,至少会与如下两个规则冲突:一是 2007 年《民事诉讼法》(已失效)第 239 条的执行时效起算规则,二是《诉讼时效规定(2008)》第 22 条的时效抗辩权放弃之时效计算规则。

根据《诉讼时效规定(2008)》第 6 条的规定,未定履行期限的债权,诉讼时效从债权人要求债务人履行义务的宽限期届满之日起计算,但债务人在债权人第一次向其主张权利之时明确表示不履行义务的,诉讼时效从债务人明确表示不履行义务之日起计算。但这种起算规则明显不同于法律文书未规定履行期间的执行时效起算规则,根据 2017 年的《民事诉讼法》第 239 条第 2 款,法律文书未规定履行期间的,从法律文书生效之日起计算。针对不同"阶段"的"同一个"请求权,竟然形成两种完全不同的处理方案。笔者认为,未来民法典的总则部分应该吸收《民事诉讼法》的规定方式,将未定履行期限债权的时效起算点规定为"权利可行使时",从而实现"统一"。

《诉讼时效规定(2008)》第 22 条规定:"诉讼时效期间届满,当

---

[1] 参见最高人民法院民事审判第二庭编著:《最高人民法院关于民事案件诉讼时效司法解释理解与适用》,人民法院出版社 2015 年版,第 219 页。

[2] 参见霍海红:《"优先保护权利人"诉讼时效理念的困境》,载《法制与社会发展》2019年第 4 期。

事人一方向对方当事人作出同意履行义务的意思表示或者自愿履行义务后,又以诉讼时效期间届满为由进行抗辩的,人民法院不予支持。"该条文事关"时效抗辩权放弃",最高人民法院释义书进一步将法律后果解释为:"债务从自然债务转为完全债务,义务人不能再行使诉讼时效抗辩权拒绝给付。诉讼时效期间从义务人放弃诉讼时效抗辩权之日起重新起算。如果义务人约定了新的还款期限而未依约履行义务的,则诉讼时效期间从还款期限届满之日起重新起算。"[1]这与《诉讼时效规定(2008)》第 6 条的逻辑明显不同:如果未约定新的还款期限,从放弃时效抗辩权之日即重新起算;如果约定了新的还款期限,则从还款期限届满之日重新起算。

(三)"从权利人主张权利时起算时效"的激励悖论

笔者试图以一个设例分析"从权利人主张权利时起算时效"方案的激励悖论。甲(债权人)、乙(债务人)于 2011 年 3 月 1 日发生借贷债权债务关系,但未约定履行期限, 2012 年 7 月 1 日甲向乙主张过权利,但最终未获清偿, 2014 年 11 月 1 日甲向法院提起诉讼,要求判决乙清偿债务,乙在诉讼中提出诉讼时效抗辩。在"从权利人主张权利时起算时效"规则之下:(1)对甲而言,甲不提曾于 2012 年 7 月 1 日向乙主张过权利,因为甲知道:即使证明了时效中断,重新起算,起诉时也已超过 2 年时效期间,乙的时效抗辩成立,甲的诉讼请求得不到支持。相反,只要甲闭口不言曾主张权利之事实,诉讼时效便从未开始计算,因为起诉时是甲第一次主张权利,不可能存在时效已过的问题。(2)对乙而言,乙竭力提出并证明甲曾于 2012 年 7 月 1 日向其主张权利,以便成立甲的时效中断事由,因为时效重新起算后

---

[1]　最高人民法院民事审判第二庭编著:《最高人民法院关于民事案件诉讼时效司法解释理解与适用》,人民法院出版社 2015 年版,第 354 页。

至甲起诉前,已经过 2 年,于是乙的诉讼时效抗辩成立,甲的诉讼请求被驳回;如果乙不提出或未能证明甲曾主张权利之事实,甲起诉时便是第一次主张权利,乙的诉讼时效抗辩不成立,甲的诉讼请求被支持。从以上分析可以看出,在未定履行期限债权的时效起算上,"从权利人主张权利时起算"方案产生了"权利人隐瞒时效中断事实""义务人积极主张和证明权利人曾行使权利之事实"等"非正常"激励。

1. 有悖于诉讼时效"督促权利人"的逻辑

诉讼时效制度的一个主要功能就是督促权利人行使权利,而且被立法者排在首位。[1] 权利人积极主张权利应当是被诉讼时效制度大加鼓励的,不主张权利可能遭受"不利后果"。然而,在未定履行期限债权的时效起算上,选择"从权利人主张权利时起算"方案,不仅没有正面激励权利人积极提出和证明时效中断事由,反而产生了对权利人的"反向"激励:一方面,"曾主张权利"变成"不能说的秘密",不仅需要在诉讼中"绝口不提",甚至需要在义务人主动提出时,竭力"否认",这会是一种颇为"扭曲"的状态;另一方面,权利人一直未主张权利的"懈怠"状态反而会获得好结果,权利人要感谢自己的"不积极",提起诉讼在时间上越是远离权利成立之时,这一点就越明显。[2] 因此,"从权利人主张权利时起算时效"方案,客观上

---

〔1〕 参见李适时主编:《中华人民共和国民法总则释义》,法律出版社 2017 年版,第 589 页。

〔2〕 民事判决书中根据《诉讼时效规定(2008)》第 6 条形成的某些表述,可能使这种印象更深刻,比如,"浦源公司在本案诉讼前,并未向博安公司、齐××主张过权利,故浦源公司主张债权的诉讼时效,应自其提起诉讼时计算。因此,浦源公司的诉讼请求,并未超过诉讼时效"。参见江苏省常州市新北区人民法院(2016)苏 0411 民初 2145 号民事判决书。再比如,"现因尚无证据证明原告与被告约定了付款期限,以及原告提起诉讼前曾向被告行使了请求权,因此,本案原告请求被告给付货款的诉讼,没有超过法定的诉讼时效期间"。参见浙江省嘉善县人民法院(2006)善民一初字第 814 号民事判决书。

"鼓励"权利人"不行使"权利,而不是"督促"权利人"行使"权利。

2. 背离证明责任分配的一般规则

我国理论界和实务界一致主张借鉴德国"规范说"确立证明责任分配的一般规则,《民诉法解释(2015)》(已被修改,下同)终于大体上落实,第 91 条规定:"人民法院应当依照下列原则确定举证证明责任的承担,但法律另有规定的除外:(一)主张法律关系存在的当事人,应当对产生该法律关系的基本事实承担举证证明责任;(二)主张法律关系变更、消灭或者权利受到妨害的当事人,应当对该法律关系变更、消灭或者权利受到妨害的基本事实承担举证证明责任。"按照该规则,义务人应当对其提出的诉讼时效"抗辩"(时效期间的起止)承担证明责任,权利人应当对其提出的时效中断事由(对义务人诉讼时效抗辩的"再抗辩")承担证明责任。简单来说,证明责任分配背后的根本性逻辑是"有利原则"。[1] 然而,未定履行期限债权的时效起算如果遵从"从权利人主张权利时起算"方案,在制度激励的效果上已悄悄使对"有利事实"之判断发生逆转:诉讼时效中断不再是"对权利人有利"的事实,反倒是"对义务人有利"的事实。[2] 这实际上已经背离了证明责任分配的一般规则,也背离自认规则的逻辑,因为义务人与其帮助权利人证明时效中断,还不如直接承认权利人曾主张权利,以自认规则解决问题。

---

[1] 我国台湾地区"民事诉讼法"第 277 条甚至对此作了直接规定:"当事人主张有利于己之事实者,就其事实有举证之责任。但法律别有规定,或依其情形显失公平者,不在此限。"

[2] 某民事判决书表述道:"欠条中对支付时间没有约定,按现行合同法的相关规定,履行期限不明确的,债务人可以随时履行,债权人也可以随时要求履行,但应当给对方必要的准备时间。如果被告不能证明原告在收到被告的欠条后至本案起诉前的期限内曾主张过权利或者被告曾履行付款义务,则本案就未产生过诉讼时效的起算问题。"参见浙江省安吉县人民法院(2008)安商初字第 1484 号民事判决书。

结　语

关于未定履行期限债权的诉讼时效起算,《诉讼时效规定(2008)》第 6 条作了"从权利人主张权利时起算时效"之选择,该方案除对普通诉讼时效期间过短之现实妥协外,理论上还存在若干误区或盲点:一是误将"权利人主张权利"界定违约责任的使命套在诉讼时效起算上;二是过度解读和运用《民法通则》第 137 条和《民法总则》第 188 条"权利被侵害(受到损害)"之表述;三是忽视未定履行期限债权之"随时履行原则"的诉讼时效意义;四是产生了若干悖论,如客观上取消了"义务人同意履行义务"之时效中断事由,激励权利人"不行使权利"等。

未来民法典应将普通诉讼时效期间加长为 5 年以上[1],在此前提下,选择"从权利成立时起算时效"之方案。该方案的优点有三:一是坚持了理论上的自洽,将违约责任认定与诉讼时效起算严格区分开来,各就各位;二是坚持了诉讼时效的基本逻辑,避免了权利人掌握诉讼时效起算点、激励权利人不行使权利等"悖论",作出与相关诉讼时效规则保持协调一致的努力;三是坚持了"体系化"的问题解决思路,将诉讼时效期间长短与未定履行期限债权的时效起算"统筹"考虑,以一种不影响理论自洽的方式回应现实需求,避免"头痛医头、脚痛医脚"或者"将错就错"。

---

[1]　参见霍海红:《重思我国普通诉讼时效期间改革》,载《法律科学》2020 年第 1 期。

第 11 章　撤诉的诉讼时效后果[*]

殊途同归。[1]

——中国成语

引　言

起诉作为时效中断事由,《民法通则》(已失效,下同)第 140 条已设明文,但权利人撤诉,时效中断效力是否维持,民法并无规定,理论界争议颇多,实务界做法不一。理论界主要有三种观点:一是不中断说,起诉而中断的时效视为未中断,因为撤诉视为未起诉[2];二是绝对中断说,权利人起诉说明未放弃权利,也未怠于行使,当然发生时效中断[3];三是

---

[*]　本章内容曾以《撤诉的诉讼时效后果》为题发表于《法律科学》2014 年第 5 期。

[1]　语出《周易·系辞下》:"天下同归而殊途,一致而百虑。"

[2]　参见陈国柱主编:《民法学》(第二版),吉林大学出版社 1987 年版,第 123 页;孙宪忠主编:《民法总论》,社会科学文献出版社 2004 年版,第 280 页;魏振瀛主编:《民法》(第三版),北京大学出版社 2007 年版,第 201 页;王利明主编:《民法》(第三版),中国人民大学出版社 2007 年版,第 207 页;梁慧星:《民法总论》(第四版),法律出版社 2011 年版,第 258 页;江伟主编:《民事诉讼法》(第四版),高等教育出版社 2013 年版,第 330 页;张卫平:《民事诉讼法》(第三版),法律出版社 2013 年版,第 288 页;李浩:《民事诉讼法学》(第二版),法律出版社 2014 年版,第 271 页。

[3]　参见中国政法大学民法教研室编:《中华人民共和国民法通则讲话》,中国政法大学出版社 1986 年版,第 240 页;夏利民:《民法基本问题研究》,中国人民公安大学出版社 2001 年版,第 252 页;柴发邦主编:《民事诉讼法学新编》,法律出版社 1992 年版,第 326 页;常怡主编:《民事诉讼法学》(第六版),中国政法大学出版社 2008 年版,第 283 页。

有条件中断说,起诉而中断的时效视为未中断,但起诉状副本送达义务人,发生请求的中断效力。[1] 与理论界相比,实务界争议相对较小,总体偏向中断立场。江苏省高级人民法院《关于民商事审判适用诉讼时效制度若干问题的讨论纪要》和北京市高级人民法院《审理民商事案件若干问题的解答之四(试行)》主张"债权人起诉后又撤诉,诉讼时效中断",辽宁省高级人民法院《关于当前商事审判中适用法律若干问题的指导意见》则认为,起诉后又撤诉表明权利人撤回诉讼上主张权利的意思表示,时效不中断;诉状送达相对人,起到诉讼外向相对人主张权利的作用,时效于起诉状送达相对人之日中断。最高人民法院《诉讼时效规定(2008)》(已被修改,下同)最终因争议而搁置该问题,但主要是绝对中断和有条件中断两方案之争。[2] 最高人民法院曾在《最高人民法院关于四川高院请示长沙铁路天群实业公司贸易部与四川鑫达实业有限公司返还代收货款一案如何适用法(民)复〔1990〕3 号批复中"诉讼时效期间"问题的复函》中明确表达过有条件中断立场,并于一个再审案中予以重申。[3] 地方法院对有条件中断[4]、绝对中断[5]和不中断[6]等立场均有采

---

[1] 参见佟柔主编:《民法原理》,法律出版社 1983 年版,第 115 页;李开国:《民法总则研究》,法律出版社 2003 年版,第 443 页;邹开亮、肖海:《民事时效制度研究》,知识产权出版社 2008 年版,第 229 页;杨荣馨主编:《民事诉讼原理》,法律出版社 2003 年版,第 399 页。

[2] 最高人民法院民事审判第二庭编著:《最高人民法院关于民事案件诉讼时效司法解释理解与适用》,人民法院出版社 2008 年版,第 245—250 页。

[3] 最高人民法院民事审判第一庭编:《民事审判指导与参考》(总第 47 辑),人民法院出版社 2011 年版,第 204—205 页。

[4] 参见广东省广州市中级人民法院(2004)穗中法民一终字第 3466 号民事判决书;上海市第一中级人民法院(2009)沪一中民四(商)终字第 1352 号民事判决书。

[5] 参见重庆市第五中级人民法院(2011)渝五中法民终字第 119 号民事判决书。

[6] 参见黑龙江省大庆市中级人民法院(2002)庆经初字第 168 号民事判决书;广东省佛山市中级人民法院(2004)佛中法民二终字第 287 号民事判决书。

纳,不过,有条件中断和绝对中断占据明显优势[1]。

　　对撤诉的时效后果,许多国家的民法设有明文。《法国民法典》持不中断立场,第 2243 条规定:"如原告撤诉,或者在提起诉讼之后,听任法律规定的期间经过而不实施任何诉讼行为,诉讼因此而失效时,或者诉讼请求被终局驳回时,时效的中断不曾发生。"[2]《日本民法典》立场类似,第 149 条规定:"裁判上请求,在起诉被驳回或撤回时,不发生时效中断的效力。"[3]但实务发展出"裁判上催告"理论,主张按催告发生效力。《德国民法典》最初持"不中断加例外"立场,原第 212 条规定:"如果撤诉或者因被未审理诉讼事实而作出的判决驳回起诉时,因起诉而中断的时效视为未中断。如果权利人在六个月之内再次起诉时,时效自前次起诉之时起视为中断。"[4]但 2002 年之后,《德国民法典》对起诉及撤诉的时效后果改采"中止"规则,第 204 条第 2 款规定:"在有既判力的裁判或者已经开始的程序以其他方式终结后,第 1 款所规定的停止状况经过六个月而结束。"[5]曾作为我们学习模板的《苏俄民法典》虽无明文规定,但学说认为,撤诉不产生中断效力。[6]尽管各国做法不完全一致,但总体上都不主张撤诉仍"无条件"中断。

　　笔者关注撤诉的时效后果的原因,不仅在于立法未规定、理论有争议、实践不统一,因而需要统一思路、澄清误解、给出方案,更在于

---

[1]　当然,试图在判决书中具体区分有条件中断和绝对中断两种立场常常比较困难:第一,判决书提及的"权利人已主张权利"或"权利人未怠于行使"等抽象理由对两种立场均适用;第二,撤诉大多发生在起诉状副本送达被告后,对法官而言,两种立场的区分在单纯结果意义上并非必需,法官无区分的动力。

[2]　《法国民法典》,罗结珍译,北京大学出版社 2010 年版,第 494 页。

[3]　《最新日本民法》,渠涛编译,法律出版社 2006 年版,第 36 页。

[4]　《德国民法典》,郑冲、贾红梅译,法律出版社 1999 年版,第 42 页。

[5]　《德国民法典》,陈卫佐译,法律出版社 2004 年版,第 60 页。

[6]　参见〔苏联〕И. Б. 诺维茨基:《法律行为·诉讼时效》,康宝田译,中国人民大学出版社 1956 年版,第 213 页。

如下四个事实：（1）我国民事审判存在高撤诉率，2002—2012年全国法院一审民事案件撤诉结案率均在20%以上[1]；高撤诉率及其复杂原因决定了撤诉的时效后果问题在立法和实践中的重要性和复杂性。（2）德、法、日等国的民法在撤诉的时效后果问题上立场相对统一，我国理论界则争议极大，司法实践更是坚持了与大陆法系总体相反的立场，既有研究尚未对此提供令人信服的解释或论证。（3）撤诉的时效后果问题兼具实体和程序意义，并深受起诉难、非正当撤诉、社会诚信不足等现实因素影响，亟须"将问题复杂化"之研究。（4）随着合同法、物权法、侵权责任法等民事单行法颁布实施，民法总则立法被提上日程，诉讼时效法的体系化和精致化迫在眉睫，而撤诉的时效后果在之前却属于"被遗忘的角落"。这四个事实构成笔者写作的基本动因和主要背景。

一、起诉是"独立"中断事由

《民法通则》第140条规定："诉讼时效因提起诉讼、当事人一方提出要求或者同意履行义务而中断。"这表明"起诉""请求""承认"构成三个独立中断事由，且起诉排在首位。既然是独立事由，判断撤诉后中断效力是否维持应从起诉角度观之。起诉表明权利人以起诉方式行使权利，撤诉则表明其放弃起诉方式，既然放弃（即使起诉状副本已送达被告），自然不发生起诉的中断效力。在此意义上，不中断立场坚持了起诉事由的独立性，而绝对中断说和有条件中断说则在不同程度上走向背离。

---

[1]　数据来自2002—2012年《中国法律年鉴》（中国法律年鉴社出版）。

(一)"大请求"及其解释困境

在我国,起诉事由并非《民法通则》第 140 条显示的那样"独立",它在不同程度上被归入大的"请求"范畴,后者被等同于"行使权利"。有四个事实为证:(1)"当事人一方提出要求"常被表述为"权利人主张权利"[1];(2)向调解委员会申请调解[2]和申请仲裁[3]曾被归入请求范畴;(3)起诉是诉外方式之补充,请求才是普遍运用的事由[4];(4)起诉被视为最有效的中断方式[5],但这并非源于官方鼓励,而是因为"证据确凿"。请求等同权利行使之观念致使如下推理似乎当然:起诉行为符合"起诉"与"请求"两种事由,只是由于起诉效力更强才以起诉论,请求处于"备而不用"状态;一旦撤诉,起诉不存在,请求自然"浮出水面"。如下表述似乎证明上述推理在理论界和实务界确有市场,如"起诉不符合条件而未予受理或被驳回,虽然不构成法律上的起诉,但未必就不能导致时效的中断。因为权利人提起诉讼表明其已经主张了权利,或者说已经有确凿的证据证明其已经向义务人主张了权利"[6],"原告基于自身原因撤回起

---

[1]　参见徐国栋:《民法总论》,高等教育出版社 2007 年版,第 398 页;李群星:《法律与道德的冲突——民事时效制度专论》,法律出版社 2011 年版,第 254 页。

[2]　参见周元伯主编:《中国民法教程》,南京大学出版社 1988 年版,第 157 页;顾昂然:《立法札记——关于我国部分法律制定情况的介绍(1982—2004 年)》,法律出版社 2006 年版,第 256 页。

[3]　参见中国政法大学民法教研室编:《中华人民共和国民法通则讲话》,中国政法大学出版社 1986 年版,第 240 页。

[4]　参见唐德华主编:《民法教程》,法律出版社 1987 年版,第 127 页;李由义主编:《民法学》,北京大学出版社 1988 年版,第 167 页。20 世纪 80 年代初期全国统编教材《民法原理》对中断事由的排序是:承认、请求、起诉(参见佟柔主编:《民法原理》,法律出版社 1983 年版,第 114—115 页),似乎也反映了这种观念,虽然《民法通则》后来在条文中使用了完全相反的排序,但观念似乎并无实质改变。

[5]　参见马原主编:《中国民法讲义》(上册),全国法院干部业余法律大学 1986 年版,第 173 页。

[6]　王利明:《民法总则研究》(第二版),中国人民大学出版社 2012 年版,第 752 页。

诉,此时应当产生诉讼时效中断的法律后果,理由在于,既然已向被告送达了文书,则表明原告向债务人主张权利的行为已经完成"[1],"如果起诉状副本已由法院送达被告,此时可以理解为已经向义务人请求,甚至被告已经作出答辩,对义务进行了认可和承诺,这时起诉被撤回,应可以以请求或者承认的方式导致诉讼时效期间中断"[2]。

以请求逻辑解释起诉及撤诉的时效法意义,至少存在三个难题:

第一,它否定了起诉中断事由的独立性,否定了《民法通则》第140条规定的模式。如果请求可以解释起诉及撤诉的时效后果,完全可以取消起诉事由,以请求事由统一处理,将起诉视为请求的特别方式,甚至连"同意履行义务"事由也无独立价值,因为它可被视为对请求的"回应"及证明。

第二,它显示出在中断事由的问题上我国与大陆法系的做法形成两极。关于裁判外请求能否作为中断事由,有三种立法例:(1)不承认,如法国、德国(2002年之前)、俄罗斯等的法律;(2)有条件承认,即在催告后的一定期间内须提出裁判请求,如日本以及我国台湾地区等的法律;(3)完全承认,如我国大陆的法律。[3] 乍看日本法似乎与德国法对立,而与我国大陆民法只有"承认"的程度差异问题,但日本法的催告其实更接近德国法的"不承认"立场。有日本学者就强调:催告是"日本民法的特色"[4],它为时效中断措施提供了"准备期间"[5],其实

---

〔1〕 马强:《诉讼时效实务问题研究》,载中华人民共和国最高人民法院民事审判第一庭编:《民事审判指导与参考》(第16集),法律出版社2004年版,第121页。

〔2〕 蒋浩:《正义名义下的利益考量——诉讼时效制度研究》,贵州人民出版社2011年版,第161页。

〔3〕 我国学者似乎更倾向将"有条件承认"和"完全承认"两种立场统一在"承认"立场下,从内部强调二者差异。参见龙卫球:《民法总论》,中国法制出版社2002年版,第631—632页。

〔4〕 〔日〕我妻荣:《我妻荣民法讲义Ⅰ:新订民法总则》,于敏译,中国法制出版社2008年版,第430—431页。

〔5〕 石田穣『民法総則』(悠々社,1992年)576頁参照。

际意义更多表现在时效完成迫近而致实施裁判上请求的时间不充裕之情形[1]。

　　需要指出的是,2002 年《德国民法典》第 203 条将"磋商"规定为中止事由:"在债务人和债权人之间,关于请求权或者使请求权成立的情况的磋商正在进行的,消灭时效停止,直到任何一方拒绝继续磋商为止。消灭时效最早在停止的状况结束后 3 个月完成。"[2]似乎德国法已抛弃"不承认裁判外请求为中断事由"之立场,毕竟磋商事由具有鼓励当事人在诉外达成和解协议的意味。然而,作此判断其实为时尚早。将磋商规定为中止事由的主要目的不在于为权利人提供新的防范时效经过之措施,而在于防范义务人假意协商的不诚信行为,"不能让协商成为针对债权人的陷阱"[3],只要将磋商时间排除在时效期间之外即可实现此目标,这与将裁判外请求规定为中断事由的"表征权利行使"理念明显不同。我们不能以 2002 年之后磋商和起诉均为中止事由来反推出 2002 年之前磋商和起诉均为中断事由(如果规定磋商的话),起诉的确从"中断"事由变为"中止"事由,但磋商一直都应是"中止"事由。

　　第三,它表现出以"有利于权利人"确定时效效果的"偏袒式"思路破坏理论解说的一贯性。具体而言,诉讼正常进行时坚持"起诉"逻辑而非"请求"逻辑,因为从起诉日而非诉状送达日起算对权利人更有利;撤诉时坚持请求逻辑而非起诉逻辑,因为以请求确定时效效力更有利于权利人。问题是,如果坚持以大请求范畴来统辖时效中断事由,更合理的做法是彻底取消起诉事由,将起诉作为请求的特殊形式:原告起诉是否产生中断效力取决于起诉状副本是否送达被

[1]　近江幸治『民法講義(1)(民法総則 第 6 版補訂)』(成文堂,2012 年)361 頁参照。
[2]　《德国民法典》,陈卫佐译注,法律出版社 2006 年版,第 67—68 页。
[3]　[德]莱因哈德·齐默曼:《德国新债法:历史与比较的视角》,韩光明译,法律出版社 2012 年版,第 213 页。

告,而非取决于起诉是否被受理;时效重新起算的时点是起诉状副本送达被告之日,而非原告起诉之日。然而,我们真的决定这么做吗?

(二) 为什么是《海商法》?

理论界常有人将我国海商法的不中断立场作为民法应采不中断立场的"先例"证据。《海商法》第 267 条规定:"时效因请求人提起诉讼、提交仲裁或者被请求人同意履行义务而中断。但是,请求人撤回起诉、撤回仲裁或者起诉被裁定驳回的,时效不中断。"该条款采取不中断立场虽是事实,但并不具有直接证明民法应采不中断立场的功能。

首先,在时效中断事由上,海商法与民法不同,前者将"请求"排除在外,不受"大请求"解说的限制,而是仅从起诉自身角度观察,此时绝对中断说和有条件中断说很难证成自己。忽略海商法否定请求事由之事实而孤立看待"请求人撤回起诉、撤回仲裁或者起诉被裁定驳回的,时效不中断",有断章取义之嫌。

其次,海商法与民法相比具有很强的国际性特点,更倾向借鉴或参照国际立法或通行做法。[1] 这恐怕也是《海商法》第 267 条自然采取请求不为中断事由、撤诉不中断时效之立场并与《民法通则》相区别的重要原因,也从另一个侧面反映出我国理论界和实务界青睐的"中断立场"与国际通行规则差异巨大。

最后,海商法之所以在时效中断问题上比民法严格,是因为国际海上货物运输当事人背景复杂,请求中断时效表面上对权利人有利,但常导致权利人放松警惕,使债务人逃避责任。[2] 不过,这种担忧在民法中又何尝不存在?请求作为中断事由,虽照顾到国人不愿轻易卷入诉讼的传统观念和鼓励诉讼外解决纠纷的司法政策,但保

---

[1] 参见司玉琢主编:《海商法》,法律出版社 2003 年版,第 5 页。
[2] 参见傅廷中:《海商法论》,法律出版社 2007 年版,第 559 页。

护权利人的实际效果并不如我们想象得那样有力。[1]

(三)有条件中断说:"拿来",抑或"本土"?

理论界和实务界有不少著述认为,有条件中断说源于日本及我国台湾地区(二者基本相同)立法例的影响。[2] 根据《日本民法典》第 149 条的规定,起诉被驳回或撤回,不发生时效中断效力,但判例认为,诉状已送达当事人,撤诉可按催告条件确定中断效力。[3] 根据第 153 条的规定,催告,非在 6 个月内作出裁判请求、支付督促申请、和解申请、调停申请、参加破产、再生、更生程序,实行扣押、假扣押或假处分,不发生时效中断。[4] 事实上,日本理论界已形成所谓"裁判上催告"理论,即虽然不满足裁判上请求要件,但因为可视为持续主张权利,也被认定具有催告效力[5],撤诉情形只是其中之一。裁判上催告甚至被学者与裁判上请求、裁判外催告并列在"请求"之下,而不是归在"催告"名下。[6] 然而,将有条件中断说归于对日本法的借鉴,似乎有简单化和表面化之嫌。依笔者看,我国的有条件中断说,与其说是借鉴日本法的"拿来主义",不如说是出于中国法的"本土制造",除非我们采取日本法中的催告制度。

---

[1] 一方面,"请求"看似灵活且不拘泥形式,但权利人往往不易或忽视保留证据,常无法证明请求存在,理论上的优势可能变成实践中的劣势;另一方面,请求事由使得权利人选择起诉方式更为困难:权利人往往不倾向选择起诉方式以免"伤和气",义务人也会有权利人应选择请求方式的期待,因为起诉并非不得已。

[2] 参见王利明主编:《中国民法典学者建议稿及立法理由·总则编》,法律出版社 2005 年版,第 454—457 页;最高人民法院民事审判第二庭编著:《最高人民法院关于民事案件诉讼时效司法解释理解与适用》,人民法院出版社 2008 年版,第 247 页;邹开亮、肖海:《民事时效制度要论》,知识产权出版社 2008 年版,第 228 页;冯恺:《诉讼时效制度研究》,山东人民出版社 2007 年版,第 187 页。

[3] 四宫和夫=能見善久『民法総則 第 8 版』(弘文堂,2010 年)394 頁参照;加藤雅信『民法総則 第 2 版(新民法大系 1)』(有斐閣,2005 年)397 頁参照。

[4] 参见《最新日本民法》,渠涛编译,法律出版社 2006 年版,第 36 页。

[5] 参见〔日〕山本敬三:《民法讲义Ⅰ:总则》(第三版),解亘译,北京大学出版社 2012 年版,第 464 页。

[6] 潮見佳男『民法総則講義』(有斐閣,2005 年)323 頁参照。

　　第一，日本法判例和裁判上的催告理论与我国有条件中断说只是表面类似，结果未必一致。对于前者，原告撤诉后非直接产生中断效力，而是在诉状送达被告时，按催告确定中断效力，在原告撤诉6个月内起诉才会产生中断效力，按催告处理只是将中断的时间从起诉时提前到实施催告行为时，这是日本学者提到的"如果在诉讼外请求，那么时效期间延长6个月"[1]的本来含义。对于后者，原告撤诉后将直接产生中断效力而无须再起诉，因为诉状副本送达被告已满足"请求"条件，无须实施其他行为。

　　第二，日本法的"催告"与我国法的"请求"虽最初考量近似[2]，但制度设计结果却形成不同理念，前者与起诉事由具有亲缘性，后者则完全"另起炉灶"。催告行为其实只是外围，"6个月内实施裁判请求"才是核心，是对权利人是否怠于行使权利的最后确认，不违背核心条件，对外围概念作拓展解释，并无明显的理论障碍，我妻荣教授就明确指出："何种行为能够被认定为催告，是能否认定为请求履行意思的通知的解释问题……这一催告，日后以更明了的中断事由的发生为要件，所以广义地解释是至当的。"[3]如果说催告适用的扩张乃是日本法坚持"公力救济"中断事由理念[4]下的细节调整，有条件中

[1]　〔日〕山本敬三：《民法讲义Ⅰ：总则》（第三版），解亘译，北京大学出版社2012年版，第463页。

[2]　参与制定日本民法典的富井政章就指出催告制度具有"防止滥起诉讼、以图实际便利"之功能（参见〔日〕富井政章：《民法原论》（第一卷），陈海瀛、陈海超译，中国政法大学出版社2003年版，第384页），我国学者阐述请求事由的理由时常强调"国人无讼传统""利于纠纷解决""利于团结"等（参见马原主编：《中国民法讲义》（上册），全国法院干部业余法律大学1986年版，第174页）。

[3]　〔日〕我妻荣：《我妻荣民法讲义Ⅰ：新订民法总则》，于敏译，中国法制出版社2008年版，第431页。

[4]　有学者将起诉等裁判上请求称为"一般的请求"，而将催告称为"特殊的请求"（大村敦志『民法読解 総則編』（有斐閣，2009年）501—505頁参照），还有学者将"请求"指称"裁判上请求"，并将"请求"与"催告"并列〔参见〔日〕山本敬三：《民法讲义Ⅰ：总则》（第三版），解亘译，北京大学出版社2012年版，第461—462页〕。

断说则是我国将"私人请求"作为中断事由基础后的"自然"推论。

(四) 有条件中断说的实际难题

我国有条件中断说除陷入"否定起诉事由的独立性"困境外(已如前述),还会面临两个具体难题:

第一,以起诉状副本是否送达被告作为能否中断时效的分水岭,不符合诉讼时效法的宗旨。一方面,送达是否成功及其具体时间并非原告主观意愿所能控制,而是取决于被告的状况(如外出或者有意躲避)或法院的工作[根据 2012 年《民事诉讼法》(已失效,下同)第 125条,法院应在立案之日起 5 日内将起诉状副本送达被告,第 1 日还是第5 日都属正常范围];另一方面,时效是否中断取决于对权利人是否怠于行使权利的判断,但起诉状副本送达似乎并未提供判断标准。行使权利在起诉日便已确定,起诉状副本送达只是案件受理后的法定程序,何时送达根本无必要也无可能与权利人是否懈怠扯上关系。总之,有条件中断说强行保留"起诉状副本送达被告"这一程序法事实为己所用,却割裂或否定该事实与程序法的意义关联。

第二,如果起诉状副本送达被告时已过时效,是否产生请求的中断效力? 起诉之日时效已中断且持续中断,但撤诉使起诉及中断效力归于消灭。有条件中断说试图以请求逻辑重新包装起诉状副本送达被告这一事实,但如果采彻底的请求逻辑,起诉状副本送达被告前时效已过,应不产生中断效力[1],除非义务人同意履行,但那已属

---

[1] 我国台湾地区台上 2279 号判例:"时效因撤回起诉而视为不中断者,仍应视为请求权人于提出诉状于法院并经送达之时,已对义务人为履行之请求,如请求权人于法定 6 个月期间内另行起诉者,仍应视为时效于诉状送达时中断,然究应以诉状送达时,时效尚未完成者为限,否则时效既于诉状送达前已完成,即无复因请求而中断之可言。"参见陈忠五主编:《新学林分科六法:民法》,新学林出版股份有限公司 2012年版,第 A—78 页。

"放弃时效抗辩"范畴。也许有条件中断说的主张者不会认同该结果，毕竟权利人起诉后不会也无必要再采取其他中断措施，时效从起诉到起诉状送达前甚至到撤诉前都应处于停止状态，不应存在起诉状副本送达前时效已过问题。然而，该理由的矛盾在于，抛开程序法去追求请求逻辑的解释进路，却又在结果不如意时临时搬出程序法逻辑。

二、起诉是"程序性"中断事由

起诉是程序性中断事由，这似乎是"正确的废话"，但当我们审视关于撤诉的时效后果的学说争论及论证时，却发现我们常常忽略起诉和撤诉的程序本性。一旦回归程序立场，中断立场中许多看似有理的论证都站不住脚。

(一)"失踪"的准入审查

关于起诉中断时效，有两个问题常被混淆：一是，作为中断事由的起诉是否以受理为前提；二是，中断是从起诉日起算还是从受理日起算。所谓中断起算点是起诉日还是受理日之激烈争论多少反映了这种混淆。主张从起诉日起算着眼于对权利人开始行使权利的确认，主张从受理日起算则着眼于起诉经受理才在程序法上成立。其实，只要将两个问题区分开，上述两种主张中的考量就是和谐的。《诉讼时效规定(2008)》第12条"当事人一方向人民法院提交起诉状或者口头起诉的，诉讼时效从提交起诉状或者口头起诉之日起中断"之规定，与学者"法院受理当事人起诉的，诉讼时效重新计算"[1]的主

---

[1]　张卫平：《民事诉讼法》(第三版)，法律出版社2013年版，第213页。

张,不仅不冲突,反而相互配合构成"起诉中断时效"的完整规则。有论者根据《诉讼时效规定(2008)》第 12 条得出撤诉绝对中断时效的结论:既然起诉时时效已中断,送达等诉讼过程和撤诉等诉讼结果,都不应影响中断[1],司法实践确有判决书明确作此推理[2]。其实,这是对《诉讼时效规定(2008)》第 12 条功能的误解。如果不考虑"程序准入"门槛,第 12 条纯属多余,因为除了起诉日再无"竞争者"。总之,撤诉与受理均属"门槛"范畴,后者属于达到"入门"条件,前者虽曾"入门"但又"出门"。无论如何,不在"门"内,一切免谈。[3]

(二)"民法上"的起诉?

在部分中断论者眼中,民法上作为中断事由的"起诉"与民事诉讼法的"起诉"并非同一。如有学者明确指出:"民法中的起诉仅表征行使权利之意愿,并不强调程序法条件。"[4]将起诉区分为程序法起诉与实体法起诉,似乎为撤诉中断时效之立场铺平了道路:撤诉只与程序法起诉有关,不影响实体法起诉。然而,该区分存在两个误识:第一,将起诉具有实体法效果误认为起诉在实体法上有对应物。起诉是民事诉讼法的概念与制度,它现身于民法是因为起诉不仅具有程序法效果,也具有实体法效果。大陆法系的民事诉讼法教科书在阐述"起诉"时,通常都会提及起诉的实体法效果(如时效中断或

---

[1]　参见李群星:《法律与道德的冲突——民事时效制度专论》,法律出版社 2011 年版,第 248 页;吴庆宝主编:《最高人民法院专家法官阐释民商裁判疑难问题·合同裁判指导卷》,中国法制出版社 2011 年版,第 273 页。
[2]　参见湖南省湘潭市中级人民法院(2010)潭中民终字第 307 号民事判决书。
[3]　从程序法角度对《诉讼时效规定(2008)》第 12 条的细化分析,参见曹志勋:《起诉中断诉讼时效规则的理论展开》,载《当代法学》2014 年第 6 期。
[4]　邹开亮、肖海:《民事时效制度要论》,知识产权出版社 2008 年版,第 234 页。

中止效果）〔1〕；第二，误认为起诉行为可以离开程序条件而产生法律效果。起诉主要不是指一个行为（虽不可或缺），而是一整套程序制度（包括起诉条件、管辖、诉讼标的识别与一事不再理原则等），特定行为遵从特定程序产生相应效果。将起诉局限于单纯的"行为"，即使在程序法上不成立或者已被撤销，认为仅有该行为就足以证明权利行使也是一种严重偏离程序法逻辑的表述。

（三）被误解的"视为未起诉"

部分持中断立场者对持不中断立场依据的"撤诉视为未起诉"存在误解，至少表现在如下三种情形：

第一，有论者指出，撤诉不影响时效中断，因为撤诉并非"视为未起诉"，并列出如下证据：（1）根据《民诉法意见》（已失效，下同）第144条第2款的规定，原告撤诉的离婚案件，没有新情况、新理由6个月内不得起诉；（2）当事人撤诉仍要承担一半诉讼费；（3）对法院而言，撤诉仍是处理了一个案件。〔2〕 该论断及其证据其实误解了"视为未起诉"。撤诉视为未起诉，是就诉讼消灭和不影响原告再起诉而言，并非指起诉不留任何痕迹、不产生任何效果，就像合同无效是不按合同约定产生效果而非不产生任何法律效果一样。上述证据表明原告撤诉产生某些程序效果：《民诉法意见》第144条第2款是为防止当事人以同一理由反复起诉而对起诉权施加的限制；原告承担一半案件受理费是因为其已使用司法资源；法院工作成果的确认与

---

〔1〕 参见〔德〕奥特马·尧厄尼希：《民事诉讼法（第27版）》，周翠译，法律出版社2003年版，第222页；〔法〕让·文森、〔法〕塞尔日·金沙尔：《法国民事诉讼法要义》（上册），罗结珍译，中国法制出版社2001年版，第196页；伊藤眞『民事訴訟法 第4版』（有斐閣，2011年）221頁参照。

〔2〕 参见李群星：《法律与道德的冲突——民事时效制度专论》，法律出版社2011年版，第248页。

是否撤诉无关,撤诉与判决都是结案方式。问题是,某些程序效果存在并不证明实体效果存在,即使实体效果存在,是何种具体效果也不可一概而论。在德国,原告撤诉后未在 6 个月内提起新诉,时效的停止在 6 个月后消失,但抵销、撤销等实体法表示仍有效。[1] 在日本,时效中断因撤诉或诉被驳回而溯及地丧失效力,但票据法规定的偿还请求权时效从诉状送达被告时才中断,且不受该诉被撤销或驳回的影响。[2] 在韩国,撤诉引起时效中断及遵守起诉期间的效力归于消灭,当事人行使形成权(抵销权、解除权等)的效果是否消灭则存在争议。[3]

第二,司法实践中有一种观点认为,当事人撤诉后再次起诉,并非放弃实体权利。因此撤诉应当以时效中断计算。[4] 原告撤诉只对诉讼权利作了处分,实体权利并不因此受影响,法院也未对实体争议作出处理,所以原告可再起诉,而法院不得因其曾经撤诉而拒绝受理。[5] 因为未放弃实体权利,所以可以再起诉,而再起诉又再次证明其未放弃实体权利,这本身没有问题。但未放弃权利不能成为时效中断的理由,因为诉讼时效制度对权利人的归责逻辑是"权利人不及时行使权利",而不是"权利人放弃权利"。中断事由要求行使权利的积极行为,未放弃权利本身不能表征其积极行使权利,因而不存在中断问题。至于再次起诉,如果发生在时效期间内,会产生中断效力,则是另一问题。

第三,司法实践中还有一种观点认为,撤诉时效不中断的理论

---

[1] 参见〔德〕罗森贝克、〔德〕施瓦布、〔德〕戈特瓦尔德:《德国民事诉讼法》(下),李大雪译,中国法制出版社 2007 年版,第 967 页。

[2] 参见〔日〕新堂幸司:《新民事诉讼法》,林剑锋译,法律出版社 2008 年版,第 166 页。

[3] 参见〔韩〕孙汉琦:《韩国民事诉讼法导论》,陈刚审译,中国法制出版社 2010 年版,第 289—290 页。

[4] 参见辽宁省沈阳市沈河区人民法院(2005)沈河民一房初重字第 1 号民事判决书。

[5] 参见李浩:《民事诉讼法学》(第二版),法律出版社 2014 年版,第 271 页。

基础是:起诉后权利人撤诉,表明其不再请求司法机关裁判并强制义务人履行,如果原告撤诉的理由是被告主体不适格,则不符合不中断立场的理论基础,此时应采取中断立场。[1] 该观点其实对撤诉制度有误解。原告撤诉的具体原因在撤诉规则中并不重要,无论是证据不足,还是主体不适格。如果将证据不足时的撤诉理解为"不再请求司法机关裁判并强制义务人履行",而将被告主体不适格时的撤诉理解为"还要请求司法机关裁判并强制义务人履行",其实背离了撤诉的"视为未起诉"法定效果,因为"撤诉视为未起诉"意味着撤诉后当事人绝对可以再起诉,至于在哪种原因下撤诉原告更容易再起诉(该实践观点实际上是在作此种比较),在制度上并不重要。

三、中国式难题之破解

之所以出现理论界的学说之争和实务界对中断立场之青睐,若干制度或实践的制约"功不可没"。虽然这些因素不可避免地构成制度设计的约束条件集合,但一味向其"妥协",可能有三个危险:一是陷入"拆东墙补西墙"的恶性循环;二是掩盖相关制度缺陷并耽误其调整和改进;三是客观上形成对非正常状态或不合理做法的激励。

(一)中国式撤诉的表达与实践

1."无关被告"的撤诉规则

许多国家的民事诉讼法都明确规定"被告同意"之撤诉条件,在原告掌握主动的制度中防止被告利益受损。《德国民事诉讼法》第

---

[1] 参见福建省福州市中级人民法院(1997)榕经终字第153号民事判决书。

269 条规定:"原告只能在被告未就本案开始言词辩论前,可以不经被告同意而撤回诉讼。撤回诉讼以及使撤回生效的必要的被告的同意,应向法院表示……"〔1〕《法国民事诉讼法》第 395 条规定:"撤回起诉,仅在经被告接受时,始为完全。但是,如在原告撤诉时,被告尚未提出任何实体上的辩护,或者未提出不受理请求,被告之接受并非必要。"〔2〕《日本民事诉讼法》第 261 条规定:"……撤回诉讼,如果是在对方当事人对于本案已经提出准备书状或在辩论准备程序中已经陈述或者已经开始口头辩论后提出的,非经对方当事人的同意,不发生其效力……"〔3〕德、法、日等国民法的撤诉不中断立场体现出与被告同意之撤诉条件相一致的权衡方式。原告申请撤诉,被告不同意,撤诉不成功,诉讼继续进行,判决后重新计算时效,原告重新确立时效上的有利地位;原告申请撤诉,被告同意,撤诉成功,起诉的时效中断效力消灭,时效从撤诉之日起继续计算,原告可再起诉。总之,这是一个依靠当事人双方博弈的制度组合。

　　我国民事撤诉规则根本未提及被告。2012 年《民事诉讼法》第 145 条规定:"宣判前,原告申请撤诉的,是否准许,由人民法院裁定……"与德、法、日等国的民事诉讼法强调原被告博弈不同,我国的撤诉规则着眼于法院对撤诉申请的合法性审查,包括撤诉人是否有违法行为(《民诉法意见》第 161 条),双方是否串通损害国家和集体利益、社会公共利益及他人合法权益(《民诉法意见》第 190 条),是否以撤诉回避法律义务〔4〕,原告是否受胁迫〔5〕等,被告通常被排除

〔1〕　《德意志联邦共和国民事诉讼法》,谢怀栻译,中国法制出版社 2001 年版,第 64 页。
〔2〕　《法国新民事诉讼法典》,罗结珍译,中国法制出版社 1999 年版,第 81 页。
〔3〕　《日本新民事诉讼法》,白绿铉编译,中国法制出版社 2000 年版,第 97 页。
〔4〕　参见唐德华:《民事诉讼立法与适用》,中国法制出版社 2002 年版,第 218 页。
〔5〕　参见蔡彦敏主编:《民事诉讼法学》,中山大学出版社 1993 年版,第 255 页。

在审查或考量外[1]。撤诉中断时效与原告自由撤诉均眷顾原告而忽视被告。对于原告,撤诉不仅不影响重新起诉而且因时效重新起算获得主动,既实现避免败诉结果、赢得证据调查时间等预期目标,又不会明显增加成本;对于被告,只能被动参与,既无法为维护其利益而阻止原告撤诉,也无法阻止时效重新计算。有法官担忧,撤诉仍中断时效将刺激少数人反复起诉和撤诉[2]。我国撤诉规则存在过度强调公共利益和职权主义、对原被告行为的激励和利益保护失衡、高估合法性审查效果等问题[3],数个民事诉讼法学者修改建议稿均建议规定"被告答辩后,非经被告同意,原告不得撤诉"[4]。一旦撤诉规则形成双方利益的博弈机制,只考虑原告利益的中断立场就不得不面对被告利益保护的挑战。

2."非正当"撤诉实践

司法实践中存在法官动员甚至强迫当事人撤诉之现象,原因或动机不一,至少包括如下两个方面:其一,利用撤诉抹掉不好处理的案件,比如事实认定不清、无法可依的,裁判结果可能引起群体性诉讼的,当事人矛盾可能激化的等。法官以很可能败诉的暗示给双方

---

[1] 实务中也有对撤诉是否损害被告利益进行审查并裁定不准撤诉的情形[参见国家法官学院、中国人民大学法学院编:《中国审判案例要览(2010年民事审判案例卷)》,中国人民大学出版社2011年版,第455—456页],但杯水车薪,原因有两个:第一,以撤诉损害被告利益为由裁定不准撤诉的往往属极端情形;第二,寄希望于法官裁量保护被告利益并不现实,法官可能因为无明确法律依据而不敢运用。

[2] 参见刘晓军:《起诉后撤诉是否导致诉讼时效中断》,载《人民法院报》2004年8月24日,第8版。

[3] 参见霍海红:《论我国撤诉规则的私人自治重构》,载《华东政法大学学报》2012年第4期。

[4] 江伟主编:《民事诉讼法典专家修改建议稿及立法理由》,法律出版社2008年版,第227页;杨荣馨主编:《〈中华人民共和国民事诉讼法〉(专家建议稿)立法理由与立法意义》,清华大学出版社2012年版,第155页。

压力,劝说被告满足原告部分请求,让原告以撤诉回报。[1] 其二,追逐撤诉率指标,动员原告撤诉。根据《人民法院案件质量评估指标体系》,撤诉率为正向指标,撤诉率越高,表明当事人放弃诉讼越普遍,纠纷得以平息的越多。[2] 既然诸多撤诉属于法官动员甚至强制的结果,那么不中断立场既不符合对原告归责的时效原理,也会阻碍法官做动员工作,而中断立场则不存在此问题。然而,上述推理是单纯站在法院规避风险和迎合考核立场之结果,它以动员撤诉自身的正当性为前提,但动员撤诉其实正是应被调整或改造的对象。

司法实践中还存在被告以和解协议欺诈原告撤诉之现象。[3] 被告先假意与原告庭外和解,要求原告撤诉,接着再拒绝履行,原告只能再起诉。既然原告撤诉基于被告欺诈,原告无法确知被告的真实意图,因和解而撤诉又受法院鼓励,无辜原告承受时效不中断后果岂不便宜了实施欺诈行为的被告?该推理有一定道理,却不足以支持中断立场。第一,防范和规制和解欺诈应从源头抓起,即应事前强化和解效力,而非依赖时效规则的事后弥补:一方面,当事人应尽量以和解协议请求制作调解书(《民诉法意见》第 191 条);另一方面,现行法应考虑明确将和解协议作为民事合同对待(就像人民调解协议),甚至作进一步效力强化。[4] 第二,中断立场可能导致更多和解欺诈。不中断立场客观上促使原告请求制作调解书,进而减少了发生和解欺诈的概率,而中断立场客观上助长了原告和解后撤诉,事

[1] 参见吴英姿:《法官角色与司法行为》,中国大百科全书出版社 2008 年版,第 225—226 页。
[2] 参见张军主编:《人民法院案件质量评估体系理解与适用》,人民法院出版社 2011 年版,第 203 页。
[3] 参见王福华:《正当化撤诉》,载《法律科学》2006 年第 2 期。
[4] 在德、日等国,具有具体给付义务内容时,诉讼和解笔录具有执行力,参见〔德〕奥特马·尧厄尼希:《民事诉讼法(第 27 版)》,周翠译,法律出版社 2003 年版,第 254 页;伊藤眞『民事訴訟法 第 4 版』(有斐閣,2011 年)221 頁参照。

实上增加了被告实施欺诈的风险。

(二)时效期间过短

在中断立场论证中,过短时效期间扮演了极重要的角色,有学者明确指出:"我国现行法对诉讼时效的规定过短……从利益衡量的法理出发,赋予撤诉以中断诉讼时效的效力有利于对权利人的保护,也能弥补立法的不足。"[1]《最高人民法院关于四川高院请示长沙铁路天群实业公司贸易部与四川鑫达实业有限公司返还代收货款一案如何适用法(民)复〔1990〕3 号批复中"诉讼时效期间"问题的复函》将有条件中断立场归于时效期间过短之弊:"《民法通则》规定较短的诉讼时效期间有督促债权人积极行使权利、加速经济流转的目的,但实践证明,这种规定也往往会成为权利人的时效'陷阱'。在立法作出调整之前,对时效问题应以有利于权利人的原则作从宽解释。"[2]时效期间过短造成权利人"仓促"起诉和"不得已"撤诉,增加了撤诉的时效难题,有法官就不无痛心地指出:"有不少当事人因害怕过了诉讼时效而匆忙起诉,由于起诉前准备不充分,在诉讼过程中往往处处被动,最后导致不利的结果……诉讼时效期间过短,还会变相地出现'逼诉'现象……"[3]较长时效期间则不仅降低以起诉中断时效的概率,也降低仓促起诉的概率,进而降低了对权利人特别关照的必要性。

比较来看,时效期间长短与撤诉的时效后果可能存在关联。

---

[1] 许可:《民事诉讼中当事人撤诉与诉讼时效中断——兼论撤诉制度中的权利配置》,载张卫平主编:《民事程序法研究》(第 2 辑),厦门大学出版社 2006 年版,第 87 页。

[2] 吴庆宝主编:《最高人民法院司法政策与指导案例(民事诉讼卷)》,法律出版社 2011 年版,第 144 页。

[3] 葛承书:《民法时效——从实证的角度出发》,法律出版社 2007 年版,第 127—128 页。

2002 年修正前的《德国民法典》《日本民法典》以及我国台湾地区"民法"均规定撤诉后时效不中断,与此并存的是分别长达 30 年、10 年、15 年的普通时效期间。时效期间较长,即使撤诉不产生中断效力,也不至对权利人产生实质影响;时效期间很短,权利人撤诉后再行使权利,时间就会极短,中断立场因强调保护权利人而被视为一种有效的弥补方案。我国民法采 2 年普通时效期间(特殊时效期间甚至只有 1 年),加上国人不愿轻易卷入诉讼而常于临近时效届满才起诉,如果采不中断立场,权利人再起诉的准备时间就会太短。问题是,困境既然由过短时效期间引起,而过短时效期间同时引发其他诸多难题[1],更合理也更有效的方式是加长并合理化时效期间体系,而不是依靠权宜性的中断立场。

　　未来民法典加长普通时效期间并设置合理的期间体系已成理论界和实务界的共识,但具体方案仍待斟酌。若干民法典学者与官方建议稿都采取 3 年普通时效期间[2],很可能是受《德国债法现代化法》的影响,但借鉴德国法不能简单化:(1)德国民法从 30 年到 3 年的普通时效期间调整,与消灭时效规则体系的整体调整密切相关,孤立看待前者意义极为有限;(2)许多国家或地区(如意大利、奥地利、巴西以及我国台湾地区等)仍坚持 10 年以上普通时效期间;(3)我们一直强调 2 年时效期间过短[3],难道将 2 年加长为 3 年就能解决时效期间过短造成的诸多困境吗? 我们一直诟病的只是区区的 1 年?

---

[1]　参见霍海红:《未定期债权时效起算———一个"中国式问题"的考察》,载《吉林大学社会科学学报》2010 年第 6 期;《诉讼时效延长规则之反省》,载《法律科学》2012 年第 3 期;《"20 年期间"定性之争鸣与选择———以〈民法通则〉第 137 条为中心》,载《华东政法大学学报》2012 年第 3 期。

[2]　参见梁慧星主编:《中国民法典草案建议稿附理由·总则编》,法律出版社 2004 年版,第 254 页;王利明主编:《中国民法典学者建议稿及立法理由·总则编》,法律出版社 2005 年版,第 430 页;九届全国人大常委会组织起草的《中华人民共和国民法(草案)》(2002 年 12 月 17 日)第 99 条。

[3]　参见董小亮:《关于我国时效制度的几个问题》,载《当代法学》2002 年第 4 期。

(4)现代交通通信工具的运用和生活节奏的加快,难道足以抵消国人观念上对诉讼时效的抵制?"欠债还钱"在国人眼里是铁律(权利人不及时催还表明对义务人的情谊和宽容,不应成为权利丧失的原因),设置较长时效期间相对能够兼顾此种朴素的道德情感;(5)时效期间的功能远非中止、中断所能替代,与其在其他制度上作违反常规的调整,不如在时效期间上迈大步子。对时效期间过短不断妥协也许是司法者的不得已,但立法者应着眼于系统调整,何况民法典的制定已经提供了绝好的机会,未来应设置至少 5 年的普通时效期间。

值得注意的是,日本民法(债权法)时效规则的修改,虽深受德国新债法影响,但在时效期间细节的调整上并未完全照搬德国法,更像是在考虑本国国情和既有规则的前提下对德国法和法国法的融合(德国和法国都于 21 世纪初期进行了时效法改革)。具体而言,为回应时效期间短期化和统一化趋势,日本法正试图缩短债权的普通时效期间,并删除繁多而混乱的短期时效期间。日本法制审议会 2013年公布的官方征求意见草案提出两种方案:一是继续维持《日本民法典》第 166 条第 1 项的"权利可行使时"起算点,但将第 167 条第 1 项债权的 10 年期间改为 5 年期间;二是继续维持《日本民法典》第 166条第 1 项的"权利可行使时"起算点和第 167 条第 1 项的债权 10 年时效期间,但如果债权人知道债权发生原因和债务人,则计算 3/4/5年时效期间。[1] 在对这两个方案进行说明时,起草者承认参照了德国和法国时效法最新的修改,德国将债权的普通时效期间定为 3 年并设置了 10 年期间限制,法国则将债权的普通时效期间定为 5 年并设置了 20 年期间限制。[2] 在日本学者看来,3 年期间偏短,而 5 年

---

[1]　商事法務(編集)『民法(債権関係)の改正に関する中間試案の補足説明』(商事法務,2013 年)68 頁参见。

[2]　商事法務(編集)『民法(債権関係)の改正に関する中間試案の補足説明』(商事法務,2013 年)73 頁参见。

期间较为妥当。[1] 考虑到之前日本法存在大量的 1 年、2 年、3 年的
短期时效期间,此次删除短期时效期间而使用 5 年债权普通时效期
间,又是时效期间总体短期化趋势下的一个具体的长期化运动。[2]

　　我国理论界和实务界在加长时效期间上显得保守,恐怕与过度
倚重时效中断有关,我们试图在极短的时效期间和强化的时效中断
规则之间实现平衡。我们强调时效期间短期化趋势,却忽视了时效
中止和时效中断的差异也在缩小的事实,中止规则正在急速扩张。
原《德国民法典》将权利人提起请求履行或者确认请求权之诉、请求
发给执行证书或者执行判决之诉、督促程序中送达支付令、向调解处
提出调解申请、破产程序中或者海商法分配程序中申报债权、诉讼中
主张请求权抵销、诉讼中发布诉讼通告、开始执行行为、在已指定法
院或者其他行政机关强制执行时提出强制执行申请等明确规定为中
断事由(第 209 条)。[3] 2002 年后,除将"法院或者机关的执行行为
被实施或者申请"保留为中断事由(第 212 条),其他都成为"停止"
事由(第 204 条)。[4] 德国并非将司法程序开始作为"中止"事由的
唯一代表,《欧洲合同法原则》和《国际商事合同通则》都采用了此种
规则。从目前官方公布的征求意见草案看,日本法也在大幅增加中
止事由,缩减中断事由。[5] 我国既坚持极短时效期间又不断强化中
断措施的运用,从根本上与短期化趋势相悖,是一种走极端后形成的
平衡,内部存在指导思想的严重矛盾。

---

[1]　金山直樹『消滅時効法の現状と改正提言（別冊 NBL no. 122）』(商事法務,2008
　　　年)301 頁参照;松久三四彦『時効制度の構造と解釈』(有斐閣,2011 年) 598 頁
　　　参照。
[2]　内田貴『民法改正のいま―中間試案ガイド』(商事法務,2013 年)22 頁参照。
[3]　参见《德国民法典》,郑冲、贾红梅译,法律出版社 1999 年版,第 41—42 页。
[4]　参见《德国民法典》,陈卫佐译注,法律出版社 2004 年版,第 59—60、63 页。
[5]　商事法務(編集)『民法(債権関係)の改正に関する中間試案の補足説明』(商事法
　　　務,2013 年)83 頁参见。

(三)"起诉难"的影响

民事诉讼起诉难在我国属于"老大难"级别的难题。起诉难的表现和原因有很多:首先,是制度设计层面,2012 年《民事诉讼法》第119 条规定的起诉条件过高,致诉讼高阶化[1],法院适用时又常从严掌握,甚至有法院自行规定起诉条件进一步拔高门槛[2]。其次,是政策限制层面,对于群体性案件、敏感案件、立法难以界定的案件、与政府和行政行为有关的案件、与刑事犯罪有关的案件等,法院常会格外拿捏。[3] 最高人民法院也曾明确受理原则:依法受理原则;适度实体审查原则;适时受理原则;新类型案件请示原则。[4] 再次,是规则执行层面,为结案率统计需要,在当年最后一个季度尽量少受理甚至不受理案件,等来年再说。[5] 最后,是权利救济层面,对不受理案件,法院通常不作书面裁定,致当事人无法上诉,2012 年对《民事诉讼法》进行修正时甚至不得不以"作出裁定书,不予受理"(2012 年《民事诉讼法》第 123 条)取代之前的"裁定不予受理"[2007 年《民事诉讼法》(已失效)第 112 条],虽然按照上诉要求后者也能推出"书面裁定"要求。

必须承认,中断立场客观上构成对起诉难的某种"缓冲"或"应对",它可以部分抵消起诉难对权利人再起诉的影响,具有保护权利人的积极作用。然而,从诉讼时效原理和治理起诉难角度看,中断立

---

〔1〕　参见张卫平:《民事诉讼:关键词展开》,中国人民大学出版社 2005 年版,第 65—85 页。
〔2〕　参见《解决"立案难"要立足中国国情——本刊记者访西南政法大学教授、博士生导师、司法研究中心主任徐昕》,载《中国审判》2007 年第 1 期。
〔3〕　参见柯阳友:《起诉权研究:以解决"起诉难"为中心》,北京大学出版社 2012 年版,第 113—121 页。
〔4〕　参见《最高人民法院副院长苏泽林在全国法院立案审判实务座谈会上的讲话》,载苏泽林主编:《立案工作指导　2006 年第 1 辑　(总第 12 辑)》,人民法院出版社 2006 年版,第 8—9 页。
〔5〕　参见张卫平:《起诉难:一个中国问题的思索》,载《法学研究》2009 年第 6 期。

场存在三个问题:第一,以中断立场回应起诉难,从反面暴露出起诉难对理论逻辑和立法规则的扭曲,而绝非阻碍当事人行使诉权那么简单。不正面解决起诉难问题,类似扭曲情形将层出不穷。第二,一味简单化"妥协"处理可能掩盖起诉难问题的严重性和广泛性,从而妨碍起诉难问题的真正解决,甚至客观上加剧起诉难,因为法院不受理时再也无须顾及原告的时效利益。相反,在不中断立场下,当事人的时效利益可能构成法官无正当理由不受理的潜在制约。第三,起诉难只是影响因素之一而非全部,随着相关制度的设置或调整(如撤诉规则考量被告利益、时效期间合理加长和层次体系合理化等),起诉难的不利影响将大大减弱。

(四) 义务人"诚信失"与权利人"归责难"

"权利上的睡眠者,不值得保护"构成诉讼时效制度对权利人的说服机制和自身的正当化论证,因为懒惰无论是在法律上还是道德上都被负面评价。然而,我国严重的诚信缺失现实对时效归责策略构成巨大挑战,有学者和法官的感叹为证:"实践中将诉讼时效作为法律技巧加以运用的情形屡见不鲜"〔1〕,"司法实践中当事人挖空心思地利用诉讼时效期间较短这一漏洞以逃避债务,律师想方设法让当事人的诉讼时效中断(如设圈套让对方当事人重新确认债务)等已经司空见惯"〔2〕。最高人民法院甚至将保护权利人、防范义务人不诚信作为运作时效制度的指导:"通过对权利人的权利进行限制的方式对社会公共利益进行保护应有合理的边界……不能滥用诉讼制度,使诉讼时效制度成为义务人逃避债务的工具,随意否定权利本身,违反依法依约履行义务的诚实信用原则……在不违背基

〔1〕　徐昕:《论私力救济》,中国政法大学出版社 2005 年版,第 82 页。
〔2〕　葛承书:《民法时效——从实证的角度出发》,法律出版社 2007 年版,第 127 页。

本法理的基础上,应作有利于权利人的理解。"[1]正是这种"侧重保护权利人"的"奇怪"理念[2],使撤诉不影响时效中断似乎获得直觉上的支持。

义务人的不诚信行为的确会妨碍权利人以起诉方式实现权利(义务人为逃避请求和起诉而离开住所地,即使权利人起诉,起诉状副本也无法送达),不中断立场和有条件中断立场对保护权利人似乎都无能为力,选择绝对中断立场似乎理所当然。[3] 然而,事实并非如此。第一,如果可以确认义务人实施违背诚实信用原则之行为,如故意躲避请求或起诉,可利用民法诚实信用原则进行规范。德国学者就明确指出,"诚实信用原则的适用效力应优先于法律所规定的消灭期间"[4],德国法院也的确在不少判例中明确诚实信用原则的适用[5]。在日本,公害关系、亲族关系、医疗错误、交通事故、劳动灾害、预防接种、国家赔偿、消费者被害、劳动关系等领域确立起了权利滥用或违反诚实信用原则的时效法判例。[6] 在此意义上,诚实信用原则提升了诉讼时效制度的应变能力。第二,如果无法确认义务人是否故意逃避,但可以确定其阻碍了权利人行使权利,也可选择中止

---

[1] 《最高人民法院民二庭负责人就〈关于审理民事案件适用诉讼时效制度若干问题的规定〉答本报记者问》,载《人民法院报》2008 年 9 月 1 日,第 3 版。

[2] 由于诉讼时效法本就在寻求权利人与义务人之间的平衡,因此,"侧重保护权利人"其实是一种悖论性的说法,只是现行制度并未实现平衡的证据。

[3] 法官作此选择的案例,参见山东省青岛市中级人民法院(2011)青民二商终字第 530 号民事判决书。

[4] 〔德〕罗伯特·霍恩、〔德〕海因·科茨、〔德〕汉斯·G. 莱塞:《德国民商法导论》,楚建译,中国大百科全书出版社 1996 年版,第 158 页。

[5] 义务人以和解意愿相欺骗,阻止权利人行使权利,即使导致时效经过,义务人也不得主张时效抗辩,参见德国联邦法院判决 BGH NJW 1959, 241;德国帝国法院判决 RGZ 57, 372, 376。转引自黄立:《民法总则》,中国政法大学出版社 2002 年版,第 494 页。

[6] 酒井廣幸『損害賠償請求における不法行為の時効』(新日本法規出版,2013 年)245—252 頁参照。

或中断规则以保护权利人。根据《民法通则》第 139 条的规定,时效期间最后 6 个月内,因不可抗力或者其他障碍不能行使请求权,时效中止。《诉讼时效规定(2008)》第 20 条对"其他障碍"列举解释时,又留下"其他导致权利人不能主张权利的客观情形"的新出口,时效中止制度具有广泛适用空间。根据《诉讼时效规定(2008)》第 10 条,当事人一方下落不明,对方在国家级或者下落不明当事人一方住所地省级有影响的媒体刊登主张权利内容的公告,可按"当事人一方提出要求"产生时效中断效力。

四、不中断立场的规则建构

(一)撤诉之日起继续计算

以请求解释撤诉的时效后果,有可能是出于担忧权利人遭受不利的"不得已":撤诉视为未起诉,时效中断效力消灭,撤诉前时效一直进行,撤诉时时效可能已届满或即将届满,这不仅直接损害权利人的实体权益,而且影响权利人撤诉权的行使。虽然持中断立场者很少具体言明此种担忧,而只是笼统强调保护权利人,但其应存在于许多人的观念中,否则很难理解人们为何对不中断立场有如此大的质疑,因为不中断未必对权利人"明显不利",它通常只是不产生对其"非常有利"的结果而已。对法院而言,撤诉导致程序终结,法院可以撤诉结案;对原告而言,撤诉视为未起诉,可再起诉;就时效法而言,撤诉意味着原告以行为表明其通过诉讼解决纠纷的意愿消失,起诉中断时效无从谈起。但是,撤诉不产生中断效力并不意味着撤诉前时效一直进行。从诉讼时效的宗旨看,诉讼期间不存在权利人另外行使权利的必要性,无懈怠归责的可能性,确定权利人是否怠于行使权利只能从撤诉之日开始。换言之,撤诉的时效后果应是使时效计算回归诉讼前的状态,方式是从撤诉之日起继续计算。

从撤诉之日起继续计算时效并非权宜之计,而是诉讼时效法的常规思路,有两个证据:第一,因起诉而中断时效意味着连续中断,发生中断效力的时间和重新开始计算的时间,其实是两个问题,否则岂不产生确定判决作出前时效早已届满的荒谬结果?不少国家的民法典都对"持续中断"作出明文规定[1],如原《德国民法典》第 211 条规定:"时效因起诉而中断时,在诉讼以确定判决或者其他方式终结之前,继续中断。"《日本民法典》第 157 条规定:"中断的事由,自其中断的事由终止时起,重新开始进行。因裁判上请求而中断的时效,自裁判确定时起,重新开始进行。"我国几部代表性民法典学者建议稿也都增加"连续中断"规定。[2] 第二,法院裁定不予受理,从不予受理裁定生效之日起,诉讼时效连续计算。[3] 当事人起诉与法院不予受理之间的期间并不计算时效,因为此期间实为法院掌控,当事人处于被动等待状态。如果起诉无须特别审查,而是直接登记,此期间几乎可以忽略不计。民事诉讼法规定的"7 天"审查期间(第 123 条)是对法院进行的强制性督促,该期间经过不应成为权利人遭受时效不利的原因。

---

[1]　未采中断规则的英美法也规定,原告对被告提起诉讼时,时效期间停止进行。参见 John Weeks, *Preston and Newsom on Limitation of Actions*, Longman, 1989, p. 11; David W. Oughton, John P. Lowry and Robert M. Merkin, *Limitation of Actions*, LLP, 1998, p. 46。

[2]　参见梁慧星主编:《中国民法典草案建议稿附理由·总则编》,法律出版社 2004 年版,第 273 页;王利明主编:《中国民法典学者建议稿及立法理由·总则编》,法律出版社 2005 年版,第 457 页。

[3]　参见张卫平:《民事诉讼法》(第三版),法律出版社 2013 年版,第 213 页。

(二) 撤诉之日起 6 个月内时效不完成

就撤诉的时效后果是否仅限于从撤诉之日起继续计算,至少有三种代表性方案:(1)从撤诉之日起时效继续计算,但并不给权利人其他特殊关照,如《欧洲合同法原则》(第 14:302 条);(2)撤诉后时效继续计算的起始日期延后,给权利人额外增加一定时效期间,如德国民法规定"撤诉之日起经过 6 个月再继续计算时效"(《德国民法典》第 204 条第 2 款);(3)从撤诉之日起继续计算,但一定期间内时效不完成,如日本民法(债权法)草案规定"撤诉之日起 6 个月内时效不完成"[1]。

就我国而言,借鉴日本法修改草案的做法更为合理。[2] 首先,我国的确存在给予权利人特殊关照的必要性。由于我国时效期间短而且权利人常常在万不得已、时效已近届满时才起诉,不中断立场留给权利人再起诉或以其他方式行使权利的剩余期间可能过短,不宜采取《欧洲合同法原则》的方案;其次,德国法的方案虽然给予权利人较充分的保护,但该方案没有区分仅剩极少时效期间的权利人和剩余大量时效期间的权利人,对前者需要关照,但对后者并无必要关照。德国著名学者齐默曼就曾指出:"《德国民法典》第 204 条第 2 款授予债权人额外 6 个月的期间,以再次提起诉讼。这特别涉及这样的情形,即最初的诉讼由于程序原因而被撤销或被驳回,以及原时效期间只有很短的时间剩余。然而,与债权人一开始就没有提起诉讼的情形相比,没有什么合理的理由可以把债权人置于一个更

---

[1]　商事法務(編集)『民法(債権関係)の改正に関する中間試案の補足説明』(商事法務,2013 年)83 頁参见。

[2]　曾有学者指出,起诉又撤诉,时效自撤诉之日起继续计算,但应对时效期间给予适当延长。参见曹珊:《诉讼时效与权利保护探析》,载《当代法学》2003 年第 9 期。该延长方案的弱点在于赋予法官过大裁量权,对当事人缺乏可预期性。

有利的情形。"[1]最后,日本法修改草案所提方案的优点在于既考虑对权利人特殊关照的必要,又从操作的角度将这种关照限制在"确有必要"关照的权利人范围内。

余　论

如前所述,笔者的基本观点是:权利人撤诉后,因起诉而产生的中断效力归于消灭,因为起诉是"独立"中断事由,它不依附"请求";起诉是"程序性"中断事由,要遵守程序法逻辑。中国式撤诉规则、起诉难现实、时效期间短、义务人不诚信等规则或现实不足以否定不中断立场。诉讼时效自撤诉之日起继续计算,但为防止权利人无足够时间有效行使权利,可设置"撤诉后6个月内时效不完成"之规则。

然而,由于撤诉时效后果问题在我国具有法无明文、理论界和实务界争议、国情因素众多等现实复杂性,本章最后对笔者的立场和思路作如下总结性说明。第一,撤诉的时效后果是典型的中国问题,当然要从中国实际出发,但并非可随意背离或扭曲时效法一般原理和国际通行规则,否则极易造成规则体系内的不协调甚至是自相矛盾。笔者强调在诉讼时效法一般原理的基础上考虑中国特殊国情而设置规则,而非简单且抽象地以保护权利人之名对相关规则和理论进行解说。第二,撤诉的时效后果是典型的"两栖问题"[2],必须从民事

---

[1]　[德]莱因哈德·齐默曼:《德国新债法:历史与比较的视角》,韩光明译,法律出版社2012年版,第210页。

[2]　在诉讼时效法上,两栖问题并不少见,如诉讼时效效力、时效抗辩援用的阶段限制等。从程序与实体双重视角对我国诉讼时效效力的分析,参见霍海红:《胜诉权消灭说的"名"与"实"》,载《中外法学》2012年第2期;霍海红:《论我国诉讼时效效力的私人自治转向——实体与程序双重视角的观察》,载《现代法学》2008年第1期。

诉讼法和民法的双重视角给予解说。事实上,部分争议完全源于误解民事诉讼法或民法理论和制度而导致的"自言自语"或者"稻草人谬误"[1]。笔者极力从程序与实体两个角度作全面的关联阐述,以弥合隔阂和澄清误解,并特别强调区分"程序法逻辑"和"实体法效果"两个问题。第三,笔者以申请撤诉为蓝本展开,并未特别区分申请撤诉与按撤诉处理,主要有两个原因:一是按撤诉处理与申请撤诉在程序法上效果相同,"按撤诉处理"的表述已表明这一点;二是实务界对按撤诉处理情形内部进行的时效后果区分(如因未缴纳诉讼费而按撤诉处理,时效不中断;而原告无正当理由未到庭按撤诉处理,时效中断)[2],仍没有脱离以申请撤诉为蓝本的有条件中断说的立场。

---

〔1〕　稻草人谬误,是指论证者为了使对手的论证易于驳倒,先歪曲对手的论证,然后根据所驳倒的被歪曲的论证得出结论,对手的论证被驳倒了。参见〔美〕帕特里克·赫尔利:《简明逻辑学导论(第 10 版)》,陈波等译,世界图书出版公司北京公司 2010 年版,第 97 页。

〔2〕　参见最高人民法院民事审判第二庭编著:《最高人民法院关于民事案件诉讼时效司法解释理解与适用》,人民法院出版社 2008 年版,第 249 页;马强:《诉讼时效实务问题研究》,载最高人民法院民一庭编:《民事审判指导与参考》(第 16 集),法律出版社 2004 年版,第 121 页。

第 12 章　诉讼时效中断证明
责任的中国表达 *

> 使人心烦意乱、无法安静的不是事情本身而是我们对这些
> 事情的认识和看法。[1]
>
> ——[古希腊]爱比克泰德:《爱比克泰德论说集》

一、作为"中国问题"

针对证明责任分配一般规则,德国学者罗森贝克提出了以民事实体规范类型划分为基础的"规范说",并对"规范说"适用于消灭时效的结果作了明确说明:(1)义务人主张消灭时效抗辩权,必须证明作为前提条件的消灭时效期间的开始和届满;(2)对消灭时效中止、不完成、中断的前提条件,由权利人承担证明责任。[2] 此后,在受

---

*　本章内容曾以《诉讼时效中断证明责任的中国表达》为题发表于《中外法学》2021 年第 2 期。

[1]　[古希腊]爱比克泰德:《爱比克泰德论说集》,王文华译,商务印书馆 2009 年版,第 581 页。

[2]　参见[德]莱奥·罗森贝克:《证明责任论》,庄敬华译,中国法制出版社 2018 年版,第 459—460 页。

"规范说"影响巨大的成文法国家或地区[1]，消灭时效中断的证明责任由权利人承担几乎是常识，以致很难看到专门的研究或论述，即使偶有涉及，也只是给出结论[2]。究其原因，"权利人承担"规则只是"规范说"运用的自然结果，这就像《民事证据规定(2019)》删除了《民事证据规定(2001)》(已被修改，下同)第 5 条(合同纠纷中的证明责任分配)和第 6 条(劳动争议纠纷中的证明责任分配)是因为这些曾被认为十分重要的规则如今只是适用《民诉法解释(2015)》(已被修改，下同)第 91 条的结果一样。

在我国，理论界鲜有人对诉讼时效中断的证明责任分配作专门研究，笔者曾理所当然地将其归结于"规范说"已深入人心，"权利人承担"规则已是常识，无须多言，毕竟"规范说"自 20 世纪 90 年代以来就已获理论界和实务界的青睐[3]，《民诉法解释(2015)》第 91 条的证明责任分配一般规则更是直接按"规范说"设计。不过，笔者几次与同行私下讨论后发现理论上的分歧其实存在，上网查

---

[1]　参见〔日〕伊藤真:《民事诉讼法》，曹云吉译，北京大学出版社 2019 年版，第 253 页;〔韩〕孙汉琦:《韩国民事诉讼法导论》，陈刚审译，中国法制出版社 2010 年版，第 278 页;姜世明:《民事诉讼法》(下册)，新学林出版股份有限公司 2013 年版，第 79 页;吕太郎:《民事诉讼法》，元照出版公司 2018 年版，第 525 页。不过，有日本学者日益强调实体法的"趣旨"或者"价值"，而不仅是条文的规范类型，这实质是一种为避免过度形式化的"修正"规范说。参见〔日〕新堂幸司:《新民事诉讼法》，林剑锋译，法律出版社 2008 年版，第 397 页;〔日〕高桥宏志:《民事诉讼法:制度与理论的深层分析》，林剑锋译，法律出版社 2003 年版，第 444 页。

[2]　日本学者山本敬三就直接将权利人起诉、申请调解等作为"再抗辩"，以对应义务人的消灭时效"抗辩"，参见〔日〕山本敬三:《民法讲义Ⅰ:总则》(第三版)，解亘译，北京大学出版社 2012 年版，第 463 页。

[3]　参见张卫平:《诉讼构架与程式:民事诉讼的法理分析》，清华大学出版社 2000 年版，第 313 页;李浩:《民事证明责任研究》，法律出版社 2003 年版，第 147—150 页;陈刚:《证明责任法研究》，中国人民大学出版社 2000 年版，第 261—272 页;李国光主编:《最高人民法院〈关于民事诉讼证据的若干规定〉的理解与适用》，中国法制出版社 2002 年版，第 45 页;最高人民法院民事审判第一庭:《民事诉讼证据司法解释的理解与适用》，中国法制出版社 2002 年版，第 23—24 页。

阅民事裁判文书后发现法官们的做法也不一致,明确主张"权利人承担"者有之[1],明确主张"义务人承担"者有之[2],笼统称"义务人未提供诉讼时效抗辩的证据而不予支持"者亦有之[3]。更值得注意的是,最高人民法院的《民法典》释义书在对第 192 条作出解释时明确表达了"义务人承担诉讼时效中断证明责任"的观点。[4] 考虑到该释义书对司法实践的广泛和实际指导,我国诉讼时效中断证明责任分配的分歧其实进一步加剧了。

诉讼时效中断的证明责任分配虽然分歧严重,但并未引起重视,可能有四个原因。第一,我们误以为共识已经达成,即主张"权利人承担"者不知还有主张"义务人承担"者,而主张"义务人承担"者也不知还有主张"权利人承担"者。没有专门研究反而强化了人们对"共识"的想象。第二,诉讼时效司法实务甚至司法解释秉持"优先保护权利人"的司法政策[5],导致人们常常跳出证明责任和诉讼时效的逻辑和规则解决问题,但根据抽象理念容易形成各种"公说公有理,婆说婆有理"的结论。第三,理论界与实务界对证明责任的理解

---

[1] 参见江苏省苏州市中级人民法院(2011)苏中商终字第 0183 号民事判决书;四川省成都市中级人民法院(2015)成民终字第 3902 号民事判决书;山西省高级人民法院(2015)晋民初字第 20 号民事判决书;江西省鹰潭市月湖区人民法院(2016)赣 0602 民初字第 1042 号民事判决书;辽宁省本溪市中级人民法院(2017)辽 05 终字第 1825 号民事判决书等。

[2] 参见江苏省苏州市虎丘区人民法院(2010)虎商初字第 0120 号民事判决书;广西壮族自治区来宾市兴宾区人民法院(2016)桂 1302 民初字第 3396 号民事判决书;辽宁省桓仁满族自治县人民法院(2017)辽 0522 民初字第 1032 号民事判决书;河北省承德市滦平县人民法院(2016)冀 0824 民初字第 1948 号民事判决书等。

[3] 参见浙江省温州市乐清市人民法院(2010)温乐柳商初字第 708 号民事判决书;四川省成都市高新技术产业开发区人民法院(2014)高新民初字第 3964 号民事判决书;江苏省徐州市云龙区人民法院(2015)云民初字第 837 号民事判决书;内蒙古自治区乌兰察布市察右前旗人民法院(2016)内 0926 民初字第 191 号民事判决书等。

[4] 参见最高人民法院民法典贯彻实施工作领导小组主编:《中华人民共和国民法典总则编理解与适用》,人民法院出版社 2020 年版,第 972—973 页。

[5] 对该理念的描述和反思,参见霍海红:《"优先保护权利人"诉讼时效理念的困境》,载《法制与社会发展》2019 年第 4 期。

和运用存在分歧,理论界倾向客观证明责任逻辑,而实务界倾向主观证明责任逻辑[1],这种分歧也可能成为产生形成"权利人承担"和"义务人承担"分歧的重要原因。第四,我们对"请求"中断事由的特殊性缺乏认识。与许多国家或地区仅将"起诉"和"承认"作为中断事由不同,我国从《民法通则》(已失效,下同)开始就将"请求"作为中断事由[2],但我们更多强调该事由的合理性[3],却低估了该事由的证明困难,因而也低估了诉讼时效中断证明责任分配在中国法上的相对复杂性。

笔者试图从证明责任和诉讼时效两个基本理论资源出发,既论证"权利人承担"规则的正当性与可行性,也反思那些反对"权利人承担"规则、支持"义务人承担"规则的理由,后者甚至在本章中占据了更大篇幅。本章重点运用"驳论"方式,有两个考虑。一是为了"确定问题"。笔者对经济学家阿马蒂亚·森的一句话印象深刻:"我们可以就问题达成一致意见,哪怕我们并不能就该问题的答案达成一致意见。"[4]大陆法系国家或地区对"权利人承担"规则有相当的共识,但中国法上有诸多中国语境下的反对和担忧。不展示和理

---

[1]　对主观证明责任逻辑倾向的解释,参见霍海红:《主观证明责任逻辑的中国解释》,载《北大法律评论》第 11 卷第 2 辑,北京大学出版社 2010 年版,第 521—539 页。

[2]　《日本民法典》在 2017 年大修前将"催告"定为"中断"事由,但附加了"6 个月内提出裁判上请求、支付督促申请、和解申请等"的条件(第 153 条,参见《最新日本民法》,渠涛编译,法律出版社 2006 年版,第 36 页),但 2017 年大修之后将"催告"规定为"缓期完成"事由,"自催告时起未满 6 个月,时效不完成"(第 150 条,参见《日本民法典》,刘士国、牟宪魁、杨瑞贺译,中国法制出版社 2018 年版,第 27 页)。我国台湾地区"民法"将"请求"定为"中断"事由,但附加了"请求后 6 个月内起诉"的条件,否则视为不中断(第 130 条)。

[3]　全国人大常委会法制工作委员会的《民法典》释义书将其合理性描述为:"符合我国社会避讼的法律文化传统,契合我国熟人社会的社会实践,能够减轻当事人的讼累和人民法院的压力。"参见黄薇主编:《中华人民共和国民法典总则编释义》,法律出版社 2020 年版,第 526 页。

[4]　[印]阿马蒂亚·森:《理性与自由》,李风华译,中国人民大学出版社 2006 年版,第 513 页。

解这些反对理由就不能在中国法上真正界定问题,不仅无法说服反对方,反而沦为其眼中的"自说自话"。二是回应"中国问题"。中国法上的证明责任和诉讼时效的理论、立法和实践都有独特的一面,而诉讼时效中断的证明责任分配争议正好集中展示了两种独特面的集合及困境,这远不是仅仅描述和引入域外理论和制度就能完全解释的。况且,只有对本土的观念和做法进行充分的理解和必要的反思,才能确定这种"独有"究竟是应走出的"困境",还是应予发扬光大的"特色"。

二、"权利人承担"规则的证成

在大陆法系国家或地区,由权利人承担诉讼时效中断的证明责任几乎是常识,因为它只是对"规范说"一般规则的具体适用,反对该结论就是背离一般规则,就需要特别的理由。我国明确借鉴了"规范说"的理论与制度,应该同样得出"权利人承担"的结论。而且,"权利人承担"规则也符合诉讼时效制度的激励目标。

(一)符合"规范说"的理论和规则

罗森贝克于《证明责任论》中阐释了"规范说"的基本逻辑:"法律规范只是规定了权利的产生、妨碍、消灭和排除。而权利的存在是从权利产生规范的构成要件的存在和权利妨碍、权利消灭和权利排除规范的构成要件的不存在中推断的。也就是说,即使民事诉讼的任务是必须就私人权利的存在作出裁判,对被告的判决是以承认原告所主张的权利为内容,驳回原告的诉讼的判决是以确认原告的权利不存在为内容,该目的也可通过以下途径实现:将客观的法的那些具体规范适用于为裁判所提供的案件事实,将当事人的主张归类于适用于它的法律规范,并审查,是否可从原告的主张(以其主张真实为前提)中推断出权利的产生,或者审查被告的主张是否会根据其他法律规范合理地得出另一种结论。"〔1〕这就形成了基于"规范说"的证明责任分配规则:原告对权利产生规范的要件事实承担证明责任,被告对权利妨碍规范、权利消灭规范和权利排除规范的要件事实承担证明责任。不过,"规范说"并不是证明责任分配规则的全部,"证明责任分配来自实体法明确的证明责任规则、它们的类推适用以及法官法的发展"〔2〕。

将基于"规范说"的证明责任分配规则适用于诉讼时效制度,其实可分两个层次进行:(1)对于"权利人"提出的诉讼上的请求,"义务人"如果要援用诉讼时效抗辩,必须证明"时效抗辩"要件事实的存在,因为诉讼时效抗辩权属于"规范说"中的权利排除规范;(2)作为一种"实体"抗辩权,诉讼时效抗辩权在内部也可继续划分为权利产生规范(从期间开始到届满)、权利妨碍规范(义务人实施严重违背诚实信用原则的行为导致时效期间届满、诉讼时效中断和中止导致时效期间未届满)、权利消灭规范(义务人放弃时效利益)等。对时效抗辩权继续贯彻"规范说"的结果就是,由"义务人"证明时效抗辩权的权利产生规范的要件事实,但"权利人"要对时效抗辩权的权利妨碍、权利消灭和权利排除等规范的要件事实承担证明责任。因此,权利人承担诉讼时效中断的证明责任是贯彻"规范说"的逻辑结果。

---

〔1〕 〔德〕莱奥·罗森贝克:《证明责任论》,庄敬华译,中国法制出版社 2018 年版,第136 页。
〔2〕 〔德〕罗森贝克、〔德〕施瓦布、〔德〕戈特瓦尔德:《德国民事诉讼法》(下),李大雪译,中国法制出版社 2007 年版,第 850 页。

2015 年之前,既有的所谓"谁主张谁举证"规则不够科学[1],舶来的"规范说"更多停留在"学说"层面而尚未取得"一般分配规则"的地位[2],诉讼时效中断证明责任分配因而容易产生分歧。但是,在《民诉法解释(2015)》第 91 条已明确采取"规范说"分配证明责任后[3],权利人承担诉讼时效中的证明责任应该是比较明确的。根据第 91 条的规定,"人民法院应当依照下列原则确定举证证明责任的承担,但法律另有规定的除外:(一)主张法律关系存在的当事人,应当对产生该法律关系的基本事实承担举证证明责任;(二)主张法律关系变更、消灭或者权利受到妨害的当事人,应当对该法律关系变更、消灭或者权利受到妨害的基本事实承担举证证明责任"。将《民诉法解释(2015)》第 91 条与《民法典》第 192 条(诉讼时效抗辩权)、第 195 条(诉讼时效中断)相结合,诉讼时效中断的证明责任分配结果如下:诉讼时效中断是对权利人有利的独立要件,是所谓"权利受到妨害"要件,只不过受到妨害的权利正是义务人的时效抗辩权。

如果我们接受"规范说"并贯彻到《民诉法解释(2015)》第 91 条,仍不能得出"权利人承担诉讼时效中断的证明责任"的结论,那么作为"规范说"的"学习者"首先应检讨对"规范说"的理解与运用是否出了偏差。

---

〔1〕 2017 年《民事诉讼法》第 64 条第 1 款"当事人对自己提出的主张,有责任提供证据"的主要使命是划分当事人与法院间的"证据收集负担",而非双方当事人间的"证明责任"。由于未对"主张"分类,所谓"谁主张谁举证"的科学性和操作性不足,也容易引发混乱。参见霍海红:《证明责任的法理与技术》,北京大学出版社 2018 年版,第 27—29 页。

〔2〕 《民事证据规定(2001)》第 7 条"在法律没有具体规定,依本规定及其他司法解释无法确定举证责任承担"的表述就说明"规范说"并未被视为"一般规则",而只是"补充规则"。对第 7 条的系统反思,参见霍海红:《证明责任配置裁量权之反思》,载《法学研究》2010 年第 1 期。

〔3〕 参见最高人民法院修改后民事诉讼法贯彻实施工作领导小组编著:《最高人民法院民事诉讼法司法解释理解与适用》(上),人民法院出版社 2015 年版,第 316 页。

第一,对"规范说"的贯彻不彻底。"规范说"的核心是根据规范类型确定证明责任的分配,只要有规范划分,这种分配就不停止。罗森贝克虽然在"请求权—抗辩权"框架下分析证明责任分配并对应使用了"原告"和"被告"的表述,但并非指原告在诉讼中只提请求而不提抗辩,而只是因为"原告"和"被告"的表述能更直观地在诉讼中区分各种权利规范的证明责任归属,这是证明责任分配中截取的典型片段而不是全部。在此意义上,日本法通常使用的原被告之间"请求—抗辩—再抗辩—再再抗辩……"的分析模型深得"规范说"的精髓。在我国,"义务人承担诉讼时效中断的证明责任"的观点表明,对"规范说"的理解与贯彻止步于第一层次,即虽然区分了"权利人的请求权"与"义务人的时效抗辩权",但对于时效抗辩权,却未继续区分"时效期间经过"(有利于义务人)与"诉讼时效中断"(有利于权利人)。证据就是,判决书常用"已超过诉讼时效的抗辩,无事实依据,不予支持""提出的诉讼时效问题,因并无充分证据证明,故对该抗辩不予支持""关于被告辩称原告诉讼请求已过诉讼时效,因未提供相应证据予以证明,故本院不予支持"等笼统性表述。[1] 不过,由于对理解和贯彻"规范说"的不彻底性缺乏自觉认识,在主张"义务人承担"者的眼中,"义务人承担"既符合《民诉法解释(2015)》第 91条的规定,也符合"规范说"。最高人民法院的《民法典》释义书就是从《民诉法解释(2015)》第 91 条出发推导出"义务人承担"规则的。[2] 这恐怕是部分法院在《民诉法解释(2015)》实施后仍按"义务人承担"进行裁判的重要原因。

---

[1] 参见四川省成都市高新技术产业开发区人民法院(2014)高新民初字第 3964 号民事判决书;江苏省徐州市云龙区人民法院(2015)云民初字第 837 号民事判决书;内蒙古自治区乌兰察布市察右前旗人民法院(2016)内 0926 民初字第 191 号民事判决书等。

[2] 参见最高人民法院民法典贯彻实施工作领导小组主编:《中华人民共和国民法典总则编理解与适用》,人民法院出版社 2020 年版,第 972 页。

　　第二,习惯不考虑操作和证明的纯粹实体法思维。罗森贝克早就在《证明责任论》中描述过这种情况:"从实体法的立场出发,下面的情况是可以理解的,即只有当法律规定和当事人约定的请求权产生的所有前提条件都已经具备,且不存在妨碍权利产生或者在权利产生之后权利又消灭的情况,人们才愿意承认请求权的存在:债权人是没有最充分抗辩的人。但是,民法将其法律效力仅与已经实际产生的作为前提条件的构成要件相联系。因此,实体法的思考方式将对权利的产生和存在产生影响的所有情况,以同样的方式加以考虑,并将它们等而视之……对 10 年的自主占有的要求和善意的要求给予同样的重视,就如同所有的民法解释均给予他们两者相同的地位一样。"〔1〕在这种观念下,"证明时效期间届满"和"证明权利人未实施中断行为"作为时效抗辩权成立的必要条件,很容易被以相同方式对待,相同方式就是都由义务人承担证明责任。

　　其实,我国《民法典》从正面规定法律行为的有效要件也反映了这种纯粹实体法思维。《民法典》第 143 条规定:"具备下列条件的民事法律行为有效:(一)行为人具有相应的民事行为能力;(二)意思表示真实;(三)不违反法律、行政法规的强制性规定,不违背公序良俗。"从全国人大常委会法制工作委员会释义书看,《民法典》正面规定法律行为有效要件的原因主要有两个:一是,延续《民法通则》的规定方式〔2〕,实践证明这种规定方式"为当事人通过民事法律行为实现私法目的提供了指引",而且"法官在遇到法律对具体案件没有特别规定的情况下,也会经常援用本条作为裁判依据"〔3〕;二是,既有

〔1〕 〔德〕莱奥·罗森贝克:《证明责任论》,庄敬华译,中国法制出版社 2018 年版,第138—139 页。
〔2〕 《民法通则》第 55 条规定:"民事法律行为应当具备下列条件:(一)行为人具有相应的民事行为能力;(二)意思表示真实;(三)不违反法律或者社会公共利益。"
〔3〕 参见黄薇主编:《中华人民共和国民法典总则编释义》,法律出版社 2020 年版,第 376 页。

不正面规定法律行为有效要件的国家和地区(如德国、日本以及我国台湾地区等),也有正面规定法律行为有效要件的国家和地区(如法国、乌克兰等),我国只是二者择其一而已[1],并不独特。

既正面规定有效要件,也反面规定无效、可撤销、效力待定等特殊效果,看上去很全面,但从证明责任分配角度看,这种规定方式对"规范说"的适用构成相当的冲击,也是我国民事实体法的制定对证明责任分配缺乏足够考量的证据。虽然"规范说"自提出后至今影响巨大,但并非没有批评,批评之一就是规范说存在"同义反复"。比如,一方当事人证明合同的成立,另一方当事人证明合同的不成立;一方当事人证明达到法定年龄标准,另一方当事人证明未达到法定年龄标准。[2]"规范说"当然不承认"双方承担"的分配结果,但理论上确实难以完全反驳权利产生规范和权利妨碍规范因表述方式引发的"过度形式化"质疑。因此,如果我们打算坚持和运用"规范说",从正反两个方面规定法律行为生效要件会造成两个困境:第一,它在理论上是反"规范说"的,因为增加了批评规范说的"有力"证据;第二,它增加了"规范说"的适用成本,增加了混淆的概率。[3]

正面规定可以发挥对当事人的指引功能,这个理由也值得商榷。一是,从反面规定并不影响对当事人的指引。事实上,当事人更关注反面规定,因为正面规定太抽象,往往解决不了具体效力问题,比如,《民法典》第 143 条规定的"行为人具有相应的民事行为能力"并不能解决限制民事行为能力人实施法律行为的具体效力问题,只能通过《民法

---

[1] 参见黄薇主编:《中华人民共和国民法典总则编释义》,法律出版社 2020 年版,第 376 页。

[2] 对"规范说"反对理由的梳理,参见〔德〕汉斯·普维庭:《现代证明责任问题》,吴越译,法律出版社 2000 年版,第 384—386 页;〔日〕新堂幸司:《新民事诉讼法》,林剑锋译,法律出版社 2008 年版,第 398—399 页。

[3] 李浩教授就曾对从正反两方面规定民事行为能力效力要件的做法提出了批评。参见李浩:《民事行为能力的证明责任——对一个法律漏洞的分析》,载《中外法学》2008 年第 4 期。

典》第 145 条解决问题。[1] 也就是说,《民法典》没有第 143 条可以,没有第 145 条却不行。二是,站在民法"私人自治"的立场,只从反面规定影响或否定法律行为效力的情形,恰恰是对私人自治的彰显:除了作为"例外"的法定影响事由,法律行为都是有效的。因此,反面规定并非正面规定的"具体化"和"延伸",相反,正面规定只是反面规定的"总结"和"抽象"。在民法逻辑上,是先有反面规定,才有正面规定。

第三,对"抗辩权发生说"的本质和特点存在误解。抗辩权发生说目前已成为诉讼时效效力的主流理论学说,《民法典》第 192 条第1 款也明确规定:"诉讼时效期间届满的,义务人可以提出不履行义务的抗辩。"但我们习惯将抗辩权发生说的重点置于两个方面:一是,与禁止法官职权援用时效一致,体现私人自治;二是,未消灭实体权利,不影响主动履行,缓和法律与道德的紧张。[2] 这导致抗辩权发生说在我国或者被等同于"禁止法官职权援用时效",或者被理解为权利人承担诉讼时效不利后果的"反射效果",即"无须履行"的"结果"。[3] 这大大消解了从"权利"角度理解时效抗辩的必要性和

---

[1]　《民法典》第 145 条规定:"限制民事行为能力人实施的纯获利益的民事法律行为或者与其年龄、智力、精神健康状况相适应的民事法律行为有效;实施的其他民事法律行为经法定代理人同意或者追认后有效。相对人可以催告法定代理人自收到通知之日起三十日内予以追认。法定代理人未作表示的,视为拒绝追认。民事法律行为被追认前,善意相对人有撤销的权利。撤销应当以通知的方式作出。"

[2]　参见黄薇主编:《中华人民共和国民法典总则编释义》,法律出版社 2020 年版,第 515页;邹开亮、肖海:《民事时效制度要论》,知识产权出版社 2008 年版,第 194—195 页。

[3]　有学者指出:"诉讼时效制度是直接针对权利人不行使自己权利的状态予以规范的制度,所以时效完成后应直接对权利人产生法律效果,至于义务人获得拒绝履行抗辩权是其反射效果,而不是直接效果。事实上,即使采诉权消灭说的立法也能导致义务人拒绝履行抗辩权的发生。"参见汪渊智:《民法总论问题新探》,中国社会科学出版社、人民法院出版社 2005 年版,第 399—400 页。还有实务界人士指出:"世界各法域尽管在诉讼时效的立法条文上千差万别,但其届满后的法律效果是基本相同的,即均表现为抗辩权发生。"参见葛承书:《民法时效——从实证的角度出发》,法律出版社 2007 年版,第 65—66 页。上述观点对于反思我国传统时效效力划分的弊端有一定意义,但也存在"取消时效效力划分"的极端倾向。

可能性。其实,抗辩权发生说的重点不在于意思自治和不消灭实体权利,而在于"实体抗辩权"的性质[1],这也是德国抗辩权发生说与法国诉权消灭说的真正差异。既然义务人的时效抗辩权与权利人的请求权对应且地位平等,那么请求权可以有抗辩权的"抗辩"(时效抗辩权),而抗辩权也可有"再抗辩"(诉讼时效中断抗辩),顺理成章。

(二)符合诉讼时效制度的激励目标

经济学的核心原理之一就是"人们会对激励作出反应"[2],法律经济学则进一步强调:"法律的首要目的是通过提供一种激励机制,诱导当事人事前采取从社会角度看最优的行动。"[3]对于诉讼时效中断的证明责任分配,"权利人承担"规则就提供了这样的激励。

第一,"权利人承担"规则有助于实现诉讼时效"督促权利人"的目标。诉讼时效的根据之一就是督促权利人行使权利[4],时效规则应能激励权利人积极行使权利,作为实体法规范内置的证明责任分配也不例外。在"权利人承担"规则下,权利人不得不积极行使权利并注意保留必要证据,才能对抗义务人的诉讼时效抗辩,实现自己的实体权利。相反,"义务人承担"规则会对权利人产生"怠于行使权利"的激励。既然要义务人证明时效中断不存在,只要义务人未能证

---

[1] 参见〔德〕迪特尔·梅迪库斯:《德国民法总论》,邵建东译,法律出版社 2000 年版,第 102 页;〔德〕本德·吕特斯、〔德〕阿斯特丽德·施塔德勒:《德国民法总论(第 18 版)》,于馨森、张姝译,法律出版社 2017 年版,第 84 页;〔德〕汉斯·布洛克斯、〔德〕沃尔夫·迪特里希·瓦尔克:《德国民法总论(第 41 版)》,张艳译,中国人民大学出版社 2019 年版,第 294 页。
[2] 〔美〕曼昆:《经济学原理》(第 7 版)(典藏版),梁小民、梁砾译,北京大学出版社 2017 年版,第 7 页。
[3] 张维迎:《信息、信任与法律》,生活·读书·新知三联书店 2003 年版,第 66 页。
[4] 《民法通则》和《民法典》的立法者都对此格外强调,参见顾昂然:《立法札记——关于我国部分法律制定情况的介绍(1982—2004 年)》,法律出版社 2006 年版,第 254 页;黄薇主编:《中华人民共和国民法典总则编释义》,法律出版社 2020 年版,第 499 页。

明到"高度盖然性"标准(考虑到消极事实的证明异常困难,义务人证明失败的概率很高),根据证明责任的逻辑,义务人要承担中断事实"为真"或"拟制为真"的不利后果。权利人无须行使权利就实现了诉讼时效中断的有利效果,于是产生了悖论:诉讼时效中断的证明责任分配竟然对权利人提供了"不实施中断行为"的激励。这岂不是鼓励人们"在权利上睡大觉",背离诉讼时效的基本精神吗?

　　第二,"权利人承担"规则有助于法院发现案件真实。在诉讼时效案件中,诉讼时效的起点和届满通常相对容易确定,但诉讼时效中断事实的认定相对较难,而这直接关系到诉讼时效抗辩最终能否被法官认定。对权利人而言,诉讼时效中断是法律为其专设的防御措施,权利人证明中断事实既有动力(对自己有利)也相对更容易(积极事实相对容易证明)。对义务人而言,诉讼时效中断否定其时效抗辩权,义务人证明该事实既无动力(自己否定自己),也比较困难(消极事实通常很难证明[1])。因此,"权利人承担"规则要比"义务人承担"规则更容易使法院获得证明诉讼时效中断的证据,从而更准确地认定时效抗辩。相反,"义务人承担"规则会使得义务人更容易放弃对时效未中断的证明,以免支付无谓的成本[2],这对于法院获得证据是不利的。

---

〔1〕　德国学者普维庭就指出,规范说本身就体现了避免消极性证明的思想,参见〔德〕汉斯·普维庭:《现代证明责任问题》,吴越译,法律出版社 2000 年版,第 402 页。

〔2〕　《民法典》第 1170 条规定:"二人以上实施危及他人人身、财产安全的行为,其中一人或者数人的行为造成他人损害,能够确定具体侵权人的,由侵权人承担责任;不能确定具体侵权人的,行为人承担连带责任。"该条文直接从《侵权责任法》(已失效)第 10 条移来,根据权威释义书的解释,危险行为人证明自己不是"具体侵权人"仍不能免责,只有找到"具体侵权人"才可以免责,而且是具体侵权人之外的所有危险行为人都免责。参见黄薇主编:《中华人民共和国民法典侵权责任编释义》,法律出版社 2020 年版,第 25 页;最高人民法院民法典贯彻实施工作领导小组主编:《中华人民共和国民法典侵权责任编理解与适用》,人民法院出版社 2020 年版,第 74—75 页。但是,"无因果关系也不许免责"的立场会使得原本通过免责间接发现具体侵(转下页)

三、对反对"权利人承担"规则理由的反思

在中国法语境下讨论诉讼时效中断的证明责任分配,从正面论证"权利人承担"规则固然"必要",但并"不充分",因为质疑"权利人承担"规则和支持"义务人承担"规则的理由,在理论界和实务界都有不小的市场。描述和反思这些理由对于论证"权利人承担"规则甚至更有说服力。笔者描述和反思的五个反对"权利人承担"规则的可能理由来源不一:有的来自反对者的明确表述(权利人的证据意识薄弱,证明责任概念的分歧),有的是从既有做法(降低诉讼时效中断的证明标准)推出反对理由(双方证明负担不均衡),有的是基于特定诉讼时效观念的强大和广泛影响(对义务人"道德矮化"的结果),有的来自以中断制度弥补期间过短之弊的习惯性思路("义务人承担"比"权利人承担"更有助于权利人实现中断)。

(一)被"高估"的证明负担不均衡

在中国法语境下,义务人证明诉讼时效"届满"通常比权利人证明诉讼时效"中断"更容易,这是事实。为缓解权利人的证明困难,司法实践也"用心良苦",比如,采取"降低"诉讼时效中断证明标准的做法。最高人民法院曾有一则判决明确指出:债权人提供火车票、飞机票、住宿发票等差旅费单据,用以证明在诉讼时效期间内到债务人所在地向债务人主张了权利,该事由具有诉讼时效中断效力,除非债

(接上页)权人的目标无法实现,行为人没有任何动力去推翻因果关系,这使得对因果关系使用"推定"而不是"视为"对危险行为人而言没有实质意义。对"无因果关系仍不允许免责"解释立场的全面反思,参见霍海红:《论共同危险行为规则之无因果关系免责——以〈侵权责任法〉第 10 条之解释为中心》,载《中外法学》2015 年第 1 期。

务人能够证明债权人到债务人所在地系因其他事务。[1] 某些民事判决书甚至主张"一般性"地降低诉讼时效中断的证明标准:诉讼时效中断制度的目的在于阻却时效期间进行以使权利人有更长保护期间,在适用时应作有利于权利人的理解,应遵循"优势证据"规则,而不应严苛要求"证据充分"。[2] 考虑到降低证明标准通常需要法律的明确规定[3],将权利人的诉讼时效中断证明标准降低已是一个不小的"实践"突破,但至少证明责任仍在权利人一方,而诉讼时效中断证明责任的"义务人承担"规则却已经突破到将证明责任从权利人"倒置"给义务人了。

双方证明难度不同是一回事,是否采取"倒置"方式去平衡则是另一回事。美国法官波斯纳指出:"使得大多数案件(不论是民事案件还是刑事案件)得以正确解决成为可能的因素,仅仅在于,站在事实真相一边的当事人通常可以更低成本获取有说服力的证据。"[4] 该论断也大体适用于权利人对诉讼时效中断的证明。法律努力通过规则改进使对抗水平平等,但难以追求绝对意义上的平等对抗。理想化地去追求平等对抗反而容易"矫枉过正",产生新问题。《民事证据规定(2001)》第 4 条第 1 款第 8 项曾为医疗损害责任设置了过错和因果关系的证明责任"双重倒置"[5],初衷是"缓解医患之间的

---

[1] 参见最高人民法院(2003)民二终字第 205 号民事判决书。

[2] 参见江苏省南京市中级人民法院(2016)苏 01 民终字第 360 号民事判决书;山西省运城市芮城县人民法院(2017)晋 0830 民初字第 271 号民事判决书。

[3] 《民诉法解释(2015)》第 108 条规定:"对负有举证证明责任的当事人提供的证据,人民法院经审查并结合相关事实,确信待证事实的存在具有高度可能性的,应当认定该事实存在……法律对于待证事实所应达到的证明标准另有规定的,从其规定。"

[4] 〔美〕理查德·A. 波斯纳:《证据法的经济分析》,徐昕、徐昀译,中国法制出版社 2004 年版,第 88 页。

[5] 《民事证据规定(2001)》第 4 条第 1 款第 8 项规定:"因医疗行为引起的侵权诉讼,由医疗机构就医疗行为与损害结果之间不存在因果关系及不存在医疗过错承担举证责任。"

社会矛盾,为病员实现自己的权利提供切实可行的救济途径"[1],也确实产生了一定的积极效果。但"双重倒置"并未获得民事基本法的认可,《民法典》第 1218 条[2]重申了《侵权责任法》(已失效)的医疗损害责任"过错"归责原则,而放弃"过错推定"的理由是它会"助长保守医疗,不利于科学进步"[3],只允许在法定情形下"推定过错"[4],以此作为对患者一方的适当关照。相较医疗损害责任,权利人证明诉讼时效中断比义务人证明时效期间届满只是相对更难,远达不到"举证能力悬殊可能导致诉讼结果偏离"[5]的证明责任倒置标准。

　　其实,权利人对诉讼时效中断的证明并不像我们想象得那样难。根据《民法典》第 195 条规定,诉讼时效中断事由主要有四种:请求;承认;起诉或申请仲裁;与起诉或申请仲裁具有同等效力的其他情形(如申请调解、申请破产等)。对这四种事由,可分两类说明。第一,对权利人起诉和申请仲裁的证明,通常不是问题,因为起诉要经过法定程序,也有法定文书,会留下充分的证据。申请调解、申请支付令、申请破产等大致与起诉和申请仲裁相同。第二,对权利人请求和义务人承认的证明相对困难,主要原因是"请求"和"承认"并不要求采取特定形式。有的请求或承认会因为请求的方式特殊而自然留下证据,比如

〔1〕　最高人民法院民事审判第一庭:《民事诉讼证据司法解释的理解与适用》,中国法制出版社 2002 年版,第 50 页。
〔2〕　《民法典》第 1218 条规定:"患者在诊疗活动中受到损害,医疗机构或者其医务人员有过错的,由医疗机构承担赔偿责任。"
〔3〕　黄薇:《中华人民共和国民法典侵权责任编释义》,法律出版社 2020 年版,第 148 页。
〔4〕　《民法典》第 1222 条规定:"患者在诊疗活动中受到损害,有下列情形之一的,推定医疗机构有过错:(一)违反法律、行政法规、规章以及其他有关诊疗规范的规定;(二)隐匿或者拒绝提供与纠纷有关的病历资料;(三)遗失、伪造、篡改或者违法销毁病历资料。"
〔5〕　参见肖建国、包建华:《证明责任:事实判断的辅助方法》,北京大学出版社 2012 年版,第 101 页。

"当事人一方下落不明,对方当事人在国家级或者下落不明的当事人一方住所地的省级有影响的媒体上刊登具有主张权利内容的公告"[参见《诉讼时效规定(2008)》(已被修改,下同)第10条],有的请求或承认通过邮件、微信、短信等现代通信工具载体进行,也很自然地留下相关证据,但有的请求或承认只使用口头方式,证明就会很困难,这依赖权利人有意识地保留证据(比如录音)。[1] 因此,诉讼时效中断的所谓证明困难不可一概而论,这种证明困难主要不是"证据偏在"导致权利人无法收集证据,更多是权利人没有证据意识收集和保留证据。

(二) 被"道德矮化"的时效抗辩义务人

在中国诉讼时效司法实践中,提出时效抗辩的义务人常被"道德矮化"。某判决书就曾写道:"此案虽然已超过诉讼时效,原告因此而丧失了胜诉权,但并不影响原被告双方通过其他合法途径来解决此笔债权债务纠纷。本院也奉劝被告:做人以诚信为本,欠债还钱理所应当,虽然你在本次诉讼中以超过诉讼时效赢得了抗辩权,但这并不意味着此笔债务就此消失,该还的钱还是要还的,恶意赖账可能会产生不良后果。"[2] 虽然写得如此直白的判决书少见,但实际具有此种意识并批评义务人"不道德""不诚信"的判决书并不少见。对依法提出时效抗辩的义务人进行批判,可能有两个原因:第一,"欠债还钱"的传统观念在我国根深蒂固,诉讼时效制度容易遭受人们(无论是当事人还是法官)的心理抵制[3];第二,诉讼时效的部分重要规定

---

[1] 日本学者山本敬三就指出:"承认不需要特别的方式。不过,为了预防纷争,要求对方作书面承认比较安全。"参见〔日〕山本敬三:《民法讲义Ⅰ:总则》(第三版),解亘译,北京大学出版社2012年版,第460页。

[2] 参见河南省南阳市内乡县人民法院(2018)豫1325民初字第2924号民事判决书。

[3] 中国传统文化观念中的"诚"与"报"两个字可以部分地解释这一现实。第一,"诚"的问题。哲学家邓晓芒先生认为:"中国人比较讲真诚,西方人比较讲真实。(转下页)

不合理,客观上纵容了债务人,使同情权利人成为许多人的"下意识"。于是,与被时效制度苛求、权利受损的权利人相比,被"道德矮化""不劳而获"的义务人应该承担更重的证明负担,这才是公平的制度安排。何况义务人不能证明诉讼时效未中断而导致时效抗辩失败,也只是得不到时效利益,并不会额外遭受损失。这可能是"义务人承担"规则背后很少言明却最核心的"潜台词"。

我们不仅不该以"道德矮化"的方式理解和设计诉讼时效规则,反而亟须在诉讼时效法理论与实践上为义务人"正名",这也是为诉讼时效制度"正名"。为凝聚时效制度的精神共识,避免以朴素道德取代法律逻辑,重建诉讼时效的道德性,至少应在三个方面有所作为。

第一,理论上正面承认"保护义务人"是诉讼时效根据体系的核心和枢纽。我国理论界一直将诉讼时效根据总体上归于督促权利人、维护秩序、保护义务人三个平行方面,这种列举式描述有两个困境:一是无法说明各根据间的逻辑关系,二是无法统一解释我国诉讼

(接上页) 真实不可能返身内求,而只能外向进取;真诚则是从自己出发('从我做起')而又复归于自己('问心无愧'),不计利害与客观效益的。西方人要证明自己确有诚意,总要凭借外在的真凭实据,如契约、财产、互利关系以及与此相关的签字和信誉。而在中国人看来,一个人要凭借这些才相信另一个人,这恰好是不相信人、不'以诚相见'的表现。"(参见邓晓芒:《灵之舞:中西人格的表演性》,作家出版社 2016 年版,第 8 页。)中国人的这种人格特征一定程度上解释了人们对提出时效抗辩之义务人的"偏见":既然真诚要求不计利害,那么义务人为了利益违背"欠债还钱"的道德义务,是不真诚的体现;虽然法律上允许义务人"欠债不还",但道德上的瑕疵并未消除。第二,"报"的问题。历史学家杨联陞先生指出:"中国人相信行动的交互性(爱与憎,赏与罚),在人与人之间,以至人与超自然之间,应当有一种确定的因果关系存在。因此,当一个中国人有所举动时,一般来说,他会预期对方有所'反应'或'还报'。给别人的好处通常被认为是一种'社会投资',以期将来有相当的还报。"(参见杨联陞:《中国文化中"报""保""包"之意义》,中华书局 2016 年版,第 53 页。)对权利人而言,借钱给义务人是表达善意的帮助行为,是人际交互性的一部分,不急着催还则进一步释放了善意,甚至是对物质利益的进一步牺牲。但是,义务人"竟然"提出了旨在不还钱的时效抗辩,打破了"报"的交互性行为逻辑,使权利人感受到一种"以怨报德"的委屈感。

时效的基本规则及其实践。以保护义务人为中心构建诉讼时效根据体系,既可有效解释义务人得利的直接后果和抗辩权发生的理论学说,又可解释禁止法官依职权援用时效、时效中止和中断、诚信原则排除时效适用等基本规则。在诉讼时效根据体系中,保护义务人是中心或原点,督促权利人和维护秩序是外围或延伸。[1] 一旦承认保护义务人是诉讼时效的核心根据,而不是只强调"督促权利人",则"义务人在法律上得利,但在道德上被否定"的矛盾和尴尬局面将大大缓解。

第二,制度上严格区分义务人的正常时效抗辩行为与义务人违反诚实信用原则实施的时效抗辩行为。对前者要充分尊重,对后者应严厉打击。在德国,如果义务人曾给人造成一种不准备行使时效抗辩权的印象,故意或者非故意地阻碍权利人及时提起诉讼,义务人的行为就不被允许。[2] 在美国,如果原告因依赖被告的行动或表述而延迟提起诉讼,法院可基于禁反言原则禁止义务人提出时效抗辩[3];原告还可提出抗辩,主张延迟提起诉讼是由于被告存在欺诈或虚假陈述[4]。虽然我国一直缺乏诚实信用原则介入诉讼时效适用的制度和实践,但全国人大常委会法制工作委员会释义书对《民法典》第192条作出解释时已有所强调:"在诉讼时效期间届满前,义务人通过与权利人协商,营造其将履行义务的假象,及至时效完成后,立即援引时效抗辩拒绝履行义务。这种行为违反诚实信用,构成

---

[1] 参见霍海红:《诉讼时效根据的逻辑体系》,载《法学》2020年第6期。

[2] 参见〔德〕卡尔·拉伦茨:《德国民法通论》(上册),王晓晔等译,法律出版社2003年版,第347页。

[3] 参见〔美〕丹·B.多布斯:《侵权法》(上册),马静、李昊、李妍、刘成杰译,中国政法大学出版社2014年版,第492页。

[4] See Calvin W. Corman, *Limitation of Actions* II, Little, Brown and Company, 1991, p. 365.

时效抗辩权的滥用,不受保护。"[1]严格区分后,应该"盯防"的就不是提出时效抗辩的义务人,而是少数因实施不诚信行为而应被剥夺时效抗辩权的义务人,仅因义务人身份而要求其承担诉讼时效中断的证明责任就不合适了。

第三,全面反思和果断改进那些"苛求"权利人而"纵容"义务人的时效规则。有实务界人士曾激烈批评道,"我们现行的诉讼时效制度,应该承认是极容易使债务人借助诉讼时效逃避履行自己应该履行的义务的","诉讼时效抗辩的经常成功,说明现行民事诉讼时效制度大大地偏离了法律的最高目的,即实现社会公平正义的目的"[2]。保护义务人的信赖固然是诉讼时效制度的依据,但避免对权利人的"积极督促"变成"强加义务"、避免对义务人的"信赖保护"变成"纵容赖账",同样不能忽视。近些年来,我国诉讼时效制度已有诸多扭转"苛求权利人"局面的改革:一是,补充新规则,建构诉讼时效制度的常规阵容,避免"无法可依"带来的"不确定"和"不统一",比如,大幅扩充了诉讼时效中断和中止的具体事由;二是,矫正旧规则,回归诉讼时效的"私人自治"本质,实现权利人利益与义务人利益的精致平衡,曾经对权利人比较苛刻的规则并非源于对义务人的特殊保护,而是过度强调公益因素导致违背了私人自治的基本逻辑。

(三)期间过短之弊的不当应对

21 世纪以来,我国诉讼时效期间过短之弊常被提及和批评,尤其是在实务界。比如,"从《民法通则》颁布以来近二十年的司法实

---

[1] 黄薇主编:《中华人民共和国民法典总则编释义》,法律出版社 2020 年版,第 516 页。
[2] 吴庆宝主编:《最高人民法院专家法官阐释民商裁判疑难问题:民事裁判精要卷》,中国法制出版社 2011 年版,第 215 页。

践看,两年的诉讼时效期间应该说确有些仓促。在实践中,一方面是有不少债权人由于法律意识淡薄或者受'和为贵'思想的影响导致过了诉讼时效期间而丧失了权利保护的机会。另一方面,有不少当事人因害怕过了诉讼时效而匆忙起诉,由于起诉前准备不充分,在诉讼过程中往往处处被动,最后导致不利的结果"[1]。再比如,"由于诉讼时效抗辩权的行使将影响到权利人权利的实现,尤其在权利人的权利有充分的证据证明,且我国诉讼时效期间规定较短的情形下,仅因时间经过即对权利人的权利不予保护,有失公正"[2]。某些判决书甚至有如下表述:我国诉讼时效期间相对较短,对权利人保护不利。相对于对权利的限制,权利意识的培养、权利的保护和诚实信用原则的维护应居于基础性地位。在不违背基本法理的前提下,如果既可作有利于权利人的解释也可作有利于义务人的解释,应作有利于权利人的解释。[3]

诉讼时效期间过短问题得不到解决,必然强化相关时效规则应对权利人"提供优惠"的认识。由义务人对诉讼时效未中断承担证明责任,可能只是这种"优惠"安排之一,就像未定履行期限债权的时效起算规则、撤诉的诉讼时效后果规则等不得不更多考虑权利人的利益一样,甚至为此未顾及制度的体系性。[4] 另外,诉讼时效期间过短也使得中国法上的诉讼时效中断证明责任问题相对突出,"权利人承担"规则所谓不利于权利人的一面也被"放大",因为时效期间过

---

[1]　葛承书:《民法时效——从实证的角度出发》,法律出版社 2007 年版,第 127 页。

[2]　最高人民法院民事审判第二庭编著:《最高人民法院关于民事案件诉讼时效司法解释理解与适用》,人民法院出版社 2015 年版,第 86 页。

[3]　参见黑龙江省海林市人民法院(2016)黑 1083 民初字第 167 号民事判决书;天津市宝坻区人民法院(2015)宝民初字第 3386 号民事判决书。

[4]　诉讼时效期间过短对相关时效规则造成的不利影响及其反思,参见霍海红:《重思我国普通诉讼时效期间改革》,载《法律科学》2020 年第 1 期。

短不仅加剧了权利人对中断制度的依赖[1]，也提高了权利人使用时效中断措施失败的概率。最高人民法院的《诉讼时效规定（2008）》释义书就承认这种依赖，并鼓励和要求法官充分保障权利人利用时效中断制度，比如，"我国诉讼时效障碍法律体系并不完备，诉讼时效期间规定较短、并未规定诉讼时效不起算和不完成制度。应当说，诉讼时效中断制度因其在中断事由后发生诉讼时效期间重新计算的效力而更有利于保护权利人的利益，因此，在司法适用中，不应限制诉讼时效中断制度的适用，应在合法限度之内进行扩张解释"[2]。在此意义上，由义务人承担诉讼时效未中断的证明责任会显著提高权利人时效中断成功的概率。

不过，即使诉讼时效期间过短对权利人造成不利影响，由"义务人承担"时效未中断的证明责任进行弥补也不合理，原因有三。第一，如果不从源头解决问题，而是"拆东墙补西墙"，会造成诉讼时效制度的内部混乱。既然是时效期间本身过短，就应充分评估期间短的程度及其影响，将期间加长到足以改善的程度。第二，诉讼时效中断的证明责任分配应在证明责任制度的基本框架中展开，虽然证明责任分配需要顾及诉讼时效制度的基本精神，但这种兼顾是"消极性"和"排除性"的，否则证明责任一般分配规则及其意义就不存在了，只剩下具体制度的"特殊性"分配。第三，"义务人承担"规则会进一步强化中断对期间过短进行弥补的"成功"印象，原本"将错就错"的权宜之计，会被误认为"功能强大"，从长远看会耽误诉讼时效

---

[1]　在 21 世纪德国、日本的时效法改革中，中断事由已经式微，大量中断事由被调整为中止事由，以此实践"时效短期化"。但我们片面地将短期化理解为期间本身变短，于是在我国出现了一面追求时效期间变短的"激进"方案、一面"保守"地强化中断事由的局面。参见霍海红：《重思我国普通诉讼时效期间改革》，载《法律科学》2020 年第 1 期。

[2]　最高人民法院民事审判第二庭编著：《最高人民法院关于民事案件诉讼时效司法解释理解与适用》，人民法院出版社 2015 年版，第 30—31 页。

期间的"加长"改进。

(四)证据意识薄弱:原因还是依据?

国人的证据意识相对薄弱也成为反对"权利人承担"规则的理由之一。有实务界人士指出:"完全由债权人承担没有超过诉讼时效的举证责任不尽合理。在司法实践中,是由权利人对自己提出的向对方主张过权利承担举证责任的,提不出证据,就认定没有主张过权利,权利人必定会败诉。但是,一般来说,权利人(或债权人)向义务人(或债务人)主张权利,谁会注意留下证据?有时也很难留下证据。因为往往是债权人与债务人面对面地对话,没有无利害关系的第三人在场,甚至有些就是靠口头的信赖。"[1]国人的证据意识相对薄弱,这是事实。但是,这只是权利人证明时效中断困难的主观原因,而不足以成为"义务人承担"规则的依据,否则连《民诉法解释(2015)》第91条"主张法律关系存在的当事人,应当对产生该法律关系的基本事实承担举证证明责任"这样的基本规则也会被否定。当事人习惯性订立口头合同,难道就可以不承担合同关系存在的证明责任?

司法裁判以事实认定为前提,而事实认定需要证据证明,这是现代司法运行的基本逻辑。人们的证据意识应当不断提升以便符合现代司法的要求,而不是要求法律和司法迁就偏低的证据意识。首先,"做最坏打算"是理性的。传统上,中国人认为人的"诚"和"信"都是无条件的,为将来可能出现的纠纷而保留证据有违"诚"与"信"的道德理想和规范,本身包含了不真诚的因子,因此并不习惯预先设

---

[1] 吴庆宝主编:《最高人民法院专家法官阐释民商裁判疑难问题:民事裁判精要卷》,中国法制出版社2011年版,第219页。

想"出现纠纷"的最坏情况。[1] 这客观上为出现纠纷预留了空间（对方更容易实施机会主义行为），为解决纠纷"制造"了困难。其次，法律不是万能的。法律并不总是能够对案件事实作出符合真相的判断，它常常"有心无力"。证明责任作为解决事实真伪不明困境的裁判技术，是为法官能够作出裁判提供规范指引，并不负责保证裁判结果与事实真相相符。证明责任是"风险分配"，是"最后的救济"，是"最后一招"，是"别无选择"。[2] 证明责任解决不了证据意识低的问题，相反，证明责任有提高证据意识的激励功能。最后，当事人自始就是纠纷的参与者。证据意识既是人们在面对纠纷或处理争议时重视证据并自觉运用证据的心理觉悟，也是人们在社会生活和交往中对证据作用和价值的一种觉醒和知晓的心理状态。[3] 纠纷是否出现固然不确定，但可能出现纠纷则是确定的。证据意识要求当事人以参与者而非旁观者的心态实施自己的行为，因为这个行为可能影响其未来的利益。

（五）都是"概念"惹的祸？

在解释《民法典》第 192 条"时效抗辩"时，最高人民法院释义书提出了"义务人承担时效抗辩"证明责任，但权利人可能对诉讼时效中断承担"提供证据责任"的观点。这是官方少见地专门针对诉讼时效证明责任作详细阐述，很有代表性，笔者完整抄录于此："关于诉讼时效期间届满的证明责任，实践中存在不一致的认识和做法。有观点认为，应以权利成立后是否超过 3 年为标准分配证明责任，对于超

---

[1]　参见霍海红:《证据意识何为》,载高鸿均主编:《清华法治论衡》(第 8 辑),清华大学出版社 2006 年版,第 286 页。

[2]　参见〔德〕汉斯·普维庭:《现代证明责任问题》,吴越译,法律出版社 2000 年版,第28—30 页。

[3]　参见何家弘:《证据意识漫谈》,载《法学杂志》1998 年第 3 期。

过3年的债权,应由债权人承担证明责任,证明债权诉讼时效期间未届满;也有观点认为,时效抗辩为权利妨害抗辩,应由主张一方即债务人承担证明责任;还有观点认为,债权人主张债权,应当由其证明债权诉讼时效期间未届满,法院方能支持。上述观点没有区分行为意义上的举证责任和结果意义上的证明责任。对于行为意义上的举证责任,为避免出现败诉或真伪不明的后果,双方都有提出证据的需求和义务。但是对于结果意义上的证明责任,是由一方确定承担的,不会因为债权人的不同、主张债权的时间上的不同而有变化。《民诉法解释(2015)》第91条规定:'人民法院应当依照下列原则确定举证证明责任的承担,但法律另有规定的除外:(一)主张法律关系存在的当事人,应当对产生该法律关系的基本事实承担举证证明责任;(二)主张法律关系变更、消灭或者权利受到妨害的当事人,应当对该法律关系变更、消灭或者权利受到妨害的基本事实承担举证证明责任。'根据该条规定,我国《民事诉讼法》对结果意义上的证明责任采取的是法定证明责任,即主张权利受到妨害的当事人应当对该权利受到妨害的基本事实承担举证证明责任,也即在真伪不明时,由债务人承担诉讼时效届满的证明责任,否则承担不利后果。需要说明的是,结果意义上的证明责任只在真伪不明时才适用,双方为避免败诉或出现真伪不明,都会积极地行使举证责任,人民法院也应该引导、鼓励当事人提交证据,但是这不是结果意义上的证明责任分配。例如,在上述观点中,对于权利成立时间超过3年的,债权人为避免败诉,会积极对知道或应当知道权利受侵害的时间以及诉讼时效期间存在中止、中断等事由进行举证;而债务人会对权利侵害超过3年等事实进行举证。但是,债权人的举证是为了获得胜诉,从理论上说,因为结果意义上的证明责任在债务人,债权人可以不举证,任由债务人证明诉讼时效届满或者陷入真伪不明。当然,作为一个理性的诉讼当事人,在能够提供证据的情况下是不会放弃行为意义上的举证责任的。"[1]

如果对最高人民法院《民法典》释义书的上述论述作总结,可概括为三个方面。第一,实践中对时效抗辩证明责任分配的分歧,主要是未区分"证明责任"(即释义书中的"结果意义上的证明责任")和"提供证据责任"(释义书中称为"行为意义上的举证责任")而造成的混乱。这种实践分歧并不是真正的分歧,而是概念分歧的后果,这种分歧可通过消除概念分歧而消解。第二,就"证明责任"而言,时效抗辩统一由义务人承担证明责任,时效中断不存在独立的证明责任分配问题。第三,就"提供证据责任"而言,义务人和权利人都会对时效期间届满及时效中止、中断提供证据,这是由人的自利本性和追求胜诉的动力决定的。

最高人民法院《民法典》释义书正面回应实践中的争议,并进行较为详细的论证,值得充分肯定。不过就具体观点而言,值得商榷。

第一,证明责任概念适用的分歧在中国固然是个严重问题(尤其是在理论界与实务界之间),但诉讼时效中断证明责任分配上的分歧如果只是概念分歧的附带结果,就不值得专门研究。就笔者所见,诉讼时效中断证明责任分配的分歧主要不是概念分歧(虽然不排除个别因概念分歧而自说自话的情形),而是集中于如下两个方向:一是,如何理解"规范说"和《民诉法解释(2015)》第 91 条的证明责任分配一般规则;二是,诉讼时效制度如何对待义务人的角色和利益。

第二,释义书主张,时效抗辩的证明责任统一由义务人承担,时效不中断只是时效抗辩中的一个环节。该观点其实是未理解"规范说"的精髓和机械贯彻《民诉法解释(2015)》第 91 条的结果。释义

---

[1]　最高人民法院民法典贯彻实施工作领导小组主编:《中华人民共和国民法典总则编理解与适用》,人民法院出版社 2020 年版,第 972—973 页。

书对《民法典》第 192 条(诉讼时效效力)作出解释时谈到时效抗辩的证明责任,但对第 195 条(时效中断)作出解释时却只字未提时效中断的证明责任[1],就是最好的证明。释义书强调的"结果意义上的证明责任"和"行为意义上的举证责任"下的所谓不同分配,其实是在强调证明责任与提供证据责任本身的区别[2],换一个民法制度同样适用。

第三,释义书指出,义务人和权利人都有动力对时效届满、中止和中断等提供证据。这当然是正确的,但与证明责任分配本身无关。当事人对不承担证明责任的事实提供证据,这是他的权利,也可能是他的义务。这种义务可能包括两种情况:一是,不承担证明责任的当事人在法官自由心证范畴内被要求提供证据,而且随着法官自由心证的变化而转移;二是,不承担证明责任的当事人在特定情形下会受到"书证提出命令"的规范,比如,《民诉法解释(2015)》第 112 条规定:"书证在对方当事人控制之下的,承担举证证明责任的当事人可以在举证期限届满前书面申请人民法院责令对方当事人提交。申请理由成立的,人民法院应当责令对方当事人提交,因提交书证所产生的费用,由申请人负担。对方当事人无正当理由拒不提交的,人民法院可以认定申请人所主张的书证内容为真实。"

四、认真对待"规范说"

在大陆法系国家或地区,诉讼时效中断的证明责任分配通常不

[1] 参见最高人民法院民法典贯彻实施工作领导小组主编:《中华人民共和国民法典总则编理解与适用》,人民法院出版社 2020 年版,第 983—987 页。
[2] 李浩教授曾将证明责任与提供证据责任区分为十个方面,参见李浩:《民事证明责任研究》,法律出版社 2003 年版,第 23—34 页。

是问题,但在我国理论界和实务界则分歧严重。权利人承担诉讼时效中断的证明责任,既符合"规范说"的理论逻辑,又符合《民诉法解释(2015)》第 91 条的证明责任分配规则,也符合诉讼时效制度的激励目标。反对"权利人承担"规则而主张"义务人承担"规则者,或者过高估计了权利人与义务人证明负担的不均衡,或者因朴素道德而对义务人存有"偏见",或者因时效期间过短而对权利人提供"优惠",或者过度强调了权利人的证据意识不足问题。这些反对理由虽然"用心良苦",且反映了一定的国情,但也存在"误解"和"夸大"的问题,并不足以撼动"权利人承担"规则。我们尤其应当在诉讼时效制度中为义务人"正名",坚持以保护义务人为中心的诉讼时效根据体系,避免对诉讼时效制度中的义务人作"道德矮化",避免不加论证地作不利于义务人的制度选择。

　　中国法语境下的诉讼时效中断证明责任分配的实践及争议表明,对"规范说"和《民诉法解释(2015)》第 91 条的准确理解与运用仍然任重而道远。规范说是一种分析实体法条文证明责任配置规则的指引性规则,适用时必须返回实体法规范。[1] 如果我们只在字面上机械适用《民诉法解释(2015)》第 91 条,可能会"本末倒置"。在这方面,日本的要件事实理论研究和法学、司法教育为我们树立了榜样。日本有大量以"要件事实"为名的学术和实务书籍[2],连普通民

---

〔1〕　参见胡学军:《具体举证责任论》,法律出版社 2014 年版,第 153—154 页。

〔2〕　伊藤滋夫『要件事実の基礎—裁判官による法的判断の構造』(有斐閣,2015 年);伊藤滋夫(編著)『新民法(債権関係)の要件事実Ⅰ』(青林書院,2017 年);大江忠『第4 版 要件事実民法(1)総則〈補訂版〉』(第一法規,2019 年);大江忠『第 4 版 要件事実商法(1)総則・商行為Ⅰ』(第一法規,2018 年);並木茂『要件事実原理』(信山社,2020 年);加藤新太郎『要件事実の考え方と実務〔第 4 版〕』(民事法研究会,2019 年);村田渉=山野目章夫(編著)『要件事実論 30 講〈第 4 版〉』(弘文堂,2018年)参照。

法教科书也注重与要件事实论的接轨[1]。我国虽有学者持续开展专门研究[2]，但在理论界和实务界远未形成足够的规模和氛围。随着《民法典》的颁布和实施，理论界与实务界协同关注证明责任和要件事实，以便促进《民法典》的精准实施，显得尤为迫切和重要。

---

[1] 参见〔日〕山本敬三：《民法讲义Ⅰ：总则》（第三版），解亘译，北京大学出版社 2012 年版。

[2] 参见许可：《民事审判方法：要件事实引论》，法律出版社 2009 年版；许可：《侵权责任法要件事实分析》，人民法院出版社 2018 年版。

第 13 章　执行时效排除规则
的困境及其破解 *

法律规定,并非语言,乃系事物。[1]

——法谚

一、问题的提出

2007 年《民事诉讼法》(已失效,下同)修正时将对申请执行期间的定性从"期限"转向"时效"后,执行时效制度整体上有两个显著变化。第一,能用诉讼时效规则解决的问题直接适用该规则,比如,作为执行时效中断事由的"申请执行"就出自对《民法典》第 195 条"与提起诉讼或者申请仲裁具有同等效力的其他情形"的解释[2]。第二,调整那些与时效定性不符的执行时效规则,比如,《民诉法解释(2022)》第 481 条对《执行规定(1998)》(已被修改)第 18 条"将执行

---

* 　本章内容曾以《执行时效排除规则的困境及其破解》为题发表于《现代法学》2023 年第 1 期。

[1] 　郑玉波:《法谚》(一),法律出版社 2007 年版,第 19 页。

[2] 　参见黄薇主编:《中华人民共和国民法典总则编释义》,法律出版社 2020 年版,第528 页;最高人民法院民法典贯彻实施工作领导小组主编:《中华人民共和国民法典总则编理解与适用》,人民法院出版社 2020 年版,第 985 页。

时效作为申请执行条件"作了直接否定。[1] 然而,也有个别规则的解释适用"路径依赖",既未遵循时效定性的新立场,也无立法调整的新迹象,更在执行时效制度体系内存在冲突,并进而影响到专门的强制执行法的立法选择。这既是本章反思执行时效排除规则的基本背景和缘由,也是本章超出该规则的现实和长远意义所在。

根据《民事诉讼法》第 261 条的规定,人民法院采取本法第 249 条、第 250 条、第 251 条规定的执行措施后,被执行人仍不能偿还债务的,应当继续履行义务。债权人发现被执行人有其他财产的,可以随时请求人民法院执行。该条文并未像申请执行期间基本条款那样出现在 1982 年《民事诉讼法(试行)》(已失效,下同)中,而是 1991 年《民事诉讼法》(已失效,下同)修改正式颁布时新增,当时的主要立法目的有二:一是,强调债务人的"无限责任",力图"防止债务人逃避债务,确保债权人合法权益"[2],二是,将其作为应对"执行难"的执行措施之一[3]。其中,对于"可以随时请求人民法院执行"一句,《民诉法意见》(已失效,下同)第 296 条进一步将其明文解释为"不受申请执行期限的限制"。《民诉法解释(2022)》第 515 条重述了《民诉法意见》第 296 条,只作了文字表述(如将"期限"改为"时效")和条文序号的非实质修改,第 517 条则重申"再次申请不受申请执行时效期间的限制"。我们一直视"排除执行时效"限制的解释和规定为理所当然,无须证明和说明,哪怕申请执行期间的定性已经发生实质转向。[4]

---

[1] 这两个变化同时使执行时效制度独立性存疑,出现诉讼时效"统一化"的需求和契机,参见霍海红:《执行时效性质的过去、现在与未来》,载《现代法学》2019 年第 2 期。

[2] 江伟主编:《中华人民共和国民事诉讼释义·新旧法条对比·适用》,华夏出版社 1991 年版,第 367 页。

[3] 参见顾昂然:《立法札记——关于我国部分法律制定情况的介绍(1982—2004 年)》,法律出版社 2006 年版,第 488 页。

[4] 全国人大常委会法律工作委员会《民事诉讼法》释义书一直未对所谓"随时请求法院执行"作出解释和论证(参见王胜明主编:《中华人民共和国民事诉讼法 (转下页)

然而,事情似乎有了新变化。《强制执行法(草案)》第83条明确将"自终结本次执行程序之日起满五年且未发现被执行人可供执行的财产"作为"执行终结"事由之一,似乎又给再次申请执行设定了期间限制。

如果说执行时效排除规则的惯性解释和运行是《民事诉讼法》和《民诉法解释(2022)》未能与时俱进地贯彻申请执行期间"时效定性"的结果,那么,《强制执行法(草案)》第83条的新规定则不仅与《民事诉讼法》相冲突,而且给人一种申请执行期间重回"期限定性"老路的印象。这种理论矛盾和制度冲突其实远远超出了我们的预期,因为我们似乎在一种"头痛医头、脚痛医脚"和"各自为政"的逻辑下进行制度设计和理论解释,这是长期以来我国时效制度发展中的一大弊病。重新理解和审视所谓执行时效排除规则已刻不容缓,它不仅关乎执行时效内部规则的协调,也关乎诉讼时效与执行时效的立法体例选择,还关乎《民法典》《民事诉讼法》"强制执行法"等法律的协同。在此意义上,对执行时效排除规则的体系化反思只是一个样本而已。

二、执行时效排除规则的制度冲突

执行时效排除规则的问题首先在于它与现行执行时效制度存在

(接上页)释义》(最新修正版),法律出版社2012年版,第590—591页),只能解释为对《民诉法意见》实施以来一贯解释立场的肯定。而《民诉法解释(2015)》(已被修改)《民诉法解释(2022)》官方释义书在对第517条解释时明确指出,"该条文是关于《民事诉讼法》'债权人发现被执行人有其他财产的,可以随时请求人民法院执行'情形下申请执行时效的规定",参见最高人民法院修改后民事诉讼法贯彻实施工作领导小组编著:《最高人民法院民事诉讼法司法解释理解与适用》,人民法院出版社2015年版,第1365页;最高人民法院民法典贯彻实施工作领导小组办公室编著:《最高人民法院新民事诉讼法司法解释理解与适用》(下),人民法院出版社2022年版,第1145页。

冲突,它未能以"时效定性转向"为中心,与时俱进地作精细化规则调整,给人一种游离于执行时效制度体系之外的印象。

(一)执行时效排除规则与执行时效的"时效"定性相冲突

1982年《民事诉讼法(试行)》开始规定申请执行期限,1991年《民事诉讼法》原样维持。2007年《民事诉讼法》修正时将名称由"申请执行期限"修改为"申请执行时效",将申请执行期间从6个月(一方为公民的为1年)统一加长为2年,开始承认执行时效的中止和中断,并适用诉讼时效的相应规定。《民诉法解释(2022)》明确规定执行时效的法律效力是被执行人获得"时效抗辩权"(第481条),终结了将执行时效作为"执行立案条件"的历史。申请执行期间从"期限"到"时效"的定性转向是执行时效制度改革的大事件,而执行时效排除规则的惯性存在则说明这个转向过程至今尚未彻底结束,我们只是完成了执行时效制度转型最基本和最常规的工作。

1. 申请执行期限排除规则与"期限"定性相适应

在将申请执行期间作"期限"定性的时代,将《民事诉讼法》"可随时请求法院执行"的条文表述解释为"排除申请执行期限的限制",不仅符合当时的理论解释,也有相当的实践需求。根据期限定性的逻辑,申请执行期限的规范对象其实是公法意义上的"执行请求权"。[1] 执行请求权界定的是申请执行人与法院(国家之代表)之间的关系,只要申请执行人未在法定期限内申请执行,法院便认定其

---

[1] 参见常怡主编:《民事诉讼法学》,中国政法大学出版社1996年版,第416页;柴发邦主编:《民事诉讼法学新编》,法律出版社1992年版,第429页;江伟主编:《民事诉讼法学原理》,中国人民大学出版社1999年版,第840页。

丧失申请执行的权利。[1] 此种对申请执行期限的规范对象的定位对该条文前一句"被执行人应继续履行义务"构成巨大挑战,因为一旦申请执行人不能再向法院申请执行,被执行人的继续履行义务就成一句空话了,尤其是在申请执行期限设置得极短的背景下。没有了强制力保障,申请执行人便只能寄希望于被执行人对"欠债还钱"观念的坚守了,这不仅会从根本上加剧法院的"执行难",也会刺激被执行人实施机会主义行为。在此意义上,申请执行期限排除规则成了一个"不得已"的例外。只要坚持申请执行期间的"期限"定性,这个例外就不可避免,它具有弥补期限定性制度缺陷的意味,具有语境的合理性。

2. 执行时效排除规则与"时效"定性相冲突

在将申请执行期间作"时效"定性的时代,执行时效的规范对象是执行名义所载请求权,而非公法意义上的执行请求权。根据强制执行法的原理,执行请求权虽因执行名义成立而取得,但执行名义所载请求权,乃债权人对债务人之私法请求权,执行请求权则为执行名义所产生的公法请求权,二者性质完全不同。[2] 执行名义所载请求权,作为申请执行人对被执行人的实体请求权,当然适用时效,与普通债权请求权一样。但执行请求权是当事人向法院请求执行的"公法"权利,不存在时效问题。因为执行请求权在现代社会已经是一项在宪法层面确立的基本权利,对应国家禁止私力救济后承担的法律

---

[1]　理论界和实务界常以此界定申请执行期限效力,参见柴发邦主编:《民事诉讼法教程》,法律出版社 1983 年版,第 390—391 页;江伟主编:《民事诉讼法学原理》,中国人民大学出版社 1999 年版,第 841 页;罗书平主编:《立案指南:行政诉讼·国家赔偿·执行卷》,中国民主法制出版社 2003 年版,第 302 页。

[2]　参见杨与龄:《强制执行法论》,五南图书出版公司 2007 年版,第 5—6 页;张登科:《强制执行法》,三民书局 2008 年版,第 4 页;吴光陆:《强制执行法》(修订三版),三民书局 2015 年版,第 8 页。

保护义务。[1] 在时效定性背景下,如果仅仅要表明申请执行人有权申请执行,那么"债权人可以随时请求法院执行"表述已非必需,删去亦无不可。[2]《民诉法解释(2022)》第515条和第517条对《民诉法意见》第296条的继承表明,"债权人可以随时请求法院执行"指向的主要不是债权人有权申请执行,而是债务人不能再提出执行时效抗辩。然而,如果承认执行时效本质就是诉讼时效,如果判决确认的请求权不属于法定的不适用于时效的请求权[3],债权人可以申请执行而债务人不能提出时效抗辩是不可想象的。这也提示我们,当执行时效的性质发生根本变化后,所有执行时效制度都有必要重新审视或证明自己的正当性。

(二)执行时效排除规则导致申请执行中断事由的"尴尬"

2007年《民事诉讼法》修正将申请执行期间的定性从"期限"转向"时效",作为回应和配合,2008年最高人民法院的两个重要司法解释均将申请执行明确作为时效中断事由。《诉讼时效规定(2008)》(已被修改,下同)第13条明确将"申请强制执行"列为诉讼

---

[1] 参见〔德〕弗里茨·鲍尔、〔德〕霍尔夫·施蒂尔纳、〔德〕亚历山大·布伦斯:《德国强制执行法》(上册),王洪亮、郝丽燕、李云琦译,法律出版社2019年版,第5—6页;〔德〕奥拉夫·穆托斯特:《德国强制执行法》,马强伟译,中国法制出版社2019年版,第3页。

[2] 这一点类似《民诉法解释(2022)》第219条(当事人超过诉讼时效期间起诉的,人民法院应予受理。受理后对方当事人提出诉讼时效抗辩,人民法院经审理认为抗辩事由成立的,判决驳回原告的诉讼请求)。其实,当《民法典》第192条将诉讼时效效力界定为产生实体的时效抗辩权之后,《民诉法解释(2022)》第219条已无实质意义,完全可以删去。它与1992年《民诉法意见》第153条不同,后者要回答《民法通则》(已失效)第135条"向人民法院请求保护民事权利的期间"表述带来的"时效经过能否起诉"的问题。

[3] 《民法典》第196条规定:"下列请求权不适用诉讼时效的规定:(一)请求停止侵害、排除妨碍、消除危险;(二)不动产物权和登记的动产物权的权利人请求返还财产;(三)请求支付抚养费、赡养费或者扶养费;(四)依法不适用诉讼时效的其他请求权。"

时效中断事由之一,并列的有申请仲裁、申请支付令、申请破产和申报破产债权、为主张权利而申请宣告义务人失踪或死亡、申请诉前财产保全和诉前临时禁令等诉前措施、申请追加当事人或者被通知参加诉讼、在诉讼中主张抵销等情形。《执行程序解释》第 28 条将申请执行、双方达成和解协议、一方提出履行要求或者同意履行义务等作为执行时效中断事由。《民法典》第 195 条规定:"有下列情形之一的,诉讼时效中断,从中断、有关程序终结时起,诉讼时效期间重新计算:(一)权利人向义务人提出履行请求;(二)义务人同意履行义务;(三)权利人提起诉讼或者申请仲裁;(四)与提起诉讼或者申请仲裁具有同等效力的其他情形。"虽然"申请执行"不在明文罗列的范围之内,但立法者在解释兜底条款"(四)与提起诉讼或者申请仲裁具有同等效力的其他情形"时明确参照了《诉讼时效规定(2008)》第 13 条。[1] 申请执行成为时效中断事由不仅确认了执行时效就是诉讼时效的本质,也在一定程度上证明了诉讼时效一体化的可行性(何况德、日等大陆法系国家一直都是如此)。执行时效排除规则强行脱离了作为时效中断事由的申请执行,另起炉灶,使得原本完整的申请执行中断事由发生了断裂,这是执行时效制度内部一次严重的规则冲突。

1. 不能"重新起算"的申请执行中断事由

在民法理论上,时效中断的法律后果就是使已经进行的时效期间"归零",时效"重新起算"[2],是时效中断与时效中止的核心区别[3]。

---

[1]　参见黄薇主编:《中华人民共和国民法典总则编释义》,法律出版社 2020 年版,第 528 页。

[2]　参见[德]迪特尔·梅迪库斯:《德国民法总论》,邵建东译,法律出版社 2000 年版,第 99 页;[日]山本敬三:《民法讲义 I:民法总则》(第三版),解亘译,北京大学出版社 2012 年版,第 457 页;梁慧星:《民法总论》(第五版),法律出版社 2017 年版,第 263 页。

[3]　参见张新宝:《〈中华人民共和国民法典·总则〉释义》,中国人民大学出版社 2020 年版,第 414 页;王利明:《民法总则》,法律出版社 2017 年版,第 446 页。

然而,按照执行时效排除规则的逻辑,在债权人申请执行且穷尽法院执行措施后仍未能获得清偿而法院裁定终结本次执行程序后,执行时效既不是"重新起算",也不是"继续计算",而是"再也不算"。问题是,不能重新起算时效的"申请执行"是否还有资格被称为时效中断事由?称其为中断事由还是中止事由有意义吗?答案是否定的。

终结本次执行程序本应成为申请执行中断执行时效的典型和常规情形,但如果终结本次执行程序的后果是排除执行时效限制,申请执行中断执行时效而重新起算的情形究竟是哪种?如果权利人通过申请执行实现了权利,他便不存在再次申请执行的问题,因为此时权利已经消灭[1],所谓申请执行时效对其已无意义。难道是权利人撤回执行申请的情形吗?但问题有两个。第一,申请撤回执行申请究竟能否产生执行时效中断效力还是个存在争议的问题,就像撤回起诉是否产生诉讼时效中断效力一样。[2] 第二,如果申请执行中断执行时效只出现在申请撤回执行申请的场合,申请执行作为中断事由是否还具有一般意义?事实上,在我国诉讼时效与执行时效二元并立的背景下,起诉作为诉讼时效中断事由一直处境尴尬,因为所谓起诉中断时效只有在撤回起诉的情况下才有可能(存在争议),诉讼正常走到判决阶段后要适用执行时效。站在时效法体系的角度,如果说起诉中断时效主要针对判决后的时效起算,申请执行中断时效则主要针对类似终结本次执行程序的时效起算。

2. 中断时点与重新起算时点的混淆

执行时效排除规则违反了时效法的逻辑,却不被我们关注,一个可能且重要的原因是,我们将时效中断发生点与时效重新起算点混

---

[1] 《执行规定(1998)》(已被修改)第18条也明确规定,人民法院受理执行案件的条件之一就是"义务人在生效法律文书确定的期限内未履行义务"。

[2] 参见霍海红:《撤诉的诉讼时效后果》,载《法律科学》2014年第5期。

为一谈,从而使终结本次执行程序裁定的时效后果问题脱离了申请执行中断事由的框架。执行时效排除规则的逻辑是:申请执行人的申请执行行为和法院的执行立案行为,就是所谓作为时效中断事由的申请执行的全部内容,而终结本次执行程序裁定是法院执行立案以后对当事人申请执行作出的法定程序处理,因此,所谓"排除执行时效限制"与申请执行中断时效无关。这是一种很大却又常见的误解。作为中断事由的申请执行其实包含了两个问题和两个时点:一个是申请执行人的申请执行和法院的执行立案,它确定了执行时效是否以及从何时开始中断(执行立案决定了时效中断的成立,而中断从当事人申请执行起算);一个是法院的程序终结裁定(比如终结本次执行裁定),它确定了执行时效从何时开始重新起算。

20 世纪 90 年代已有民法教科书说得很清楚,"诉讼时效中断的事由发生后,已经过的时效期间统归无效,中断事由存续期间,时效不进行,中断事由终止时,重新计算时效期间","因提起诉讼中断时效的,应于诉讼终结或法院作出裁判时为终止事由;权利人申请执行程序的,应以执行程序完毕之时为事由终止"[1]。只不过,严格区分中断事由的"发生"和"终止"的教科书并不多,大多只是泛泛而谈"时效中断,重新起算",于是人们更容易从"发生"角度理解中断事由的全部,将提起诉讼或申请执行同时作为中断发生和重新起算的时点。立法者在对《民法典》第 195 条中"诉讼时效中断,从中断、有关程序终结时起,诉讼时效期间重新计算"进行解释时说:"如果规定诉讼时效期间从起诉之日或者提起仲裁之日起重新计算,可能会因法律程序烦琐、耗费时日过长,出现法律程序尚未终结而诉讼时效期间已经届满的情况,这在我国的司法实践中并不算少见。这一情况有违诉讼时效中断制度的目的,为了避免制度上的缺陷,对这两项规

---

〔1〕　张俊浩主编:《民法学原理》,中国政法大学出版社 1991 年版,第 312—313 页。

定的情形,法律规定从有关程序终结时起,诉讼时效期间重新计算。"[1]立法者的这些解释说明了两个问题:一是实践中不区分中断时点和重新起算时点的做法并不少见;二是立法者也没有意识到区分中断事由的"发生"和"终止"原本就是时效中断的题中应有之义,因为除非中断事由的"发生"和"终止"是重合的(比如"请求"作为中断事由),从发生时重新起算没有意义。

三、执行时效排除规则的理论困境

执行时效排除规则不仅存在与时效定性、申请执行中断事由的制度冲突,而且存在对时效根据理论的偏离,并导致了某些"不平等"或"双标"问题。

(一)执行时效排除规则偏离时效根据理论

"保护权利人"是我国时效理论、制度与实践中一个独特的存在,它甚至常与"督促权利人"一起成为我们耳熟能详的时效制度核心理念。我们不否认时效制度有保护权利人利益的面向。一方面,时效中断和中止规则就是为权利人而设;另一方面,最初时效制度的设计对权利人过于苛刻的状况在近年来的立法中得到诸多矫正。但是,在时效根据(时效制度为何而设)的正常逻辑结构中[2],"保护权利人"并无一席之地。我们对"保护权利人"的过度执着,甚至将其上升至时效根据的层面,不仅会对制度设计不利(比

---

〔1〕 黄薇主编:《中华人民共和国民法典总则编释义》,法律出版社2020年版,第528页。

〔2〕 关于诉讼时效根据的逻辑结构分析,参见霍海红:《诉讼时效根据的逻辑体系》,载《法学》2020年第6期。

如掩盖制度设计中的缺陷），还会导致理论上的矛盾。站在时效根据理论的角度，执行时效排除规则是"优先保护权利人"理念的极端典型，至少是用错了方法。

1. 是"权利保护"的加强，还是对"过度督促"的纠偏？

时效是法律对权利人的权利行使作时间限制的装置，其先天对权利人不利。所谓对权利人有利的时效中止和中断规则，只是要把积极的权利行使行为以及不可克服的障碍等不能归责于权利人懈怠的情形排除而已（类似侵权法中加害人的免责事由），并未从根本上改变时效制度对权利人进行限制的使命。因此，时效制度的主要使命是如何避免过度督促权利人，而不是如何保护权利人，最终形成权利人与义务人的利益平衡局面。我国时效制度在发展过程中常常出现对"督促权利人"和"保护权利人"的双重强调，甚至将"保护权利人"作为时效制度的核心理念，其实是一个认识误区。

1991 年《民事诉讼法》延续 1982 年《民事诉讼法（试行）》对申请执行期间的"期限"定性，申请执行期间是不变期间，权利人无中止和中断等防御措施，申请执行期间又设置得极短。[1] 在此种制度前提下，如果不将"可以随时请求人民法院执行"解释为排除申请执行期限的限制，权利人在申请执行未获清偿后缺乏申请执行的足够剩余法定期间内实现权利就会遭遇巨大的障碍。相较对权利人极不"友好"的申请执行期限基本规则，申请执行期限排除规则就像一个超级"平衡器"，对权利人的不利境遇提供补偿。然而，在执行时效规则已

---

〔1〕 1991 年《民事诉讼法》第 219 条第 1 款规定："申请执行的期限，双方或者一方当事人是公民的为一年，双方是法人或者其他组织的为六个月。"该期间甚至短于 2 年普通诉讼时效期间，引发了人们对"判决确认之请求权的保护期间竟然不如普通请求权"的质疑。参见肖建国、赵晋山：《民事执行若干疑难问题探讨》，载《法律适用》2005 年第 6 期；王飞鸿、赵晋山：《民事诉讼法执行编修改的理解与适用》，载《人民司法·应用》2008 年第 1 期。

经发生实质变化、权利人的时效处境显著改善的今天,执行时效排除规则的"矫正"功能已大大削弱,而且显示出"矫枉过正"的一面:仿佛执行时效制度只能朝向有利于维护权利人利益的方向改革,仿佛维护权利人利益是执行时效制度改革的全部动因和意义。说得极端一点,要彻底维护权利人利益,最好的方式是废除执行时效制度。

我们之所以一直未注意到执行时效排除规则在"保护权利人"上的"极端化"困境,一个重要原因或背景是,在 2007 年《民事诉讼法》修改之后执行时效制度整体上变得对权利人更友好。一直对权利人有利的执行时效排除规则容易被视为与新趋势相合而直接得以当然保留,未被重新审视,也未能与时俱进地调整。但我们必须承认,虽然"有利于权利人利益保护"是 2007 年执行时效制度改革的直接和显性效果[1],但制度转向的内在动力是回归时效的本质和实现权利人与义务人的利益平衡,而不是一味强调"有利于权利人"[2]。与其说改革前执行时效制度的问题是"不维护权利人利益",不如说是在"实现权利人和义务人的利益平衡"上出了问题。

2. 将义务人放在合适的位置

执行时效排除规则的存在说明,我们在理论上和制度中没有真正解决"如何面对义务人"的问题。我们习惯性地对时效制度现实运行中的义务人作负面评价,以至于连直接排除执行时效、影响被执行人时效利益的执行时效排除规则都未引起人们的争议和关注。在诉讼时效根据上,我国理论界通常从督促权利人、维护秩序、保护义务人三个平行方面予以说明,但这种平行根据体系既无法说明各根据

---

〔1〕 参见王胜明主编:《中华人民共和国民事诉讼法释义(最新修正版)》,法律出版社 2012 年版,第 560—561 页;江必新主编:《新民事诉讼法条文理解与适用》(下),人民法院出版社 2022 年版,第 1186 页。

〔2〕 参见霍海红:《"优先保护权利人"诉讼时效理念的困境》,载《法制与社会发展》2019 年第 4 期。

间的逻辑关系,也无法统一解释我国诉讼时效各项制度及其实践,还使得"保护义务人"在诉讼时效根据的逻辑体系内被边缘化。如果将"保护义务人"作为"中心"根据,将"督促权利人"和"维护秩序"作为"外围"或"延伸"根据,既可解释义务人直接得利的事实和抗辩权发生说的理论,又可解释禁止法官职权援用、时效中止和中断、诚信原则排除时效等基本规则,还能够使义务人与权利人一样在时效制度中成为"正面人物"。[1]

中国法上的时效理论和制度建构必须解决义务人如何走向前台的问题,否则会面临两个困境:一是在道德观念上被"鄙视"的提出时效抗辩的义务人实实在在地通过时效制度获利,二是正常提出时效抗辩的义务人不能在理论上和实务中得到说明和承认。只有将义务人和权利人放在时效理论和制度的平等位置,才能真正建立起权利人与义务人利益平衡的自觉意识,才能发现和纠正那些不利于利益平衡的制度设计。在时效制度的框架下,简单、机械地以否定义务人的方式维护权利人的利益,是不符合时效制度基本精神的。

(二)执行时效排除规则形成的"不平等"问题

站在时效法逻辑和体系的立场,2021 年《民事诉讼法》(已失效,下同)第 261 条、《民诉法解释(2022)》第 515 条和第 517 条的执行时效排除规则还造成"双重标准"问题。以作为 2021 年《民事诉讼法》第 261 条"排除执行时效限制"解释典型贯彻的《民诉法解释(2022)》第 517 条为例,如果在法院裁定终结本次执行程序后,权利人的权利行使便不再受执行时效限制,这与诉讼时效中断制度以及狭义上的执行时效中断制度均产生了标准不一致问题,造成时效制度体系内部的制度冲突与理论矛盾。执行时效排除规则可能有一个

---

[1]　参见霍海红:《诉讼时效根据的逻辑体系》,载《法学》2020 年第 6 期。

潜台词:权利人通过申请执行仍未实现权利归因于义务人(或者是清偿能力不足,或者是有意逃避债务和规避执行),排除执行时效限制不仅卸下了权利人所受的时效督促压力,也可以给义务人相对充裕的时间恢复清偿能力进而避免权利人频繁提起意义不大的强制执行,客观上还起到了"制裁"义务人的效果。这种观点看似考虑周全,但其实缺陷明显,尤其经受不住体系化视角的检验。

1. 执行时效与诉讼时效之间的"不平等"问题

按照执行时效排除规则的逻辑,判决后权利人持判决书向义务人主张权利却因义务人无清偿能力而未获清偿,不是产生"执行时效中断"的效果,而应该"排除执行时效适用"。如果将此种排除时效适用的逻辑从执行时效推论到诉讼时效,就会得出如下结论:权利人向义务人请求履行但因义务人无清偿能力而未获清偿,不产生"诉讼时效中断"(《民法典》第195条)的效果,而是产生"再次请求履行不受诉讼时效限制"的效果。这会导致整个时效中断体系的混乱甚至崩溃,我们做好重新定义"时效中断"的准备了吗?执行时效排除规则造成执行时效与诉讼时效的"不平等"问题,其实揭示了我国时效制度目前的一个困境,即虽然承认了执行时效本质上就是诉讼时效,但由于现行法上执行时效与诉讼时效的二元化立法体例,思考和设计时效制度仍然是"各自为政"的,"诉讼时效的归诉讼时效、执行时效的归执行时效"的状况尚未根本改观,于是从体系化视角看存在"冲突"的问题或制度难以进入人们的视野。时效理论研究和制度设计的体系化仍然任重而道远。

2. 执行时效中断事由间的"不平等"问题

《执行程序解释(2008)》(已被修改)第28条规定了权利人申请执行、双方达成和解协议、当事人一方提出履行要求和义务人同意履行义务四种执行时效中断事由,这四种事由平行并列,是"平等"的。

即使实践中申请执行人使用这四种事由的总体频率会有差异,也只是基于个人利益和处境自愿选择的结果,无关制度本身的激励。然而,一旦终结本次执行程序可以排除执行时效的适用,会产生两个难题。第一,申请执行会更容易成为权利人中断执行时效的"优先"选项,毕竟排除执行时效限制是一个给申请执行人极大的"优惠",可以"一劳永逸"地解决时效风险问题。难道我们的执行政策是鼓励当事人尽可能多地选择申请强制执行,而不是其他权利主张方式吗?这似乎与我们规定多种时效中断事由的初衷不符。第二,一个申请执行行为竟然客观上产生了"中断执行时效"和"排除执行时效"两种效果。这与其他执行时效中断事由差异明显,但欠缺对这种差异的正当性论证。通常来讲,某个中断事由的特殊问题或规则是由中断事由自身的特殊性造就的,并不是法律刻意对中断事由"厚此薄彼"。比如,撤诉的时效后果问题源于起诉中断事由的特殊性,请求中断事由就不会有此问题。

四、需求被高估的执行时效排除规则

执行时效排除规则对维护权利人的意义其实被高估了:一方面,我们无视了其他更为便利的执行时效中断事由;另一方面,我们无视了执行时效期间过短的现实,使得执行时效排除规则更像是对执行时效期间过短的"补救措施"。

(一) 申请执行并非唯一的中断事由

终结本次执行程序后不排除执行时效限制,重新起算执行时效,并不会当然造成权利人频繁提起"无意义"的强制执行的后果,权利人完全可以采用便利的、低成本的和多样化的"请求"方式来中断执行时效[《诉讼时效规定(2008)》第10条]。事实上,法律设置多种时效中断事由,主要有三个考虑:一是考虑了社会生活的复杂多样,尽可能将能够证明权利人未怠于行使权利的情形都收进来(在中止和中断规则中不仅罗列了多种情形,而且还设置了兜底条款,就是证明);二是试图为权利人提供多种选项由其根据自己的需求进行选择,就像出现民事纠纷后当事人可以选择诉讼、仲裁、调解等多种纠纷解决方式一样;三是考虑国人的文化传统,在诉讼、强制执行等公力救济模式外刻意提供了"请求"等中断事由(这一点与欧美国家有很大差异)。[1]

(二) 加长执行时效期间是更好的方案

执行时效期间一直是我国执行时效制度发展的核心问题,但也是一个容易被简单化处理的问题。我国执行时效制度改革一直追求判决确认请求权的执行时效期间与普通诉讼时效期间保持一致。2007年《民事诉讼法》修改时将执行时效期间从1年或6个月调至2年,是为了与《民法通则》(已失效)的2年普通诉讼时效期间保持一致。《强制执行法(草案)》将执行时效期间设定为3年,仍是寻求与《民法典》的3年普通诉讼时效期间保持一致。事实上,为体现判决之确定性、安定性和严肃性,平衡申请执行人与被执行人利益,缓和"执行难"困境,提升执行时效规则体系化程度,我国应学习德、日等大陆法系国家或地区的常规做法,将执行时效期间设定得显著长于普通诉讼时效期间,比如10年。[2]

---

〔1〕 立法者在对"请求"中断事由的设置说明中就指出:"规定权利人向义务人提出履行请求作为诉讼时效中断的情形,符合我国社会避讼的法律文化传统,契合我国熟人社会的社会实践,能够减轻当事人的诉累和人民法院的压力。"参见黄薇主编:《中华人民共和国民法典总则编释义》,法律出版社2020年版,第526页。

〔2〕 参见霍海红:《执行时效期间的再改革》,载《中国法学》2020年第1期。

执行时效排除规则的存在固然与我国当年将申请执行期间作"期限"定性密切相关，但另一个持续至今的因素则是我国执行时效期间过短问题。虽然现行法与 1982 年《民事诉讼法（试行）》相比已有相当的改善，但从比较法上看仍然非常短。如果执行时效期间足够长，则法院裁定终结本次执行程序后，权利人再次申请执行前就有充足的准备和等待时间。这不仅大大降低权利人对执行时效中断事由的依赖，更会丧失对极端化的执行时效排除规则的需求。在此意义上，执行时效排除规则更像是面对执行时效期间过短现实的"将错就错"。

五、《强制执行法（草案）》新方案的反思

《强制执行法（草案）》第 83 条将"自终结本次执行程序之日起满 5 年且未发现被执行人可供执行的财产"作为"执行终结"事由。然而，该规定会使得人们对立法者关于 2021 年《民事诉讼法》第 261 条的解释立场产生新的困惑和质疑。基于中国法上对"执行终结"的不同理解[1]，我们能够提出如下两个质疑。第一，如果这里的"执行终结"并不排除申请执行人未来仍然可以申请强制执行，则《强制执行法（草案）》第 83 条"自终结本次执行程序之日起满五年且未发现被执行人可供执行的财产，人民法院应当裁定终结"的规定就是"多此一举"。第二，如果这里的"执行终结"意味着当事人没有权利再申请执行，这意味着《强制执行法（草案）》第 83 条"自终结本次执行程序之日起满五年且未发现被执行人可供执行的财产，人民法院应当裁定终结"的规定与 2021 年《民事诉讼法》第 261 条和《民诉法解

---

[1]　参见张卫平：《民事诉讼法》（第五版），法律出版社 2019 年版，第 564—567 页。

释（2022）》第 515、517 条产生了直接冲突。这又是涉及《强制执行法（草案）》与《民事诉讼法》如何协调的大问题。

相比之前《民事诉讼法》给申请执行人巨大优惠的一贯立场，《强制执行法（草案）》对申请执行人再次申请执行的权利给予了极其激进的限制。虽然笔者反对终结本次执行程序裁定排除执行时效的解释路径，但仍认为《强制执行法（草案）》的这种激进立场在理论上至少面临三个重大质疑：第一，《强制执行法（草案）》第 83 条中规定的"5 年"性质是什么？难道专门为终结本次执行程序后的再次申请执行规定了 5 年执行时效期间？它与《强制执行法（草案）》第 15 条规定的 3 年执行时效期间是什么关系？难道我们将要走回"申请执行期限是诉讼期限而不是时效"的老路？第二，在德、日等大陆法系国家或地区都规定了 10 年至 30 年不等的所谓"执行时效期间"的背景下，《强制执行法（草案）》规定的 3 年执行时效期间是否对申请执行人的权利保护不够充分？第 83 条规定的 5 年期间对申请执行人是否是"雪上加霜"？第三，从《民事诉讼法》一直强调的"不受执行时效期间限制"转为《强制执行法（草案）》规定的"5 年期间限制"的正当性基础是什么？制度从对申请执行人"极其有利"到"极其不利"的激进转变，与 2007 年以来执行时效制度改革对权利人更加有利的总体方向产生了内在的矛盾。

六、重构执行时效制度的基本立场

20 世纪 90 年代以来，《民事诉讼法》规定的"债权人发现被执行人有其他财产的，可以随时请求人民法院执行"一直被解释为申请执行期间适用的排除规则，并得到《民诉法解释（2022）》第 515 条和第

517 条"终本程序"的确认,但该解释已与 2007 年后申请执行期间的"时效"转向相冲突。2022 年《强制执行法(草案)》第 83 条将"自终结本次执行程序之日起满五年且未发现被执行人可供执行的财产"作为执行终结事由之一,这虽有否定执行时效排除规则的意味,但也使得申请执行期间走回"期限"定性的老路。因此,重新对执行时效排除规则进行体系化反思刻不容缓。2021 年《民事诉讼法》第 261 条中的"可以随时请求法院执行"其实是对"申请执行权不消灭"的特别强调,也是对"债权未消灭"的程序回应,与执行时效无关。终结本次执行程序的执行时效后果应直接适用《民法典》第 195 条"时效中断"规则,产生"从有关程序终结时起,时效期间重新计算"的效果。早已"不合时宜"的执行时效排除规则的惯性解释和运行反映出,我国执行时效制度的体系化再造仍未完成,《民法典》《民事诉讼法》和正在进行的强制执行立法仍需协同推进。

鉴于本章的写作目的是超越对执行时效排除规则本身的反思,并试图揭示我国执行时效制度转型中的诸多误识和待改之处,最后拟对笔者的基本立场作一个简单总结。

第一,坚持"时效"逻辑。当前将 2021 年《民事诉讼法》第 261 条中的"可以随时请求法院执行"解释为"排除执行时效限制",是以"程序"逻辑取代"时效"逻辑的结果。由于未从申请执行期间的"时效"定性转向看到执行时效的核心要义是被执行人获得时效抗辩权,而不是债权人是否有权申请强制执行(相反,2007 年《民事诉讼法》修正之前,申请执行期限是针对债权人的申请执行权的),所以误将"可以随时请求法院执行"的执行程序规则视为执行时效规则。如果是基于周全保护债权人利益和助力保障终结本次执行程序正当性的双重"苦心"而刻意和强行维持"排除执行时效限制"的解释,看上去理由充分,其实并不可取。对于时效制度,我们不能只利用其功能却不遵守其逻辑,"拿得起放得下"是我们面对制度的一种应有心态。

第二,坚持"体系"思维。当前将2021年《民事诉讼法》第261条中的"可以随时请求法院执行"解释为"排除执行时效限制",是未对《民事诉讼法》《民诉法解释(2022)》《民法典》中的时效规则作体系性思考的结果。因为孤立地看待2021年《民事诉讼法》第261条,未关联《民诉法解释(2022)》第481条,所以未看到"债权人有权申请执行"已经不是执行时效问题,债务人提出时效抗辩才是执行时效问题;因为未关联《民法典》第195条,所以未看到实体法已经解决了终结本次执行程序的执行时效后果问题,无须《民事诉讼法》另起炉灶。执行时效制度在转型和再造过程中对"体系化"的需求其实也是笔者在立法体例上主张"诉讼时效统一化"的重要原因之一。[1]

第三,坚持"历史"观察。当前将2021年《民事诉讼法》第261条中的"可以随时请求法院执行"解释为"排除执行时效限制",是对将申请执行期间作"期限"定性时期的结论进行惯性维持的结果,没有真正理解和贯彻"时效"定性的转折意义和全面影响。由于未深入理解"排除执行时效限制"解释植根于当时的特定观念和制度基础,所以也无法在新的观念和制度背景下发现"排除执行时效限制"解释的巨大局限和新生悖论,误以为"排除执行时效限制"解释自"出生"起就可以自给自足,放之四海而皆准。在此意义上,执行时效制度体系的未来再造离不开对我国执行时效制度史的细致梳理和深入分析,知道从哪里来才能更好地确定到哪里去。

---

[1] 参见霍海红:《执行时效性质的过去、现在与未来》,载《现代法学》2019年第2期。

Limitation of Actions from the Perspective of
Substantive and Procedural Law

第 14 章　诉讼时效根据的逻辑体系[*]

即便是最坚定的思想,不曾而且也无法摆脱时代的偏见。[1]
　　　　　　　　——〔法〕马克·布洛赫《为历史学辩护》

引　言

　　从《民法通则》(已失效,下同)到《民法典》,诉讼时效制度在我国已历时三十余年。在此期间,理论界对诉讼时效制度的关注和研究总体薄弱,为数不多的研究集中于其效力、期间、起算、中断、中止和延长等规则,专门针对诉讼时效根据(理由、目的)[2]的研究更是鲜见,其原因至少有三。一是学界可能理所当然地认为,制度的建立和运行证明根据问题已完全解决。二是诉讼时效根据问题属于理论解释范畴,对规则设计和司法适用的影响不够直接而易被忽视。三是目前民法教科书和立法释义书对诉讼时效根据的描述大同小

*　　本章内容曾以《诉讼时效根据的逻辑体系》为题发表于《法学》2020 年第 6 期。

[1]　〔法〕马克·布洛赫:《为历史学辩护》,张和声、程郁译,中国人民大学出版社 2006 年版,第 113 页。

[2]　根据《现代汉语词典》,"根据"是指"作为论断的前提或言行基础的事物","理由"是指"事情为什么这样做或那样做的道理","目的"是指"想要达到的地点或境地;想要得到的结果"(参见中国社会科学院语言研究所词典编辑室编:《现代汉语词典》,商务印书馆 2016 年版,第 444、800、928 页)。本书并未使用理论界常用的"功能"一词,主要是因为其无法准确表达本书强调的重点。功能主要强调制度的客观作用,而根据更强调制度的逻辑出发点。

异,无显著分歧。

我国民法教科书和立法释义书对诉讼时效根据的描述大致分为三个平行[1]方面:(1)督促权利人;(2)维护秩序;(3)保护义务人。不过,目前的诉讼时效根据体系存在三大困境。一是地位不够。诉讼时效的根据是诉讼时效的正当性问题,事关立法设计和实践解释,但目前的"边缘"处境与此不相称。二是解释不力。我国诉讼时效制度的显著变迁不仅是对司法实践的被动回应,更是对诉讼时效本质认识的主动深化,理应得到一体性解释,但目前的诉讼时效根据体系能力有限。三是指导不力。简单罗列和泛泛而谈的诉讼时效根据无法在设计规则时提供有效指导,无法在对疑难案件作裁判时提供确定方案,也无力阻止和评判"优先保护权利人"等在理论上无法自圆其说的实务观念。[2]

为改变上述困境,笔者主张对诉讼时效根据进行逻辑重构,形成区分中心与外围的层次[3]性体系,具体目标如下。一是找到三个平行根据的内在关联,克服目前孤立和松散的状态,有机地合成诉讼时效根据。二是形成统一的指导思想,以便有效地指导具体时

---

[1] 根据《现代汉语词典》,"平行"是指"等级相同,没有隶属关系的"(参见中国社会科学院语言研究所词典编辑室:《现代汉语词典》,商务印书馆2016年版,第1008页)。本书所谓"平行"是指诉讼时效三根据独立存在,不存在隶属关系。

[2] "优先保护权利人"逐渐发展成为我国诉讼时效司法裁判甚至司法解释制定的指导理念。对于诉讼时效规则相对简陋和粗糙、部分诉讼时效规则对权利人不利、国人朴素道德和国内不良信用等现实状况,该理念固然具有回应和矫正的功能,但其也有致命缺陷:存在冲击诉讼时效根据、否定时效抗辩权等理论困境;造成与相关时效规则和诉讼规则的冲突;带来操作不统一、激励教条化等实践风险。我们应当摒弃优先理念,注重在诉讼时效规则设计中实现权利人与义务人利益的精致平衡。参见霍海红:《"优先保护权利人"诉讼时效理念的困境》,载《法制与社会发展》2019年第4期。

[3] 根据《现代汉语词典》,"层次"是指"同一事物由于大小、高低等不同而形成的区别"(参见中国社会科学院语言研究所词典编辑室:《现代汉语词典》,商务印书馆2016年版,第133页)。本书所谓"层次"是指诉讼时效三根据在体系内的地位有"中心"与"外围"之分,存在从中心根据向外围根据延伸的必要性和可行性。

效规则的设计和适用,避免规则间的不协调甚至冲突,实现诉讼时效立法的体系化。三是重新确立诉讼时效根据的前提性、实用性和重要性,推进诉讼时效法的理论化,改善并逐步走出被边缘化的困境。[1]

在论证方法上,笔者坚持三个基本点。第一,坚持诉讼时效根据与诉讼时效规则相结合,避免从概念到概念的抽象推理,形成"从根据到规则"和"从规则到根据"的双向选择与证明。第二,坚持使用排除法,逐一排除不适合作为逻辑中心的诉讼时效根据,从而确定最终的中心根据和外围根据,避免正面论证可能形成的"仁者见仁、智者见智"局面。第三,坚持使用找悖论的方法,先假定每一个诉讼时效根据都可以作为中心根据,再观察其作为中心根据全面铺开后是否与诉讼时效的观念和制度相悖。

笔者通过区分中心与外围来重构诉讼时效根据体系,是受到日本民法时效根据理论的启发。[2] 在日本,学者虽然也提及"秩序安定""督促权利人"等时效观念,但在构造时效根据理论时只是将其作为背景支撑或理论延伸,时效根据理论本身主要着眼于作为博弈主体的权利人和义务人。保护非权利人说(实体法说)认为,时效制度是令真正权利人的权利消灭、令非权利人取得权利的制度,由于调整权利的得丧,因此被定位为实体法问题。保护权利人说(诉讼法说)认为,真的享有权利、不负担义务的人经过较长期间后无法证明,为使其免遭不利益而给予保护,时效作为证明真实权利状态的手

---

[1]　德国学者齐默曼曾感叹:"尽管消灭时效法具有非常重要的实践意义,但在国内和比较法著作中却长期被边缘化。"参见〔德〕莱因哈德·齐默曼:《德国新债法:历史与比较的视角》,韩光明译,法律出版社2012年版,第181页。这种边缘化状况在我国恐怕更为严重,反差也更大。

[2]　不同之处在于,日本民法的时效根据理论同时针对消灭时效和取得时效,这与《日本民法典》于总则编统一规定消灭时效和取得时效并专设"通则"有关。

段发挥作用,因此被定位为诉讼法问题。[1]

一、诉讼时效根据平行体系的困境

督促权利人、维护秩序和保护义务人是我们常提的三个基本诉讼时效根据。督促权利人是指通过无法实现权利的不利后果归结倒逼权利人及时行使权利。[2] 维护秩序包括维护社会、经济和法律秩序[3],减轻法院负担使其免受证据问题困扰[4]等。保护义务人主要包括两个层面的内容。一是保护义务人,避免因时日久远,举证困难[5],或

---

[1] 参见〔日〕山本敬三:《民法讲义Ⅰ:总则》(第三版),解亘译,北京大学出版社 2012 年版,第 431—433 页;〔日〕近江幸治:《民法讲义Ⅰ:民法总则》,渠涛等译,北京大学出版社 2015 年版,第 308—309 页。

[2] 参见佟柔主编:《中国民法学·民法总则》,中国人民公安大学出版社 1990 年版,第 314 页;谢怀栻:《民法总则讲要》,北京大学出版社 2007 年版,第 201 页;顾昂然:《立法札记——关于我国部分法律制定情况的介绍(1982—2004 年)》,法律出版社 2006 年版,第 254 页;梁慧星:《民法总论》(第五版),法律出版社 2017 年版,第 249 页;王利明:《民法总则》,中国人民大学出版社 2017 年版,第 426 页。

[3] 参见佟柔主编:《中国民法学·民法总则》,中国人民公安大学出版社 1990 年版,第 314 页;谢怀栻:《民法总则讲要》,北京大学出版社 2007 年版,第 201 页;顾昂然:《立法札记——关于我国部分法律制定情况的介绍(1982—2004 年)》,法律出版社 2006 年版,第 254 页;梁慧星:《民法总论》(第五版),法律出版社 2017 年版,第 248 页;王利明:《民法总则》,中国人民大学出版社 2017 年版,第 426 页。

[4] 参见佟柔主编:《中国民法学·民法总则》,中国人民公安大学出版社 1990 年版,第 314 页;谢怀栻:《民法总则讲要》,北京大学出版社 2007 年版,第 201 页;孙宪忠主编:《民法总论》(第二版),社会科学文献出版社 2010 年版,第 297 页;王利明:《民法总则》,中国人民大学出版社 2017 年版,第 427 页。对于我国诉讼时效制度的实际确立,这一点尤为重要,法院系统正是基于案件时间久远对法院审理造成困难而特别建议增加诉讼时效制度,参见顾昂然:《立法札记——关于我国部分法律制定情况的介绍(1982—2004 年)》,法律出版社 2006 年版,第 254 页。

[5] 参见梁慧星:《民法总论》(第五版),法律出版社 2017 年版,第 248 页;陈华彬:《民法总则》,中国政法大学出版社 2017 年版,第 654 页。

者避免义务人长期在债权债务中无从解脱[1]。二是义务人由于权利人长期不行使权利而形成其不再行使权利的信赖或预期。[2] 在此三者中,教科书和立法释义书更强调督促权利人和维护秩序[3],全国人大常委会于 2017 年 3 月 8 日在第十二届全国人民代表大会第五次会议上作出的《关于〈中华人民共和国民法总则(草案)〉的说明》更是明确指出:"诉讼时效是权利人在法定期间内不行使权利,权利不受保护的法律制度。"诉讼时效根据的平行体系虽然兼顾多个层面,包含各种功能,但对制度与实践的解释力和指导力有限。

(一) 平行体系未能说明诉讼时效根据间的逻辑关系

诉讼时效根据的平行体系包括了具体的博弈者(权利人和义务人),也包括了抽象的秩序(名曰社会、经济秩序抑或法律秩序),但全面性有余,逻辑性不足。无论是在英美法系还是在大陆法系,诉讼时效的设置常被归于保护义务人[4],这并非偶然。这不仅不是考量片面的证据,反而是寻找逻辑出发点的结果。这并不影响督促权利人和维护秩序作为逻辑延伸被提及。相反,对诉讼时效根据的平行罗列,虽然

---

〔1〕　参见朱庆育:《民法总论》,法律出版社 2016 年版,第 535 页。

〔2〕　参见张雪楳:《诉讼时效审判实务与疑难问题解析——以〈民法总则〉诉讼时效制度及司法解释为核心》,人民法院出版社 2019 年版,第 11 页。

〔3〕　参见谢怀栻:《民法总则讲要》,北京大学出版社 2007 年版,第 201 页;佟柔主编:《中国民法学·民法总则》,中国人民公安大学出版社 1990 年版,第 314 页;孙宪忠主编:《民法总论》,社会科学文献出版社 2004 年版,第 277 页;梁慧星:《民法总论》(第五版),法律出版社 2017 年版,第 248—249 页;王利明:《民法总则》,中国人民大学出版社 2017 年版,第 426—427 页;顾昂然:《立法札记——关于我国部分法律制定情况的介绍(1982—2004 年)》,法律出版社 2006 年版,第 254 页;李适时主编:《中华人民共和国民法总则释义》,法律出版社 2017 年版,第 589 页。

〔4〕　参见〔德〕迪特尔·梅迪库斯:《德国民法总论》,邵建东译,法律出版社 2004 年版,第 91 页;〔瑞〕海因茨·雷伊:《瑞士侵权责任法》,贺栩栩译,中国政法大学出版社 2015 年版,第 438 页;Calvin W. Corman, *Limitation of Actions* I, Little, Brown and Company, 1991, pp. 11—13;David W. Oughton, John P. Lowry and Robert M. Merkin, *Limitation of Actions*, LLP, 1998, p. 4。

指出诉讼时效的多种功能,却无法解释功能间的逻辑关系,给人以三者相互孤立且均能单独代表诉讼时效根据的印象,导致在设计或解释规则时缺乏统一的评价标准。其实,诉讼时效保护不特定的具体义务人就是在保护抽象的法律秩序,就像善意取得保护不特定的善意第三人就是保护抽象的交易安全和经济秩序一样。[1] 诉讼时效赋予义务人时效抗辩权,造成义务人得利和权利人受损的结果,基于人的趋利避害本性,自然产生督促权利人及时行使权利的效果。

(二)平行体系无法保证规则设计或解释的一致

诉讼时效根据的平行体系可能造成如下窘境,即立法者和司法者在运用诉讼时效根据时,或者无所适从(每个规则或解释方案似乎都有独立的根据作支撑),或者过分自由(可根据个人倾向选择某一个根据作支撑),这会造成两个难题。一是"诉讼时效为何存在"之答案可能因规则或解释者的不同而不同,影响诉讼时效根据的确定性。二是诉讼时效根据的"各自为战"可能造成规则间的冲突或者造成解释方案的莫衷一是。以《民法通则》设置 2 年普通时效期间为例,就督促权利人而言,2 年期间似乎非常合理,因为期间越短表明对权利人的督促越有力,越能实现"倒逼"效果;但就保护义务人而言,2 年期间却走向极端,因为过短期间意味着义务人过分轻易地摆脱了"欠债还钱"的道德义务和法律义务,是保护还是纵容成为一个问题。在制定《民法通则》时,督促权利人根据占据了理论和政策的中心地位,促进社会经济秩序稳定、加速社会主义企业资金周转、巩固经济核算制、改善经营管理和提高经济效益等

---

[1] 参见〔德〕鲍尔、〔德〕施蒂尔纳:《德国物权法》(上册),张双根译,法律出版社 2006 年版,第 64 页;〔德〕曼弗雷德·沃尔夫:《物权法》,吴越、李大雪译,法律出版社 2002 年版,第 284 页;王泽鉴:《民法物权》(第二版),北京大学出版社 2010 年版,第 471 页。

宏观经济目标被强调[1],为此立法者选择了当时从比较法角度看应属极短的 2 年普通时效期间。其实,正面承认保护义务人根据并设定其限度才更有助于保护权利人权益。我们曾经对权利人的苛责并非由于主观上对义务人的过度保护,恰恰相反,被视为过度得利的义务人在诉讼时效理论和立法指导思想中并无应有的"名分"。

(三)平行体系无法胜任诉讼时效法的指导思想

诉讼时效根据作为阐述诉讼时效为何而生的理论,其应在诉讼时效立法和司法指导思想中发挥基础作用。如果对立法或解释方案不存在实质争议,平行体系似乎并无太大问题,但一旦存在实质争议,平行体系常常有心无力。不同的规则或解释方案援用支持自己的根据似乎都言之成理,但又无法相互说服。这种状况又会加剧人们对诉讼时效根据本身的轻视。近年来,我国司法实务界提出了"优先保护权利人"的诉讼时效理念,即强调诉讼时效制度的适用应在不违背基本法理的基础上对其作有利于权利人的理解,强调防止诉讼时效制度成为义务人逃避债务的工具,强化义务人对诚实信用原则的遵守,强调将保护权利人作为诉讼时效制度的价值取向、制度目标或立法目的。[2] 虽然

---

[1] 参见佟柔主编:《民法原理》,法律出版社 1983 年版,第 110 页;王作堂等编:《民法教程》,北京大学出版社 1983 年版,第 125 页;凌相权、余能斌:《民法总论》,武汉大学出版社 1986 年版,第 204 页;中国政法大学民法教研室编:《中华人民共和国民法通则讲话》,中国政法大学出版社 1986 年版,第 234 页;孙亚明主编:《民法通则要论》,法律出版社 1991 年版,第 253 页。

[2] 参见《最高人民法院民二庭负责人就〈最高人民法院关于审理民事案件适用诉讼时效制度若干问题的规定〉答记者问》,载《人民法院报》2008 年 9 月 1 日,第 3 版;最高人民法院(2014)民二终字第 2 号民事判决书;江苏省高级人民法院(2015)苏商外终字第 00061 号民事判决书;广东省高级人民法院(2014)粤高法民申字第 366 号民事裁定书;河北省沧州市中级人民法院(2015)沧民终字第 2466 号民事判决书;湖南省衡阳市中级人民法院(2016)湘 04 民终字第 217 号民事判决书;重庆市忠县人民法院(2016)渝 0233 民初字第 900 号民事判决书;湖北省咸宁市崇阳县人民法院(2015)鄂崇阳民初字第 306 号民事判决书;山西省运城市芮城县人民法院(2017)晋 0830 民初字第 271 号民事判决书。

该理念有其产生的原因与客观的作用,但一个以督促权利人和保护义务人为己任的诉讼时效制度,竟然发展出一个优先保护权利人的"悖论"性理念,并深深影响着司法解释和民事立法,说明诉讼时效根据理论对立法和司法都指导乏力。

(四)从平行体系走向层次性体系

指出诉讼时效根据平行体系的诸多困境并非否定三项根据本身,而是反对将它们简单拼装,主张对其在逻辑上进行再加工,通过确定诉讼时效根据体系的中心与外围,形成诉讼时效根据的层次性体系,以便更好地服务诉讼时效的理论、立法与实践。与平行体系相比,层次性体系有三个比较优势。一是有助于三根据间的排序,避免平行体系下各根据之间的矛盾甚至对立,提高对诉讼时效立法和司法的指导和解释能力。二是有助于三根据之间进行对话,增进理论共识,避免仅因表述或视角不同而形成不必要的区分或者对立。三是有助于三根据的统一,诉讼时效的理论、立法与实践需要一个总的指导思想,以便统一行动,这样既能减少交流成本、避免相互误解,还能协调规则的设计或解释。

二、以督促权利人为中心的困境

在督促权利人、维护秩序和保护义务人三个诉讼时效根据中,如果要确定何者处于中心或原点位置,首先进入视野的必然是督促权利人,原因至少有二。第一,在我国不少学者和《民法典》立法者的眼中,督促权利人在诉讼时效根据中处于首要位置。[1] 第二,因为与

---

[1]　参见孙宪忠主编:《民法总论》,社会科学文献出版社 2004 年版,第 277 页;王利明:《民法总则》,中国人民大学出版社 2017 年版,第 426—427 页;李适时主编:《中华人民共和国民法总则释义》,法律出版社 2017 年版,第 589 页。

"从宏观经济和公益角度看待诉讼时效的观念"和"法官依职权援用时效的做法"相一致,督促权利人曾是三根据中最具解释力的一个。不过,习惯从权利人角度看待诉讼时效和督促权利人最能解释当年的特殊时效制度不能成为今天将督促权利人作为中心根据的当然理由。习惯可能恰恰是我们的局限所在,最可能的解释只是当年的制度需要"督促权利人"的话语。在新的诉讼时效观念和制度背景下,以督促权利人为中心构建诉讼时效根据体系至少有两个难题,一是无法直接解释义务人的"得利",二是无法直接解释义务人对时效抗辩援用的选择权。

(一)无法直接解释义务人的"得利"

以督促权利人为中心容易解释诉讼时效对权利人的制约功能,但无法直接解释义务人为何能够"得利"和为何可以合法背离人们视为天经地义的"欠债还钱"规则。我国诉讼时效理论和制度习惯将义务人的得利视为制度实施的附带效果而非制度追求的直接目标,其有两个证据。一是保护义务人时常缺席对诉讼时效根据的理论描述(这与督促权利人和维护秩序形成鲜明对比)。二是制度上常常强调诉讼时效体现权利人与法院之间的关系,因而《民法通则》第135条规定"向人民法院请求保护民事权利的诉讼时效期间"[1],《民法典》第188条甚至保留了这种已属多余的表述。[2]

究竟是为保护义务人而客观上督促了权利人,还是为督促权利

---

[1] 德国学者何意志就将我国《民法通则》第135条视为"法官职权援用时效"的立法表述和"国家襁褓护理"时效观念的集中体现。参见〔德〕何意志:《法治的东方经验——中国法律文化导论》,李中华译,北京大学出版社2010年版,第284页。

[2] 《民法典》第192条采"抗辩权发生说"并于第193条强调"人民法院不得主动适用"后,第188条第1款"向人民法院请求保护民事权利的诉讼时效期间"之表述,已无必要,未来可将第188条第1款修改为:"诉讼时效期间为三年。法律另有规定的,依照其规定。"

人而客观上使义务人得利,这是一个关键问题。进而言之,如果仅仅为督促和制约权利人,无关保护义务人,义务人有何理由"欠债不还"？难道因为权利人的权利不应实现,所以义务人无须履行义务？这种逻辑有两个问题。一是性质上容易倒向除斥期间,因为除斥期间经过,则权利人的权利消灭,义务人当然无须履行义务。二是对"义务人得利"的解释过于间接,作为诉讼时效运行"发动机"的义务人应当有"独立"和"正面"的得利理由。虽然在实践中,义务人不会追问(得利就好),法官也无须考虑(有得利的规则就好),但从理论和立法角度看,这是一个前提问题。

虽然义务人得利在诉讼时效制度和实践中不是问题,甚至由于规则对权利人相对苛刻,义务人的"得利"有过度之嫌,但诉讼时效理论与实践对义务人的角色和地位或者视而不见,或者存有偏见。比如,理论上描述诉讼时效根据时,保护义务人时常不在其中;实践中存在对义务人正常行使抗辩权作逃废债、不诚信等否定性评价。[1]在个案中对义务人真正的不诚信行为进行评价和制裁(利用诚实信用原则)是一回事,在理论和制度上忽略义务人甚至在实践中整体将义务人进行"道德矮化"则是另一回事,因为抽象地否定义务人的时效抗辩权就是在否定诉讼时效制度本身。

(二)无法直接解释义务人对时效抗辩援用的选择权

督促权利人可以圆满解释《诉讼时效规定(2008)》(已被修改,下同)出台前"允许和要求法官职权援用时效"的制度与实践,却

---

[1] 参见最高人民法院民事审判第二庭编著:《最高人民法院关于民事案件诉讼时效司法解释理解与适用》,人民法院出版社 2015 年版,第 86 页;重庆市忠县人民法院(2016)渝 0233 民初字第 900 号民事判决书;河南省南阳市内乡县人民法院(2018)豫 1325 民初字第 2924 号民事判决书;云南省昭通市盐津县人民法院(2014)盐民初字第 854 号民事判决书。

无法直接解释"由且仅由义务人援用时效"的明文规则(《民法典》第
192 条、第 193 条)。从理论上说,最大限度地实现督促权利人的目
标,最有效的方式就是确保诉讼时效必被援用,无论是由法官依职权
援用时效,还是由义务人提出时效抗辩。一旦只允许义务人提出时
效抗辩且其可以放弃,就很难从督促权利人角度作出圆满解释。毕
竟,制度上规定义务人对此享有选择权,实践中义务人常常不提出时
效抗辩[1],部分法官甚至批评义务人的正常时效抗辩行为[2]。

　　督促权利人只是保护义务人的附带和客观效果(虽然这种效果也
成为我们设置诉讼时效制度的理由之一)。因此,不能因为义务人行
使时效抗辩权的比例较低就认为诉讼时效制度实施不力,否则我们如
何理解和贯彻义务人具有时效抗辩的选择权? 就像一旦对法院调解设
置了强制性的"调解率"考核要求,如何理解和贯彻"调解自愿原则"和
"调解和判决都是民事审判权的行使方式"就会成为一个问题。理论
和制度上承认义务人的选择权,却不认可义务人行使选择权后出现的
"不抗辩"结果,会使制度陷入"拿得起放不下"的困境[3],甚至可能在
极端时回到法官依职权援用时效的老路。其实,只要承认义务人对

---

[1]　这其实很正常,正如美国学者博登海默所言:"人们履行法律义务,与其说是一个有
　　 意识思考的问题,不如说是一个无意识地使自己习惯于周围人的情感和思想的问
　　 题。"参见〔美〕E. 博登海默:《法理学:法律哲学与法律方法》,邓正来译,中国政法大
　　 学出版社 1999 年版,第 143 页。

[2]　某些判决书指出:义务人提出时效抗辩是为减轻或规避义务,相对于权利的限制,权
　　 利意识的培养、权利的保护和诚信原则的维护应居于基础地位;不能为督促权利人
　　 行使权利,反而纵容债务人不履行债务甚至恶意逃债。参见天津市宝坻区人民法院
　　 (2015)宝民初字第 3386 号民事判决书;福建省泉州市鲤城区人民法院(2014)鲤民
　　 初字第 1742 号民事判决书。

[3]　事实上,确有实务界人士指出:"诉讼时效抗辩的经常成功,说明现行民事诉讼时效
　　 制度大大地偏离了法律的最高目的,即实现社会公平正义的目的","债务人如果能
　　 依靠诉讼时效制度轻而易举地逃避应当履行的债务,人们就应该考虑诉讼时效制度
　　 及实施本身的问题了"。参见吴庆宝主编:《最高人民法院专家法官阐释民商裁判疑
　　 难问题:民事裁判精要卷》,中国法制出版社 2011 年版,第 215 页。

时效抗辩有选择权,而且不允许法官依职权援用时效,设定或要求时效抗辩权的具体行使比例就是不可想象的,也是自相矛盾的。

三、以维护秩序为中心的困境

如果以督促权利人作为中心根据不可行,下一个接受检验者该是"维护秩序"根据,毕竟在我国不少学者、实务人士和《民法通则》立法者的眼中,维护秩序根据处于首要位置。[1] 曾经,维护秩序作为中心根据的最佳理由莫过于允许和要求法官依职权援用时效,但随着《诉讼时效规定(2008)》和《民法典》相继明文否定,最有力的理由已让位给诉讼时效的强制性。《民法典》第 197 条规定:"诉讼时效的期间、计算方法以及中止、中断的事由由法律规定,当事人约定无效。当事人对诉讼时效利益的预先放弃无效。"全国人大常委会法制工作委员会释义书曾对该条文解释道:"诉讼时效制度关系到法律秩序的清晰稳定,是对民事权利的法定限制,其规范目的具有公益性,以牺牲罹于时效的权利人的利益为代价,为交易关系提供安全保障,关乎社会公共利益及法律秩序的统一,这要求诉讼时效期间及其计算方法明确且为社会知晓,诉讼时效的中止、中断的事由只能由法律作出明确规定,不能属于当事人自行处分的事宜,权利人和义务人

[1]　参见佟柔主编:《中国民法学·民法总则》,中国人民公安大学出版社 1990 年版,第314 页;谢怀栻:《民法总则讲要》,北京大学出版社 2007 年版,第 201 页;梁慧星:《民法总论》(第五版),法律出版社 2017 年版,第 248—249 页;魏振瀛主编:《民法》,北京大学出版社、高等教育出版社 2017 年版;张新宝:《〈中华人民共和国民法总则〉释义》,中国人民大学出版社 2017 年版,第 408 页;杨立新:《民法总则》,法律出版社 2017 年版,第 308 页;张雪楳:《诉讼时效前沿问题审判实务》,中国法制出版社 2014 年版,第 6 页;顾昂然:《立法札记——关于我国部分法律制定情况的介绍(1982—2004 年)》,法律出版社 2006 年版,第 254 页。

不可以自行约定。"[1]虽然维护秩序在诉讼时效根据体系内不可或缺,尤其是能解释一些从权利人或义务人角度看来似乎不易直接解释的现行法规则(如诉讼时效的强制性),但一旦作为中心根据全面指导和解释时效规则或实践,则常常"捉襟见肘"。

(一)无法解释义务人援用时效的选择权

要实现诉讼时效维护秩序这样的"公益性"目标,最有效的方式是"两手都要抓",一是允许义务人提出时效抗辩,二是要求法官依职权援用时效。在《民法通则》颁布后与《诉讼时效规定(2008)》出台前,允许和要求法官依职权援用时效的规则和实践似乎更符合当时维护秩序的初衷。既然诉讼时效事关维护秩序的"公益",就不是义务人能够自主处分的"私事"(即使义务人会因时效而得私利),也不能将维护秩序的目标完全系于义务人的时效抗辩权行使(义务人很可能不行使)。因此,法官有权力也有职责介入时效援用的事业,成为义务人时效抗辩之外的另一道保障。不过,此逻辑一旦用于评价《诉讼时效规定(2008)》和《民法典》只允许义务人提出时效抗辩的新规则,就会得出有悖常理和现实的推论:如果义务人不提时效抗辩,秩序便得不到维护;义务人越是遵守"欠债还钱"的朴素道德,法律秩序就越是受到损害。

在诉讼时效的三项根据中,"维护秩序"和"督促权利人"当前均面临无法解释义务人援用时效的选择权的困境,却曾经对"法官依职权援用时效"的规则和实践提供了强有力的基础和支持。在以往立法者、理论界和实务界对诉讼时效根据的描述中,维护秩序和督促权利人常常结伴而行,并成为"多数派",其在一定程度上解释和衬托了保护义务人根据在我国诉讼时效理论中的尴尬地位。这也许会让笔

---

[1]　李适时主编:《中华人民共和国民法总则释义》,法律出版社 2017 年版,第 626 页。

者以保护义务人为中心重构诉讼时效根据体系的做法看起来特立独行,但其实笔者只是在中国法语境下重申和论证了大陆法系和英美法系比较流行的时效观念(保护义务人是诉讼时效根据的中心和枢纽)而已。只是由于既有观念和制度的路径依赖效应,国人在观念上接受起来相对困难。不过,这应该只是时间问题。

(二) 无法有效解释中止和中断规则

时效中止和中断都是诉讼时效制度赋予权利人的防御措施,是权利人对义务人时效抗辩的再抗辩。[1] 在效果上,诉讼时效制度或者将权利人因客观障碍无法行使权利的期间从时效中扣除,或者允许权利人重新计算时效以鼓励其积极的权利行使行为。在诉讼时效规则体系内,时效中止和中断规则占据了相当的比例[2],实践中许多时效难题和争议更是围绕时效中断展开[3]。一旦将维护秩序作为诉讼时效根据的中心或原点,将会面临一个解释难题,即分明旨在保护权利人的时效中止和中断规则究竟是维护了秩序还是损害了秩序?我国诉讼时效理论和实践对时效中断的推崇[4],究竟是对维护秩序根据的

---

[1] 从证明责任的角度看,义务人要对诉讼时效期间开始和届满的事实承担证明责任,权利人要对诉讼时效中止和中断的事实承担证明责任,参见〔德〕莱奥·罗森贝克:《证明责任论》,庄敬华译,中国法制出版社 2018 年版,第 459—460 页。

[2] 以《诉讼时效规定(2008)》为例,在全部 24 个条文中,1 条是"范围",1 条是"强制性",1 条是"禁止法官职权援用",1 条是"时效抗辩援用的审级阶段",5 条是"起算",1 条是"自愿履行的效力",1 条是"时效抗辩权行使主体",1 条是"该司法解释的溯及力",1 条是"本解释与其他司法解释抵触时的效力",余下 11 条是"中止和中断"。

[3] 比如,撤回起诉、执行和解、当事人的再审启动行为等是否产生时效中断效果,时效中断的证明标准应否降低等。

[4] 相较而言,在 21 世纪德国、日本的时效法改革中,中断事由已经"式微",大量"中断"事由被调整为"中止"事由。这种发展趋势其实是"时效短期化"的重要表现之一,但却被我们忽视。我们片面地将短期化理解为期间本身变短,于是在我国出现了一面追求时效期间变短的"激进"方案、一面"保守"地强化中断事由的局面。参见霍海红:《重思我国普通诉讼时效期间改革》,载《法律科学》2020 年第 1 期。

坚持,还是与其相背离? 历史学家黄仁宇曾曰:"凡是能用法律及技术解决的问题,就不要先牵扯上一个道德问题。因为道德是一切意义的根源,不能分割,也不便妥协。"[1] 如果套用该表述,在诉讼时效制度上,凡是能用权利人和义务人博弈解释的问题,就不要先扯上维护秩序,因为维护秩序的观念层级过高,其不易妥协,也不便牺牲。

　　权利人和义务人才是诉讼时效制度和实践的博弈主体。旨在保护权利人的时效中止和中断规则[2] 对应保护义务人的诉讼时效根据,才是更精致和能自圆的理论逻辑。抽象的维护秩序根据看似无所不包、无所不能,但其在制度细节上的区分度有限,过度使用甚至可能造成负面效果,或是形成存在共识的假象,或是耽误制度的改进。如果我们仅以私法自治衡量或解释所有民法规则,仅以程序正义衡量或解释所有民事诉讼法规则,民法和民事诉讼法规则的数量和精致程度都会大打折扣,原因有二。一方面,顶层理念未必适合区分或解释一切具体事物或一个事物的具体细节[3];另一方面,顶层理念过于抽象以至于常常在形式上脱离权利义务主体,而规则方案往往反映和固定权利义务主体的具体博弈形态。

---

〔1〕　黄仁宇:《万历十五年》,生活·读书·新知三联书店 2004 年版,第 278 页。

〔2〕　我国司法实务更是将此推向极致:"由于诉讼时效中断、中止制度的立法目的在于保护权利人权利,因此,在适用上述制度时,如果存在既可以作有利于权利人的理解也可以作有利于义务人的理解的情形,那么,在不违背基本法理的基础上,应作有利于权利人的理解。"参见《最高人民法院民二庭负责人就〈关于审理民事案件适用诉讼时效制度若干问题的规定〉答本报记者问》,载《人民法院报》2008 年 9 月 1 日,第 3 版。

〔3〕　消灭时效和除斥期间都有"维持秩序"的功能。只不过,消灭时效是维持新建立之秩序,而除斥期间是维持继续存在的原秩序。参见王泽鉴:《民法总则》,北京大学出版社 2009 年版,第 494 页。

四、以保护义务人为中心构建诉讼时效根据体系

在诉讼时效的三项根据中，与督促权利人和维护秩序相比，保护义务人的根据最受冷落，原因至少有三个。第一，人们习惯认为，诉讼时效只与权利人有关，只是权利人利益是否受损的问题[1]，义务人的得利充其量只是附带的效果，就像《民事诉讼法》认为撤回起诉只与原告有关、被告只是承受诉讼终结的结果一样[2]。第二，信用环境不佳，权利实现常常遭遇困难，于是保障和实现权利、促使义务人履行义务成为实务上的当务之急。第三，诉讼时效制度常被批评为"债务人逃避义务的工具"[3]，以致形成了诉讼时效适用中义务人逃债或赖账的"偏见"。在我国，保护义务人固然不像在英美法系国家和大陆法系国家那样已经占据理论上的有利位置，也无法解释当年特殊的时效制度安排（如法官依职权援用），但随着《诉讼时效规定（2008）》和《民法典》的规则调整，保护义务人逐渐获得了取得优势地位的制度条件和观念基础。

（一）保护义务人作为根据体系的中心能够解释诉讼时效三大根据间的逻辑关系

在诉讼时效平行根据体系中，督促权利人、保护义务人与维护秩

---

[1]　有学者指出："时效制度所要解决的利益冲突并非权利人与义务人之间的利益冲突，而是应受法律保护的权利与因权利人长期怠于行使权利而形成的生活秩序之间所发生的冲突。"参见尹田：《民法典总则之理论与立法研究》（第2版），法律出版社2018年版，第685页。

[2]　对2012年《民事诉讼法》（已失效）第145条撤回起诉规则的反思，参见霍海红：《论我国撤诉规则的私人自治重构》，载《华东政法大学学报》2012年第4期。

[3]　吴庆宝主编：《最高人民法院专家法官阐释民商裁判疑难问题：民事裁判精要卷》，中国法制出版社2011年版，第215页。

序三者间的逻辑关系未得到有效说明,以保护义务人作为根据体系
的中心或枢纽能够解决问题。

1. 从"保护义务人"到"督促权利人"

从保护义务人根据可以推导出督促权利人根据。法律为保护义
务人规定了诉讼时效制度,义务人在诉讼时效期间届满后拥有时效
抗辩权。义务人提出的时效抗辩会导致权利人的权利永久无法实
现。权利无法实现的潜在风险倒逼权利人积极行使权利,以避免不
利后果的实际发生。于是,以保护义务人为目标的诉讼时效自然地
实现了督促权利人的功能。不少大陆法系学者表达了这种逻辑,"诉
讼时效制度首先用于保护所谓债务人免受无根据之诉讼,但同时其
也导致了既有权利的不可执行性"[1],"债权人长期的无作为,经常
使权利状态的明确变得困难,而且使不(再)能计算自己的被请求情
况的债务人陷入证明困境……债务人可以借助消灭时效,完全拒绝
即使是正当的请求权——债权人将为所获取的法律确定性而承担高
昂的代价。这对于债权人之所以是合理的,是因为他有能力及时主
张自己的请求权"[2]。在日本,保护非权利人说(实体法说)一直是时
效制度根据的两大学说之一,但作为学说背景或指向则有另外两个价
值,一是社会法律关系的安定,二是避免权利行使的懈怠。[3]

我们在"保护义务人—督促权利人"的逻辑链条中过度强调督促
权利人,原因有三。第一,督促权利人比保护义务人在功能上更加外
显。比如,适用诉讼时效的诉讼结果是权利人(原告)的诉讼请求被

[1] 〔奥〕伽布里菈·库齐奥、〔奥〕海尔穆特·库齐奥:《奥地利民法概论》,张玉东译,北京大学出版社 2019 年版,第 79 页。
[2] 〔德〕本德·吕特斯、〔德〕阿斯特丽德·施塔德勒:《德国民法总论(第 18 版)》,于馨淼、张姝译,法律出版社 2017 年版,第 78 页。
[3] 参见〔日〕山本敬三:《民法讲义 I:总则》(第三版),解亘译,北京大学出版社 2012 年版,第 431—432 页。

驳回。第二,强调督促权利人有助于说服权利人接受不利结果,即因为他是"权利上的睡眠者",所以"权利受损"[1];义务人不存在说服问题,因为义务人是"得利"者,即使义务人有反对意见,也可通过放弃时效利益来表达。第三,强调督促权利人与以往"法官依职权援用时效"的制度与实践比较契合,因为只要保护义务人,赋予义务人时效抗辩权即予满足(就像赋予受欺诈、胁迫一方以合同撤销权一样),法官无须也不应介入,甚至连禁止法官依职权援用时效的法律条文也非必需(如德国法)。

2. 从"保护义务人"到"维护秩序"

从保护义务人根据可以推导出维护秩序根据,就像善意取得制度保护不特定的善意第三人即保护了交易安全一样。德国法提供了比较法上的支持,教科书在描述消灭时效根据时虽然时常提及法律秩序或公共利益,但常从保护义务人的角度切入,"消灭时效之要旨,并非在于侵夺权利人之权利,而是在于给予义务人一种保护手段,使其毋须详察事物即得对抗不成立之请求权。消灭时效乃达到目的之手段,而非目的本身。于具体情形,若消灭时效于实体公正有损,即若权利人因消灭时效失却其本无瑕疵之请求权,此亦属关系人须向公共利益付出之代价"[2],"时效制度旨在维持法律安全和法律秩序。若经过时效的请求权被主张,则债务人应当受到保护。由于时间的经过,他经常不能或难以进行反对债权人请求的辩护"[3]。其实,我国持维护秩序观

---

[1] 正如法谚所云:"时间之经过,对于懒惰或忽视自己权利之人,常予以不利","法律帮助勤勉人,不帮助睡眠人"。参见郑玉波:《法谚》(一),法律出版社 2007 年版,第 71—72 页。

[2] 〔德〕迪特尔·梅迪库斯:《德国民法总论》,邵建东译,法律出版社 2000 年版,第 91—92 页。

[3] 〔德〕汉斯·布洛克斯、〔德〕沃尔夫·迪特里希·瓦尔克:《德国民法总论(第 41 版)》,张艳译,中国人民大学出版社 2019 年版,第 295 页。

点者也常从保护义务人谈起:"诉讼时效制度督促权利人行使权利的立法目的,虽从其表面分析为限制权利的行使,但究其实质,其并非否定权利的合法行使和权利存在本身,而是禁止权利的滥用,以保护义务人基于时间经过而享有的认为权利人不再行使权利的合理信赖利益,避免义务人受到不正当请求或者过时请求的干扰,使义务人的财产只为现在及将来的债务提供担保,以维护法律关系和社会交易秩序的稳定,进而维护社会公共利益。"[1]

我们常常忽略保护义务人与维护秩序的内在关联,其原因可能有三。第一,在信用环境差、权利实现难的背景下,立法者和司法者都不太可能高调宣称保护义务人,相反会想方设法强调保护权利人。第二,权利人及时行使权利,义务人主动履行义务,这恐怕是最理想的民事法律秩序了,为维护此种秩序,一方面要督促权利人及时行使权利,另一方面要激励义务人主动履行义务,这恐怕从另一个角度解释了国人对义务人时效抗辩行为的道德情感质疑。第三,我们对同一事物的认识角度原本就有不同,可能被人为贴上不同的标签[2],从而使相同的认识呈现出不同的面貌。

(二)保护义务人作为根据体系的中心能够解释诉讼时效的基本规则

1. 抗辩权发生之效力

我国理论界认为,诉讼时效效力有权利消灭说(日本法为其代

---

[1]　张雪楳:《诉讼时效审判实务与疑难问题解析——以〈民法总则〉诉讼时效制度及司法解释为核心》,人民法院出版社 2019 年版,第 10—11 页。

[2]　比如,对于诉讼时效"督促权利人积极行使权利以提高财富利用效率"的功能,可能被概括为"督促权利人行使权利"(参见王利明:《民法总则》,中国人民大学出版社 2017 年版,第 426 页),也可能被概括为"财富利用的合理化"(参见李永军:《民法总则》,中国法制出版社 2018 年版,第 844 页)。

表)、诉权消灭说(法国法为其代表)、抗辩权发生说(德国法为其代表)、胜诉权消灭说(苏联法为其代表)等多种学说立法例,我国《民法通则》采取了胜诉权消灭说。[1] 不过,《民法典》已明确抛弃胜诉权消灭说,改采抗辩权发生说,其第 192 条第 1 款规定:"诉讼时效期间届满的,义务人可以提出不履行义务的抗辩。"其实,无论是权利消灭说、诉权消灭说,还是胜诉权消灭说,都是从权利人视角展开的,是权利人的权利、诉权或胜诉权的消灭。只有抗辩权发生说从义务人视角展开,只是义务人获得拒绝履行的时效抗辩权,而权利人的实体权利、诉权等均未消灭。如果要为义务人的时效抗辩权寻找根据,在督促权利人、维护秩序和保护义务人三者中,最直接的恐怕应属保护义务人了。

　　义务人的时效抗辩权可进一步解释放弃时效利益规则。《民法通则》第 138 条规定:"超过诉讼时效期间,当事人自愿履行的,不受诉讼时效限制。"我国理论界常从"因为权利本身未消灭,所以只是胜诉权消灭"的角度解释该条文。[2] 不过,这一解释进路过于迂回,与其说前者解释了后者,不如说后者证明了前者。其实,抗辩权发生的逻辑能圆满解释《民法通则》第 138 条,因为义务人能够放弃时效利益,就在于其是抗辩权的权利人,权利人当然可以放弃权利行使。正是基于此逻辑,再加上对《德国民法典》第 214 条的借鉴,《民法典》改变了《民法通则》的规定方式,让自愿履行紧随基本效力,于第 192 条规定:"诉讼时效期间届满的,义务人可以提出不履行义务的抗辩。

---

〔1〕　其实,所谓四种学说立法例总体上可分为两类。一类是诉权视角的"程序"进路,如法国法、苏联法。另一类是抗辩权视角的"实体"进路,如德国法、日本法。参见霍海红:《胜诉权消灭说的"名"与"实"》,载《中外法学》2012 年第 2 期。

〔2〕　参见李由义主编:《民法学》,北京大学出版社 1988 年版,第 156—157 页;魏振瀛主编:《民法》(第三版),北京大学出版社 2007 年版,第 193 页;郭明瑞主编:《民法》(第二版),高等教育出版社 2007 年版,第 146 页;王卫国主编:《民法》,中国政法大学出版社 2007 年版,第 174 页。

诉讼时效期间届满后,义务人同意履行的,不得以诉讼时效期间届满为由抗辩;义务人已经自愿履行的,不得请求返还。"[1]

2. 禁止法官依职权援用时效

将保护义务人作为出发点可自然解释"禁止法官依职权援用时效"的新规定。既然诉讼时效是对义务人的保护,是义务人利益之所在,那么义务人既可选择接受也可选择放弃(预先放弃除外),这就排除了法官依职权援用时效的可能和必要,因为依职权援用时效意味着法官可替代义务人提出时效抗辩,意味着法律可强制义务人接受时效利益,即便义务人本来愿意履行义务。这会产生两个问题。一是法官偏离民事诉讼的中立地位,产生倒向义务人一方的嫌疑。[2] 二是超出权利不消灭的诉讼时效范畴,走向权利已消灭的除斥期间范畴。

事实上,对于《民法典》第193条"人民法院不得主动适用诉讼时效"之规定,全国人大常委会法制工作委员会和最高人民法院释义书均从尊重义务人选择权或处分权的角度进行阐释:"诉讼时效期间届满的直接效果是义务人取得抗辩权。抗辩权属于私权的一种,可以选择行使,也可以选择不行使。义务人对时效利益的处分不违反法律的规定,也没有侵犯国家、集体及他人的合法权益,人民法院不应当主动干预"[3],"法律将诉讼时效抗辩权行使与否的权利给予义务人而非法院,法律也不能强迫义务人接受时效利益。义务人在诉讼中提起的诉讼时效抗辩是实体权利的抗辩,须由义务人主张,义务人

---

[1]　至于禁止义务人预先放弃时效利益[《民法总则》(已失效)第197条第2款],除抽象地遵从诉讼时效的强制性外,主要是为防止"权利人利用强势地位,损害义务人的利益",参见李适时主编:《中华人民共和国民法总则释义》,法律出版社2017年版,第628页。

[2]　参见霍海红:《论我国诉讼时效效力的私人自治转向——实体与程序双重视角的观察》,载《现代法学》2008年第1期。

[3]　李适时主编:《中华人民共和国民法总则释义》,法律出版社2017年版,第610页。

是否主张,属于其自由处分的范畴,司法不应过多干涉,这是民事诉讼处分原则的应有之义"[1]。这表明立法者和司法者其实都承认,从保护义务人角度解释"禁止法官依职权援用时效"具有直接性、便利性和有效性。

3. 诚实信用原则介入诉讼时效适用

在诉讼时效制度的适用中,诚实信用原则可大有作为。在德国,如果义务人曾给人造成一种不准备行使时效抗辩权的印象,故意或者非故意地阻碍权利人及时提起诉讼,义务人的行为就不被允许[2];如果加害人通过其行为(如暗示很快会支付损害赔偿)诱使受害人未在时效期间内提起诉讼,加害人不得以时效作为抗辩[3]。在美国,如果原告因依赖被告的行动或表述而延迟提起诉讼,法院可基于禁反言原则禁止义务人提出时效抗辩[4],原告还可提出抗辩主张延迟提起诉讼是由于被告欺诈或作虚假陈述。[5] 诚实信用原则从评价义务人的行为开始介入诉讼时效适用,当义务人的某些行为实质性地影响了权利人行使权利或提起诉讼时,法官可以违反诚实信用原则为由判定义务人丧失时效抗辩权。这一点其实可以从保护义务人根据自然推出:诉讼时效的目标是保护义务人(哪怕是那些不主动履行义务而坐等诉讼时效期间经过的义务人),但义务人严重的不诚信行为(阻碍或

---

[1]　《〈中华人民共和国民法总则〉条文理解与适用》编委会:《〈中华人民共和国民法总则〉条文理解与适用》(下),人民法院出版社 2017 年版,第 1275 页。

[2]　参见〔德〕卡尔·拉伦茨:《德国民法通论》(上册),王晓晔等译,法律出版社 2003 年版,第 347 页。

[3]　参见〔德〕埃尔温·多伊奇、〔德〕汉斯-于尔根·阿伦斯:《德国侵权法——侵权行为、损害赔偿及痛苦抚慰金(第 5 版)》,叶名怡、温大军译,法律出版社 2016 年版,第 258 页。

[4]　参见〔美〕丹·B. 多布斯:《侵权法》(上册),马静、李昊、李妍等译,中国政法大学出版社 2014 年版,第 492 页。

[5]　See Calvin W. Corman, *Limitation of Actions* Ⅱ, Little, Brown and Company, 1991, p. 365.

诱使权利人不起诉等)将使其失去被保护的资格。

我国理论界和实务界曾一直忽视诚实信用原则介入诉讼时效的意义,更多选择采用"迂回战术"达到否定义务人时效抗辩权的效果,即通过强调权利人的无辜来证明权利人并非"权利上的睡眠者",得出权利人不应承担不利后果的结论(如使用诉讼时效延长规则)。[1] 但从长远看,这种做法有两个问题。一是面对义务人的不诚信行为不能给予"迎头棒喝",迂回救济降低了法律的威慑力,从根本上来说是一种"摆平个案"的思路,而不是确立规则的思路。二是不直接评价义务人的不诚信行为进而直接否定其时效抗辩权,而是间接确认权利人是否无辜并想方设法运用其他规则保护权利人,制度适用成本可能更高而准确性更低(可能牵强附会)。

不过,全国人大常委会法制工作委员会在对《民法典》第192条作说明时已强调要对义务人的行为进行诚信审查:"义务人行使时效抗辩权不得违反诚实信用原则,否则即使诉讼时效完成,义务人也不能取得时效抗辩权。例如,在诉讼时效期间届满前,义务人通过与权利人协商,营造其将履行义务的假象,及至时效完成后,立即援引时效抗辩拒绝履行义务。这种行为违反诚实信用,构成时效抗辩权的滥用,不受保护。"[2] 不过,未来可考虑将诚实信用原则介入诉讼时效的做法固定为诉讼时效规则的明文规定[3],这有两个好处。第一,有助于严格区分法律上的不诚信行为与道德上的不讲究行为,既要避免对义务人滥用权利的放纵,又要避免对义务人的无理打击;第二,明确赋予法官引入诚实信用原则的权力,可以打消法官"无规则不敢用"的顾

---

〔1〕 参见霍海红:《诉讼时效延长规则之反省》,载《法律科学》2012年第3期。

〔2〕 李适时主编:《中华人民共和国民法总则释义》,法律出版社2017年版,第608页。

〔3〕 可以参考《民诉法解释(2015)》(已被修改)第106条(非法证据排除规则)的规定方式:"对以严重侵害他人合法权益、违反法律禁止性规定或者严重违背公序良俗的方法形成或者获取的证据,不得作为认定案件事实的根据。"

虑,毕竟司法权威还不够高是当前的现实,而诚实信用是一个"需要价值填补的概念",一个"授权法官在个案中进行利益评价"的一般条款。[1]

4. 诉讼时效的强制性

是严守诉讼时效的强制性,还是允许当事人协议变更,这是一个立法选择问题。目前世界上大致有三种立法例。第一,绝对禁止协议变更时效,典型者如意大利、瑞士、葡萄牙、希腊、俄罗斯、巴西等。第二,允许协议减轻时效,典型者如奥地利、荷兰、丹麦等。第三,允许协议减轻或加重时效,典型者如法国、德国等。在我国,理论界一直主张严守诉讼时效的强制性[2],实务界也持相同立场,这集中反映在《诉讼时效规定(2008)》第 2 条:"当事人违反法律规定,延长或者缩短诉讼时效期间、预先放弃诉讼时效利益的,人民法院不予认可。"《民法典》第 197 条也确认了理论界和实务界的一贯立场:"诉讼时效的期间、计算方法以及中止、中断的事由由法律规定,当事人约定无效。当事人对诉讼时效利益的预先放弃无效。"

---

[1] 参见〔德〕汉斯·布洛克斯、〔德〕沃尔夫·迪特里希·瓦尔克:《德国民法总论(第41版)》,张艳译,中国人民大学出版社 2019 年版,第 302 页。

[2] 参见佟柔主编:《民法原理》,法律出版社 1983 年版,第 110 页;谢怀栻:《民法总则讲要》,北京大学出版社 2007 年版,第 201 页;梁慧星主编:《中国民法典草案建议稿附理由·总则编》,法律出版社 2004 年版,第 242 页;王利明主编:《中国民法典学者建议稿及立法理由·总则编》,法律出版社 2005 年版,第 416 页。当然,也有反对意见,参见郑永宽:《诉讼时效强制性的反思》,载《厦门大学学报(哲学社会科学版)》2010 年第 4 期;高圣平:《诉讼时效立法中的几个问题》,载《法学论坛》2015 年第 2 期;金印:《诉讼时效强制性之反思——兼论时效利益自由处分的边界》,载《法学》2016 年第 7 期。

诉讼时效的强制性似乎证明了维护秩序根据的价值[1]，却暴露了保护义务人根据的软肋，但事实并非如此。第一，私人自治与公共政策并不矛盾。强调诉讼时效要保护义务人，督促权利人，并非否定公益价值和公共政策，只不过强调要通过义务人与权利人的博弈实现目标。德国学者齐默曼就指出，德国民法允许协议减轻的做法兼顾了私人自治与公共政策考量。[2]　第二，权利人与义务人协议减轻或加重时效，以理论上存在两个独立和平等的主体为前提，但我国诉讼时效理论和制度从未从实质上正面承认义务人的主体身份。[3]即使是在法官依职权援用时效被明文禁止后，诉讼时效似乎仍只是公益与权利人的博弈，公益既要对权利人归责，又要防止苛责。一旦将诉讼时效的根据定位在保护义务人，并间接督促权利人，那么权利人与义务人通过协议减轻或加重时效在逻辑上就不是不可接受的。至于在立法政策上如何选择，则是另外一个问题。[4]

---

[1]　我们对诉讼时效强制性的论证主要从"公益性"展开，参见最高人民法院民事审判第二庭编著：《最高人民法院关于民事案件诉讼时效司法解释理解与适用》，人民法院出版社 2015 年版，第 61 页。

[2]　参见〔德〕莱因哈德·齐默曼：《德国新债法：历史与比较的视角》，韩光明译，法律出版社 2012 年版，第 224 页。

[3]　虽然义务人一直实实在在地"得利"，甚至因诉讼时效规定不合理而"过度得利"，但义务人在诉讼时效理论和制度中都处于边缘地位，这正是问题之所在。

[4]　就立法政策而言，笔者持保守立场，主张暂时维持诉讼时效的强制性，协议减轻或加重的做法应当缓行，等待更好的时机和条件。这主要是基于以下四点考虑。第一，我国诉讼时效立法规定相对简陋和粗糙，尚处于"解决标配"的初级阶段，协议变更时效既非"标配"，也谈不上"急需"。第二，我国目前对诉讼时效的公益定位仍极其强大，协议变更时效与其冲突太大，远远超出当初的"法官依职权援用时效"规则。如果说依职权援用只是变相增加了时效援用的"主体"，协议变更时效则相当于可以个别地确定时效规则。第三，目前的诉讼时效司法实践存在确定性和统一性不足的问题，不少时效问题尚无明文规定，需要法官裁量，允许当事人协议变更时效可能进一步加剧不确定和不统一。第四，尽管在比较法上诉讼时效强制性有松动趋势并且已被部分国家实践，但尚未成为通行选择。

结　语

我国理论界将诉讼时效根据归于督促权利人、维护秩序、保护义务人三个平行方面，但这种平行根据体系既无法说明各根据间的逻辑关系，也无法统一解释我国诉讼时效各项制度及其实践，对诉讼时效根据作"中心—外围"的层次性体系重构势在必行。将保护义务人作为中心根据，既可解释义务人直接得利的事实与抗辩权发生说的理论，又可解释禁止法官依职权援用、时效中止和中断、诚信原则排除时效等基本规则，而这些都是督促权利人根据和维护秩序根据无法直接或圆满解释的。在诉讼时效根据的新体系中，保护义务人是中心或枢纽，督促权利人和维护秩序是其外围或延伸。需要指出的是，这种层次性并非价值位阶的排序，而是逻辑关系的描述。

笔者在论证以保护义务人为中心的诉讼时效根据层次体系时，坚持四个基本立场。第一，坚持将诉讼时效根据作为诉讼时效法理论的核心范畴，走出诉讼时效根据"看上去很前提，实际上很边缘"的尴尬处境。诉讼时效根据对立法和司法指导思想的确定应发挥主导作用，对诉讼时效规则的体系化负有使命，尤其是在民法典时代。第二，坚持技术性思路，反对过度抽象化。诉讼时效根据的体系重构更强调对诉讼时效规则的指导力和解释力，而不是抽象论证诉讼时效制度存在的必要性。因此，笔者具有明确的立法和实践导向，虽然形式上主要是理论的分析和逻辑的推演。第三，坚持理论对中国制度与实践的回应和矫正能力。中国的诉讼时效实践产生了对义务人的道德矮化、优先保护权利人观念流行、降低时效中断证明标准等诸多特殊问题，诉讼时效根据体系应当从理论上回应，重建中国诉讼时效制度的道德性。第四,坚持将作为诉讼时效根据的"保护义务人"与作为诉讼时效制度利益衡平一端的"保护义务人利益"作严格区分。诉讼时效根据解决制度为何设立的前提问题,诉讼时效制度设立后的使命是在权利人与义务人之间实现利益平衡。只不过具体时效规则可能因为权利人和义务人的角色差异而有特殊指向,比如,时效中止和中断规则是为权利人而设,就像民事诉讼法上的管辖权异议规则是为被告利益而设一样。

第15章　"优先保护权利人"诉讼时效理念的困境 *

> 每项法律以某种方法求助于熟悉的习惯、制度或象征。法律制度试图这样和已被证明有用的手段挂上钩,节俭地使用稀少的资源。[1]
>
> ——〔美〕劳伦斯·M. 弗里德曼:《法律制度:从社会科学角度观察》

引　言

21 世纪以来,"优先保护权利人"逐步发展成为我国诉讼时效司法裁判甚至司法解释制定的指导性理念,并可能影响民事基本立法。无论是《诉讼时效规定(2008)》(已被修改,下同)的官方说明和释义书,还是各级人民法院的民事判决书,虽不否认诉讼时效具有"督促权利人"之功能,却更强调在观念上和操作中作"优先保护权利人"的判断和选择。就笔者有限的所见而言,所谓"优先保护权利人"诉讼时效理念至少有三个表现:第一,强调适用诉讼时效制度应在不违

---

*　本章内容曾以《"优先保护权利人"诉讼时效理念的困境》为题发表于《法制与社会发展》2019 年第 4 期。

[1]　〔美〕劳伦斯·M. 弗里德曼:《法律制度:从社会科学角度观察》,李琼英、林欣译,中国政法大学出版社 2004 年版,第 126 页。

背基本法理的基础上作"有利于权利人"的理解[1];第二,强调要防
止诉讼时效制度成为义务人逃避债务的工具,防止违反依法依约履
行义务的诚实信用原则[2];第三,强调将"保护权利人"作为诉讼时

---

[1] 参见《最高人民法院民二庭负责人就〈最高人民法院关于审理民事案件适用诉讼时
效制度若干问题的规定〉答记者问》,《人民法院报》2008 年 9 月 1 日,第 3 版;江苏
省无锡市中级人民法院(2017)苏 02 民终 1686 号民事判决书;江苏省常州市中级人
民法院(2017)苏 04 民终 2221 号民事判决书;河北省石家庄市长安区人民法院
(2016)冀 0102 民初 4526 号民事判决书;重庆市忠县人民法院(2016)渝 0233 民初
900 号民事判决书;江苏省盐城市阜宁县人民法院(2016)苏 0923 民初 4144 号民事
判决;黑龙江省海林市人民法院(2016)黑 1083 民初 167 号民事判决书;江苏省常熟
市人民法院(2016)苏 0581 民初 14044 号民事判决书;江苏省盐城市阜宁县人民法
院(2016)苏 0923 民初 4144 号民事判决书;江苏省镇江市中级人民法院(2015)镇商
外初字第 00010 号民事判决书;江苏省高级人民法院(2015)苏商外终字第 00061 号
民事判决书;浙江省杭州市中级人民法院(2015)浙杭商终字第 2037 号民事判决书;
河北省沧州市中级人民法院(2015)沧民终字第 2466 号民事判决书;天津市宝坻区
人民法院(2015)宝民初字第 3386 号民事判决书;浙江省衢州市中级人民法院
(2015)浙衢商终字第 397 号民事判决书;湖北省咸宁市崇阳县人民法院(2015)鄂崇
阳民初字 306 号民事判决书;重庆市云阳县人民法院(2015)云法民初字第 00418 号
民事判决书;湖北省咸宁市崇阳县人民法院(2015)鄂崇阳民初字第 306 号民事判决
书;山东省青岛市李沧区人民法院(2015)李民初字第 1929 号民事判决书;广东省高
级人民法院(2014)粤高法民申字第 366 号民事裁定书;福建省泉州市鲤城区人民法
院(2014)鲤民初字第 1742 号民事判决书;浙江省杭州市下城区人民法院(2014)杭
下商初字第 02410 号民事判决书;浙江省高级人民法院(2011)浙商提字第 63 号民
事判决书;江苏省盐城市滨海县人民法院(2010)滨民初字第 0495 号民事判决书。
[2] 参见《最高人民法院民二庭负责人就〈最高人民法院关于审理民事案件适用诉讼时
效制度若干问题的规定〉答记者问》,《人民法院报》2008 年 9 月 1 日,第 3 版;最高
人民法院(2014)民二终字第 2 号民事判决书;江苏省盐城市阜宁县人民法院(2016)
苏 0923 民初 4144 号民事判决书;重庆市忠县人民法院(2016)渝 0233 民初 900 号民
事判决书;湖北省咸宁市崇阳县人民法院(2015)鄂崇阳民初字第 306 号民事判决
书;江苏省镇江市中级人民法院(2015)镇商外初字第 00010 号民事判决书;江苏省
高级人民法院(2015)苏商外终字第 00061 号民事判决书;天津市宝坻区人民法院
(2015)宝民初字第 3386 号民事判决书;浙江省衢州市中级人民法院(2015)浙衢商
终字第 397 号民事判决书;广西壮族自治区南宁市中级人民法院(2013)南市民一终
字第 247 号民事判决书;广东省东莞市中级人民法院(2013)东中法民一终字第 2170
号民事判决书;江苏省盐城市滨海县人民法院(2010)滨民初字第 0495 号民事判
决书。

效制度的价值取向、制度目标或立法目的[1]。

　　笔者关注和反思"优先保护权利人"诉讼时效理念的主要原因有四：(1)就理论而言，该理念可能影响人们对诉讼时效制度存在根据的基本认知，从而引发混乱；(2)就实践而言，该理念可能塑造诉讼时效司法实践的基本面貌和未来走向；(3)就立法而言，该理念可能影响诉讼时效立法，毕竟《民法总则》(已失效，下同)已部分吸收《诉讼时效规定(2008)》的规则[2]，后者的不少条文都是该理念的直接产物[3]；(4)就样本意义而言，该理念提供了一个看待"道德与法律"关系的典型、一个考察中国法律独特面貌的机会。

一、"优先保护权利人"诉讼时效理念的形成原因

　　作为一种源于诉讼时效司法实践而又可能影响诉讼时效立法的新动向，"优先保护权利人"诉讼时效理念必须被认真对待和慎重回应，而首要步骤就是查找该理念的"形成原因"。

(一)作为"补漏措施"

　　20世纪80年代以来，我国诉讼时效规则相对简陋和粗糙，无法

---

〔1〕　参见最高人民法院(2014)民二终字第2号民事判决书；山西省运城市芮城县人民法院(2017)晋0830民初271号民事判决书；湖南省衡阳市中级人民法院(2016)湘04民终217号民事判决书；浙江省杭州市下城区人民法院(2014)杭下商初字第02410号民事判决书；浙江省温州市中级人民法院(2013)浙温民终字第155号民事判决书。

〔2〕　比如，《民法总则》第189条就原样照搬自《诉讼时效规定(2008)》第5条。

〔3〕　比如，《诉讼时效规定(2008)》第5条和第11条被认为是贯彻"优先保护权利人"理念的直接结果，参见最高人民法院民事审判第二庭编著：《最高人民法院关于民事案件诉讼时效司法解释理解与适用》，人民法院出版社2015年版，第104、219页。

满足司法实践的强大需求,难免产生对"简单、有效"指导性理念的依赖。1986 年《民法通则》(已失效,下同)首次确立的诉讼时效制度只有区区 7 个条文(第 135—141 条),1988 年最高人民法院《民通意见》(已失效)虽进行了细化和扩充,但也只有 13 个条文(第 165—177 条),而且集中于最基本的问题,辐射范围有限,司法实践难免出现不少法律未规定或规定模糊的疑难问题或法律漏洞。但疑难问题回避不了,法律漏洞需要填补。作为在权利人与义务人之间作利益衡量的"一刀切"标准,"优先保护权利人"诉讼时效理念够简单、够直接,也常常够有效(至少在个案中是如此)。比如,虽然现行法未对"撤诉后诉讼时效是否中断"作出明确规定,理论界与实务界也多有争议,但有法院直接以"优先保护权利人"诉讼时效理念论证"时效应中断"之方案,"当事人起诉后又撤诉导致诉讼时效中断,做有利于权利人的理解,符合诚实信用原则的基本要求"[1],该表述甚至在其他案件中被上诉人一字不差地"引用"。[2] 需求产生规则,也会产生理念。如果没有规则,就用理念填补。

(二)作为"矫正工具"

在我国不少实务界人士眼中,部分诉讼时效规则对权利人极为不利,甚至常成为义务人逃避债务或责任的工具[3],在对这些规则进行修改前,实践难免产生对临时性矫正措施的期待。以"优先保护权利人"作为诉讼时效适用的政策性理念,就成为矫正问题规则、实现实质正义的必要工具。比如,面对诉讼时效期间过短而对权利人苛刻的现实,强调适用诉讼时效要作有利于保护权利人的判断和选

---

〔1〕 参见福建省泉州市鲤城区人民法院(2014)鲤民初字第 1742 号民事判决书。

〔2〕 参见山西省太原市中级人民法院(2017)晋 01 民终第 2514 号民事判决书。

〔3〕 参见吴庆宝主编:《最高人民法院专家法官阐释民商裁判疑难问题·民事裁判精要卷》,中国法制出版社 2011 年版,第 215 页。

择。不少民事判决书都有类似表述:我国诉讼时效期间相对较短,对权利人保护不利。相对于对权利的限制,对权利意识的培养、权利的保护和诚实信用原则的维护应居于基础性地位。在不违背基本法理的前提下,如果既可作有利于权利人的解释也可作有利于义务人的解释,应作出有利于权利人的解释。[1] 诉讼时效期间过短的问题长期得不到解决[2],便支持和强化了相关时效规则对权利人"特别保护"或"提供优惠"的必要性与合法性。如果相关时效规则尚未解决问题,"优先保护权利人"诉讼时效理念便要"挺身而出",并"大显身手"。

(三)体现"朴素道德"

国人的朴素道德情感和国内的不良信用状况,为"优先保护权利人"诉讼时效理念提供了丰厚的土壤。在民法理论上,诉讼时效本就是"从道德上看最弱的抗辩理由"[3]。在中国法语境下,诉讼时效的道德性问题更为突出和特殊。一方面,诉讼时效颠覆了国人传统上"欠债还钱"的常识和至尊地位,天然容易遭遇人们(无论是当事人还是法官)的心理抵制。对此,某判决书的表述很有代表性:"此案虽然已超过诉讼时效,原告因此而丧失了胜诉权,但并不影响原被告双方通过其他合法途径来解决此笔债权债务纠纷。本院也奉劝被告:做人以诚信为本,欠债还钱理所应当,虽然你在本次诉讼中以超过诉讼时效赢得了抗辩权,但这并不意味着此笔债务就此消失,该还的钱

---

[1] 参见黑龙江省海林市人民法院(2016)黑1083民初167号民事判决书;天津市宝坻区人民法院(2015)宝民初字第3386号民事判决书。

[2] 虽然《民法总则》将普通诉讼时效期间从《民法通则》规定的2年加长为3年,但问题依然存在。参见霍海红:《重思我国普通诉讼时效期间改革》,载《法律科学》2020年第1期。

[3] 〔德〕克雷斯蒂安·冯·巴尔:《欧洲比较侵权行为法》(下卷),焦美华译,法律出版社2004年版,第655页。

还是要还的,恶意赖账可能会产生不良后果。"[1]另一方面,诉讼时效制度的部分规定不合理甚至客观上成为恶意债务人的"保护伞",于是,同情权利人成为许多人的"下意识"。证据之一就是,虽然诉讼时效是为"督促权利人"而设,但民事判决书强调更多的反而是"防范义务人":诉讼时效不是鼓励债务人想方设法拖延义务履行,也非鼓励义务人不劳而获[2];诉讼时效不能成为义务人随意否定权利和违反应履行义务之诚信原则的理由[3];不能任意扩大适用诉讼时效制度而使其成为义务人的逃债工具[4];等等。如果要防范义务人的所谓不当行为,在诉讼时效适用时坚持"优先保护权利人"似乎最简单易行。

(四)"实用道德主义"的结果

黄宗智教授曾提出一个"中国法律'道德、权利与实用'并用"的论断,该结论主要源于对我国民事调解、离婚、赡养、侵权、刑讯逼供、刑事和解等制度或实践的分析和概括。[5] 其实,我国诉讼时效制度也是如此,"优先保护权利人"诉讼时效理念的出现和盛行就是最好的证明:在承认诉讼时效对权利人"督促"和"制裁"的同时,坚持对"欠债还钱"朴素道德观念的"兼顾"甚至"优先"。也许有人会指出,《民法通则》以来的诉讼时效制度及其实践常常对权利人不利,不仅远离了"欠债还钱"的传统观念,还意外成为恶意债务人的"保护伞",这又如何解释? 其实,这种状况并非源于诉讼时效制度对"欠债

---

[1] 河南省南阳市内乡县人民法院(2018)豫 1325 民初 2924 号民事判决书。
[2] 参见云南省昭通市盐津县人民法院(2014)盐民初字第 854 号民事判决书。
[3] 参见重庆市忠县人民法院(2016)渝 0233 民初 900 号民事判决书。
[4] 参见浙江省衢州市中级人民法院(2015)浙衢商终字第 397 号民事判决书。
[5] 参见黄宗智:《中西法律如何融合? 道德、权利与实用》,载《中外法学》2010 年第 5 期。

还钱"观念的刻意"背离",而是源于对诉讼时效制度应服务于法律秩序和宏观经济目标的"优先"考虑,使得"保护权利人"的考量被暂时"压制"了。[1] 然而,一旦宏观经济因素退出、秩序考量相对弱化、对权利人的不利处境"忍无可忍",所谓"优先保护权利人"的诉讼时效理念便自然出现,以便实现权利话语与传统道德理想的兼容与兼顾。

二、"优先保护权利人"诉讼时效理念的理论困境

"优先保护权利人"诉讼时效理念虽有积极作用,但若作为诉讼时效制度的指导性理念,则存在若干理论困境。事实上,作为一个基于实践需求并产生于实务界的法律理念,"优先保护权利人"是追求"实用主义"的结果,而非立足于"逻辑自洽"。笔者试图指出"优先保护权利人"诉讼时效理念的理论困境,这并非吹毛求疵或者小题大做,而是因为该理念实在非同小可:由于我国民事基本法时效规则缺失严重、《诉讼时效规定(2008)》等司法解释的作用举足轻重,再加上实践先试和司法解释先行的立法思路,一种流行的实务理念对理论和立法的影响都不可避免。

(一)"冲击"诉讼时效根据

作为对权利行使作时间限制的制度,诉讼时效是对懒惰的制裁,"不保护"才是正常效果。以督促和限制权利人为目标的诉讼时效制度,竟发展出一个"优先保护权利人"的指导理念,岂不是悖论?

---

〔1〕 参见霍海红:《对我国诉讼时效期间的多维反思》,载《法制与社会发展》2008 年第 3 期。

就诉讼时效根据(存在理由)而言,无论是大陆法系还是英美法系,"保护义务人"都是被格外强调的,甚至是唯一被强调的理由。[1]这种"保护"主要基于两个考虑:一是,避免因时日久远,义务人举证困难,致遭受不利益[2];二是,时日久远会使义务人形成"权利人不再行使权利"的信赖。为保护义务人的利益或信赖而限制权利人的权利行使,这种私人博弈的结果促进法律秩序的稳定,产生了超越私人范畴的公益影响。然而,过度强调所谓"优先保护权利人",甚至将其上升到诉讼时效立法目的和价值理念的高度,会使得诉讼时效根据产生混乱。即使"优先保护权利人"诉讼时效理念客观上有实际作用,也绝难与"保护义务人"和"督促权利人"相提并论。

认为"优先保护权利人"与诉讼时效根据相悖,也是基于对中国特殊语境的担忧。在《民法通则》制定时期,理论界普遍从社会经济秩序稳定、加速社会主义企业资金周转、巩固经济核算制、改善经营管理和提高经济效益、有利于人民法院审理案件等方面阐述诉讼时效根据。[3]立法者也将诉讼时效的意义界定为:有利于稳定社会、经济秩序;可以促使权利人早日行使权利;有利于法院核查证据,便于进行审理。[4]因此,我国总体上一直强调从法律秩序、公共利益、

---

〔1〕 参见〔德〕迪特尔·梅迪库斯:《德国民法总论》,邵建东译,法律出版社2000年版,第91页;〔瑞〕雷伊:《瑞士侵权责任法》,贺栩栩译,中国政法大学出版社2015年版,第438页;Calvin W. Corman, *Limitation of Actions* Ⅰ, Little, Brown and Company, 1991, pp. 11—13;David W. Oughton, John P. Lowry and Robert M. Merkin, *Limitation of Actions*, LLP, 1998, p. 4.

〔2〕 参见王泽鉴:《民法总则》,北京大学出版社2009年版,第492页。

〔3〕 参见佟柔主编:《民法原理》,法律出版社1983年版,第110页;王作堂等编:《民法教程》,北京大学出版社1983年版,第125页;凌相权、余能斌:《民法总论》,武汉大学出版社1986年版,第204页;中国政法大学民法教研室编:《中华人民共和国民法通则讲话》,中国政法大学出版社1986年版,第234页;孙亚明主编:《民法通则要论》,法律出版社1991年版,第253页。

〔4〕 参见顾昂然:《立法札记——关于我国部分法律制定情况的介绍(1982—2004年)》,法律出版社2006年版,第254页。

宏观经济等角度论证诉讼时效的正当性,相对缺乏"权利人与义务人行为博弈和利益平衡"的论证视角。随着法官依职权援用时效的做法被彻底抛弃(《诉讼时效规定(2008)》第 3 条、《民法总则》第 193条),对秩序、宏观经济等目标的强调也相对弱化,"督促权利人—保护公益"二元结构相对失衡,亟须从义务人角度论证诉讼时效的存在理由,建立"督促权利人—保护义务人"的新二元结构。[1] 过度和机械强调所谓"优先保护权利人",除了加剧旧结构的失衡,也会阻碍新结构的建立。

(二)否定时效抗辩的"风险"

作为"优先保护权利人"诉讼时效理念表征的部分民事判决书的表述有否定"时效抗辩行为"之意味,导致实践中的所谓"不当"时效抗辩被"扩大化"。判决书常有如下表述:义务人提出诉讼时效抗辩是为减轻或规避义务,相较于权利的限制,权利意识的培养、权利的保护和诚实信用原则的维护应居于基础地位[2];适用诉讼时效制度,既要坚持诚实信用原则,不能让诉讼时效沦为债务人故意逃债的合法工具,也要坚持适度审查原则,不能让诉讼时效形同虚设[3];不能为督促权利人行使权利而进行限制,反而纵容债务人不履行债务甚至是恶意逃债[4];等等。虽然恶意逃债的义务人的确存在,但就诉讼时效制度而言,义务人的抗辩行为不可被笼统"否定":提出时效抗辩的义务人"当然"不想清偿债务,这难道不是诉讼时效允许和鼓励的吗?否则,如何督促权利人?诉讼时效难道不正是利用人的自

---

〔1〕　事实上,我们在不少制度上都需要这种转型,参见霍海红:《论我国撤诉规则的私人自治重构》,载《华东政法大学学报》2012 年第 4 期。
〔2〕　参见天津市宝坻区人民法院(2015)宝民初字第 3386 号民事判决书。
〔3〕　参见江苏省盐城市阜宁县人民法院(2016)苏 0923 民初 4144 号民事判决书。
〔4〕　参见福建省泉州市鲤城区人民法院(2014)鲤民初字第 1742 号民事判决书。

利本性以实现公益目标吗？

义务人的诉讼时效抗辩只在极特殊情形下才可直接被否定,方式是引入诚实信用原则。从比较法上看,诚实信用原则已成为消灭时效援用合法性审查的"利器"。在德国,如果义务人曾给人造成一种"不准备行使时效抗辩权"的印象,或者故意或非故意地阻碍权利人及时提起诉讼,义务人的行为就不被允[1];如果加害人通过其行为(如通过暗示很快会支付损害赔偿)诱使受害人未在消灭时效期间内提起诉讼,加害人不得以时效已过为由提出抗辩。[2] 在日本,司法机关在公害关系、亲族关系、交通事故、劳动灾害、预防接种、国家赔偿、消费者被害、劳动关系等领域确立起权利滥用或违反诚实信用原则的时效法判例。[3] 在美国,如果原告因依赖被告的行动或表述而延迟提起诉讼,法院可基于"禁反言"规则禁止义务人提出时效抗辩[4],原告还可提出"延迟提出诉讼是由于被告欺诈或虚假陈述"的抗辩。[5]

虽然《民法通则》第 4 条和《民法总则》第 7 条都明确规定了诚实信用原则[6],但诚实信用原则介入诉讼时效适用在我国却鲜有实

---

[1] 参见〔德〕卡尔·拉伦茨:《德国民法通论》(上册),王晓晔等译,法律出版社 2003 年版,第 347 页。

[2] 参见〔德〕埃尔温·多伊奇、〔德〕汉斯–于尔根·阿伦斯:《德国侵权法——侵权行为、损害赔偿及痛苦抚慰金(第 5 版)》,叶名怡、温大军译,法律出版社 2016 年版,第 258 页。

[3] 酒井廣幸『損害賠償請求における不法行為の時効』(新日本法規出版,2013 年)243—252 頁参照。

[4] 参见〔美〕丹·B. 多布斯:《侵权法》(上册),马静、李昊、李妍、刘成杰译,中国政法大学出版社 2014 年版,第 492 页。

[5] See Calvin W. Corman, *Limitation of Actions* II, Little, Brown and Company, 1991, p. 365.

[6] 《民法通则》第 4 条规定:"民事活动应当遵循自愿、公平、等价有偿、诚实信用的原则。"《民法总则》第 7 条规定:"民事主体从事民事活动,应当遵循诚信原则,秉持诚实,恪守承诺。"

践和研究。我国在制度上一直极度强调对权利人的督促,相对忽视对义务人的归责。义务人即使有不诚信行为,也往往不被诉讼时效制度作"直接"和"正面"的应对,我国更习惯在实践中以迂回或间接方式达到否定义务人时效抗辩的实际效果:法官更倾向利用既有的裁量性规则(如诉讼时效延长)〔1〕,或者干脆在证据和证明等关键方面给予权利人特殊关照。但问题有两个。第一,间接或迂回方式无法正面给不诚信行为以"迎头痛击",也容易造成对相关诉讼时效规则的牵强适用,而诚实信用原则介入诉讼时效适用则直接、有效,更重要的是"示范"和"导向"效果好。第二,"模糊化"处理既不易规范,也容易给人以权利人"占了便宜"的印象,在当事人主义诉讼模式下可能引发新的质疑。

我国民法诚实信用原则的司法适用基本限制在财产法领域,尤其是与维护交易安全直接相关的问题或事项。〔2〕 将诚实信用原则引入诉讼时效领域,对诚实信用原则的适用而言,虽是不小的挑战,但也是杰出的贡献。对此,笔者有两点建议。第一,诚实信用原则作为"例外"介入诉讼时效领域,不宜频繁或过度使用。诚实信用原则应当保持如下"心态":平时默默无闻,与世无争,保持足够的谦抑,但该出手时就出手,绝不手软。谦抑和不手软都需要对案件是否适用诚实信用原则进行细致而充分的论证。第二,最高人民法院应当着重确立一批适用诚实信用原则的诉讼时效指导案例,这既有助于纠正泛泛将义务人提出时效抗辩作为不诚信行为的错误倾向,也有助于将诚实信用原则介入诉讼时效予以"类型化",还能宣示诉讼时效制度很"讲道德"。

---

〔1〕 参见霍海红:《诉讼时效延长规则之反省》,载《法律科学》2012 年第 3 期。
〔2〕 参见徐国栋:《民法基本原则解释——诚信原则的历史、实务、法理研究(再造版)》,北京大学出版社 2013 年版,第 258—259 页。

三、"优先保护权利人"诉讼时效理念下的规则"冲突"

单纯或主要依据"优先保护权利人"理念设定规则,未必能证成规则的合法性,反而可能造成时效规则之间或者时效规则与诉讼规则之间的冲突。这种冲突可能提出两个疑问:一是,"优先保护权利人"是否有能力担当作为诉讼时效制度指导理念之使命? 二是,"优先保护权利人"如何常常"理所当然"地成为我们设定诉讼时效规则的基本准则?

(一) 诉讼时效规则与执行时效规则的"冲突"

关于分期履行债务的诉讼时效起算时间,《民法总则》第 189 条规定:"当事人约定同一债务分期履行的,诉讼时效期间自最后一期履行期限届满之日起计算。"该条文"原样"搬自《诉讼时效规定(2008)》第 5 条。全国人大常委会法制工作委员会的《民法总则》释义书充分肯定了《诉讼时效规定(2008)》第 5 条的实践效果,"立法理由"也继承和整合自最高人民法院的释义书:由同一债务的特性决定;符合诉讼时效制度的立法目的;减少诉累、提高诉讼效率;促进交易、增加社会财富。[1] 不过,这些理由均从"优先保护权利人"角度展开:"在权利人有证据证明其权利存在的情形下,在诉讼时效问题的认定上,应倾向作有利于债权人的规定,关于诉讼时效起算点的确认问题也不例外,显然,从最后一期履行期限届满之日起算诉讼时效

---

[1] 参见李适时主编:《中华人民共和国民法总则释义》,法律出版社 2017 年版,第 596—597 页;最高人民法院民事审判第二庭编著:《最高人民法院关于民事案件诉讼时效司法解释理解与适用》,人民法院出版社 2015 年版,第 103—104 页。

期间更有利于保护权利人的权利","从最后履行期限届满之日起算诉讼时效期间有利于减轻权利人的举证责任、保护权利人的权利","有利于避免权利人频繁主张权利"等。[1] 考虑到在《诉讼时效规定(2008)》之前理论界和实务界均存在巨大争议[2]以及最高人民法院若干批复的立场也不相同等现实[3],我们有理由相信"优先保护权利人"诉讼时效理念对《诉讼时效规定(2008)》第 5 条的形成发挥了决定性作用。

然而,同样是分期履行债务的诉讼时效起算,执行时效规则在三十余年前作了不同的选择并延续至今。2017 年《民事诉讼法》(已失效,下同)第 239 条第 2 款规定:"法律文书规定分期履行的,从规定的每次履行期间的最后一日计算。"根据全国人大常委会法制工作委员会的《民事诉讼法》释义书,该条款与《民法总则》第 189 条解决的均为"同一债务分期履行"的诉讼时效起算问题[4],不同的只是,前者是"规定",后者是"约定"。对 2017 年《民事诉讼法》第 239 条第 2 款不仅不能作"优先保护权利人"之理解,反倒可以视为"不利于保护权利人"之贯彻。由于执行时效和诉讼时效长期"二元并立"并"各自为战",民事立法和司法解释未关注可能发生的冲突。从理论上说,《诉讼时效规定(2008)》第 5 条和《民法总则》第 189 条需要向 2017 年《民事诉讼法》第 239 条第 2 款论证正当性,包括指出

---

〔1〕 参见最高人民法院民事审判第二庭编著:《最高人民法院关于民事案件诉讼时效司法解释理解与适用》,人民法院出版社 2015 年版,第 104 页。

〔2〕 存在三种观点:(1)应从最后一期履行期限届满之日起算;(2)应从每一期履行期限届满之日分别起算;(3)应区分不同情况分别处理。参见最高人民法院民事审判第二庭编著:《最高人民法院关于民事案件诉讼时效司法解释理解与适用》,人民法院出版社 2015 年版,第 104 页。

〔3〕 如法经[2000]244 号;[2003]民二他字第 14 号;法函[2004]22 号;法函[2004]23 号;等等。

〔4〕 参见全国人大常委会法制工作委员会民法室编:《〈中华人民共和国民事诉讼法〉条文说明、立法理由及相关规定》,北京大学出版社 2012 年版,第 380 页。

后者存在的问题甚至促使后者作出修改以便统一步调。毕竟 2017 年《民事诉讼法》第 239 条第 2 款可以追溯到 1982 年《民事诉讼法 (试行)》,且理论界和实务界对此不存在争议。从 2007 年《民事诉讼法》(已失效)修正开始,申请执行期限已从"诉讼期限"转向"时效",理论界和实务界也达成共识,认为执行时效在性质上属于诉讼时效[1],或者是诉讼时效之一种。[2]

(二)诉讼时效规则与举证时限规则的"冲突"

为改变"证据随时提出主义",《民事证据规定(2001)》(已失效,下同)明确采纳"证据适时提出主义"立场,于第 34 条第 1 款规定了"举证失权":"当事人应当在举证期限内向人民法院提交证据材料,当事人在举证期限内不提交的,视为放弃举证权利。"在防止证据突袭、促进审限实施、提高诉讼效率、维护裁判稳定性等方面,举证时限规则被寄予厚望。[3] 不过,规则实施状况并不理想。由于被认为对举证人"过于严厉,对当事人的权利保障不充分"[4],先有 2008 年《〈最高人民法院关于适用民事诉讼证据的若干规定〉中有关举证时限规定的通知》将"故意或重大过失"作为举证失权要件,后有 2012 年《民事诉讼法》(已失效,下同)修正时对举证失权采取大幅"缓和"的立场:"当事人逾期提供证据的,人民法院应当责令其说明理由;拒不说明理由或者理由不成立的,人民法院根据不同情形可以不予采

---

[1] 参见刘璐:《民事执行重大疑难问题研究》,人民法院出版社 2010 年版,第 17 页;江必新主编:《民事执行法律条文释义》,人民法院出版社 2011 年版,第 90 页。

[2] 参见江伟主编:《民事诉讼法》,中国人民大学出版社 2013 年版,第 448—449 页。

[3] 参见李国光主编:《最高人民法院〈关于民事诉讼证据的若干规定〉的理解与适用》,中国法制出版社 2002 年版,第 274—275 页;最高人民法院民事审判第一庭:《民事诉讼证据司法解释的理解与适用》,中国法制出版社 2002 年版,第 196—198 页。

[4] 最高人民法院民事诉讼法修改研究小组著:《〈中华人民共和国民事诉讼法〉修改条文理解与适用》,人民法院出版社 2012 年版,第 140 页。

纳该证据,或者采纳该证据但予以训诫、罚款"(第 65 条)。《民诉法解释(2015)》(已被修改,下同)则对"失权"作进一步限制:当事人因故意或者重大过失逾期提供的证据,人民法院不予采纳,但该证据与案件基本事实有关的,人民法院应当采纳,并依照民事诉讼法予以训诫、罚款;当事人非因故意或者重大过失逾期提供的证据,人民法院应当采纳,并对当事人予以训诫(第 102 条)。至此,虽然我们对"证据适时提出"的提倡未变,而且对因故意或重大过失逾期举证有罚款制裁,但要求"及时和集中攻击防御"的举证失权规则并未真正获得承认。

　　虽然与举证时限规则的初衷类似,但诉讼时效抗辩援用的审级阶段限制规则却被充分肯定,从未受质疑。《诉讼时效规定(2008)》第 4 条规定:"当事人在一审期间未提出诉讼时效抗辩,在二审期间提出的,人民法院不予支持,但其基于新的证据能够证明对方当事人的请求权已过诉讼时效期间的情形除外。当事人未按照前款规定提出诉讼时效抗辩,以诉讼时效期间届满为由申请再审或者提出再审抗辩的,人民法院不予支持。"最高人民法院的释义书指出,该条款是将《民事证据规定(2001)》(已被修改,下同)第 32 条"被告应当在答辩期届满前提出书面答辩"应用于"诉讼时效抗辩"的结果。[1] 虽然"答辩随时提出主义"被认为存在违反武器对等原则、引发诉讼突袭、影响庭审效率等弊端[2],但《民事诉讼法》并未作任何限制,《民事证据规定(2001)》第 32 条看似突破性地确立"答辩适时提出主义",但它只是一个"倡导性规范",目的在于"引导",尚谈不上"强

---

〔1〕　参见最高人民法院民事审判第二庭编著:《最高人民法院关于民事案件诉讼时效司法解释理解与适用》,人民法院出版社 2015 年版,第 86 页。
〔2〕　参见最高人民法院民事审判第一庭:《民事诉讼证据司法解释的理解与适用》,中国法制出版社 2002 年版,第 183 页。

制"。[1]《诉讼时效规定(2008)》第 4 条则显然属于"答辩失权"的强制性规范(只是排除了"新证据"之例外情形),就像当初《民事证据规定(2001)》第 34 条第 1 款采取了"举证失权"的逻辑(只是排除了"新证据"之例外情形)一样。考虑到 2012 年《民事诉讼法》修正和《民诉法解释(2015)》都未吸收《民事证据规定(2001)》第 32 条而确立"答辩失权"规则,《诉讼时效规定(2008)》第 4 条已经算是"激进"规则,与民事诉讼法的"保守"立场形成巨大反差。

就当前我国民事诉讼法而言,无论是证据适时提出主义还是答辩适时提出主义,都处于"保守"立场。差别在于:证据适时提出主义在采取了"失权"的激进立场后回归保守,变成准倡导性规范(毕竟还有作为例外的罚款制裁);答辩适时提出主义自始属于倡导性规范,一直未能更进一步。作为"特例"的诉讼时效答辩失权,《诉讼时效规定(2008)》第 4 条为何能如此激进,突破如此之大,却未引来任何质疑?和举证失权规则的遭遇相比,这简直称得上一个"奇迹"。在笔者看来,《诉讼时效规定(2008)》第 4 条的设定理由虽以"答辩失权"面目出现,但其突破答辩随时提出主义框架,并非答辩适时提出主义之程序正义观念的胜利,而是为保护权利人进而限制义务人提出时效抗辩之实体正义追求的结果。

最高人民法院释义书对《诉讼时效规定(2008)》第 4 条的核心论证有两个:一是程序意义的,即符合程序安定和权利对等原则,符合及时固定当事人争点之目标;二是实体意义的,即有利于保护权利人,维护传统道德观念:诉讼时效抗辩权的行使影响权利人权利的实现,尤其是在权利人有充分证据证明且我国时效期间较短的情形下,仅因时间经过就对权利不予保护有失公正,也不符合"欠债还钱、

---

[1] 参见最高人民法院民事审判第一庭:《民事诉讼证据司法解释的理解与适用》,中国法制出版社 2002 年版,第 184 页。

天经地义"的道德观念。将权利行使阶段原则上限定在一审,会取得较好的法律效果和社会效果。[1] 事实上,答辩失权符合程序安定和固定争点等法理,这与我们是否采取答辩失权是两个问题,否则我们如何解释《民事诉讼法》容忍了答辩随时提出主义,却认可程序安定、及时固定争点等价值?[2] 对于《诉讼时效规定(2008)》第 4 条,第一个理由并不能成立,真正的理由是第二个:如果采取"诉讼时效答辩失权",义务人不能在二审中再提诉讼时效抗辩,权利人的权利得以实现。

《诉讼时效规定(2008)》第 4 条因为贯彻"优先保护权利人"诉讼时效理念而突破了答辩随时提出主义框架,也突破了《民事证据规定(2001)》第 32 条"倡导性规范"之定位,但有三个问题。第一,既然《诉讼时效规定(2008)》的制定者在提出"保护权利人"理由时,特别强调我国诉讼时效期间过短,那么为何不干脆加长诉讼时效期间以便一劳永逸地解决问题? 何况我们不少诉讼时效制度(比如撤诉的诉讼时效后果问题、未定履行期限债权的时效起算问题等)不得不"将错就错"就是因为时效期间过短。第二,最高人民法院释义书给出的"保护权利人"理由,对诉讼时效持贬抑态度,对义务人提出时效抗辩存在道德质疑,这显然不是诉讼时效制度的正常理念。究竟是诉讼时效的存在有问题,还是诉讼时效的具体规则有问题,这是两个问题。如果是前者,那么干脆废除诉讼时效制度,而不是确立"优先保护权利人"理念;如果只是后者,体系化地改善诉讼时效规则才是

---

[1]　参见最高人民法院民事审判第二庭编著:《最高人民法院关于民事案件诉讼时效司法解释理解与适用》,人民法院出版社 2015 年版,第 86 页。

[2]　事实上,即使是《民事证据规定(2001)》第 32 条的制定者也不得不指出:"本条规定理论上可以给予较高的评价,但其实际效果如何,还有待于实践的检验。"参见最高人民法院民事审判第一庭:《民事诉讼证据司法解释的理解与适用》,中国法制出版社 2002 年版,第 184 页。

王道,我们不能"因噎废食"。第三,《诉讼时效规定(2008)》第 4 条的核心论证应围绕"答辩失权的正当性"这个程序公正问题展开,而不是将重点放在"优先保护权利人"的实体公正上。

四、"优先保护权利人"诉讼时效理念的实践风险

"优先保护权利人"诉讼时效理念既有理论上的悖论、规则上的冲突,也有实践中的风险,不得不察。只是这种风险常常被忽视,原因有二:一是,"优先保护权利人"被认为实践了实质正义的伟大目标,恐怕其他微小的不足很难与之抗衡;二是,所谓实践风险往往是就制度而言,超出个案解决的范畴,因而并不容易引发关注,毕竟在许多人的观念中,圆满解决个案才是硬道理。

(一)"不统一"的风险——以民事诉讼证明标准为例

我国《民事诉讼法》并未一般性地规定民事诉讼证明标准。《民诉法解释(2015)》第 108 条第 1 款正式确认了"高度盖然性"标准:"对负有举证证明责任的当事人提供的证据,人民法院经审查并结合相关事实,确信待证事实的存在具有高度可能性的,应当认定该事实存在。"有民事诉讼法教科书将"高度盖然性"定义为:证明虽然未达到使法官对待证事实确信只能如此的程度,但已达到存在极大可能或非常可能如此的程度。[1] 虽然该标准很抽象,需要法官心证,但一般认为,其低于"排除合理怀疑"之刑事诉讼证明标准(2018 年《刑事诉讼法》第 55 条),但高于美国民事诉讼法"优势证据"之民事诉

---

[1] 参见江伟主编:《民事诉讼法》(第五版),高等教育出版社 2016 年版,第 192 页;张卫平:《民事诉讼法》(第四版),法律出版社 2016 年版,第 243 页。

讼证明标准。[1]

对于诉讼时效中断的证明标准,最高人民法院曾有一则判决明确持"降低"立场:债权人提供火车票、飞机票、住宿发票等差旅费单据,用以证明在诉讼时效期间内到债务人所在地向债务人主张了权利,该事由具有诉讼时效中断效力,除非债务人能够证明债权人到债务人所在地系因其他事务。[2] 某些民事判决书更是一般性地主张降低诉讼时效中断的证明标准:诉讼时效中断制度的设立目的在于阻却时效期间进行,以使权利人有更长保护期间,在适用时应作有利于权利人的理解,应遵循优势证据规则,而不应严苛要求证据充分[3];诉讼时效中断制度是保护权利人的制度,适用时要首先遵循公平原则、诚实信用原则,认定是否构成中断时,应遵循盖然性标准和优势证据规则,不应苛求证据确实充分[4];等等。客观地说,在诉讼时效中断事由上降低证明标准,在个案中可能更有利于实现实质正义,尤其是在部分诉讼时效规则对权利人比较"苛刻"时更是如此。

然而,"优先保护权利人"毕竟只是一种实务理念,并非明文规则,是否使用以及如何使用并不确定,这无疑增加了法律适用"不统一"的风险。一般来说,降低或提高证明标准需要有明确规定。《民诉法解释(2015)》第108条第3款规定:"法律对于待证事实所应达到的证明标准另有规定的,从其规定。"已有部分司法解释明确规定了"提高"或"降低"。提高者,如《民诉法解释(2015)》第109条规定:"当事人对欺诈、胁迫、恶意串通事实的证明,以及对口头遗嘱或

---

[1]　在美国,某些特殊民事争议案件中以明确的、使人信服的证据予以证明,但是民事案件的一般问题应以优势证据证明。参见〔美〕斯特龙主编:《麦考密克论证据(第五版)》,汤维建等译,中国政法大学出版社2004年版,第655—656页。
[2]　参见最高人民法院(2003)民二终字第205号民事判决书。
[3]　参见江苏省南京市中级人民法院(2016)苏01民终360号民事判决书。
[4]　参见山西省运城市芮城县人民法院(2017)晋0830民初271号民事判决书。

者赠与事实的证明,人民法院确信该待证事实存在的可能性能够排除合理怀疑的,应当认定该事实存在。"[1]降低者,如《最高人民法院关于审理食品药品纠纷案件适用法律若干问题的规定》第 5 条第 2 款规定:"消费者举证证明因食用食品或者使用药品受到损害,初步证明损害与食用食品或者使用药品存在因果关系,并请求食品、药品的生产者、销售者承担侵权责任的,人民法院应予支持,但食品、药品的生产者、销售者能证明损害不是因产品不符合质量标准造成的除外。"法官未按"优先保护权利人"诉讼时效理念降低证明标准是严格执行规则的"榜样"。于是,问题变为严格遵从法定证明标准与遵从"优先保护权利人"诉讼时效理念的"冲突"。

(二)"教条化"的风险——以判决论证与说服为中心

抽象和不确定是"优先保护权利人"诉讼时效理念的核心竞争力,也是其致命弱点。过度依赖和使用该理念容易导致判决论证失之简单和抽象,这与司法实践当前的境况和今后的任务并不相符。第一,我们处在诉讼时效规则相对简陋、需要通过司法实务积累经验和形成规则的阶段,更需要鼓励对未规定或规定模糊的时效问题作深入和精致的论证,而非简单以所谓"优先保护权利人"诉讼时效理念进行裁判,后者虽有助于解决个案,却对形成规则无益甚至有害。第二,我们处在特别需要通过判决说理说服当事人的阶段,过度坚持"优先保护权利人",会形成当事人按照"是否有利于权利人"的简单化思路理解和评价司法判决的习惯,最终反而不利于判决被当事人和大众接受。

"优先保护权利人"已非法官的独有观念,而是通过《诉讼时效

---

[1] 即使是明确规定的"特殊"证明标准,合理性也有讨论余地。参见霍海红:《提高民事诉讼证明标准的理论反思》,载《中国法学》2016 年第 2 期。

规定(2008)》官方说明和释义书、法官著述以及判决书公开等方式传递给了当事人和普通民众。就笔者所见,"优先保护权利人"诉讼时效理念已影响到当事人上诉或申请再审的论证理由。比如,有上诉人声称:虽然诉讼时效制度的立法目的包括督促权利人行使权利和保护交易安全,但对权利人权利进行限制和对社会公共利益进行维护应有合理边界,不能背离实质公正,否定权利本身,对于被上诉人在发回重审阶段才提出时效抗辩,法院不应支持[1];涉案律师函是否送达对方公司的事实存在两种可能,应作出有利于本方公司的理解,因为诉讼时效制度不能成为义务人逃避债务的工具,随意否定权利本身,违反依法依约履行义务的诚实信用原则[2];等等。有再审申请人声称:法院适用诉讼时效制度时应平衡权利人与义务人的利益,如果有对权利人有利与不利两种解释,应作有利解释。[3] 如果法院的判决书和当事人的上诉书、再审申请书都以抽象论证"你来我往",显然无助于问题澄清、规则理解和相互说服。

五、从"优先"理念到"平衡"理念

作为一种诉讼时效司法实践的新动向和一种新兴的诉讼时效理念,"优先保护权利人"有其生成背景,有一定作用,但也存在理论困境、规则冲突、实践风险。笔者主张未来摒弃"优先"理念,树立"平衡"理念,注重在民事立法和司法中追求权利人与义务人利益的精致平衡。这种转变需要一个过程,一方面要控制"优先"理念的负面影

---

〔1〕　参见山西省忻州市中级人民法院(2016)晋 09 民终 158 号民事判决书。
〔2〕　参见广东省佛山市中级人民法院(2015)佛中法民二终字第 1355 号民事判决书。
〔3〕　参见山东省潍坊市中级人民法院(2016)鲁 07 民终 395 号民事裁定书。

响,另一方面要消解"优先"理念的作用空间。

(一) 诉讼时效制度:摒弃"优先"理念,树立"平衡"理念

尽管"优先保护权利人"诉讼时效理念有客观作用,但不应成为诉讼时效立法和司法的指导。除已经指出的理论困境、规则冲突与实践风险外,"优先保护权利人"表述本身存在悖论:既然诉讼时效是"权利人受限、义务人得利"的制度安排,必然涉及权利人受限的程度和义务人得利的多少,因而是一个如何在权利人与义务人之间"平衡"的问题,而不是"保护谁"的问题。所谓"优先保护权利人"仍属平衡范畴,是既有诉讼时效规则平衡不力后的"再平衡",只是这种平衡方式过于机械和简单而已。

抛弃"优先"理念,确立"平衡"理念,关键是正确对待诉讼时效理论和制度中的"义务人"角色。要避免对义务人的偏见,尤其不能将义务人在时效规则框架内的正常逐利行为简单地、一刀切地作逃债、不诚信等否定性评价,防止贯彻"优先保护权利人"诉讼时效理念的结果走向背离时效规则精神和纵容权利人懈怠的一面。我们可以在个案中对具体义务人的不诚信行为进行正面评价和直接制裁(利用诚实信用原则),但不应在诉讼时效制度中整体将义务人作"道德矮化",因为整体上否定义务人提出时效抗辩就是在否定诉讼时效制度本身。

笔者反对将"优先保护权利人"作为诉讼时效法的指导理念,不仅指向民事基本法和单行立法,也指向最高人民法院的司法解释。一方面,司法解释在中国语境下本就是"中国式司法性立法"的主要形态[1];另一方面,作为诉讼时效实务理念的"优先保护权利人"本

<hr />

[1] 参见季卫东:《宪政新论——全球化时代的法与社会变迁》(第二版),北京大学出版社 2005 年版,第 118 页。

就包括了两个完全不同的层面：司法适用层面和规则制定层面。法官们在未规定或规定模糊时运用"优先保护权利人"理念作出判决，是一回事；最高人民法院贯彻"优先保护权利人"理念制定诉讼时效规则，则是另一回事。在此意义上，笔者承认"优先保护权利人"理念现阶段有一定空间，主要指向法官的具体裁判，而非指向司法解释的制定。

（二）控制"优先保护权利人"诉讼时效理念的负面影响

笔者虽主张摒弃"优先"理念，树立"平衡"理念，但由于现实因素制约，这种转变难以一蹴而就。首先，我国诉讼时效规则相对简陋的境况虽不断改善，但精致化程度仍然有限，尚不能满足司法实践的需求，尤其是在民事基本法层面。虽然 2017 年《民法总则》颁布，但就诉讼时效规则的"规模化"和"体系化"而言，进步空间仍然很大。其次，我国诉讼时效制度在许多细节层面都依赖《诉讼时效规定（2008）》，《民法总则》的制定和修正也需要其提供"素材"，而《诉讼时效规定（2008）》的不少规则本就以"优先保护权利人"理念为指导设计而成。最后，诉讼时效的道德性难题仍将在我国长期存在，"欠债还钱"的观念如此根深蒂固以至于很难有其他观念与其抗衡。因此，在现阶段，法官在法律无规定或规定模糊时，以"优先保护权利人"立场处理诉讼时效问题，决策风险相对较小。

虽然不能期待一蹴而就，但我们要通过各种方式降低适用"优先保护权利人"诉讼时效理念产生的负面效果，使其更像一个"规则"，而不是"口号"。即使暂时不得不用，也要以一种"看得见"和"可控制"的方式加以运用。

其一，在运用"优先保护权利人"诉讼时效理念作出裁判前，要穷尽现行法规则，不能以抽象理念直接取代具体规则，除非有充分理由的"反对"论证。理由至少有二:第一,"优先保护权利人"无论如何都只是一种"不得已而为之"的实务理念,而绝不是一个"包治百病"的万能规则;第二,在一个习惯特殊考量,制度化程度和效果都需持续提升的国度,强调对普遍性的遵从和对制度的信仰仍然别具意义。[1] 即使有所谓"实质合理性"的需求,我们也更应该追求"把实质合理性尽可能地转化为可计量的形式合理性体系,并借助这个体系来实现实质合理性的要求"。[2]

其二,即使贯彻"优先保护权利人"诉讼时效理念,也不能机械地照搬"不违背基本法理,应作有利于权利人之解释""有争议时,应作有利于权利人之理解"等政策表述,而是要进一步论证:为什么没有违反基本法理?会不会对相关时效规则产生影响?会不会产生不当激励?在法律未规定或规定模糊时,法官在适用"优先保护权利人"诉讼时效理念时应将自己置于"立法者"的位置。在这方面,英美法系国家的经验值得重视:"正如立法机关在创制制定法时要在势均力敌的利益中间进行协调一样,法官们在创设'法官创制规则'时也是如此。可以说,在制定或修改规则的时候,每个法官实际上是立法大会、国会或者议会的一个缩影。"[3]

(三) 加强立法:当务之急与长远之计

从长远来看,要摒弃"优先保护权利人"理念,建立"权利人与义务人利益平衡"理念,关键是如何减少前者的生存土壤和作用空间。"优先保护权利人"理念的适用只是规则缺失时的不得已,是权宜之

---

[1] 参见霍海红:《证明责任配置裁量权之反思》,载《法学研究》2010 年第 1 期。
[2] 参见郑成良:《法律之内的正义:一个关于司法公正的法律实证主义解读》,法律出版社 2002 年版,第 147 页。
[3] 〔美〕杰罗姆·弗兰克:《初审法院:美国司法中的神话与现实》,赵承寿译,中国政法大学出版社 2007 年版,第 290 页。

计,作用空间越大说明诉讼时效规则的缺失越严重。我们需要精致化的诉讼时效规则体系,能用具体规则解决的问题,就不要扯上抽象理念。因此,大力加强诉讼时效理论研究,加快基本法层面的诉讼时效立法,既是当务之急,也是长远之计。

加强诉讼时效立法,应当注意如下"技术"问题:(1)务必保持规则间指导思想的协调一致,避免出现某一规则"苛责"权利人(如设定过短的时效期间等)而另一规则"纵容"权利人(如未定履行期限债权的时效从权利人主张时起算等)之矛盾情形;(2)在设定某一规则时要综合考虑(如普通诉讼时效期间与相关诉讼时效规则的关系等),即使形式上"各自为政",内容上也要统筹规划;(3)对于司法实践中的时效问题和难题(如撤诉的诉讼时效后果、持续性侵权的诉讼时效起算等),应加强研究、果断立法,而不是有争议就搁置,能通过立法解决的问题,不宜以司法解释甚至个案批复的方式解决。

余　论

所谓"优先保护权利人"诉讼时效理念虽有现实原因和积极作用,却存在理论困境、规则冲突与实践风险等诸多缺陷,因而笔者总体持批判态度,主张摒弃"优先"理念,树立"平衡"理念,在立法和司法中竭力追求权利人与义务人利益的精致平衡。从"优先"理念转向"平衡"理念,一方面要控制"优先保护权利人"理念的消极作用,强化适用中的判决论证,避免简单化和抽象化,此乃权宜之策;另一方面要消除"优先保护权利人"理念的生存环境,加强诉讼时效立法,完善诉讼时效规则体系,此乃长远之计。

笔者的基本结论及其论证,植根于如下几个基本立场:

第一,坚持"治本"原则。与其"将错就错",不如"知错就改",即使需要时间,也有个过程。适用"优先保护权利人"诉讼时效理念的所谓现实原因和积极作用,主要是对诉讼时效的基础观念混乱、规则体系化程度低、规则缺失或扭曲等非正常状况的简单化应对。从长远来看,"优先保护权利人"诉讼时效理念的出现和作用,与其说是解决问题,不如说是迎合现实。

第二,坚持"规则"思路。笔者着眼于大规模建构精致诉讼时效规则的使命,主张能用规则解决的问题不要扯上抽象理念和原则,毕竟后者的操作性和可控性相对较弱,适用不统一的风险相对较大。"优先保护权利人"诉讼时效理念看似操作简便,实则流于"简单化"。而且,"优先保护权利人"诉讼时效理念适用越广泛,被耽误改进的诉讼时效规则也相应越广泛,容易陷入恶性循环。

第三,坚持"以保护义务人为中心"的诉讼时效根据体系。作为诉讼时效的存在理由,"保护义务人"并非指诉讼时效只关涉义务人保护,而是强调以义务人保护为支点和载体,间接实现督促权利人、维护公益和秩序等目标,毕竟能够提出诉讼时效抗辩的是义务人,直接"得利"的也是义务人。在诉讼时效法理念层面,"优先保护权利人"与"保护义务人""督促权利人"都是相悖的。

图书在版编目（CIP）数据

诉讼时效的实体与程序 / 霍海红著. -- 北京：北京大学出版社，2025.5. -- ISBN 978-7-301-36101-6

Ⅰ. D925.104

中国国家版本馆 CIP 数据核字第 2025HG7172 号

书　　　名	诉讼时效的实体与程序
	SUSONG SHIXIAO DE SHITI YU CHENGXU
著作责任者	霍海红　著
责 任 编 辑	闫　淦　方尔埼
标 准 书 号	ISBN 978-7-301-36101-6
出 版 发 行	北京大学出版社
地　　　址	北京市海淀区成府路 205 号　　100871
网　　　址	http://www.pup.cn　http://www.yandayuanzhao.com
电 子 邮 箱	编辑部 yandayuanzhao@pup.cn　总编室 zpup@pup.cn
新 浪 微 博	@北京大学出版社　@北大出版社燕大元照法律图书
电　　　话	邮购部 010-62752015　发行部 010-62750672　编辑部 010-62117788
印 刷 者	北京中科印刷有限公司
经 销 者	新华书店
	650 毫米×980 毫米　16 开本　25 印张　355 千字
	2025 年 5 月第 1 版　2025 年 5 月第 1 次印刷
定　　　价	89.00 元

未经许可，不得以任何方式复制或抄袭本书之部分或全部内容。

版权所有，侵权必究

举报电话：010-62752024　电子邮箱：fd@pup.cn

图书如有印装质量问题，请与出版部联系，电话：010-62756370